厚德博學
經濟匡時

匡时 财政学系列

|第2版|

# 税收学

胡怡建　编著

上海财经大学出版社

**图书在版编目(CIP)数据**

税收学/胡怡建编著. —2版. —上海：上海财经大学出版社，2020. 10
(匡时·财政学系列)
ISBN 978-7-5642-3647-2/F·3647

Ⅰ.①税… Ⅱ.①胡… Ⅲ.①税收理论-高等学校-教材 Ⅳ.①F810.42

中国版本图书馆CIP数据核字(2020)第171579号

□ 责任编辑　江　玉
□ 封面设计　张克瑶
□ 版式设计　朱静怡

**税收学**(第2版)

**著 作 者**：胡怡建　编著
**出版发行**：上海财经大学出版社有限公司
**地　　址**：上海市中山北一路369号(邮编200083)
**网　　址**：http://www.sufep.com
**经　　销**：全国新华书店
**印刷装订**：上海叶大印务发展有限公司
**开　　本**：787mm×1092mm　1/16
**印　　张**：28.25
**字　　数**：552千字
**版　　次**：2020年10月第2版
**印　　次**：2023年5月第2次印刷
**印　　数**：10 001—11 000
**定　　价**：68.00元

本书提供配套课件和练习题答案。请教师自行从上海财经大学出版社有限公司网站下载或将姓名、学校、院系等资料发送至电子邮箱jiangyu@msg.sufe.edu.cn联系索取。

# 前　言

国家为了履行其为社会提供公共品和公共服务的公共职能，要求有相应的财力基础，而税收是国家财力的主要形式和收入来源。国家征税不但关系到国家财政收入，也构成纳税人税收负担，影响企业和个人经济利益。同时，国家在征税过程中，对资源配置、收入分配和经济发展也会产生重要影响。随着我国社会主义市场经济的改革和发展，以及现代税收体系的建立和完善，我国的税法制度越来越复杂。因此，无论是从事生产经营的企业管理人员，还是制定执行经济政策法规的政府管理人员，都需要比以往更重视税收，更好地熟悉、掌握税收理论、政策、制度和管理知识。

税收学是一门系统反映税收理论、政策、制度和管理内容的学科，也是我国财经类教学课程体系中的主要课程之一。本书编写立足于社会主义市场经济，总结税收理论研究新成果，反映适应社会主义市场经济发展的税制改革新内容，力求以简明扼要、全面系统、具体务实的方式反映税收理论、政策、制度和管理的全貌，使本书能适合教学和自学需要。

全书分为 18 章。第一章至第六章为税收理论，包括税收本质、税收效率、税收公平、税收发展、税收负担、税制结构等内容，介绍有关税收基础知识和基本理论问题。第七章至第十六章为税收制度，分章介绍流转税制（包括增值税、消费税、关税），所得税制（包括企业所得税、个人所得税），以及资源税、财产税和行为税等税种的基本政策和制度内容。第十七章和第十八章为税收管理，主要介绍税收管理和税务行政司法的主要政策内容。

本书最初以“税收学教程”为名，于 1995 年由上海三联书店出版社出版。1998 年作为财政部统编教材，由上海财经大学出版社出版。2011 年作为教育部“十五”规划教材，由上海财经大学出版社出版。其间，曾获得教育部全国普通高校优秀教材二等奖等多项奖励。近年来，随着全面深化改革和对外开放，我国税收理论研究有了新的发展，税收政策和税收制度也作了重大调整，原有的教材内容已不能适应改革和发展的需要。为此，作者以原有教材为基础，改版后于 2018 年 7 月重新出版，在结构体系、内容形式等方面作了全面修改和调整，以求体系更合理、内容更丰富、形式更新颖。近两年，税制改革、税收立法持续推进，此次修订再版及时更新相关内容，以更好地适应教学和研究需要。

本书主要供高等学校财政、税务、会计、工商管理专业和其他经济管理类专业本科学生使用，也可供相关专业的硕士研究生或专科学生使用。本书亦适用于在职财政、税务、会计人员业余专业进修。教师在讲解时，可根据学生对象在税收理论、政策、制度和管理方面有所侧重。为方便教学，本书提供配套课件和练习题答案，专供教师使用。教师可自行从上海财经大学出版社有限公司网站下载或将姓名、学校、院系等资料发送至电子邮箱 jiangyu@msg. sufe. edu. cn 联系索取。

胡怡建

2020 年 7 月

# 目　录

# 第一章　税收导论

什么是税收，政府为什么征税，税收有哪些特点，税收是如何产生的，又是如何发展的，税收由谁来缴，纳税人依据什么缴税，缴多少税，税收规模如何确定，这些问题既是税收的基本问题，也是本章所要研究和分析的主要问题。

## 第一节　税收特征

### 一、税收

税收在历史上也被称为税、租税、赋税或捐税，它是国家为向社会提供公共品，凭借行政权力，按照法定标准，向居民和经济组织强制地、无偿地征收而取得的财政收入。税收这一定义可从以下几个方面进行理解。

(一) 税收是财政收入的一种形式

从字义上理解，“税收”一词包括“税”和“税的征收”两重含义。其中税是指特定的社会产品，即归政府支配的这一部分社会产品；而税的征收是指把这部分社会产品转为国家所有或支配的运动过程和方式。税和税的征收习惯上称为税收，并作为专有名词使用，特指国家财政收入形式。税收不但是财政收入形式，而且是财政收入的主要形式。在现代经济社会，国家财政收入除了税收以外，还有债、费、利等多种形式。其中，税收是财政收入的主要形式，也是各国财政的最主要收入来源。

(二) 行使征税权的主体是国家

税收又称国家税收，是国家为了履行其向社会提供公共品职能的需要而存在，是随着国家的产生而产生，并随着国家的消亡而消亡。因此，行使征税权的主体必然是国家，也就是税收法律由国家制定，征税活动由国家组织进行，税收收入由国家支配管理。由于政府是国家的具体形式和现实体现，因此，征税权具体由代表国家的政府行使。行使征税权的政府包括中央政府和地方各级政府。

(三) 国家凭借行政权征税

行使征税权的主体是国家，而国家一般具有双重身份，既是社会公共品的提供者，又是公共财产的所有者。因而，国家就能同时行使两种权利，即行政管理权和财产所有权，国家可以同时凭借两种权利取得财政收入。财产权即财产所有权，在财产归属国家所有的前提下，国家对其拥有的财产可以凭借财产所有权取得财产收益。行政权也称为国家行政管理权，国家对其行政权力管辖范围以内的个人或经济组织，可以凭借行政权取得税收收入。国家征税是基于公共权力，在国家为整个社会提供公共品，满足社会公共需要的前提下，由国家作为公共权力的代表来行使征税。

（四）征税目的是为社会提供公共品

国家是以履行社会公共职能为基础的行政权力机关，国家在履行其公共职能的过程中必须要有相应的人力和物力消耗，形成一定的支出。国家履行其公共职能的支出，一般具有受益的非排斥性和享用的非竞争性特点，也就是国家提供的公共品能使社会成员普遍受益，不存在一部分社会成员享用而排斥另一部分社会成员享用，因此，国家履行公共职能的公共支出一般不可能采取自愿出价的方式，而只能采取强制征税的方式，由居民和经济组织来负担。反过来也就是说，国家征税的目的是国家为了满足履行其提供公共品的财政需要。这具有两方面的含义：一方面说明国家征税的目的是满足国家提供公共品的财政需要；另一方面也反映了国家征税要受到提供公共品目的制约，国家税收必须用于满足提供公共品需要，非公共品需要的财政支出不宜用税收来提供，而应当采用其他方式来解决。

（五）税收须借助于法律形式进行

法律是体现国家意志，强制调整人们行为的规范。法律作为体现国家意志的行为规范，用于调整社会生活和经济生活的各个方面，其中调整经济关系是法律规范的重要功能。法律调整与其他规范调整相比较，具有体现国家意志的强制性、公正性和普遍适用性的特点，这就决定了税收必须借助于法律的形式来进行。税收是国家为实现其提供公共品职能，而向居民和经济组织征收的财政收入，税收只有通过法律的形式，才能使社会成员在纳税上得到统一。由于征税引起企业、经济组织和个人一部分利益的减少，这就必然会使国家与纳税人之间发生利益冲突，国家只有运用法律的权威性，才能把税收秩序有效建立起来，也只有通过法律形式，才能保证及时、足额地取得税收，并使国家在税收上的意图得到贯彻执行。

## 二、税收特征

税收作为财政收入的一种形式，具有区别于其他财政收入形式的特点。税收特征可概括为强制性、无偿性、规范性。

（一）税收的强制性

税收的强制性是指政府凭借行政权，以法律形式来确定政府作为征税人和社会成员作为纳税人之间的权利和义务关系。这种权利和义务关系表现在：首先，政府作为征税人具有向社会成员征税的权利，并同时承担向社会成员有效提供公共品和公共服务的义务；而社会成员作为纳税人具有分享政府所提供的公共品和公共服务利益的权利，并同时承担向政府纳税的义务。其次，政府征税是凭借政府行政权强制执行的，而不是凭借财产权协议解决的。最后，税收征纳双方关系以法律形式来确定，对双方当事人都具有法律上的约束力。税收的强制性是税收范畴最为明显的形式特点，这是由税收作为补偿公共品或公共服务价值这一性质所决定的。政府向社会成员提供公共品和公共服务的非排斥性特征决定了分享公共品和公共服务的消费者不可能自愿出价，而只有采取强制征税的方式，使政府向社会提供公共品和公共服务的价值得以补偿。

（二）税收的无偿性

税收的无偿性是就政府与具体纳税人而言，权利和义务关系是不对等的。政府向纳税人征税，不是以具体提供公共品和公共服务为依据，而纳税人向政府纳税，也不是以具体分享公共品和公共服务利益为前提。因此，就政府和纳税人之间具体关系而言，纳税人从消费公共品和公共服务分享利益是无偿的，而政府向纳税人征税也是无偿的。税收的无偿性也是由税收作为补偿公共品和公共服务价值的这一性质所决定的。尽管政府税收同政府提供公共品和公共服务在价值上必须是对等的，否则公共品和公共服务就无法提供。但消费者对公共品并不表示偏好，提供公共品的政府对消费者的公共品受益也无法测度，因而不能采取直接的价格形式，只能采取间接的税收形式，从而决定了税收的无偿性特点。

（三）税收的规范性

税收的规范性是指政府通过法律形式，按事先确定的标准实施征税。首先，税收规范性表现在对什么征税、征多少税、由谁缴税必须是事先明确的，而不是任意确定的；其次，税收的标准必须是统一的；最后，税收征纳关系以法律为依据，是相对稳定的。税收的规范性特征既是税收补偿公共品价值的内在要求，同时也为政府提供公共品创造了条件。

## 第二节　税收要素

税收分析和研究会涉及很多问题，但需要解决的最基本问题是：对什么征税，征多少税，向谁征。这些基本的问题涉及税基、税率和纳税人三个税收基本要素。税收三要素不但回答税收的基本问题，也是税收理论分析、政策制定、制度设计的基本工具，是税收的基本范畴。

## 一、税基

税基是课税的客观基础，主要解决对什么征税的问题，是明确征税对象、确定计税依据、划分税收类型的主要依据，也是调整政府税收收入和纳税人税收负担的重要政策工具。税基可以从广义、中义和狭义不同角度分析。

（一）广义税基

这是指抽象意义上的课税基础。从宏观角度进行考察，可以把整个税基归为以下几种类型：

（1）国民收入型。这是以国民收入为课税基础的税收统称，如各种所得税就属于这种类型。

（2）国民消费型。这是以居民消费支出为课税基础的税收统称，如各种商品税就属于这种类型。

（3）国民财富型。这是以社会财富为课税基础的税收统称，如各种财产税就属于这种类型。

（二）中义税基

这是指具体税种的课税基础，也可称为课税对象，是从微观角度进行考察，是确定税种的主要标志，也是税收分类的主要依据。由于具体税收种类很多，不可能一一列举，现仅就最具特点的典型税种的课税基础进行介绍。

（1）以商品销售额为课税基础，主要有销售税、消费税、营业税、周转税等税种。

（2）以商品增值额为课税基础，主要有增值税。

（3）以企业利润为课税基础，主要有企业所得税。

（4）以个人收入为课税基础，主要有个人所得税。

（5）以工资额为课税基础，主要有工薪税或社会保险税。

（6）以财产价值额为课税基础，主要有财产税和财产转移税。

（三）狭义税基

这是指计算税额时的课税基础，也可以称为计税依据，是计算政府税收和纳税人税收负担的最重要因素。相对于中义税基而言，狭义税基的范围和规模都比较小。因为在现代税制中，由于计税时的各种扣除，使计税依据仅为课税对象中的应税部分。例如，商品税是以商品销售收入为课税对象，但很多国家实行选择性商品税，仅对部分商品的销售收入征税；又如，个人所得税是以个人收入为课税对象，但计税依据是应税所得，允许有多种项目的税前扣除，仅对部分个人所得征税；再如，企业所得税是以企业利润为课税对象，也允许有多种项目的税前扣除，从而使部分利润免予征税。计税依据必须按税法规定予以计算。我们平时习惯上讲的税基就是指狭义税基，扩大税基是指扩大课税对象中的征税部分，而税基侵蚀则是指课税对象中的征税部分缩小。

## 二、税率

税率是税额与税基的比率，用公式表示：税率＝税额/税基。税率主要是解决征多少税的问题。税率也是影响并决定政府税收和纳税人税负的最重要因素。作为税收基本要素的税率可以从税率形式和税率分析方法两方面同时考察。

（一）税率形式

税率按形式特征可以分为累进税率、比例税率和定额税率三种。这是最基本的税率分类方法，在制定税法、计算税额等实际工作中被广泛使用。

1. 累进税率

如果在税率公式中，随着税基的扩大，税率也相应上升，我们把这种税率形式称为累进税率。累进税率在设计时一般把税基按从小到大的顺序分为若干等级，并相应地把税率按从低到高的顺序排列，根据税基和税率来确定、计算税额。累进税率又可进一步分为全额累进税率和超额累进税率（参见表1－1）。

**表1－1 全额累进税率和超额累进税率**

| | 收入级距(元) | 税　率 | 应纳税额(元) | |
|---|---|---|---|---|
| | | | 全额累进 | 超额累进 |
| 1 | 0～1 000 | 10% | 100 | 100 |
| 2 | 1 000～2 000 | 20% | 400 | 300 |
| 3 | 2 000～3 000 | 30% | 900 | 600 |
| 4 | 3 000～4 000 | 40% | 1 600 | 1 000 |
| 5 | 4 000～5 000 | 50% | 2 500 | 1 500 |

注：全额累进税按全部收入乘以收入的最高边际税率计算应纳税额；超额累进税按每一收入级距的收入乘以相应税率计算应纳税额。例如，个人收入为5 000元时，按超额累进税率计算的应纳税额＝1 000×10%＋1 000×20%＋1 000×30%＋1 000×40%＋1 000×50%＝1 500(元)；按全额累进税率计算的应纳税额＝5 000×50%＝ 2 500(元)。

（1）全额累进税率。这是把税基全部数额作为计税依据，按最高边际税率计算税额的一种税率形式和税额计算方法。

（2）超额累进税率。这是把税基全部数额作为计税依据，并分别按税基各等级所适用的相应税率计算税额的一种税率形式和税额计算方法。

2. 比例税率

在税率公式中，随着税基的扩大，如果税率保持常数不变，或税收与税基的比率保持不变，我们就把这种税率形式称为比例税率。比例税率又可以进一步分为单一比例税率和差别比例税率。

（1）单一比例税率。这是指同一种税只设置一个比例税率，所有纳税人按同一税率计算纳税。

（2）差别比例税率。这是指同一种税设置两个或两个以上的比例税率，不同纳税人要根据不同情况分别按不同税率计算纳税。差别比例税率可以按产品、行业或地区设计。

3. 定额税率

定额税率是按课税对象的实物量计算税额的一种税率形式和税额计算方法。实物量指标可以按不同对象特点选择吨、千克、箱、包、度等计量单位。

（二）税率分析方法

累进税率、比例税率、定额税率三种基本税率形式，是税制设计、税额计算和缴纳的基本工具，在税收管理的实际工作中被广泛使用。然而，从理论研究和实证分析要求来看，仅使用累进税率、比例税率和定额税率是不够的。作为分析工具，累进税率和累退税率、边际税率和平均税率、名义税率和实际税率被更广泛地使用。

1. 累进税率和累退税率

这是分析税率调节效果的工具。在税率计算公式中，如果随税基扩大，税率相应上升，这种税率形式可称为累进税率；反之，如果随税基扩大，税率下降，这种税率形式可称为累退税率。虽然从现行税收制度中还难以找到使用累退税率的情况，但累退税率作为一种分析方法已被广泛使用。因为一些使用比例税率或定额税率的税种，可能具有累退特点。例如，消费税一般使用比例税率，但由于随个人收入增加，个人消费支出占个人收入比例下降，税收占个人收入比例也下降。因此，也可以把它看作是累退的，如表 1－2 所示。累进税率和累退税率作为分析工具，可以从以下几方面分析税率调节效果：从公平角度分析，累进税率由于随收入增加而税负加重，使收入高的纳税人上缴税收占收入比率高于收入低的纳税人，使税后高低收入者之间的收入差距比税前缩小。而累退税率则起到相反的效果。从效率角度分析，累退税率由于随收入增加而上缴税收占收入比例下降，对个人增加收入起到激励作用，而累进税率则起到相反的效果。

**表 1－2　比例消费税的累退性**

| 收入级距（元） | 边际消费倾向 | 消费支出（元） | 税率 | 消费税（元） | 消费税占收入比率 |
|---|---|---|---|---|---|
| 0～1 000 | 0.9 | 900 | 10% | 90 | 9% |
| 1 000～2 000 | 0.8 | 1 700 | 10% | 170 | 8.5% |

（续表）

| 收入级距（元） | 边际消费倾向 | 消费支出（元） | 税率 | 消费税（元） | 消费税占收入比率 |
|---|---|---|---|---|---|
| 2 000～3 000 | 0.7 | 2 400 | 10% | 240 | 8% |
| 3 000～4 000 | 0.6 | 3 000 | 10% | 300 | 7.5% |
| 4 000～5 000 | 0.5 | 3 500 | 10% | 350 | 7% |

注：消费支出为收入乘以边际消费倾向，当收入为 5 000 元时，消费支出＝1 000×0.9＋1 000×0.8＋1 000×0.7＋1 000×0.6＋1 000×0.5＝3 500（元）；在消费税税率为 10%时，消费税＝3 500×10%＝350（元）。

2. 边际税率和平均税率

这是分析税率调节效应的工具。边际税率是最后一个单位的税基所适用的税率，而平均税率是全部税额与收入之间的比率，或者称为平均负担率。边际税率和平均税率之间具有紧密的内在联系。在累进税制的情况下，平均税率随边际税率的提高而上升，但平均税率低于边际税率。在累退税制的情况下，平均税率随边际税率下降而下降，但平均税率高于边际税率。在比例税制的情况下，边际税率就是平均税率。边际税率和平均税率作为分析工具，可从以下几方面分析税率调节效应。从调节方式来看，边际税率偏重于分析税率的心理影响，因为纳税人印象最深的是边际税率，而很少关心平均税率；而平均税率偏重于分析税收负担率。从调节对象看，边际税率偏重于调节的结构分析，作为分析税收对供给影响的工具；而平均税率偏重于调节的总量分析，作为分析税收对需求影响的工具。从调节效应看，边际税率偏重于分析税收的替代效应，分析税收对人们选择决策的影响；而平均税率偏重于分析税收的收入效应，分析税收损失的弥补方式（参见表 1－3）。

**表 1－3　边际税率和平均税率**

| 收入级距（元） | 累进税 | | | 累退税 | | |
|---|---|---|---|---|---|---|
| | 边际税率 | 应纳税额（元） | 平均税率 | 边际税率 | 应纳税额（元） | 平均税率 |
| 0～1 000 | 10% | 100 | 10% | 50% | 500 | 50% |
| 1 000～2 000 | 20% | 300 | 15% | 40% | 900 | 45% |
| 2 000～3 000 | 30% | 600 | 20% | 30% | 1 200 | 40% |
| 3 000～4 000 | 40% | 1 000 | 25% | 20% | 1 400 | 35% |
| 4 000～5 000 | 50% | 1 500 | 30% | 10% | 1 500 | 30% |

注：平均税率是收入乘以相应边际税率，再除以收入总额。如收入为 5 000 元时，累进税率下应纳税＝1 000×10%＋1 000×20%＋1 000×30%＋1 000×40%＋1 000×50%＝1 500（元）；平均税率＝1 500÷5 000＝30%。

3. 名义税率和实际税率

这是分析税收负担的工具。名义税率即法定税率，也就是税法所规定的税率，而实际税率是税收实际负担率。名义税率和实际税率一般具有比较大的差异，差异的原因主要由于现代税制允许有大量的税前扣除，也由于通货膨胀因素。名义税率和实际税率的差异可分为两种情况：如果税收制度允许税前扣除，那么名义税率就会高于实际税率；如果实行累进税制，在通货膨胀的情况下，名义税率低于实际负担率。

### 三、纳税人

纳税人是享有法定权利，负有纳税义务，直接缴纳税款的单位或个人。纳税人主要解决向谁征税或由谁纳税的问题。纳税人可分为自然人和法人两类。

（一）自然人纳税人

在法律上，自然人是指基于出生而依法在民事上享有权利，承担义务的人，包括本国公民和居住在所在国的外国公民。在税收上自然人也可进一步分为自然人个人和自然人企业。自然人个人就是指个人，是一般意义上的自然人。自然人作为纳税人必须是本国公民，以及在所在国居住或从事经济活动的外国公民。自然人企业是指不具备法人资格的企业，如独资企业和合伙企业虽属企业，但不具备法人资格，以个人名义直接行使企业权利，并由个人承担义务，企业不独立纳税，而是由财产所有者作为自然人纳税。

（二）法人纳税人

法人是指依法成立并能以自己名义独立参与民事活动，享有民事权利和承担民事义务的社会组织。它具有以下基本特征：必须是经国家认可的组织；能够独立取得和处理财产；能够独立地承担民事上的财产义务以及能以自己的名义参加民事活动和诉讼。法人包括从事生产经营、取得利润的营利性企业，以及非营利性的公益组织。

同纳税人既有联系又有区别的另一个范畴是负税人。从严格意义上讲，纳税人是法律上的纳税主体，而负税人是经济上的负税主体，纳税人和负税人既可以合一，也可能分离，完全取决于税负转嫁。一般认为，当存在税负转嫁的情况下，纳税人和负税人分离，而在没有税负转嫁的情况下，纳税人和负税人是合一的，即纳税人就是负税人，负税人也就是纳税人。

## 第三节　财政职能

税收的财政职能，是税收所具有的、从社会成员强制性地取得一部分收入以便政府提供公共品、满足公共需要所需物质的功能。

## 一、税收收入的特点

税收收入作为财政收入的主要形式,在财政收入中占有主要地位,是与税收收入的特点相联系的。与其他财政收入相比,税收具有其他财政收入形式所不具备的以下特点。

(一)来源的广泛性

税收征收是以政府提供公共品为依据,政府提供公共品使社会成员分享利益,从而有权对所有分享公共品的社会成员征税,使税收具有广泛收入来源。相对而言,其他形式财政收入在行使权力方面有很大的局限性。例如,利润上缴由于是以财产权为依据,要受到国有企业所有权制约,超越国有资产所有权,政府无法取得此类收入。

(二)形成的稳定性

税收稳定性是由多种因素决定。首先,税收来源广泛,使不确定因素对税收影响较小。其次,税收按法定标准征收,只要有稳定的收入,就有稳定的税收。最后,税收受法律制度保护,强制征收,从而保证税收收入的实现。相对而言,其他财政收入因财源狭窄,无固定标准,缺乏强制性等原因,使形成稳定收入发生困难。

(三)获得的持续性

税收由社会成员直接缴纳,但最终来源于国民收入,只要社会再生产连续不断地进行,国民经济正常运行,国民收入被源源不断地创造,税收就能持续地获得。同时,也由于政府取得税收后收入归政府所有,无须直接归还给纳税人,能为政府长期占有。相对而言,其他财政收入形式因有偿归还或其他原因而难以持续。

## 二、税收收入的规模

政府的税收收入规模应该有多大,并不是政府主观意愿的结果,而是由政府提供公共品需要和政府取得收入的可能这两方面因素共同决定。

(一)提供公共品的需要

税收是为政府提供公共品的需要而存在,因此,税收收入规模首先取决于政府提供公共品的财力需要。但是,由于公共品分为纯公共品和准公共品两类,而两类公共品在提供方式上又有不同的特点,因此,需要把两类公共品的提供加以区别分析。

1. 提供纯公共品的需要

公共品是指社会成员普遍需要,但由于非排斥性和非竞争性特点,无法由市场提供,而只能由政府提供,并且必须通过税收进行价值补偿的产品和劳务。因此,税收规模首先取决于政府提供公共品所需要的收入规模。由政府支出提供的公共品的项目主要有：国防支出；行政管理支出（包括行政、警察、司法、消防、国际关系等）。提供纯公共品需要是政府税收收入规模的最低需要。

2. 提供准公共品的需要

准公共品是指社会成员普遍需要，但由于不完全具有非排斥性和非竞争性，因而具有公共品和私人品两者兼备的特点，可以由市场提供，也可以由政府提供，选择哪一种提供方式主要取决于效率、公平等多种因素考虑。如果准公共品由政府提供比市场提供效率更高，或更有利于公平，那么，税收收入规模就要考虑政府提供准公共品的需要。由政府支出提供的准公共品的项目主要有：社会福利（包括老年、失业、伤残、医疗、保健、住宅）、教育、交通等。但准公共品不同于纯公共品必须由政府提供，也可以由市场提供。而且准公共品在提供方式和提供范围上有很大的弹性，因此，使政府在提供准公共品的税收方面弹性也相对较大。政府提供准公共品的需要是政府税收收入规模的第二层次需要。

（二）取得收入的可能

税收收入规模不但取决于提供公共品的需要，也取决于取得收入的可能，而收入的可能主要由收入的来源和征收能力两方面因素共同决定。

1. 收入来源

税收收入来源于国民收入，因此，从取得收入的可能考虑，税收收入规模首先取决于国民收入规模。在一般情况下，国民经济比较发达的国家，国民收入水平较高，税收来源比较充裕，为扩大税收收入规模提供了可能；反之，在国民经济比较落后的国家，国民收入水平比较低，增加税收的余地也就比较小。由此可以推论，随着一个国家的经济发展，税收收入规模会有一个长期增长的趋势，这种增长不仅反映在税收规模绝对值的增加上，也反映在税收规模相对值的增加上。

2. 征税能力

国民经济的发展，国民收入水平的提高，为税收收入规模扩大提供了可能。但是，要使国民收入转化为税收收入，使税收收入的可能转化为税收收入的现实，还取决于政府的征税能力。一般而言，在国民经济和国民收入水平相近的情况下，税收制度比较合理，税收征管比较严密，政府征税能力比较强，税收收入规模就会相对大一些；征税能力弱，税收收入规模就会相对小一些。

## 三、税收的财政职能

税收既要为政府提供公共品筹集足额稳定的收入来源，又应适度、合理地征收，以利于社会经济的发展。

（一）税收足额、稳定

1. 税收收入足额

这是指税收要为政府筹集足额资金，以满足社会公共需要。税收足额是一个相对量的概念，是相对于政府支出而言。同样额度的税收相对于支出比较小的政府是足额的，而相对于支出比较大的政府却是不足的，因此，政府支出也要受财政收入的制约。政府既可以通过增加税收使财政收入由不足变为足额，也可以通过减少支出使税收收入由不足变为足额。量出为入与量入为出相结合，是税收收入足额的辩证内涵。

2. 税收收入稳定

这是指税收收入要相对稳定在同国民生产总值，或国民收入的一定比例的合适水平上，非属特殊情况，不宜经常或急剧变动，以避免税收对经济正常秩序造成的不良冲击。税收收入的稳定又是相对于政府的合理支出需要而言的，在发生较大的经济变动或政府职能变动时，必然要求打破旧的稳定，建立新的稳定的税收收入水平。在正常情况下，税收应保持持续稳定增长。

（二）税收适度、合理

税收收入的足额、稳定，是从短期来考虑保证财政的需要，而税收收入的适度、合理，则是从长期来考虑保证财政的需要。或者说税收收入的足额、稳定，主要是从财政本身来考虑税收收入问题，而税收收入的适度、合理，则主要是从财政和经济的关系来考虑税收收入问题。

1. 税收收入适度

这是指税收收入取之有度，税收征收率不能过高，要尽可能避免过度征收而伤害企业和个人的积极性，影响经济的持续、稳定发展，最终又影响税收收入增长。它要求征税应注意培养税源，不伤及税本。所谓“生财有大道，生之者众，食之者寡，为之者疾，用之者舒，则财恒足矣”，讲的就是处理聚财与生财的关系在于税收要取之有度。

2. 税收收入合理

这是指在税收收入总量适度的前提下，取之于不同经济主体的税收，要相对合理。要照顾到地区差异、行业差异、资源条件差异等因素，做到多得多征，少得少征，无得不征，使税收收入在个量上也要做到适度而符合常理，也即纳税人的负担合理。

## 本章小结

税收是国家为向社会提供公共品，凭借行政权力，按照法定标准，向居民和经济组织强制地、无偿地征收取得的财政收入。税收具有强制性、无偿性和规范性的形式特征。税收基本要素为税基、税率和纳税人，分别回答对什么征税、征多少税、向谁征税三个税收基本问题。税基可从广义、中义和狭义不同角度分析。税率按形式特征可以分为累进税率、比例税率和定额税率三种，而作为分析工具，累进税率和累退税率、边际税率和平均税率、名义税率和实际税率被更广泛地使用。纳税人主要有自然人和法人两类。税收收入作为财政收入的主要形式，与其他财政收入相比，具有来源的广泛性、形成的稳定性和获得的持续性三个基本特征。税收收入的规模由政府提供公共品需要和政府取得收入可能两方面因素共同决定。

## 思考题

1. 国家为什么征税？
2. 国家凭借什么征税？
3. 税收具有哪些形式特征？
4. 简述税基和税源的关系。
5. 简述累进税率、比例税率、定额税率的主要区别。
6. 消费税为什么在形式上是比例征收而实质上具有累退性？
7. 累进税率和累退税率的边际税率与平均税率关系有何不同？
8. 税收收入有哪些特点？
9. 税收收入规模如何决定？

# 第二章　税收效率

效率问题既是经济的基本问题，也是税收的基本问题。税收效率主要分析税收征收与经济效率的关系。即在市场所决定的资源配置有效的情况下，由于征税将导致效率损失，有效的税收应保持中性。而在市场所决定的资源配置低效或无效的情况下，由于征税有可能改善资源配置效率，有效的税收应发挥税收杠杆作用。

## 第一节　税收效率原则

税收的效率原则是就资源配置而言的，也就是税收对经济资源配置应依据效率准则，或实现效率目标。

### 一、经济效率

经济效率也即资源配置效率，是指在经济资源稀缺的条件下，如何充分利用资源，使资源得到最有效合理的安排，以最少的资源投入取得最大的经济效益。

#### （一）经济效率内涵

经济效率一般以帕累托效率来定义。如果资源的配置和使用已经达到这样一种状态，即任何资源的重新配置已不可能使一些人的境况变好而又不使另一些人的境况变坏；或者说，社会分配已经达到这样一种状态，任何分配的改变都不可能使一些人的福利有所增加而不使其他人的福利减少，那么这种资源配置已经使社会效用达到最大，这种资源配置状态被称为资源最优配置状态，或帕累托最优。实现帕累托最优须同时符合交换最优、生产最优和交换生产结合最优这三个条件。其中，交换最优是指任何两个消费者，对任何两种商品进行交换时的边际消费替代率相等；生产最优是指任何两个生产者，使用任何两种资源进行生产时的边际技术替代率相等；交换和生产结合最优是指同时满足交换和生产最优条件，即商品消费的边际替代率同商品生产的边际技术转换率相等。

#### （二）经济效率实现条件

根据帕累托效率的定义，只有同时满足交换最优、生产最优、交换和生产同时最优时，经济资源配置才是最有效的。而实现帕累托效率，必须具备两个条件，即经济处于完全竞争，并且不存在外部经济影响。

1. 完全竞争市场

完全竞争市场是指不受任何阻碍和干扰的市场经济。在完全竞争市场中，存在大量的买者与卖者，任何一个买者或卖者都无法以个人的力量影响商品价格；产品是同质，无差别的；各种生产资源可以完全自由流动。在完全竞争市场，由于上述条件，长期均衡能够达到边际收益等于边际成本，等于平均成本，达到帕累托最优。对生产者来说，达到利润极大化，生产成本最低，产出最大；对消费者来说，由于面对的生产平均成本最低，所以商品价格也最低；对市场来说，实现资源的最优配置，即以价格为导向，通过竞争，使资源得到最合理的配置。

2. 不存在外部经济影响

外部经济影响包括外部成本影响和外部收益影响。当存在外部成本时，生产的私人成本和社会成本之间存在差额，私人成本低于社会成本的差额即外部成本。由于按边际收入等于边际成本的利润极大化决定企业产出，当存在外部成本情况下，按私人成本计算的产出必然大于按社会成本计算的产出。当存在外部收益时，生产的私人收益和社会收益之间也存在差额，私人收益与社会收益之间的差额即为外部收益。当存在外部收益的情况下，按私人收益计算的产出必然小于按社会收益计算的产出。因此，无论是外部成本还是外部收益，都使企业产出偏离完全竞争市场的最优产出，无法实现资源最优配置。因此，只有在完全竞争市场，又没有外部经济影响的条件下，才能达到资源配置最优。

同资源配置最优状态相联系的问题是资源配置效率的改进，或称为资源次优配置。如果生产资源在各部门之间的分配和使用处于这样一种状态，当生产资源重新配置时，不使任何人受损，却使一些人受益，那么，这种资源重新配置就是一种效率的提高。或者可以进一步说，即使生产资源的重新配置使一些人受损，但却使另一些人受益，只要资源重新配置使一些人的受益大于另一些人的受损，那么，这种资源重新配置也可被看作是一种效率的提高。

## 二、税收效率原则

税收效率原则就是通过税收实现效率目标，包括提高资源配置效率和减少效率损失两个方面。从效率定义我们可以引申出这样的结论：如果社会资源配置已经处于最优配置状态，那么任何资源的重新配置都是低效的或无效的；反之，如果资源配置还没有处于最优配置状态，那么，通过资源的重新配置有可能提高资源配置效率。从资源配置的行为主体进行分类，整个社会资源配置可分为市场配置和政府配置两类。市场配置是以企业和个人为主体，通过价格机制自发地调节生产和消费，平衡供给和需求，引导资金流量和流向。而政府配置则以政府为主体，通过税收、政府支出、公债、货币等经济手段和计划、行政、法律等手段来引导、安排资源配置的实现。在市场经济体制下，以价格为核心的市场对资源的配置被认为是最有效的，而政府对资源的配置是基于市场配置的局限和缺陷，通过对资源的重新配置来提高资源配置效率。因此，税收效率原则应该是：当以价格为核心的资源配置作为最基本的资源配置方式已经使资源处于最优配置状态时，政府税收对资源的重新配置都将干扰经济效率有效发挥，使经济变得低效或无效，在这种情况下税收应避免或减少对经济的干预，以避免或减少效率损失；反之，如果市场并没有使资源处于最优配置状态，那么有可能通过税收对经济资源的重新配置，提高资源配置效率，在这种情况下税收有必要积极干预经济，从而提高经济效率。

## 第二节　税收效率影响

税收对资源配置效率的影响首先体现在对生产和消费的影响上。税收对资源配置的效率取决于经济条件：在市场所决定的资源配置处于有效的情况下，税收将导致效率损失；在市场所决定的资源配置处于低效或无效的情况下，税收有可能改进效率。

### 一、税收导致效率损失

税收导致效率损失是假定市场所决定的资源已经处于最优配置情况下，税收征收必然使资源配置偏离最优配置状态，从而导致效率损失。也就是在完全竞争、又没有外部因素影响的情况下，税收征收将导致效率损失。税收导致的效率损失可以用税收导致的超额负担来说明，也可以用税收导致的偏离帕累托最优的条件来说明。

#### （一）税收产生超额负担

税收的超额负担是指政府税收导致纳税人的福利损失大于政府税收收入，从而形成税外负担，引起效率损失，税收的超额负担可用消费者剩余净损失或生产者剩余净损失来说明。

所谓消费者剩余，是消费者为购买商品，由边际收益曲线所决定的愿意支付的价格与实际支付价格之差。征税使消费者支付价格上升，需求数量减少，消费者剩余减少，但政府税收收入增加，消费者剩余减少大于政府税收增加的差额称为消费者剩余净损失。消费者剩余净损失引起的超额负担，用公式表示为：超额负担 $=1/2\eta P_0 Q_0 t^2$，其中，$\eta$ 是该商品需求弹性的绝对值。

所谓生产者剩余，是生产者出售商品实际取得的价格与由生产的边际成本曲线所决定的生产者希望得到的价格之间的差额。征税使生产者生产成本上升，供给数量减少，生产者剩余减少，但政府税收增加，生产者剩余减少大于政府税收增加的差额称为生产者剩余净损失。生产者剩余净损失引起的超额负担，用公式表示为：超额负担$=1/2\varepsilon P_0Q_0t^2$，其中，$\varepsilon$ 是该商品供给弹性的绝对值。

消费者剩余和生产者剩余的净损失总和，为征税引起的总超额负担。总超额负担$=1/2P_0Q_0t^2/(1/\eta+1/\varepsilon)$。超额负担的大小同需求弹性 $\eta$、供给弹性 $\varepsilon$、税率 $t$ 和税前购买支出 $P_0Q_0$ 相关，尤其同税率 $t$ 呈几何相关。

（二）税收改变消费选择

税收引起超额负担导致效率损失的主要原因，是征税干扰了由市场决定的纳税人消费、生产等方面的选择，从而使资源配置偏离了最优配置状态，即偏离帕累托最优条件。

有 X 和 Y 两种商品，现假定对 X 商品征税，而对 Y 商品不征税，税后个人消费与税前相比，会减少对 X 商品消费，增加对 Y 商品消费。这种商品税对个人消费选择的影响可分为收入效应和替代效应。其中，收入效应是指由于征税使商品价格提高，在预算收入不变的情况下，可购买的商品数量减少。这种收入效应的结果使个人同时减少对 X 商品和 Y 商品的消费，而不改变个人对两种商品选择的组合。替代效应是指由于只对 X 商品征税，而对 Y 商品不征税，使得 X 商品相对于 Y 商品价格提高，因此个人以增加 Y 商品消费来替代 X 商品消费。这种替代效应的结果使个人减少对 X 商品消费，增加对 Y 商品消费，改变个人对 X 和 Y 两种商品选择的组合。

## 二、税收改善资源配置效率

在经济处于资源最优配置时，征税引起的资源重新配置导致效率损失，即在经济处于完全竞争并没有外部因素影响时，征税将导致效率损失。然而，在经济没有处于资源最优配置时，征税引起的资源重新配置有可能改善配置效率，也就是说，在经济没有处于完全竞争或存在外部因素影响时，征税有可能改善配置效率。

（一）税收与产生外部经济性商品

税收与外部经济性商品，可分为税收与产生外部成本商品和税收与产生外部收益商品两种情况。

1. 税收与产生外部成本商品

外部成本是相对于内在成本而言，也就是在私人成本中没有得到反映的成本，或者说是私人成本和社会成本之间的差额。如企业污染就属于比较典型的没有计入企业成本、不需由企业负担补偿、却给社会带来损害的外部成本。当存在外部成本时，社会成本高于私人成本，所以由社会成本决定的价格高于由私人成本决定的价格，而由社会成本决定的产出就会小于按私人成本决定的产出。由于按私人成本而没有按社会成本计算产出，增加的产出就会给社会带来损害，为此需要控制产生外部成本的企业生产，而税收是一种比较有效、可行的办法。现假定对该产生污染的产品征税，税率 $t$ 相当于边际损害，征税使企业成本上升，税后均衡价格和产出同由社会成本决定的价格和产出一致，税后价格上升，产出数量减少。通过征税一方面减少社会损害，另一方面导致超额负担，但减少的社会损害大于超额负担。由于减少社会损害相当于增加社会福利，扣除超额负担，征税带来社会损害净减少或社会福利净增加，改善了资源配置效率。

2. 税收与产生外部收益商品

外部收益是相当于内在收益而言的，也就是在私人收益中没有得到反映的收益，或者说是私人收益和社会收益之间的差额。如利用三废(废水、废气、废渣)作为原材料生产的三废利用品就属于比较典型的没有计入企业收益，企业无法获得，却给社会带来福利的外部收益。由于企业是按 $MR=MC$，即边际收益等于边际成本时的利润极大化来决定价格和产出，在存在外部收益的情况下，按企业内部收益计算的产出必然小于按社会收益计算的产出，按企业内部收益计算的商品价格也低于按社会收益计算的商品价格。如果对产生外部收益的商品减税或给予补贴，减税或补贴额相当于边际外部收益，也可以使企业达到按社会收益计算的产出生产，增加负超额负担，即社会福利。

(二) 税收与社会有益(有害)商品

有益或有害商品是指给消费者带来物质以外利益或损害的商品，因此，不能完全以货币来衡量它的价值。有益商品最为典型的是教育。如果教育商品化，那么教育不仅提供给受教育者知识、技能，而且提高受教育者的道德情操，是一种有利社会进步的商品，因此，教育商品的收益不能完全以货币来衡量。而有害商品比较典型的是烟、酒，烟、酒不仅有损于消费者的身心健康，而且容易引发社会问题，因此，烟、酒的成本也不能完全以货币来衡量。文化商品也是一种有益商品或有害商品，取决于文化商品的内容，因此也不能完全以货币来衡量它的价值。对于有益商品应受到社会鼓励，而有害商品应受到社会限制。从政府角度来讲，除了在法律上予以规范以外，也可以通过对有益商品给予减税或补贴，对于有害商品提高税率，以鼓励有益商品发展，限制有害商品发展。

## 第三节　税收效率选择

税收征收一方面导致效率损失，另一方面又能起到改善资源配置效率作用，因此，从效率出发,税收的目标应是:在市场对经济资源配置有效的情况下,保持税收中性,以减少效率损失;在市场对经济资源配置低效或无效的情况下,强化税收杠杆作用,提高资源配置效率。

## 一、税收中性与经济效率

税收中性是指税收应采取不偏不倚的姿态,不干预市场经济的决策,使超额负担极小化。在市场对经济资源配置有效的情况下,税收的干预必然会使资源配置偏离有效配置状态,导致效率损失,这时,税收的目标应选择中性税收,以取得税收收入为目的,减少税收对经济的干预,减少效率损失。由于效率损失是以超额负担的大小为依据,因此,减少效率损失也就是使超额负担极小化。

### (一)税种选择

在现代税制中,主要有商品税和所得税,这里主要是从资源配置角度分析比较商品税和所得税对资源配置效率的影响。

在完全竞争市场、又没有外部因素影响的情况下,对商品选择性征税导致的效率损失大于所得税。有X和Y两种商品,现对X商品征收商品税,而Y商品不征税,或者不对X商品征收商品税,而对个人收入征收等额的总额所得税,比较结果是:商品税对个人的效用损失要大于所得税对个人的效用损失,差额部分也就是超额负担。总额税引起的超额负担要小于选择性商品税,是因为商品税干扰消费者的商品选择,而总额税没有对消费者的商品选择进行干扰。如果在税前资源配置处于最优配置状态,在征收总额税后,只产生减少个人收入的收入效应,没有产生影响个人选择的替代效应,仍然满足资源最优配置条件。如果对X商品征收等额税收,不但产生减少个人收入的收入效应,也产生影响个人选择的替代效应,不符合资源最优配置条件。

总额税与所得税相比,在效率影响上既有共同点,又有不同点。现行总额税的主要形式是人头税,因此,它只与人头有关,而同个人所取得的收入无关,即不管个人收入大小征收同样的税。而所得税课征表现为对个人所得征税,无论是比例税率还是累进税率,都反映为个人收入越多,缴税也越多。所得税与总额税的相同点为,征税都反映为预算线向原点方向平行移动,而不改变预算线的斜率。因此,如果收入是固定的,则所得税就应该是一种总额税。然而,一旦我们考虑到有关收入的选择,则显然所得税并非总是与总额税相当。因为征收所得税虽然不改变个人把收入用在商品上,不改变对商品的选择,但可能改变个人对劳动和闲暇的选择,即减少闲暇增加收入(劳动),或增加闲暇减少收入(劳动)。如果我们把闲暇也看作一种商品,则所得税也改变个人的劳动与闲暇的商品选择,产生超额负担。

### （二）税基选择

税基是课税基础，主要涉及课税对象、征税范围等范畴。由于课税对象同税种有关，这里是在税种确定的情况下，从资源配置角度，分析比较征税范围的大小对资源配置效率的影响，主要分析商品税的税基选择对资源配置效率的影响。按征税范围的大小，可把商品税分为选择性商品税和一般商品税。选择性商品税是选择部分商品征税，具有税基比较狭的特点；而一般商品税是选择全部商品征税，具有税基比较宽的特点。从资源配置效率角度分析，一般商品税的超额负担小于选择性商品税，因为选择性商品税干扰市场决定的消费者对商品的选择，而一般商品税没有干扰市场决定的消费者对商品的选择。因此，一般商品税优于选择性商品税。

### （三）税率选择

不但税种和税基的选择影响资源配置效率，税率的设计也影响到资源配置效率。对于一般商品税，有单一税率和差别税率两种。一般商品税如果选择单一税率，即所有商品都按相同税率征收；一般商品税如果选择差别税率征收，即对于不同商品按不同税率征收。在实行一般商品税的情况下，如果选择差别税率，从资源配置的效率角度分析，对资源配置的影响相当于选择性商品税。因为差别税率影响到不同商品的比价关系，从而影响到由市场决定的商品选择，在市场所决定的资源配置处于最优的情况下，将使资源偏离最优配置状态。

### （四）价格弹性

实行差别税率的一般商品税和选择性商品税比较，从资源配置的效率角度分析，具有相似的影响，因此劣于实行单一税率的一般商品税。为减少效率损失，应选择单一税率的一般商品税。但如果必须实行差别税率的一般商品税或选择性商品税，那么，依据反弹性法则选择征税商品或设计差别税率，才能够减少效率损失。所谓反弹性法则也就是征税商品选择或税率高低差异应同价格弹性相反，选择价格弹性大的商品不征商品税，或按较低税率征收，而选择价格弹性小的商品征收商品税，或按较高税率征收，可以达到减少对市场决定的经济干扰，减少效率损失的目的。

## 二、税收杠杆与经济效率

在市场对经济资源有效配置的情况下，税收征收将使资源偏离最优配置状态，导致效率损失。因此，税收应保持中性，以减少效率损失。但在市场对经济资源配置低效或无效的情况下，税收征收有可能改善资源配置状况，提高配置效率。因此，应发挥税收在合理配置资源方面的杠杆作用。税收在资源配置方面的杠杆作用主要反映在以下四个方面。

（一）纠正外部成本和收益

在市场经济条件下，由于外部经济的影响，企业的会计成本和收益不能真实反映企业的实际成本和收益，因而会使企业决策偏离有效资源配置状态，导致效率损失。从提高资源配置效率角度考虑，应选择对产生外部成本的产品征税，或税率高于一般产品，以税收来反映企业外部成本；对产生外部收益的产品补贴，或税率低于一般产品，以补贴来反映企业外部收益。从而纠正企业的决策偏差，提高资源配置效率。

（二）配合价格平衡供求

在市场经济条件下，由于一部分行业和产品具有自然垄断的特点，而一部分行业和产品又需要实行保护，因此，市场经济是一个不完全竞争的市场。在不完全竞争市场，由国家对一些行业和产品制定垄断价格和保护价格就不可避免。国家定价虽然体现了国家的价格政策，但也会使国家定价产品发生偏离由市场决定的资源配置效率。如果价格定得高，一方面使高价产品的边际收益大于边际成本而扩大产出，另一方面因价高而使产品消费减少，出现供过于求；如果价格定得低，又会出现相反的情况。通过选择性税收和差别税率，对高价产品实行高税，低价产品实行低税，可以弥补国家定价的部分局限，改进资源配置效率。因此，选择性商品税和差别税率是配合政府定价，弥补价格缺陷的一种政策手段。

（三）以税代费调节资源级差收益

资源作为一种商品，有它的价格，因此，对于使用矿产、土地等自然资源应实行有偿收费，并按市场原则制定资源使用价格。否则使用资源的企业就不能真实反映生产成本，使企业决策偏离资源有效配置状态。同时，为了使资源收益归国家所有，也可以以税代费，以资源征税来调节资源级差收益，促使企业节约资源使用，合理资源配置，提高资源使用和配置效率。

（四）有益商品和有害商品的税收引导

对于有益商品和有害商品除了行政和法律上的支持和限制，也可以在税收上区别对待，以鼓励有益商品发展，限制无益和有害商品发展。

## 第四节　税收成本效益

税收经济效率是从资源配置角度，分析税收对资源配置的影响；而税收行政效率是从税收行政管理角度，分析税收投入和产出关系。下面分析税收行政效率。

## 一、税收成本

税收成本是指为取得税收而必须付出的代价，即税收制度的运行费用，税收效益是指税收收入。税收的效率，从资源配置角度来讲，就是要尽可能减少超额负担，或者尽可能增加负超额负担；而从成本效益角度来讲，就是要尽可能减少税收成本，或者尽可能增加税收收入。

税收成本，即税收制度的运行费用，包括征税费用和纳税费用两方面的费用支出。税收的征税成本是指政府税务部门为行使征税职责而发生的各种费用支出，包括税务部门的人员经费、公用经费和建设费用。如用于保存记录、检查账目、印制有关票据、支付税务人员工资，为税务人员提供相关设备等支出，均为征收成本。税收的纳税成本是指纳税义务人为履行纳税义务而发生的各种费用支出，包括纳税人为处理纳税事务而发生的人员经费和公用经费等直接费用支出，以及为纳税而承受的间接费用支出。纳税费用主要可归纳为以下四种情况：第一，在自行申报纳税制度下，纳税人首先要对其在本纳税期限内的应税事项向税务机关提出书面申报，并按期缴纳税款。在这一过程中，纳税人要投入一定的人力、物力和财力，花费一定的时间。第二，纳税人按税法要求，必须进行业务登记、保持完整的账簿。第三，纳税人为了正确地执行比较复杂的税法，要聘请税务顾问；在发生税务纠纷时，还要聘请律师，准备翔实的材料。第四，纳税人为了在不违反税法规定的同时，尽量减少纳税义务，需要组织人力进行税收规划。

税收的征税费用一般比较直观，也易于掌握，能够从税务行政部门的预算支出中得到现成的统计资料；而税收的纳税费用一般比较隐蔽，也不易掌握，因为纳税人办理纳税事宜可以由税务代理部门代理办理，也可以由纳税人自己完成。由税务代理部门代理，费用支出还比较清楚，但纳税人自己完成，不可能单独核算，难以统计。而纳税间接费用就更加难以掌握。因此，税收成本一般只是统计征税费用，并把征税费用和税收收入对比，得出征收费用率，作为反映税收征收管理效率的主要依据。如果有条件，还可以进一步按税种计算征税费用率，作为比较不同税种征收管理效率的主要依据。

## 二、影响税收成本的主要因素

税收成本是衡量税务行政效率的主要指标和依据，因为在税收收入确定的情况下，主要通过降低税收成本费用来提高税务行政效率。税收成本费用受多方面因素影响决定，但这些因素可以归纳为税法制度和税务行政两方面的因素。

### （一）税法制度

影响税收成本的税法制度因素主要表现在两个方面，即税收法律的复杂性和税制结构类型。

1. 税收法律的复杂性对税收成本的影响

税法既是税务行政部门履行征税职责的法律依据,也是纳税人履行纳税义务的法律依据,税收法律的复杂性自然就会影响到税务行政部门征税和纳税人纳税两方面成本。因此,简化税法能够降低税收成本,而增加税法复杂性也会增加税收成本。影响税法复杂性的最主要因素是税收特别条款。一般来说,基本税法在它实施的有效期内是不会变化的,相对稳定,也比较简单。但由于地区、企业、个人的情况千差万别,比较原则性的基本税法不可具体操作实施,需要制定实施细则。由于基本税法和实施细则颁布后,为适应经济情况的不断变化和税法实施中不断出现的新的问题,需要不断补充新的条款。由于根据国家政策要求和纳税人的客观实际,也需要制定特别优惠措施,这一切都增加了税法的复杂性,给税法实施带来了难度。因此,随着社会经济发展,税法制度愈加严密复杂,税收成本也会有所增加。

2. 税制结构类型对税收成本的影响

虽然税法制度的复杂程度会影响到税收成本,但在同等复杂的税法制度上,由于税收种类不同,税收成本也会不同。

(1) 流转税的税收成本低于所得税。因为流转税的核算、征收、管理要比所得税简单。在流转税内部,增值税的成本又要高于其他流转税,主要也是因为增值税在核算、征收、管理方面相对比较复杂。

(2) 对企业征收的税收成本低于对个人征收的税收成本。对企业征收的税收成本低不但是因为企业税源比较大,可以发挥征税的规模效应,而且企业制度比较健全,征收、管理比较方便。对个人征收的税收成本高,主要是因为个人税源比较小,征收管理比较困难。

(3) 在城市征收的税收成本低于在农村征收的税收成本。这是因为城市税源大而集中,征收管理方便;农村税源小而分散,征收管理难度较大。

由于不同类型税种的税收成本不同,因此,不同结构类型税制的税收成本也不同。以流转税为主体的税制结构,税收成本低于以所得税为主体的税制结构;以企业税收为主体的税制结构,税收成本低于以个人税收为主体的税制结构。

(二) 税务行政

影响税收成本的税务行政因素主要涉及机构设置、人员素质和技术手段。

1. 机构设置对税收成本的影响

由于税务行政部门的征税费用主要由人员经费、公用经费和建设费用构成,而税务机构设置同这些费用具有密切联系。对机构设置影响比较大的是税收管理体制。在分税制改革以前,由于按税收收入在中央和地方之间划分各自收入,地方只设单一的税务征管机构。实行分税制后，要按税种划分中央和地方各自收入，需要在地方设立国税征管机构和地方税征管机构，分别履行中央税和地方税的征收管理职责。机构分设后，人员编制、公用经费和建设投资费用都将增加。同时，机构设置、布局是否合理都对税收成本产生影响。

2. 人员素质对税收成本的影响

税务行政费用支出主要取决于税务行政效率，税务行政效率除了税收管理体制和机构设置、布局因素以外，最重要的是税务行政人员的素质。提高税务行政人员的素质，不但可以提高工作质量，也可以提高工作效率，减少人员，节约支出。

3. 技术手段对税收成本的影响

运用现代化的税收征管手段，特别是信息管理手段，不但是技术经济发展的内在要求和必然趋势，也可以提高征管质量，提高征管工作效率，减少人员经费支出。但运用现代技术手段需要投资，税收成本具体取决于技术手段的投资成本和提高工作效率节约的费用支出之间的关系。

## 三、提高税务行政效率的主要途径

由于已经分析了影响税收成本的主要因素，因此，提高税务行政效率就在于采取有效措施，控制影响税收成本的主要因素。这些措施可归纳为：在保证税收收入和提高税收质量的前提下，简化税制、严密税法、减少税收漏洞、合理设置机构、提高人员素质、改进征管手段、加强征收管理、提高工作效率，以达到降低税收成本，提高税收效益的目的。

## 本章小结

税收效率包括提高资源配置效率和减少效率损失两个方面。税收对资源配置的效率取决于经济条件，在市场所决定的资源配置处于有效的情况下，税收征收将导致效率损失，因此，税收应尽可能保持中性。就商品税和所得税而言，所得税优于商品税；就一般商品税和选择性商品税而言，一般商品税优于选择性商品税；在实行选择性商品税和差别税率的情况下，应依据反弹性法则选择征税商品或设计差别税率，才能够减少效率损失。在市场对经济资源配置低效或无效的情况下，税收征收有可能改善资源配置状况，提高配置效率。税收在资源配置方面的杠杆作用主要为纠正外部成本和收益、配合价格平衡产销供求、以税代费调节资源级差收益、有益商品和有害商品的税收引导。税收行政效率是从税收行政管理角度，分析税收投入和产出关系。影响税收成本的主要因素有税法制度、机构设置、人员素质和技术手段，提高税务行政效率的主要措施为简化税制、严密税法、减少税收漏洞、合理设置机构、提高人员素质、改进征管手段、加强征收管理、提高工作效率。

## 思考题

1. 什么是超额负担？征税如何产生超额负担？
2. 税收怎样改善资源配置效率？
3. 对于存在外部成本的商品应如何设计税制？
4. 对于存在外部收益的商品应如何设计税制？
5. 对于有益(有害)商品税收应如何引导？
6. 在什么情况下税收应保持中性？
7. 在市场有效情况下应如何选择税种？
8. 在市场有效情况下应如何选择商品税税基？
9. 在市场有效情况下应如何选择商品税税种？
10. 在市场有效情况下应如何确定商品税税率？
11. 如何以税代费调节资源级差收益？
12. 什么是税收成本？影响税收成本有哪些主要因素？
13. 如何提高税务行政效率？

# 第三章　税收公平

税收公平主要分析在市场所决定的个人收入分配前提下，税收对个人收入分配的影响，以及如何通过所得税、商品税、社会保险税和财产税来改善市场所决定的个人收入分配状况。但税收在实现公平目标时又必须考虑效率目标，为此，也需要进一步分析研究最优税收，即如何在实现税收的公平目标时兼顾效率，或在实现税收的效率目标时兼顾公平。

## 第一节　税收公平原则

税收的公平原则是就收入分配而言的，也就是税收对收入再分配应依据公平准则或公平目标。

### 一、公平标准

从收入再分配方面来说，税收对收入再分配所依据的准则或所要实现的目标是公平。然而，由于对公平的不同角度的认识，形成了对公平不同的理解和衡量标准，主要有机会标准、效用标准和均等标准这三种标准。

（一）机会标准

公平的机会标准事实上指的是机会均等标准，按这样的标准，在市场经济中每一个社会成员都具有同等的权利和机会来参与市场竞争，即使竞争的结果由于个人之间在智力、体力、偏好（个人在工作和闲暇之间选择）上的差异而导致分配上的差异，那么这种分配上的差异也被认为是公平的。这种机会均等标准以禀赋原则为基础，主张个人对自身努力所取得的成果应具有当然的权利，而政治制度应保障个人这种合法权益。机会均等标准是以参与竞争的权利和机会是否均等为公平分配的基础，因此，只要个人参与竞争的权利和机会是均等的，不管收入分配的结果差异如何大，都被认为是公平的；反之，参与竞争的权利和机会是不均等的，不管收入分配的结果差异如何小，也被认为是不公平的。

（二）效用标准

公平的效用标准事实上是社会效用极大化标准，即公平收入分配应使社会效用极大化。由于个人总效用随个人收入增加而递增，边际效用随个人收入增加而递减，因此，个人收入水平越高，边际效用越低，而个人收入水平越低，边际效用越高。因此，如果个人之间存在收入分配差异，只要将高收入者的收入转给低收入者使用，在社会总收入不变的前提下就能增加社会总效用，从而增加社会福利，一直到社会成员的个人边际效用完全相等，社会效用达到极大化。因此，按效用标准，只有在社会成员的个人边际效用完全相等时，收入分配才是公平的；反之，则可以通过收入再分配来增加社会效用，增加社会福利。

（三）均等标准

公平的均等标准从极端意义上来讲，是指均等财富或均等收入分配，或者称为平均主义分配。因为，既然社会生活中的每个人都应有同等价值，那么，每个人都应得到同等的福利，否则，社会收入或财富分配就是不公平的。

均等标准和机会标准是两种完全不同的公平观。按机会均等标准，公平分配在于分配的前提，只要机会是均等的，即使社会收入或财富分配存在极大差异也被认定为是公平的，这种公平也可以称为公平竞争；按均等标准，公平分配在于分配的结果，只要社会收入或财富的分配结果存在差异，不管这种分配的前提条件如何，都被认定为是不公平的。均等标准和效用标准是两种相近的公平观，分别以收入、财富和边际效用相等作为衡量公平的标准。在个人效用曲线相同的情况下，均等标准和效用标准是一致的。因为，在个人效用曲线相同的情况下，当个人边际效用相同时，社会效用极大化，个人收入也均等化；在个人效用曲线不一致的情况下，个人的边际效用相等，达到社会效用极大化，但个人收入没有均等化。极端均等标准是均等收入或财富，除此以外，非极端的和比较缓和的均等标准，并不要求收入和财富的分配绝对平均，但从人道主义角度考虑，既承认收入和财富差异，又要缩小这种差异，并保证每个社会成员生存权利，即社会成员都必须具有为生存而必需的基本收入或财富。

## 二、税收公平原则

税收是在市场对个人收入分配已经决定的前提下，对个人收入进行的再分配。在市场经济条件下，个人收入的初次分配是按要素报酬进行。劳动取得工资，资本取得利息和股息，土地供应取得地租。个人的劳动能力、拥有资本规模大小直接决定了个人收入水平和收入结构。由市场决定的个人收入分配从公平分配的意义上来看存在很大的局限性，这种市场分配的缺陷也不可能由市场本身解决，需要由政府主要运用税收来予以解决。从纠正市场分配的缺陷考虑，税收的公平原则应是创造平等竞争环境，按受益征税，依据能力负担，可以概括为竞争原则、受益原则和能力原则。

（一）竞争原则

税收的竞争原则是着眼于收入分配的前提条件，通过税收为市场经济的行为主体，即企业和个人创造竞争环境，鼓励平等竞争。由于按公平的机会标准是创造平等竞争的机会，因此，在市场已经为行为主体提供了平等竞争的环境下，税收应不干预经济活动。对于因市场的缺陷，而无法为行为主体提供平等竞争环境的前提下，税收应为行为主体的平等竞争创造条件。如由于企业资源条件差异、行业垄断、个人的遗产继承等原因而导致不平等竞争，形成收入和财富的差异，税收应对形成不平等竞争和收入财富差异的条件进行调节，促进平等竞争，实现平等竞争的目标。

（二）受益原则

税收的受益原则是根据市场经济所确立的等价交换原则，把个人向政府支付税收看作是分享政府提供公共品利益的价格，因此，个人税收负担应根据各人分享的公共品受益大小来确定。按受益标准，征税和受益应是对等的。对于从政府提供公共品受益多的人，应承担较多的纳税义务；反之，则应承担较少的纳税义务。受益原则的运用是假定市场所决定的收入分配是合理的，税收分配是一种资源的转移，因此需依据对等原则进行。受益原则作为政府征税的依据，作为解释税收存在原因自有它的理论意义。但是，由于公共品受益的非排斥性特点，使公共品受益边界无法确定，即无法确定谁受益，受益多少，从而无法通过竞争价格由市场提供，因此，受益标准作为一般原则无法在实践中推行。但在特定情况下，以税代费，按受益标准征税也是可行的。主要是对于部分由政府提供的准公共品，这些公共品受益边界较为清楚，消费的竞争性又较强，由于受收费效率原因而征税，谁受益、谁纳税，并按受益大小确定纳税，可以提高分配效率。

（三）能力原则

税收的能力原则是以个人纳税能力为依据行使征税。由于公平的均等标准是均等个人收入和财富的分配，或缩小个人收入和财富的分配，而由市场决定的个人收入和财富分配的结果必然不符合均等标准。因此，以个人收入或财富作为衡量能力的标准，按个人纳税能力行使征税，使负担能力比较强的人承担较多的纳税义务，负担能力比较弱的人承担较少的纳税义务，通过税收调整个人收入和财富分配结果，实现均等收入的公平目标。能力原则包括普遍征税和能力负担两个方面。

1. 普遍征税

依据普遍征税原则，市场经济中的行为主体凡是具有纳税能力的都必须普遍征税，消除税收上的一切特权。同时，排除对不同行为主体的区别对待，以及对某些行为主体不应有的减税和免税，并制止和消除逃避纳税行为的发生，使税收普及于税收管辖权下的一切行为主体，包括自然人和法人，体现在税收法律面前人人平等的这样一种平等思想。普遍征税主要是强调税收的横向公平。

2. 能力负担

依据能力负担原则，凡是具有同等负担能力的纳税人应同等纳税，以体现税收的横向公平；凡是具有不同负担能力的纳税人应区别纳税，以体现税收的纵向公平。税收的横向公平和纵向公平都涉及负担能力的指标选择。反映个人纳税能力的指标主要有收入、支出、财富三种。

(1) 以个人收入为衡量纳税能力指标。个人收入是个人货币收入的统称，包括工资、薪金、利息、股息、租金等收入。个人收入反映了个人的纳税能力，同样收入的纳税人可以被看作具有同等纳税能力，而不同收入的纳税人可以被看作具有不同纳税能力。以个人收入作为衡量个人纳税能力的指标，具有资料全面、基础广泛、易于掌握的特点。然而，由于具有同等能力的个人因不同偏好，如对劳动和闲暇的选择偏好不同，从而具有不同收入，同样收入的纳税人因不同的个人情况，如独身和已婚、少子女和多子女、健康和疾病等差异，从而具有不同的纳税能力，因而给纳税能力的确定也带来了技术上的困难。

(2) 以个人支出为衡量纳税能力指标。个人支出是个人收入扣除个人储蓄后的余额。在净储蓄为正值的情况下，个人支出小于个人收入；在净储蓄为负值的情况下，个人支出大于个人收入。个人支出也反映了个人的纳税能力，同样支出的纳税人可以被看作其有同等纳税能力，而不同支出的纳税人可以被看作具有不同纳税能力。以个人支出作为衡量个人纳税能力的指标同以个人收入作为衡量个人纳税能力的指标比较，同样具有支出相同的纳税人因个人情况不同而给个人纳税能力的确定带来技术上的困难的问题。所不同的是以个人支出为衡量个人纳税能力指标，在基础上不如收入广泛，一般由于储蓄因素使支出小于收入；在管理上不如收入易于掌握，这是因为收入相对集中，而支出极其分散。

(3) 以个人财富为衡量纳税能力指标。个人财富是个人收入的积累，有动产和不动产，有形财产和无形财产，自有财产和转移财产(如财产赠与、继承等)之分。同以收入和支出为衡量个人纳税能力指标比较，在基础上财富不如收入广泛，在管理上财富也比收入、支出更不易掌握，特别是动产或无形财产。

从收入、支出、财富三种指标比较分析，相对而言，收入基础广泛，管理上可行，是反映个人纳税能力的最主要的指标。而支出、财富也是反映个人纳税能力的重要指标。因此，公平税收应主要以个人收入为课税基础，同时，还可以选择支出和财富为课税基础。

# 第二节　税收公平影响

在现代市场经济的税收制度下，对个人收入分配产生影响的税种主要有三种类型：直接对个人所得征收，对个人收入分配产生直接影响的个人所得税；间接对个人所得征收，对个人收入分配产生间接影响的商品税；专款专用、对个人收入分配产生辅助影响的社会保险税和对历年财富积累征收的财产税。

## 一、所得税的个人收入分配影响

个人所得税是对个人所得课征的一种税，个人所得税征收减少个人可支配收入，既减少个人收入水平，也调整个人收入结构，影响个人间收入差异。个人所得税主要是从税基、税率和征税方式三个方面对个人收入分配产生影响。

### （一）税基对个人收入分配的影响

个人所得税的税基是应税所得，应税所得是个人所得减去扣除项目。在计算应税所得时，一般有两种扣除方法，即标准扣除和分项扣除。标准扣除是按固定数额扣除，分项扣除是按项目扣除。在对个人所得进行标准扣除情况下，由于不同所得的个人按同样标准数额扣除，一般低收入者扣除比例高于高收入者。即使在比例税率下，也具有累进征收的特点，以利于缩小高收入者和低收入者之间的收入差异。在对个人所得进行分项扣除的情况下，由于是选择项目进行扣除，因此，对个人收入分配的影响取决于扣除项目的选择。如果是选择同个人生活基本支出有关的费用项目进行扣除，有利于减少低收入者纳税，缩小高收入者和低收入者之间的收入差异。

### （二）税率对个人收入分配的影响

个人所得税的税率是税额与个人收入的比例，一般有比例税率和累进税率两种税率形式。在比例税率情况下，对于取得不同收入的个人，按同样比例征收，只影响个人收入水平，不改变个人收入分配结构，即高收入者和低收入者之间的收入差异。在累进税率情况下，由于税率随个人收入增加而递增，低收入者按比较低的税率计算征税，而高收入者按比较高的税率计算征税，不但影响个人收入水平，也改变个人收入分配结构，缩小高收入者和低收入者之间的收入差异。累进税率幅度越大，个人所得税的再分配功能也越强。

### （三）征税方式对个人收入分配的影响

个人所得税的征税方式一般有综合所得税和分类所得税两种征税方式。在分类所得税的情况下，如果对工资所得和资本所得在税收上区别对待，使工资所得税率低于资本所得税率，由于个人收入差异主要在于资本所得，区别对待的税收也能够改变个人收入分配结构，缩小高收入者和低收入者之间的收入差异。在综合所得税的情况下，只能以税基确定和税率形式选择对个人收入分配产生影响，综合所得税本身不能体现对不同所得在税收上的区别对待。相对于分类所得税，综合所得税由于把个人各种收入汇总，统一按综合税率计算征收，更为公平、合理。

（四）负所得税对个人收入分配的影响

负所得税是在征收所得税的情况下，对于个人所得低于平衡所得，计算给予补助的方法。平衡所得是指由政府部门确定的，既不纳税，又不享受补助的收入点。负所得税的基本计算公式为：$P=tY-B$，其中$B$为基本补助金，$t$为税率，$Y$为个人收入，$P$为补助或纳税，正数代表纳税，负数代表补助。在负所得税的情况下，由于收入低于核定水平，可以享受补助，补助额度同收入成反向运动，即在收入低于平衡所得时，收入越低，补贴越多。负所得税加强了所得税对个人收入再分配的效果。

## 二、商品税的个人收入分配影响

商品税是对企业销售商品所取得的收入，或对个人购买商品所支付的金额征收的一种税。由于商品税作为间接税是可以转嫁的，因此，商品税征收既减少个人购买能力，也调整个人消费结构。商品税可分为一般商品税和选择性商品税，两种商品税对个人收入分配产生不同影响。

（一）一般商品税对个人收入分配的影响

一般商品税是对商品实行普遍征收的一种商品税。假定对商品实行普遍征税，又按相同的税率征收，在商品税可以转嫁的情况下，普遍地提高了商品的销售价格，或个人购买商品的货币支付。因此，一般商品税减少个人商品购买能力，相当于减少个人收入水平，产生税收的收入效应。一般商品税对个人收入再分配效果被认为是累退的。这是因为随个人收入增加，边际消费倾向递减，收入中用于消费部分减少，在按比例对个人消费征收商品税的情况下，商品税占个人收入比重随收入增加而递减，从而扩大高收入者和低收入者之间的收入差异。一般商品税对个人收入分配的影响是基于一般商品税是可转嫁的税种，如果一般商品税不能转嫁，那么，一般商品只是对企业的收入再分配，而不是对个人的收入再分配。

（二）选择性商品税对个人收入分配的影响

选择性商品税是选择部分商品征收商品税。选择性商品税对个人收入分配的影响主要取决于选择哪些商品征税。如果选择非生活必需品和奢侈品征税，那么，可以使选择性商品税对个人收入分配产生累进效果。这是因为随个人收入增加，个人收入中用于购买生活必需品的比重减少，而用于购买非生活必需品和奢侈品的比重增加。因此，选择非生活必需品和奢侈品征税，使选择性商品税占个人收入比重随个人收入增加而递增,使按比例征收的选择性商品税产生累进效果,从而缩小高收入者和低收入者之间的收入差异。如果选择生活必需品征税,那么,对个人收入分配将比一般商品税产生更强烈的累退效果。如果实行一般商品税,但按差别比例税率征收,在调整个人之间收入差异方面将同选择性商品税产生同样的收入分配效果。选择性商品税对个人收入分配的影响也是基于选择性商品税是可转嫁的税种,否则,选择性商品税也只是对企业收入分配。

## 三、社会保险税的个人收入分配影响

社会保险税是对个人或企业所得征收,专款用于医疗保险、失业救济、退休养老等社会保障事业的税收。社会保险税对个人收入分配的影响取决于纳税人的选择,社会保险税可以选择个人或企业征税。

### (一) 对个人征税的个人收入分配影响

对个人收入征收社会保险税,直接减少个人收入水平,但对个人收入结构,即对个人之间收入差异的影响,取决于征税项目的选择。如果是以个人综合所得为课税对象,按比例征收,社会保险税对个人产生收入分配的比例效果;按累进征收,社会保险税对个人产生收入分配的累进效果。如果以个人工薪所得为课税对象,按比例征收,社会保险税对个人产生收入分配的累退效果。因为低收入者的收入主要来自工薪所得,而高收入者的收入主要来自资本所得,以工薪所得为课税对象,扩大了高收入者和低收入者之间的收入差异。

### (二) 对企业征税的个人收入分配影响

对企业征收的社会保险税对个人收入分配的影响取决于社会保险税的负担归宿,如果通过提高商品价格或减少职工工资,由消费者或职工负担,社会保险税对个人产生收入分配的累退效果;如果由企业所有者负担,社会保险税对个人产生收入分配的累进效果。

以上社会保险税对个人收入分配影响只从收入角度考虑,而没有考虑社会保险税的支出,如果考虑社会保险税的支出主要用于低收入者,社会保险税将减少对个人收入分配的累退性,或增加对个人收入分配的累进性。

## 四、财产税的个人收入分配影响

财产税可分为财产收益税、财产占有税和财产转移税。对财产征税一般会产生调节财产所有者和非财产所有者之间的收入再分配效果。

### (一) 财产收益税对个人收入分配的影响

它是对财产出租取得收入征税,对财产收益征税会产生与所得税相近的收入分配效果，缩小财产所有者与非财产所有者之间的收入差异。

（二）财产占有税对个人收入分配的影响

它是对财产所有或占有征税，一般是对不动产从量定额征税，如土地税、房产税。由于一般不能用财产来抵缴税款，财产占有税也会缩小财产所有者与非财产所有者之间的收入差异。

（三）财产转移税对个人收入分配的影响

它主要是指遗产赠与税。财产转移税如果用收入缴税，会缩小财产继承或受赠者与非继承受赠者的收入差异。财产转移税如果用财产抵税，会起到减少财产集中程度的作用。

## 第三节 税收公平选择

具有收入再分配功能，实现公平的税收制度必须是具有一定累进程度的累进税制。所谓累进税制是指在一种税制下，收入水平较高、消费支出较大、拥有财富较多的个人或家庭比收入水平较低、消费支出较小、拥有财富较少的个人或家庭，支付的税额占其收入、消费或财富的份额较高。累进税制包括累进所得税、累进消费税和累进财富税。

### 一、累进所得税与公平分配

由于累进所得税随个人收入增加，税收占个人收入比例递增，因此，高收入者纳税占其收入比例高于低收入者。对个人收入征收累进所得税，可以缩小税后高收入者和低收入者之间的收入差异，达到均等收入的公平分配目标。所得税的累进程度越大，收入分配越趋于公平，累进所得税与转移支付结合运用能进一步增强收入分配的公平性，如表 3－1 所示。

**表 3－1 累进所得税与公平分配**

| | 第 1 组 | | 第 2 组 | | 第 3 组 | | 第 4 组 | |
|---|---|---|---|---|---|---|---|---|
| | 数量 | 百分比 | 数量 | 百分比 | 数量 | 百分比 | 数量 | 百分比 |
| 人口 | 25 | 25 | 25 | 25 | 25 | 25 | 25 | 25 |
| 税前收入 | 10 | 10 | 20 | 20 | 30 | 30 | 40 | 40 |
| 税后收入 | 9 | 12.86 | 16 | 22.86 | 21 | 30 | 24 | 34.29 |
| 转移支付后收入 | 19.5 | 19.5 | 24.5 | 24.5 | 27.5 | 27.5 | 28.5 | 28.5 |

表 3－1 为累进所得税与公平分配关系表。现将社会人口按等额分成四组，每一组人口占社会总人口的 25％。由市场经济决定的收入分配为税前收入，第 1 组 25％的人口拥有全社会收入的 10％；第 2 组 25％的人口拥有全社会收入的 20％；第 3 组 25％的人口拥有全社会收入的 30％；第 4 组 25％的人口拥有全社会收入的 40％。四组人口的收入比为 1∶2∶3∶4，最低收入组与最高收入组收入之比为 1∶4，说明高低收入组之间收入差异较大。现按累进所得税对个人收入征税，在不考虑税收返还的情况下，第 1 组至第 4 组各组个人收入的税率分别为 10％、20％、30％、40％。税后第 1 组至第 4 组个人收入占全社会收入的比重分别为 12.86％、22.86％、30％和 34.29％，税后 4 组人口的收入比为 1∶1.78∶2.33∶2.67，最低收入组与最高收入组收入之比由税前的 1∶4 降为税后的 1∶2.67，税后高收入组与低收入组之间收入差异比缩小。如果在累进所得税的情况下，进一步考虑税收转移支付，假定转移支付按第 1 组至第 4 组各组税收返回分别为 10.5、8.5、6.5 和 4.5，在 30 的税收实行转移支付后，第 1 组至第 4 组个人收入占全社会收入的比重分别为 19.5％、24.5％、27.5％和 28.5％，实行转移支付后，最低收入组与最高收入组收入之比由转移支付前的 1∶2.67 进一步降为转移支付后的 1∶1.46，转移支付后高收入组与低收入组之间收入差异进一步缩小。

## 二、选择性商品税与公平分配

选择性商品税包括选择部分商品征税和实行差别税率两种情况。由于商品税按比例征收，在个人边际消费倾向递减的情况下，随个人收入增加边际消费支出递减，商品税占收入比重下降，使商品税比例征收具有累退特点。如果选择高收入者较多使用的商品征税，或对高收入者较多使用的商品征收较高的比例税率，能使商品税比例征税产生累进的效果。如对生活必需品不征税，只选择非生活必需品和奢侈品征税，或对生活必需品按低税率征收，对非生活必需品和奢侈品征税按高税率征收，可以减少税后高收入者和低收入者之间的收入差异，在一定程度上实现公平收入分配目标，如表 3－2 所示。

**表 3－2 商品税的累进性**

| 个人收入 | 100 | 200 | 300 | 400 | 500 |
|---|---|---|---|---|---|
| 非必需品支出 | 10 | 40 | 90 | 160 | 250 |
| 应纳税收 | 2 | 8 | 18 | 32 | 50 |
| 税收/收入 | 2％ | 4％ | 6％ | 8％ | 10％ |

表 3－2 为商品税的比例征收和累进特点。假定 5 位个人的收入分别为 100、200、300、400 和 500，由于随收入增加用于非必需品的支出递增，在 5 位个人用于非必需品支出的比例分别为 10%、20%、30%、40%和 50%的情况下，支出分别为 10、40、90、160 和 250。在对非必需品消费按 20%比例税率征税的情况下，5 位个人非必需品支出纳税分别为 2、8、18、32 和 50，5 位个人税收占收入比例分别为 2%、4%、6%、8%和 10%。在对非必需品按 20%比例税率征税的情况下产生了累进的效果。

实现均等收入分配目标，从商品税来讲取决于选择性商品税所选择的商品和税率幅度，只有选择非生活必需品征税，并对奢侈品按较高税率征收，才能使选择性商品税具有累进税制特点，促进个人收入公平分配。在商品税为主导地位的发展中国家，由于个人所得税规模过小，制度不完善，多为分项课征，在公平分配矛盾突出时，运用商品税进行适度的间接再分配也是必要的。

## 三、社会保险税与公平分配

现行国际上通行的社会保险税如果仅从收入角度考虑，由于社会保险税一般按工资收入比例征收，随个人工资收入增加，税收占工资比例没有上升，随个人非工资收入上升，因而税收占个人总收入比例反而下降，使比例征收具有累退特点。社会保险税如果从支出角度考虑，则对个人收入公平分配具有重要意义。因为社会保险税给个人失业救济、退休养老、医疗保险提供了资金来源，使个人基本生活得到社会保障。现行的社会保险税缴纳和社会保障利益享受之间仅存在较小的联系，从其用途来看，社会保险支出却具有十分明显的收入再分配性质，如表 3－3 所示。

**表 3－3 社会保险税的累退性和社会保险体系的累进性**

| 个人总收入 | 100 | 200 | 300 | 400 | 500 |
|---|---|---|---|---|---|
| 个人工资收入 | 90 | 160 | 210 | 240 | 250 |
| 社会保险税 | 9 | 16 | 21 | 24 | 25 |
| 社会保险利益 | 28.5 | 23.75 | 19 | 14.2 | 9.5 |
| 社会保险净利益 | 19.5 | 7.75 | －2 | －9.8 | －15.5 |
| 社会保险税/个人收入 | 9% | 8% | 7% | 6% | 5% |
| 社会保险净利益/个人收入 | 19.5% | 3.875% | －0.67% | －2.45% | －3.1% |

表 3－3 为社会保险税的累退性和社会保险体系的累进性关系。假定 5 位个人总收入分别为 100、200、300、400 和 500，其中，工资收入占总收入比重随总收入增加而递减，5 位个人工资收入占总收入比重分别为 90%、80%、70%、60%和 50%。个人工

资收入分别为90、160、210、240和250。在社会保险税按工资收入的10%征税的情况下,5位个人的社会保险税分别为9、16、21、24和25,社会保险税占个人总收入的比例分别为9%、8%、7%、6%和5%,反映为社会保险税具有累退性。但考虑到个人从社会保险支出的利益随收入增加而递减,假定5位个人的社会保险利益分别为税收的30%、25%、20%、15%和10%,在社会保险税为95的情况下,5位个人的社会保险利益分别为28.5、23.75、19、14.2和9.5,个人社会保险利益减税收的净利益分别为19.5、7.75、-2、-9.8和-15.5,占个人总收入的比重分别为19.5%、3.875%、-0.67%、-2.45%和-3.1%,从而使社会保险体系具有累进性。

因此,要使整个社会保障体系具有累进性,发挥公平分配功能,应改变社会保险税累退性和加强社会保险税支出的累进性。从社会保险税来说,个人由工资收入扩大到非工资收入,企业由按工资征收改为按利润征收。从社会保险税支出来说,应扩大对低收入人口的社会保障项目和资助力度。

### 四、财产税与公平分配

依照纵向公平原则,应对财产征收累进税。虽然从财产税在税制体系中的地位看,收入意义不大,但财产税对增加整个税制结构的累进程度具有很大意义。因为财产税一般只由社会上最富有的少数人缴纳,虽然财产税总收入额很小,但财产税占纳税人的收入比例并不低。此外,财产税还是所得课税必要的补充,因为所得税无法对尚未实现的资本利得征税,而财产税由于包括对资本利得征税,可以弥补所得税的缺陷。

## 第四节 最优税收

效率和公平是税收政策和制度设计的两个基本准则,即税收应同时符合效率和公平目标。但效率和公平目标往往是冲突的,提高效率往往以牺牲公平为代价,而实现公平也往往以牺牲效率为代价。因此,要同时实现税收的效率和公平目标,必须在两者之间作出权衡,牺牲部分效率以换取公平目标的实现,或牺牲部分公平以换取效率目标的实现。最优税收就是同时实现效率和公平目标的权衡。

### 一、最优商品税

政府在制定商品税政策和设计商品税制度时首先需要解决的是:在收入既定的情况下使税收超额负担极小化,以实现税收的效率目标;同时,为兼顾税收的公平目标，如何在实现公平和牺牲效率之间权衡。

（一）商品税的效率分析

在有关商品税超额负担的分析中，我们已经得出了这样的结论：选择性商品税与单一税率的一般商品税比较，选择性商品税改变由市场所决定的个人消费选择和企业生产选择，引起超额负担导致效率损失，因此，从效率角度分析单一税率的一般商品税优于选择性商品税。而选择性商品税与实行差别税率的一般商品税比较，从资源配置的效率角度分析，具有相似的影响，都会改变由市场所决定的个人消费选择和企业生产选择，因此，实行差别税率的一般商品税劣于实行单一税率的一般商品税。为减少效率损失，应选择单一税率的一般商品税。但如果必须实行差别税率的一般商品税或选择性商品税，那么，只有依据反弹性法则选择商品征税或设计差别税率，才能够减少效率损失。所谓反弹性法则，也就是征税商品选择或税率高低差异应同价格弹性相反，选择价格弹性大的商品不征商品税，或按较低税率征收，而价格弹性小的商品征商品税，或按较高税率征收，可以达到减少税收对市场的经济干扰，减少效率损失的目的。

（二）商品税的公平分析

虽然从效率角度考虑单一税率的一般商品税优于差别税率的一般商品税和选择性商品税，但从公平角度考虑实行差别税率的一般商品税和选择性商品税有可能优于单一税率的一般商品税。这是因为单一税率的一般商品税是中性税，不改变由市场所决定的个人收入分配，从经济学分析单一税率的一般商品税具有累退性，是不利于公平收入分配的。因为随个人收入增加，个人边际消费倾向递减，按比例税率征收的单一税率的一般商品税占个人收入比重也将随个人收入增加而递减，高收入者纳税占个人收入比例低于低收入者。而实行差别税率的一般商品税或选择性商品税有可能改变单一税率一般商品税的累退性，使比例税率的商品税具有累进性。这是因为商品税虽然按比例征收，但如果依据弹性法则，实行差别税率或选择性征税，对于占低收入者消费支出比重较大的必需品设计低税率或免税，而对于占高收入者消费支出比重较大的非必需品或奢侈品设计高税率征税，可以通过差别税率的一般商品税或选择性商品税来改变由市场决定的收入分配，缩小高低收入者的税率收入差距，实现税收的公平分配目标。

（三）最优商品税分析

由于从效率角度分析，为使超额负担极小化，应依据反弹性法则征税。在选择性商品税的情况下，应选择弹性小的商品征税；在一般商品税的情况下，如果实行差别税率，应使弹性小的商品税率高于弹性大的商品。而从公平角度考虑，为实现公平分配目标，应依据弹性法则征税。在选择性商品税的情况下，应选择弹性大的商品征税；在一般商品税的情况下，如果实行差别税率，应使弹性大的商品税率高于弹性小的商品。因此，上述商品税的效率和公平目标的税收政策措施相冲突，即依据反弹性法则征税同税收的公平目标相违背。因此，为了在实现税收效率目标时兼顾公平，需要对商品税的反弹性法则作出修正。假定在X和Y两种商品中，X商品是必需品，而Y商品是奢侈品，低收入阶层更多消费X商品，而高收入阶层更多消费Y商品。假定在社会福利函数中，给予低收入者的效用以较大的权数，而给予高收入者的效用以较小的权数，这样即使X商品的需求弹性比Y商品小，最优商品税也要求对Y商品以较高的税率征税，而对X商品以较低的税率征税。以较高税率对Y商品征税虽然产生了相对较大的超额负担，但是利于公平收入分配。社会可能宁愿以较高的超额负担的代价以求得更公平的收入分配。即对必需品适用低税率或免税，对奢侈品适用高税率征税。

## 二、最优所得税

政府在制定所得税政策和设计所得税制度时首先需要解决的问题是：在市场所决定的收入分配前提下，通过税收来缩小个人收入差距，以实现税收的公平目标；同时，为兼顾税收的效率目标，在实现公平和牺牲效率之间进行权衡。

### （一）所得税的公平分析

在所需的税收收入确定时，税收的公平目标是使社会效用极大化。当个人的效用函数相同时，个人的效用仅同收入有关，即个人效用函数表现为随着个人收入的增加，其总效用增加，但边际效用递减。在全社会收入总额既定的情况下，要使社会效用极大化，应使个人收入的边际效用相等。如果个人效用函数相等，则只有在个人收入水平相等时，收入的边际效用才相等。从社会效用极大化的所得税的公平目标考虑，税收政策和制度的设计应使个人税后收入分配尽可能地均等。因为高收入者的边际效用要比低收入者小，在同样税收收入的情况下，对高收入者征税导致的社会效用损失小于对低收入者征税。依据收入均等化为公平目标的所得税应实行高低税率差异悬殊的累进税。

### （二）所得税的效率分析

上述激进的累进所得税结构建立的假设条件是社会收入总额固定，税收对生产的产出没有任何影响。但从现实来看，个人的效用不仅取决于收入，还取决于闲暇。因此，所得税会扭曲工作决策并产生超额负担。这样累进所得税就不可避免地陷入两难困境：一方面要求所得税使税后收入分配均等；另一方面，由于所得税的超额负担，均等收入分配将导致社会实际收入总额下降。为此，可考虑建立一个线性所得税模型，模型考虑了个人在收入与闲暇之间的选择，线性所得税函数公式为：税收收入$=-a+tY$，其中，$-a$为政府固定补贴，$t$为税率，$Y$为个人收入。计算的结果是负数时为政府补贴数，计算的结果是正数时为向政府缴税数。线性所得税的特点是将政府补贴和比例税率结合，使税收产生累进效果。即个人收入越高，税收占个人收入比例也越高。线性所得税累进程度取决于 $a$ 和 $t$ 的值。$t$ 值越大，税制越具累进性。但较高的 $t$ 值在产生较高的累进性的同时，还产生较大的超额负担，也就是说边际税率越高，替代效应越大，超额负担也越大，经济效率损失越大。同时，边际税率高也不一定有助于收入分配公平，因为高边际税率导致的效率损失使低收入阶层所获得的免税额或补助额不能有效增加，高边际税率虽然限制了高收入者的收入水平，但无助于低收入者的福利水平的提高。

（三）最优所得税分析

最优所得税就是要寻找 $a$ 和 $t$ 的最佳组合——在课征一定数额的税收这个约束条件下能使社会效用最大化的 $a$ 与 $t$ 值。并不是边际税率越高越有利于公平收入分配，而是应找到有利于公平分配的最优税率。

所得税税率应按反弹性法则设计，则劳动供给越具弹性，$t$ 的最佳值就越低。这是因为征税会产生超额负担，劳动供给弹性越大，对劳动课税的超额负担就越大。因此，较高的劳动供给弹性意味着较高的再分配代价，所以当劳动供给弹性较高时，应该尽可能降低税率。

所得税税率设计还取决于给予低收入者与高收入者的效用以不同的社会权数时所产生的影响。给予低收入者效用的权数大于给予高收入者效用的权数，表现了更为平均主义的偏好。一个较有意义的极端例子就是最大最小准则，根据这个准则，在社会福利函数中，唯一获得所有权数的人是效用最小者。根据实证分析发现，最大最小准则要求约为 80%的边际税率。若社会有极端平均主义的目标，则要求高税率。但即使是极端平均主义也不要求税率为 100%。

如果考虑两个边际税率，可得出“倒 U 形”最适所得税率结构，即从社会公平与效率的总体角度来看，中等收入者的边际税率可以适当高些，而低收入者和高收入者应适用相对较低的税率，拥有最高所得的个人适用的边际税率甚至应当低于处于低收入阶层者的边际税率。这个结论的含义是：通过降低高收入者的边际税率，会诱使高收入者提供更多的劳动，而且，增加的税收收入可被用来降低低收入者的税收负担。重要的是，虽然边际税率随着收入增加而降低，但是平均税率却随着收入的增加而升高，因此，最优所得税制仍然是累进的。

## 本章小结

在市场经济条件下，个人收入的初次分配是按要素报酬进行，从公平分配的意义上来看存在很大的局限性。为纠正市场分配的缺陷，税收应创造平等竞争环境，按受益征税，依据能力负担，可以概括为竞争原则、受益原则和能力原则。能力原则包括普遍征税和能力负担两个方面，反映个人纳税能力的指标主要有收入、支出、财富三种，而收入是衡量个人能力的最主要指标。在现代市场经济的税收制度下，对个人收入分配产生影响的税种主要有直接对个人所得征收，对个人收入分配产生直接影响的个人所得税；间接对个人所得征收，对个人收入分配产生间接影响的商品税；具有专款专用，对个人收入分配产生辅助影响的社会保险税和对历年财富积累征收的财产税。实现公平的税收制度必须是具有一定累进程度的累进税制，累进税制包括累进所得税、累进消费税和累进财产税。效率和公平是税收政策和制度设计的两个基本准则，但效率和公平目标往往是冲突的，提高效率往往以牺牲公平为代价，而实现公平也往往以牺牲效率为代价。因此，要同时实现税收的效率和公平目标，必须在两者之间作出权衡，牺牲部分效率以换取公平目标的实现，或牺牲部分公平以换取效率目标的实现。最优税收就是同时实现效率和公平目标的税收，其中，最优商品税要求必需品适用低税率或免税，对奢侈品适用高税率征税。最优所得税要求累进税制，但应减少累进性。

## 思考题

1. 在什么情况下可按受益原则征税？
2. 应选择什么指标来体现能力原则征税？
3. 所得税征收对个人收入分配会产生什么影响？
4. 商品税对个人收入分配会产生什么影响？
5. 社会保险税对个人收入分配会产生什么影响？
6. 财产税对个人收入分配会产生什么影响？
7. 如何运用累进所得税促进收入的公平分配？
8. 如何运用选择性商品税促进收入公平分配？
9. 如何运用社会保险税促进收入公平分配？
10. 最优商品税如何在公平和效率之间权衡？
11. 最优所得税如何在公平和效率之间权衡？

# 第四章　税收稳定

税收稳定主要从税收对经济的宏观影响出发，分析税收对总需求和总供给的影响，进而探讨税收对物价、就业和经济增长的影响，以及运用税收政策工具来实现稳定目标，促使经济稳定发展。

## 第一节　经济稳定

经济稳定是政府宏观经济政策的重要政策目标，包括价格稳定、充分就业、经济增长和国际收支平衡。

### 一、价格稳定

这是指价格总水平的稳定，一般以价格指数来反映价格稳定的状况。价格指数是计算期价格同基期价格比率，当价格指数大于 1 时，说明价格总水平上升；反之，则说明价格总水平下降。价格总水平的上升一般又称为通货膨胀，而价格总水平的下降一般又称为通货紧缩。无论是通货膨胀还是通货紧缩都是经济不稳定的表现。在现代经济中，价格的不稳定主要反映为通货膨胀，包括由于社会总需求大于商品可供量而引发的需求拉上型通货膨胀，以及由于工资、原材料、资源等成本上升而引发的成本推动型通货膨胀。因此，实现价格稳定应分别就价格不稳定原因，控制需求或控制成本，消除膨胀的缺口或紧缩的缺口。

### 二、充分就业

这是指劳动力资源的充分利用。充分就业是与失业相对而言，并以失业率指标来反映就业状况。失业率是非自愿失业人数与劳动力人数的比率。失业率越高则就业水平越低；反之，则说明就业水平越高。非自愿失业按其形成原因可分为以下四类：

第一类是摩擦性失业，即在劳动力流动过程中，由于辞去原来工作、寻找新工作的过程中出现的暂时性失业。

第二类是结构性失业，即在经济环境发生变化的情况下，由于经济结构性调整，一些新的行业和职业不断形成，而一些旧的行业和职业不断淘汰，从而出现在劳动力供求总量平衡的前提下，一部分人找不到工作，而一部分工作却没有人做的情况。

第三类是需求不足性失业。由于总需求和总供给共同决定国民总产出水平，而总产出水平又决定就业总水平，而当总需求不足时，国民总产出达不到资源充分利用的国民总产出(包括劳动力资源的充分利用)，就不能提供应有的就业机会，从而出现失业。

第四类是季节性失业，即由于生产的季节性而出现的临时性失业。

在以上四种失业中，摩擦性失业和季节性失业属于临时性的正常失业，是无法消除解决的。由于失业的存在，经济资源没有得到充分利用，从而导致投入不足，影响经济发展。因此，需要就不同的失业原因，通过就业指导、职业培训、扩大需求来达到充分就业。

## 三、经济增长

这是指一个国家经济实力水平的提高或增强，一般以国民生产总值或人均国民生产总值的增长率来衡量，以经济增长速度指标来反映。经济增长率 $G=\Delta Y/Y$，即国民生产总值增量对国民生产总值的比率。经济增长取决于经济能力的增强，因为经济增长取决于劳动力、资本等要素投入的增加，以及主要由技术进步所决定的要素生产率的提高。在正常情况下，要素投入和技术进步共同决定了经济增长速度。由于经济增长速度决定了一个国家的经济实力和国民的经济利益，因此，经济增长速度也就成为经济发展的重要目标。但是，经济高速增长也可能引起资源浪费、结构失衡、效益下降，并且受“瓶颈”部门的制约而使经济大起大落，导致经济不稳定。为促使经济稳定发展，应保持其均衡、持续、适度增长。

## 四、国际收支平衡

在一个开放的经济社会中，一国的经济稳定不但取决于本国经济，同时还取决于国际贸易、国际投资等国际经济活动，也即国际收支平衡，即一国货币在国际流入和流出情况。当一国国际收入等于国际支出时，称为国际收支平衡。当一国国际收支处于不平衡状态时，市场机制可以进行某种程度的调节。在浮动汇率制度下，由于汇率是随着市场变化自动调节的，因此，无论国际收支是处在顺差还是逆差状态，市场机制都会自动对国际收支进行调节。在固定汇率制度下，由于汇率主要不是由市场来调节，在本币波动较大时，政府为维护固定汇率，都会主动采取干预措施。

## 第二节 税收稳定方式

在市场经济条件下，市场机制具有自动调节经济平衡、保持经济稳定的功能。但市场经济也有很大的局限性，在现代货币制度下，市场不能有效地自动调节经济平衡，经常由于总需求小于总供给而导致需求不足的失业，或总需求大于总供给而导致需求拉上型通货膨胀，以及经济的过快增长或停滞增长，经济不能保持稳定发展。市场经济缺陷导致的经济失衡不可能由市场本身解决，需要由政府运用财政政策、货币政策、就业政策等政策手段来调节总需求或总供给，促使经济稳定发展。政府的宏观经济政策能够促进经济稳定是由于政府财政收支、货币供给影响总供求。其中，税收是总供给的一个组成部分，同时，税收又直接或间接影响总需求中的消费、投资等因素。因此，在宏观经济方面，税收应同财政支出、货币等其他政策手段协调配合，依据稳定准则调节经济，实现稳定经济的宏观政策目标。

### 一、调节价格稳定

抛开货币供给因素，价格水平是由总需求和总供给共同决定的，而价格的波动主要是由于总供给与总需求的失衡造成的。当总需求等于总供给时，一方面决定了均衡的国民收入水平，另一方面也决定了均衡价格水平。

#### （一）需求拉上型通货膨胀

当总需求和总供给共同决定的国民收入已经达到潜在国民收入时，继续增加总需求就会使总需求大于总供给，引起价格水平上升。这种需求拉上型通货膨胀是由于总需求和总供给已经达到充分就业均衡状态，即资金、劳动力和生产能力等资源已被充分利用，在这种情况下，进一步扩大需求不能使产出增加，只能使价格上升。然而，税收是总需求构成中的重要变量因素，提高税率，扩大税基，减少优惠，增加税收能减少总需求，产生促使总需求和总供给相平衡的效果，实现减少通货膨胀、稳定价格的目标。这些增税措施中，所得税增税可以减少居民的可支配收入进而降低居民的购买力（需求）、增加资本成本进而减少投资需求；间接税通过提高商品和劳务的价格，减少私人部门的消费支出，进而降低社会总需求。在假定税收政策不会对总供给产生影响的情况下，增税政策将使总需求减少，消除超额总需求，实现价格稳定。

#### （二）成本推进型通货膨胀

由于生产投入要素，包括自然资源和劳动力资源的价格提高使生产成本上升，在企业按边际收入和边际生产成本来决定产出和价格时，企业的生产成本上升导致了价格上升，这种由于成本上升而引起的价格上升称为成本推进型通货膨胀。然而，税收不但是总需求构成中的重要变量因素，而且是成本构成中的重要变量因素。通过调整税率结构，降低对生产投入要素征税，包括降低商品征税和工资征税，能降低企业生产成本，控制成本推动的通货膨胀，稳定价格。

（三）稳定物价两难选择

需求拉上型通货膨胀和成本推进型通货膨胀是两种不同类型的通货膨胀，或者说是两种不同成因的通货膨胀。但实际经济中两种通货膨胀的原因是相互交织、相互影响的。为治理通货膨胀的紧缩性财政政策而采取的提高税收的方式，对总需求可能有通货紧缩的影响，但也会对总供给产生意料之外的成本推进型通货膨胀有影响。

## 二、实现充分就业

在上述摩擦性失业、结构性失业、季节性失业和需求不足性失业四种类型的失业中，税收对需求不足的失业能发挥一定的调节作用。税收对就业的影响，反映在税收对劳动力需求和劳动力供给两方面。由于不同国家经济发展水平的差异，各国税收对就业的影响也有差异，但总体来说，发达国家偏重于税收对劳动力供给的影响，而发展中国家更多地偏向于税收如何能够创造更多的就业机会，即税收对劳动力需求的影响。

（一）税收对劳动力需求的影响

国民收入水平可分为现实的国民收入水平和潜在的国民收入水平，当总需求等于总供给时，决定了国民收入水平。在总需求等于总供给时所决定的国民收入水平为现实的国民收入水平。同现实的国民收入水平相对的是潜在的国民收入水平，也就是当资源达到充分利用时的国民收入水平。现实的国民收入水平和潜在的国民收入水平可能是一致的，也可能是不一致的。当现实的国民收入水平低于潜在的国民收入水平时，由于资源没有得到充分利用，就会发生有效需求不足的失业。税收作为总需求的一个重要变量因素，税收变动会直接影响总需求的变动，并间接影响就业水平的变动。当现实国民收入水平小于潜在国民收入水平，发生因需求不足而导致的失业增加时，一方面在累进税率的情况下税率自动降级使政府税收减少；另一方面政府采取减税政策以刺激消费也使税收减少。税收的自动稳定机制和相机抉择都使税收减少，个人可支配收入增加，消费增加，社会总需求增加，对劳动力需求也相应增加。同时，税收总量的减少意味着纳税人可支配的收入或利润增加，在预期净收益率和可控资本都增加的情况下，企业投资会相应增加，对劳动力需求也会相应增加。

（二）税收对劳动力供给的影响

税收对劳动力供给的影响反映在两个方面：首先是税收对劳动力供给的替代效

应，即税收降低了闲暇的机会成本，导致人们增加闲暇，从而减少劳动供给；其次是税收的收入效应，即税收导致人们税后工资下降，迫使劳动者为了维持原有的收入水平和生活水平而更加努力地工作，从而增加劳动力的供给。最终，税收对劳动力供给的净效应取决于替代效应和收入效应的综合。这种净效应取决于一定条件下不同劳动者的税收替代效应和收入效应的对比关系。

## 三、促进经济增长

经济增长取决于多种因素，其中比较主要的是经济的投入要素，包括劳动力供给、储蓄、投资和技术进步，这些因素共同作用于经济增长和发展过程。税收对经济增长的影响是通过影响经济增长的因素，如劳动供给、储蓄、投资、技术进步而间接起作用的。

### （一）税收对劳动供给的影响

对劳动所得征税，会同时产生增加工作的收入效应和减少工作的替代效应，纯效应取决于劳动者个人对收入和闲暇的偏好。虽然税收会影响劳动供给的增加或减少，但劳动供给的增减是否影响经济增长，又取决于生产的技术构成所决定的劳动和资本比例。如果劳动供给已超出资本对劳动的要求，增加劳动供给并不能增加产出。只有当劳动供给低于资本对劳动的要求，且劳动供给已足以影响产出时，通过税收激励增加劳动供给才对产出增长起作用。

### （二）税收对储蓄的影响

对个人所得征税减少个人收入，减少储蓄报酬率，减少储蓄水平。对企业利润征税，减少企业税后利润，减少企业储蓄。税收一方面减少个人和企业储蓄，另一方面又增加政府储蓄，政府储蓄被看作政府税收减去政府消费支出的余额。因此，从社会储蓄角度分析，如果个人、企业边际储蓄倾向大于政府边际储蓄倾向，减税有利于增加社会储蓄；反之，如果个人、企业边际储蓄倾向小于政府储蓄倾向，征税有利于增加社会储蓄。

### （三）税收对投资的影响

投资既是可动用资金的函数，又是预期报酬率的函数，税收征收既减少可动用资金来源，又降低预期投资报酬率。因此，税收减少个人和企业投资。但是，税收一方面减少个人和企业投资，另一方面又增加政府投资。因此，从社会投资角度考虑，如果个人和企业边际投资倾向大于政府边际投资倾向，减税有利于增加社会投资；反之，个人和企业边际投资倾向小于政府边际投资倾向，征税有利于增加社会投资。虽然税收会影响投资，但投资对经济增长影响还取决于资本和劳动两种经济投入要素的协调。在生产的技术构成既定的情况下，只有当社会资本小于劳动对资本的要求时，通过税收激励，扩大投资才对经济增长产生作用。并且，也只有当政府投资效益大于个人和企业投资效益时，通过税收减少个人和企业投资，扩大政府投资才有利于经济增长。

（四）税收对技术进步的影响

技术进步既是经济发展水平的标志，又是经济发展的条件。在同样资金和劳动投入的情况下，整个社会的技术水平高低决定着经济增长率的高低。因为技术进步决定资本生产率，决定经济增长率。由科技进步所决定的生产的技术构成也决定着资本劳动的构成比例，产业结构以及经济结构。因此，科技进步成为经济发展的关键。技术进步虽然是科学技术问题，由科技发展所决定，但也受到科技政策的导向。如果对于新兴产业、企业技术改造、新产品开发给予税收政策优惠，对于高风险的科技产业给予特定税收政策，也会起到鼓励技术进步、促进科技发展的作用。

## 四、促进国际收支平衡

市场经济对国际收支起着自动调节功能，但有一定局限性，尤其是在固定汇率下市场调节的局限性就更为明显，需要政府运用宏观经济政策加以主动调节，来实现国际收支平衡，促进国民经济稳定发展。而税收在政府运用宏观经济政策来调节国际税收平衡时发挥着至关重要的作用。对国际收支平衡税收政策可以从国际投资税收政策和国际贸易税收政策两大方面进行分析，前者主要是影响国际资本流动，后者主要是影响国际商品和服务贸易流动。

（一）国际投资税收政策

影响国际投资的税收政策又可分为国际资本流入税收政策和国际资本流出税收政策。

1. 国际资本流入税收政策

由于各国经济情况不同，或者同一个国家在经济发展不同阶段对国际资本的需要不同，从而对国际资本流入税收政策也不同，可分为鼓励国际资本流入的税收优惠型、限制国际资本流入的税收歧视型和内外平等的税收中性型。

(1) 鼓励国际资本流入的税收优惠型。为了实现吸引外资、引进技术的开放政策目标，对外国纳税人给予不同程度的税收优惠，使其整体税收负担都明显低于本国纳税人。具体可分为普惠型和特惠型两种。前者遵循全面优惠原则，对外国纳税人和本国纳税人分别制定两套完全不同的税制；而后者按照特定优惠原则对外国纳税人和本国纳税人在采用同一套税法的基础上，对外国纳税人就某些特定项目，或在某些特定地区给予不同程度的税收优惠。就特定项目优惠来说，各国实施优惠项目通常有：以鼓励国外贷款为目的对利息所得项目的特定优惠；以引进外国先进技术为目的对技术转让与技术服务等所得项目的特定优惠；以吸引外国直接投资为目的对外资企业利润所得的特定优惠；以优先发展某些紧缺部门或行业为目的对产业投资导向的特定优惠;以及设立出口加工区、自由贸易区或经济特区、经济技术开发区等特定地区税收优惠。

(2) 限制国际资本流入的税收歧视型。出于某种经济的或政治的目的,依照最大负担原则,规定外国纳税人必须承担高于本国纳税人的税负。对于某些工业化程度较低、经济基础薄弱或政局不稳定的发展中国家来说,为了防止国际垄断财团和跨国公司通过直接投资的方法,逐步垄断和控制本国国内市场、重要资源和经济部门,通常采取限制外资的政策。这在国际上被看作税收上的一种"歧视"待遇。但并不采取盲目限制政策,其意图不是要完全排斥外国投资,同时也要求保证跨国外国纳税人能够获得基本的盈利,不致因税负过高而完全中止其在本国的投资经营活动。因此,一般都对外资采取鼓励和限制相结合的方式。

(3) 内外平等的税收中性型。依据平等原则,外国纳税人和本国纳税人在税收上实行无差别待遇,按照同一套税法规定的相同征收范围和税率进行征税,在同等的经济条件和负担能力情况下承担相同的税负。经济合作发展组织绝大多数成员国按平等原则制定税法。发达国家普遍选择平等税收政策,其出发点是依据本身的经济实力地位,主张市场经济自由竞争。一部分发展中国家出于引进外资和发展本国民族工业的双重考虑,也采取双方兼顾的平等的税收政策。

2. 国际资本流出税收政策

国际投资对于流出国来讲其涉及的税收政策,主要是对于跨国投资取得的收益如何进行税收处理,关键是如何避免国际重复征税,以保证国际资本不因税收而影响其自由流动。为了免除国际重复征税,居住国即纳税者所在国政府在其国内税法中,作出对于本国纳税者在其收入来源国纳税义务进行部分或全部让与规定,具体有以下几种措施:

(1) 税收豁免法,又称免税法,一般是指居住国政府对本国的居民或公民来源或存在于国外的收益、所得或一般财产,放弃行使其税收管辖权而免予征税,从而达到消除和避免国际重复征税的办法。

(2) 税收扣除法,即居住国政府对本国纳税人已经缴纳的外国税款,在本国计算应纳税额时,准予其作为费用从应税收入中减除,就扣除后的余额计算征收所得税。

(3) 税收抵免法,即居住国政府对本国纳税人已经缴纳的外国税款,准予在缴纳本国的应纳税额中扣除。

(4) 税收减免法,即居住国政府对本国纳税人已纳外国税款的国外收入,在本国按特惠税率征税,以缓和或减轻国际重复征税。这是居住国提供的部分让与,可以部分免除国际重复税。

(5) 税收缓课法,即居住国政府对国外子公司的利润在作为股息汇回本国母公司以前暂不纳税，汇回后再计算纳税。

(6) 税收饶让法，即居住国政府对本国纳税人已经缴纳的外国税款，在国外享受的减免税优惠视同纳税给予抵免，使本国纳税人不但享受税收抵免，同时享受被投资国给予的税收优惠。

(二) 国际贸易税收政策

在现代经济社会，每一个国家出于维护国家主权、增加财政利益、平衡税收负担、调节经济运行等多方面的原因，都不同程度地对进出口贸易实施征税。而国际贸易税收政策是一国政府运用国际贸易税收，来达到鼓励或限制进出口贸易，以实现其特定经济、政治和社会目的。

1. 国际贸易税收类型

国际贸易所涉及的税收可分为消费地税、生产地税、进口关税和出口关税四种类型，四种不同特点的税收会对经济产生不同的影响。

(1) 消费地税，是指在国际贸易中，出口国放弃征收出口商品税，而由进口国征收进口商品税。在这种情况下，由于进口商品同国内生产的商品一样征收消费地税，国内产品与进口产品之间的相对价格不会因税收而发生变化。所以，这种消费地税不会产生任何贸易扭曲影响。

(2) 生产地税，是指在国际贸易中，进口国放弃征收进口商品税，而由出口国征收出口商品税。在这种情况下，由于出口国同进口国的国内商品税制度不同，使进口国进口商品所征收的商品税同国内生产的商品征收的商品税不同，而发生国内产品与进口产品之间的相对价格因税收而变化。所以，这种生产地税就会产生贸易扭曲影响。

(3) 进口关税，是指对进口商品征收的进口税。由于只对进口商品征税，而对国内生产的商品不征，因此，使得进口商品税收重于国内生产的商品，而发生国内产品与进口产品之间的相对价格因税收而变化。所以，这种进口关税就会产生贸易扭曲影响。

(4) 出口关税，是指对出口商品征收的出口税。由于只对出口商品征税，而对国内生产的商品不征，因此，出口商品的税收重于国内消费的商品，而发生国内产品与进口产品之间的相对价格因税收而变化。所以，这种出口关税就会产生贸易扭曲影响。

2. 国际贸易税收选择

由于生产地税、消费地税、出口关税和进口关税具有不同的影响，因此，不同的选择也会产生不同的效果。

(1) 生产地税和消费地税的选择。如果对于国际贸易商品由出口国和进口国同时征收出口商品税和进口商品税，就会发生出口国和进口国对同一商品在出口环节和进口环节重复征税。为避免国际贸易中的重复征税，可选择生产地税或消费地税。由于生产地税会因进口商品同本国生产商品的税收差异而导致贸易扭曲，而消费地税不会使进口商品同本国生产商品因税收差异而导致贸易扭曲，因此，从减少税收对国际贸易的扭曲影响而言，消费地税比生产地税更为合理。

（2）进口关税和出口关税的选择。如果发生进出口贸易的国家，对进口商品征收进口关税，既有利于增加关税收入，又削弱了进口商品的竞争能力；而对出口商品征收出口关税，虽然能增加关税收入，但同时增加出口商品的出口成本，不利于出口商品的国际竞争。因此，选择对进口商品征收关税，对出口商品不征关税，对于从事进出口贸易国家的国际贸易发展相对有利。

## 第三节　税收稳定机制

税收对经济的稳定可分为税收自动稳定机制和税收政策抉择两种稳定方式。前者是一定的税收制度自身所固有的一种功能，而后者是政府应对宏观经济环境变化作出的政策抉择。

### 一、税收自动稳定机制

税收的自动稳定机制，也称税收的自动稳定器功能，是指在经济运行中，税收制度本身能够对经济波动有较强的适应性，税收随着经济的波动而自动地增加或减少，自动地影响社会总需求的变动，从而在一定程度上缓和经济的波动。

#### （一）税收自动稳定功能

这是税收制度本身所具有的稳定经济的方式，是税收制度对经济的一种自动反应能力。税收对经济的内在稳定功能可以从税收自动稳定器、缩减乘数和税收的 GDP 弹性三方面来说明。

##### 1. 税收自动稳定器

税收自动稳定器是通过缓和私有部门对商品和劳务的需求变动，达到稳定经济的目标。具体来说，当经济趋向衰退时，税收随着国民收入 GDP 的下降而减少，这就相对地增加居民的可支配收入，在消费倾向不变的情况下，进而会相对增加消费支出，使总需求的下降少于无税收自动减少时应有的程度；当经济膨胀时，税收随着 GDP 的上升而增加，这就约束了私有部门的支出即总需求，因而缓和了通货膨胀的程度。

##### 2. 税收缩减乘数

税收随国民收入变动的内生变化，不仅通过影响可支配收入来影响总需求从而最终影响国民收入，也通过缩减政府支出 $G$、居民投资 $I$、净出口 $NX$ 变化的乘数。存在税收的情况下，乘数由 $1/(1-c)$ 减小为 $1/[(1-c(1-t)]$，从而减少了上述变量变动对经济波动的影响。

3. 税收的 GDP 弹性

税收对经济的这种自动反应和调节能力的大小取决于税收弹性系数的大小，税收弹性系数是税收收入变化百分比同 GDP 变化百分比之比。税收弹性系数 $E_t = \Delta T/T \div \Delta Y/Y$，其中，$\Delta T$ 是税收收入增量，$T$ 是税收，$\Delta Y$ 是 GDP 增量，$Y$ 是 GDP。税收弹性系数 $E_t > 1$，说明在经济增长时，税收增长幅度大于 GDP 增长幅度，税收对经济稳定具有较强的自动反应和调节能力；税收弹性系数 $E_t < 1$，说明在经济增长时，税收增长幅度小于经济增长幅度，税收缺乏对经济稳定的自动调节能力。税收的自动稳定机制在于税收制度设计时，采取累进所得税的方式。累进程度越高，这种税收自动稳定机制的功能也就越大。

（二）税收自动稳定功能规律

由于税收稳定功能取决于其弹性系数，而不同的税弹性系数并不相同，因此，各种不同税的自动稳定性能有如下自身规律：

1. 税率形式

比例税的自动稳定性较累进税的低。比例税的 GDP 弹性仅取决于税基对 GDP 的反应，税收收入的内在弹性等于税基的弹性；而累进税的 GDP 弹性除受此影响外，还要受平均税率对税基的反应，收入增加税率对税基的弹性增大，因此累进税的稳定性相对较高。

2. 税种类型

所得税的内在稳定性最高，商品课税次之，财产课税最低。因为公司所得税的税基波动比 GDP 更敏感（当 GDP 上升时，公司利润增加比 GDP 增加快，累进的公司税税收增加更快；当 GDP 下降时，公司利润减少比 GDP 减少得快，累进的公司税税收减少更快），因此公司所得税的 GDP 弹性最大，稳定性也最好。累进的个人所得税更是如此。商品税由于其税基与 GDP 变动基本上保持一致，甚至在较低水平上，从而税收弹性接近于 1，稳定性较差。财产税由于估值的时滞，其弹性很低，小于 1，稳定性最低。

（三）税收自动稳定机制局限

税收自动稳定机制作为一种稳定经济的内生机制，主要优点是它的自动反应能力，避免了在政策抉择时时滞因素对决策的不利影响，使作用目标准确，作用效果比较快。但是，这种机制本身也存在一定的局限性。

自动稳定机制只能缓和而不能消除经济的波动。因为税收收入的变动从根本上说要依赖于国民收入的变动，而国民收入水平的变动又是多种因素共同作用的结果。

因此，在经济偏离理想状态(如充分就业、物价稳定等)时，尤其是存在较大的偏离时，自动稳定机制虽然可以对经济起到一定的矫正作用，但不能解决经济稳定的所有问题。因此，自动稳定机制仅仅缓解经济周期变化的变动幅度，而无法消除经济周期波动。

自动稳定机制对经济增长形成拖累。当经济由萧条转向复苏时，由于税收的自动稳定机制一部分增加的国民收入被税收吸取了，这种自动反应就削弱了经济复苏的速度和力度，在经济增长过程中成为一种紧缩的因素，从而对经济增长形成拖累。另一方面逼迫增大相机抉择政策实施的力度。

## 二、税收相机抉择机制

与税收的自动稳定机制相对应，税收的相机抉择机制是政府为弥补市场自发调节的不足，政府根据经济形势的变化，运用税收政策有意识地调整经济活动的水平，消除经济中的不稳定因素。

### (一) 税收相机抉择机制

相机抉择的税收稳定政策的任务，就在于消除税收自动稳定器所无法消除的经济波动。它包括两个方面，即扩张性税收政策与紧缩性税收政策。

#### 1. 扩张性税收政策

当总需求不足，在经济发生萎缩时，为了防止经济的衰退和停滞，政府一般要实行扩张性税收政策。这就是减少政府税收，增加个人可支配收入，从而造成私人消费支出增加，社会总需求扩大，使国民收入以税收乘数效应增加，结果使国民生产总值上升到充分就业水平。减税的办法包括免税、退税、降低税率和废弃旧税。不同税种的减税引起的扩张效应是不同的。间接税减税，在刺激消费的同时，还会使生产增加，既扩大需求又增加供给。直接税的减税，其扩张效应较为复杂。公司所得税的减税一般会刺激投资的增加。个人所得税的减税，如果是通过降低低档次边际税率进行的，则会使低收入者的可支配收入提高。低收入者的可支配收入在国民收入中所占比重的提高有助于整个社会边际消费倾向的提高，使经济扩张。如果是通过降低高档次边际税率进行的，将使高收入者的可支配收入提高。高收入者的可支配收入在国民收入中所占比重的提高会使整个社会的边际消费倾向降低，因而其扩张效应较差。

#### 2. 紧缩性税收政策

在经济发生通货膨胀的时期，政府一般要执行紧缩性税收政策。这就是增加政府税收，减少个人可支配收入，从而造成私人消费支出下降，社会总需求缩小，降低国民生产总值水平。政府在不同的经济情况下，根据宏观经济政策的调节要求，及时选择并作出开征或停征税种，提高或降低税率，扩大或缩小税基，增加或减少税收优惠，以实现经济的稳定。为了提高税收的调节效果，税收的这种政策抉择需要选择弹性比较大、税基比较宽，调整速度比较快的税种。所得税和商品税作为两大税种，在经济稳定中起着重要作用，但两种税对经济稳定也有不同的调节特点。从控制需求角度分析，所得税调节相对比较有效。从影响成本角度分析，商品税调节相对比较有效。而从作用于供应角度分析，所得税和商品税各有特点，所得税对储蓄、投资结构影响比较大，而商品税对生产结构影响比较大。

（二）税收政策抉择的局限性

相机抉择税收机制实施固然有着很大的灵活性，但也存在以下弊端。

1. 时滞问题

税收政策抉择的主要优点是政策选择的灵活性，即能根据经济情况变化和政策需要对经济作出调整。但税收政策抉择的主要局限在于时滞因素。一般来说，税收政策的时滞包括三种类型，即认识时滞、执行时滞和反应时滞。

（1）认识时滞。从某种经济行为发生到政府决策这段时间称为认识时滞，它包括发现问题、统一认识、争取行政和立法部门的支持等。

（2）执行时滞。在统一认识之后，从决策到实施，有一段过程，包括立法机关的审议与通过、行政机关的安排与准备，这段过程所经历的时间称为执行时滞。例如，税收结构的改变或税率的变动，经议会的决议与各级财政机构的执行，至少需要几个月。如果遇有政治阻力或行政上缺乏效率，那么执行时滞就更长。

（3）反应时滞。从政策执行到经济效应发生的一段时间为反应时滞，又称为外部时滞。各种政策反应的时滞不同。即使是提高所得税率这种极简单的措施，纳税人有时也要花好几个月时间去调整自己的支出水平。由于政策抉择是由人来制定政策，并要经过认识问题、制定政策、执行政策、产生作用的过程，因此，经济抉择变动对经济影响的效果取决于税收政策制度是否合理、时滞问题是否能得到克服。因为在信息传递、形势判断、政策制定、政策实施任何一个环节发生偏差，都会影响政策效果，甚至产生相反效果。然而，即使在上述每一个过程都没有发生偏差，也可能由于从接受信息到政策产生效果需要一个比较长的过程，会产生政策时滞，包括认识时滞、执行时滞和反应时滞，从而影响政策效果。

2. 多重目标

多重目标使得税收政策的变动缺乏弹性。在某些情况下，税收甚至是政治妥协的产物，并不容易变动。一般而言，紧缩性的税收政策（增税）较之刺激需求的扩张性税收政策（减税）更不容易得到公众的配合。此外，增税对经济还存在反激励效应。在边际税率本已很高的情况下，增税的反激励效应更明显。有些经济学家认为，为尽量减少税收对经济行为的扭曲效应，政府应尽可能地采用平稳税率，即税率只有在政府长期财政收入需要变动时才应变，而不应随政府的短期需要而频繁变动。

## 本章小结

济稳定是政府宏观经济政策的重要政策目标，包括价格稳定、充分就业、经济适度增长和国际收支平衡。税收作为宏观经济中的一个重要变量因素，其变动对宏观经济稳定产生重要影响。运用税收政策工具来实现稳定目标，主要是调节价格稳定，实现充分就业，推进经济增长，促进国际收支平衡。税收既是总需求构成中的重要变量因素，也是成本构成中的重要变量因素，通过提高或降低税率，扩大或缩小税基，增加或减少优惠，能起到抑制需求拉动和控制成本推动的通货膨胀，以调节价格稳定。税收作为总需求的一个重要变量因素，税收变动会直接影响总需求的变动，并间接影响就业水平的变动，在需求不足导致失业增加时通过税收政策来扩大需求，以增加就业。税收对经济增长的影响主要是通过影响经济增长的因素，如劳动供给、储蓄、投资、技术进步，对经济增长起到推进作用。税收在政府运用宏观经济政策来调节国际税收平衡时发挥着至关重要的作用。对国际收支平衡税收政策可以从国际投资税收政策和国际贸易税收政策两大方面进行分析，前者主要是影响国际资本流动，后者主要是影响国际商品和服务贸易流动。税收对经济的稳定可分为税收自动稳定机制和税收政策抉择两种稳定方式。前者是一定的税收制度，是税收自身所固有的一种功能；而后者是政府应对宏观经济环境变化作出的政策抉择。税收自动稳定机制作为一种稳定经济的内生机制，主要优点是它的自动反应能力，避免了在政策抉择时所遇到的时滞因素对决策的不利影响，使作用目标准确，作用效果比较快。与税收的自动稳定机制相对应，税收的相机抉择机制是政府为弥补市场自发调节的不足，政府根据经济形势的变化，运用税收政策有意识地调整经济活动的水平，消除经济中的不稳定因素。

## 思考题

1. 实现经济稳定的主要目标是什么？
2. 税收如何应对需求拉上型通货膨胀？
3. 税收如何应对成本推进型通货膨胀？
4. 税收如何影响就业？
5. 如何运用税收政策促进就业？
6. 如何运用税收政策促进经济增长？
7. 税收如何影响国际贸易？
8. 税收如何影响国际资本的流入和流出？
9. 税收自动稳定机制和政策抉择的主要区别是什么？
10. 扩张性税收政策和紧缩性税收政策的主要区别是什么？
11. 税收的政策抉择有哪些局限性？

# 第五章　税负归宿

税负归宿涉及税收负担、税负转嫁和税负归宿三方面问题。税收负担主要研究国家征税由谁负担，负担水平如何确定，影响税收负担有哪些主要因素，应选择什么样的税收负担政策。由于税收负担可分为直接负担和间接负担，在间接负担的情况下需要进一步研究税负转嫁和归宿，包括影响税负转嫁的因素，以及从局部均衡分析的国家征税直接影响和从一般均衡分析的国家征税间接影响。

## 第一节　税收负担

税收负担是指纳税人或负税人，因税收而承受的福利损失或经济利益的牺牲。这里的税收负担仅从税收本身，不考虑政府税收用途是否会给纳税人或负税人带来货币收入或经济福利。税收负担和税收收入是相近的概念，是针对同一对象从不同角度进行定义或分析。政府向纳税人征税从政府角度是税收收入，而从纳税人角度是税收负担。税收收入一般用绝对值来表示，反映一定时期的税收规模，而税收负担则用相对值来表示，反映一定时期的税负状况。

### 一、税收负担衡量指标

税收负担既可以从全体纳税人角度来考察，也可以从个别纳税人角度来分析，前者称为宏观税收负担，而后者称为微观税收负担。

#### （一）宏观税收负担指标

宏观税收负担是指一国中所有的纳税人税收负担的总和，也称总体税收负担。它反映一个国家或地区税收负担的整体状况。反映宏观税收负担的指标，主要有国民生产总值税负率、国内生产总值税负率和国民收入税负率。

1. 国民生产总值税负率

国民生产总值税负率是指一定时期（通常为一年）内，一国税收收入总额与同期国民生产总值的比率，即 $T/GNP$。它反映一个国家的国民在一定时期内提供的全部产品和服务所承受的税收负担状况，其公式为：

**国民生产总值税负率（$T/GNP$）＝税收收入总额／国民生产总值×100%**

2. 国内生产总值税负率

国内生产总值税负率是指一定时期（通常为一年）内，一国税收收入总额与同期国内生产总值的比率，即 $T/GDP$。它反映一个国家的本国居民和外国居民在一定时期内在国内提供的全部产品和服务所承受的税收负担状况。其公式为：

**国内生产总值税负率（$T/GDP$）＝税收收入总额／国内生产总值×100%**

3. 国民收入税负率

国民收入税负率是指一定时期（通常为一年）内，一国税收总额与同期国民收入的比率，即 $T/NI$。它反映在一定时期内新创造的价值的税收负担状况。其公式为：

**国民收入税负率（$T/NI$）＝税收收入总额／国民收入×100%**

国民生产总值税负率、国内生产总值税负率和国民收入税负率作为宏观税收负担的主要指标，它不仅是国家总体税收负担进行动态比较的重要指标，而且也是国家之间进行总体税收负担比较的指标。在上述三项衡量宏观税收负担的指标中，国际上较为通用的指标是前二项，特别是国内生产总值税负率（$T/GDP$）运用最普遍，因为目前世界上大多数国家同时行使地域和居民（公民）两种税收管辖权。

表 5－1 为我国 1995—2019 年以财政收入和税收收入占 GDP 和 M2 比重表示的我国宏观税收情况。1995 年财政收入和税收收入占 GDP 的比重分别为 10.28%和 9.94%，占广义货币 M2 的比重分别为 9.94%和 9.84%。1995—2011 年，财政收入和税收收入占 GDP 的比重分别上升至 21.23%和 18.34%，占广义货币 M2 的比重分别上升至 12.20%和 10.54%。2011—2019 年，财政收入和税收收入占 GDP 的比重略下降至 19.21%和 15.94%，占广义货币 M2 的比重分别下降至 9.58%和 7.95%。从宏观税收负担看，财政收入和税收收入占 GDP 比重有较大幅度上升，而占广义货币 M2 比重基本稳定。

**表 5－1 1995—2017 年财政和税收收入分别占 GDP 和 $M_2$ 的比重**

| 年份 | M2（亿元） | GDP（亿元） | 财政收入（亿元） | 税收收入（亿元） | 财政收入占 M2 比重（%） | 财政收入占 GDP 比重（%） | 税收收入占 M2 比重（%） | 税收收入占 GDP 比重（%） |
|---|---|---|---|---|---|---|---|---|
| 1995 | 60 751 | 61 340 | 6 242 | 6 038 | 10.28 | 10.18 | 9.94 | 9.84 |
| 1996 | 76 095 | 71 814 | 7 408 | 6 910 | 9.74 | 10.32 | 9.08 | 9.62 |

（续表）

| 年份 | M2（亿元） | GDP（亿元） | 财政收入（亿元） | 税收收入（亿元） | 财政收入占M2比重（%） | 财政收入占GDP比重（%） | 税收收入占M2比重（%） | 税收收入占GDP比重（%） |
|---|---|---|---|---|---|---|---|---|
| 1997 | 90 995 | 79 715 | 8 651 | 8 234 | 9.51 | 10.85 | 9.05 | 10.33 |
| 1998 | 104 499 | 85 196 | 9 876 | 9 263 | 9.45 | 11.59 | 8.86 | 10.87 |
| 1999 | 119 898 | 90 564 | 11 444 | 10 683 | 9.54 | 12.64 | 8.91 | 11.80 |
| 2000 | 134 610 | 100 280 | 13 395 | 12 582 | 9.95 | 13.36 | 9.35 | 12.55 |
| 2001 | 158 302 | 110 863 | 16 386 | 15 301 | 10.35 | 14.78 | 9.67 | 13.80 |
| 2002 | 185 007 | 121 717 | 18 904 | 17 636 | 10.22 | 15.53 | 9.53 | 14.49 |
| 2003 | 221 223 | 137 422 | 21 715 | 20 017 | 9.82 | 15.80 | 9.05 | 14.57 |
| 2004 | 254 107 | 161 840 | 26 396 | 24 166 | 10.39 | 16.31 | 9.51 | 14.93 |
| 2005 | 298 756 | 187 319 | 31 649 | 28 779 | 10.59 | 16.90 | 9.63 | 15.36 |
| 2006 | 345 578 | 219 439 | 38 760 | 34 804 | 11.22 | 17.66 | 10.07 | 15.86 |
| 2007 | 403 442 | 270 232 | 51 322 | 45 622 | 12.72 | 18.99 | 11.31 | 16.88 |
| 2008 | 475 167 | 319 516 | 61 330 | 54 224 | 12.91 | 19.19 | 11.41 | 16.97 |
| 2009 | 610 225 | 349 081 | 68 518 | 59 522 | 11.23 | 19.63 | 9.75 | 17.05 |
| 2010 | 725 852 | 413 030 | 83 102 | 73 211 | 11.45 | 20.12 | 10.09 | 17.73 |
| 2011 | 851 591 | 489 301 | 103 874 | 89 738 | 12.20 | 21.23 | 10.54 | 18.34 |
| 2012 | 974 149 | 540 367 | 117 254 | 100 614 | 12.04 | 21.70 | 10.33 | 18.62 |
| 2013 | 1 106 525 | 595 244 | 129 210 | 110 531 | 11.68 | 21.71 | 9.99 | 18.57 |
| 2014 | 1 228 375 | 643 974 | 140 370 | 119 175 | 11.43 | 21.80 | 9.70 | 18.51 |
| 2015 | 1 392 278 | 689 052 | 152 269 | 124 922 | 10.94 | 22.10 | 8.97 | 18.13 |
| 2016 | 1 550 100 | 744 127 | 159 552 | 130 354 | 10.29 | 21.44 | 8.41 | 17.52 |
| 2017 | 1 676 800 | 827 122 | 172 567 | 144 360 | 10.29 | 20.86 | 8.61 | 17.45 |
| 2018 | 1 826 744 | 919 281 | 183 360 | 156 403 | 10.04 | 19.95 | 8.57 | 17.01 |
| 2019 | 1 986 489 | 990 865 | 190 382 | 157 992 | 9.58 | 19.21 | 7.95 | 15.94 |

### （二）微观税收负担指标

微观税收负担是指单个纳税人的税收负担及他们之间的相互关系，它反映税收负担的结构分布和各种纳税人的税收负担状况。由于纳税人可以是自然人，也可以是法人，衡量微观税收负担的指标一般有企业所得税税负率、企业综合税收税负率和个人所得税税负率。

#### 1. 企业所得税税负率

企业所得税税负率是指在一定时间内，企业所缴纳的所得税税款总额与同期企业实现的利润总额的比率。其公式是：

**企业所得税税负率＝实缴所得税总额／实现利润总额×100%**

这个指标反映在一定时期内企业收益在国家和企业之间的分配状况，是衡量企业税收负担最直接的指标，它直接影响企业的留利水平。

2. 企业综合税收税负率

现代税收体系是复合税收体系，由多种税构成，一个企业在生产经营过程中往往要缴纳多种税。企业综合税收税负率就是指一定时期内，企业实际缴纳的各种税收总额与同期企业的盈利或各项收入总额的比率。其公式为：

**企业综合税收税负率＝企业实际缴纳的各种税的总额/企业盈利(税利)总额×100%**

这一指标可以表明国家以税收参与企业纯收入分配的规模，反映企业对国家所做贡献的大小，也可以用来比较不同类型企业的总体税负水平。通过这一指标的进一步分析，还可以了解各个税种在企业所纳税收中的比重情况。

3. 个人所得税税负率

个人所得税税负率是指一定时期内，个人所缴纳的所得税与个人所得总额的比率。其公式为：

**个人所得税税负率＝个人实缴的所得税额／个人所得总额×100%**

该指标反映了个人在所得上承受税收负担的状况，体现国家运用税收手段参与个人所得分配的程度。

## 二、影响税负的因素

一个国家的税收负担水平受制于多种因素，概括起来，这些因素主要有经济发展水平、经济制度、国家职能范围、经济政策和财政收入结构。

### （一）经济发展水平

税收是对国民收入的分配，一定时期内税收分配的规模和增长的速度首先取决于社会经济发展规模和增长速度。一国经济的发展水平或发达程度对税收负担的影响，可从人均收入水平与税负的关系来反映。国家的经济发展水平，通常以人均收入水平，即人均占有的国民生产总值或人均占有的国民收入表现出来。人均国民收入越高，表明经济发展水平越高。经济发展水平越高，税收的源泉越丰富，它是税负水平提高的物质基础；人均国民收入越高，表明对税收的负担能力越强，这也符合纳税的能力原则。实证分析也表明，人均国民收入高的国家，其税收负担水平通常比人均国民收入低的国家为高，两者呈正相关的关系。当前发达国家的税收占GDP比重平均在30%以上，而发展中国家平均在20%以下。一般来说，随着一国经济实力的增强，宏观税收负担水平也会呈上升趋势。

（二）国家职能范围

税收是国家实现其职能的物质保证。国家职能范围不同，对税收的需要量就不同。国家职能范围广，则需要的税收量大，税收的负担也就高；反之，国家职能范围窄，则需要的税收量小，税收的负担也相应较低。影响国家职能范围大小的既有经济制度方面的因素，也有社会历史、经济发展方面的原因。如北欧以福利国家自称，国家在承担社会保障方面的职能较强，社会福利支出较高，税负水平也相应较高。国家职能范围的大小还受社会经济发展水平的影响。随着经济的发展，国家的职能在内涵上不断丰富，在外延上不断拓宽，这必然要求更多的税收以满足日益增加的为履行国家各项职能所需的财政支出，从而提高税收负担水平。

（三）宏观经济政策

从对经济发展速度的影响来看，经济政策可分为紧缩性政策和扩张性政策。紧缩性政策通常是在经济发展水平过快，从而引起通货膨胀时采用，目的是降低总需求，抑制通货膨胀。具体的紧缩性政策主要包括紧缩开支、提高税率、增加税收、收紧银根等措施。从短期看，紧缩性政策必然会增加宏观税收负担。扩张性政策主要包括增加支出、降低税率、减少税收、放松银根等措施，目的是提高总需求，加速经济发展。从短期看，扩张性政策必将使宏观税收负担下降。

（四）广义货币发行

宏观税负受广义货币 M2 影响，主要是当广义货币发行增长大于 GDP 增长导致通货膨胀时，包括房地产、股票、艺术品等资产价格上涨大于商品价格上涨。税收既包含来自当年 GDP 增长带来的税收，也包含历年累积的资产交易带来的税收。当资产性价格上涨大于商品性价格上涨从而带来资产性税收增长大于商品性税收增长时，出现在税收占 M2 比重基本稳定的情况下，税收占 GDP 比重持续上升，导致出现宏观税负加重的现象。我国 1995 年以来税收增长远高于 GDP 增长，但却与广义货币 M2 基本保持同步的现象反映了广义货币发行对宏观税负的影响。

（五）财政收入结构

税收是国家取得财政收入的一种手段，除了税收外，国家还有其他的收入渠道。在多种收入形式并存的情况下，国家对其他收入形式的依赖程度直接影响到税收收入的规模，相应地影响到宏观税收负担水平。如果其他手段取得的收入较多，宏观税收负担水平会相对低些，反之则会高些。

（六）税负统计口径

在税收收入中，除了用于一般公共支出用途以外，有一部分是用于特定用途的，带有专款专用、专项基金性质特点的税收，把这一部分税收计算在内，税负水平就会明显提高；反之则会下降。社会保险税是一个比较典型的例子。如果同一个国家在统计宏观税负时，把社会保险税计入税收负担，宏观税负就会加重。如果有两个国家，在其他税收负担相同的情况下，一个国家实行社会保险税，另一个国家实行社会保险统筹，在把社会保险税计入税收负担的情况下，实行社会保险税的国家税负就重于不实行社会保险税的国家。由于社会保险税的核算口径影响到税收负担的比较，因此，国际上有把社会保险税计入税收负担和不计入税收负担两种统计口径比较。

## 三、税收负担选择

### （一）税收负担类型

从世界范围看，根据税收负担轻重，大致可把税收负担分为重税负型、中等税负型和轻税负型三类税负类型。

#### 1. 重税负型

重税负型是指国内生产总值的税负率一般在35%以上。大多数经济发达国家，特别是西欧、北欧国家属于重税负型。税负较高的像瑞典、丹麦、比利时、挪威、荷兰等几个国家，税收占GDP比值甚至达到50%。这些国家被誉为福利国家，形成了财政的多收多支。虽然税收负担水平可随经济发达程度而提高，但税负的过重会影响经济发展。目前在高税负福利国家，都普遍遇到社会福利和经济发展之间的矛盾和冲突。由于高税负不利于激励人们增加工作、投资和储蓄的积极性，财政负担越发沉重，经济发展速度放慢。因此，取消部分社会福利、降低税负、刺激经济的发展，是这些国家近年来主要的政策选择。

#### 2. 中等税负型

中等税负型是指国内生产总值税负率一般介于20%～30%，多数国家属于此种类型。如肯尼亚、南非、突尼斯、扎伊尔、斯里兰卡、马耳他、以色列、埃及、阿拉伯也门、巴西、哥伦比亚、多米尼加等。这一类国家中的大多数国家从满足政府支出的需要角度考虑，政府希望增加税收，但限于国家经济发展水平低，税源不丰厚，国民负担能力比较弱，税负比重难以提高。

#### 3. 轻税负型

轻税负型是指国内生产总值的税负率在20%以下，大多在15%左右，有的还不及10%。从目前来看，低税负国家有三种类型。第一种属于实行低税模式的避税港，政府为了吸收外资，繁荣本国或本地区经济，通常在税收上实行低税或免税等税收优惠政策；第二种属于经济落后国家，国民生产总值低，税源小，提高税负可能性较小；第三种靠非税收入为主要来源的资源国，特别是石油输出国，由于税收占财政收入的比重低，税收占GDP的比值自然也低，像阿联酋的财政收入几乎百分之百来自非税收入，科威特的非税收入约占95%。

（二）税负政策选择

我国现行宏观税收负担水平接近20%，远低于发达国家30%左右的水平，与发展中国家20%左右的水平相近。从经济和社会发展对政府提供公共品的宏观税负要求来看，适度提高宏观税负水平、合理税负结构将继续成为我国税负政策的重要选择。根据我国的客观实际情况，提高税负水平、调整税负结构的主要政策措施可概括为以下几个方面：

第一，开辟新财源，扩大税基。我国目前的税收收入中，大部分是由企业缴纳的。但随着经济发展，个人缴纳的税收比例将会提高。在市场经济国家，个人所缴的所得税税款一般占到国家整个税收收入的1/3，因此在这方面税收的增加有较大潜力。目前，新财源的开辟和税基扩大的重点应放在个体经济、民营经济和高收入居民阶层的税收征管上，坚持依法纳税，堵塞偷漏税，防止税款的流失，及时地把税法规定的应纳税款足额收齐，是提高宏观税负率的有效途径。

第二，区别税收负担和非税负担，规范国家和企业的分配制度，提高企业负担的透明度。目前我国90%的税收是由企业缴纳的，对企业税收负担水平及结构的政策选择是我国税收负担政策的核心内容。我国企业的税收负担水平并不高，但企业实际负担却比较重，原因在于非税负担重。名目繁多的摊派和社会性支出具有很大的随意性，它既增加了企业负担，制约了企业的经济发展，又搞乱了社会分配秩序。在这方面可供选择的税负政策应该是：彻底清理各种社会摊派，取消不合理的收费，用统一的规范化税收来替代合理的收费，纳入政府预算。另外，应考虑设置社会保障税，建立社会保障制度，使企业负担规范化。

第三，调整企业各种税收的负担比例。在我国企业所得税比重较低，而流转税比重相对较高，适当提高所得税的比重，降低流转税的比重有利于合理企业税收负担和经济的稳定发展。因为所得税是一种比较公平、合理的税种，它能较好地体现税收的公平原则。而且所得税的弹性大，有利于经济的稳定发展。而流转税尽管刚性约束强，但弹性小。另外，从税收公平原则看，流转税由于有收入即使亏损也要缴税，不如所得税有利润才缴税显得更为合理。

## 第二节　税负转嫁

我们依据纳税人和负税人的关系把税收负担分为两类，即直接负担和间接负担。直接负担是指纳税人所缴纳的税款不能转嫁给他人，而由纳税人自己承担。我们把这种由纳税人自己直接承担的税负称为直接负担，并把不能转嫁的税种称为直接税。间接负担是指纳税人所缴纳的税款能够通过各种方式转嫁给他人，虽然纳税人缴纳税款，但却由他人来承担。我们把这种因税负转嫁而负税人间接承担的税负称为间接负担，并把能够转嫁的税种称为间接税。

## 一、税负转嫁

税负转嫁是纳税人将缴纳的税款，通过各种途径和方式转由他人负担的过程，是税负运动的一种方式。根据税收负担运动方向特点，我们可以把税负转嫁分为前转、后转和税收资本化三种方式。

### （一）税负前转或顺转

税负前转或顺转是税负随着经济运行或经济活动的顺序转嫁。经济运行或经济活动总是有一定顺序，以商品再生产为例，商品再生产是按原材料采购→商品生产→商业批发→商业零售这样的顺序进行。我们也可以把商品再生产的顺序称为顺时方向运动，如果税负随着这样的顺时方向转嫁，可以称为税负前转或顺转。例如，对生产者征税，生产者通过提高商品价格把税负转嫁给批发商，而批发商又通过进一步提高商品价格把税负转嫁给零售商，最后零售商再一次通过提高商品价格把税负转嫁给消费者，这种由生产者向消费者的税负转嫁称为税负前转或顺转。同样，批发商、零售商把税负转嫁给消费者，也称为税负前转。税负前转或顺转是税负转嫁的最主要形式。

### （二）税负后转或逆转

税负后转或逆转是相对于税负前转或顺转而言的，税负后转或逆转是税负转嫁的运动方向同经济运行或经济活动的顺序或方向相反，即税负逆时方向转嫁。例如，对生产者征税，生产者不是通过提高商品价格把税负转嫁给批发商、零售商，最终转嫁给消费者，而是通过压低投入要素的购入价格，把税负转嫁给要素出售者负担，这种由生产者向要素出售者的税负转嫁称为税负后转或逆转。同样，由零售商、批发商把税负转嫁给生产者、要素出售者，也称为税负后转或逆转，税负后转或逆转也是税负转嫁的重要形式。

### （三）税负资本化

税负资本化是在特定商品的交易中，买主将购入商品在以后年度所必须支付的税额，在购入商品的价格中预先一次性扣除，从而降低商品的成交价格，这种由买主在以后年度所必须支付的税额转由卖主承担，并在商品成交价格中扣除的税负转嫁方式称为税负资本化。税负资本化的含义是指税负转化为资本商品的价值或价格。税负资本化是税负后转的一种特定方式，它同一般税负后转既有共同点又有不同点。它们的共同点在于都是买主支付的税款通过压低购入价格转由卖主负担。而不同点首先在于转嫁的对象不同，税负后转的对象是一般消费品，而税负资本化的对象是耐用资本品，主要指土地。其次也在于转嫁方式不同，税负后转是商品交易时发生的一次性税款一次性转嫁，而税负资本化是商品交易后发生的预期历次累计税款一次性转嫁。

税负转嫁可以分为上述三种方式，但在税负转嫁的现实运动中，税负转嫁和不可转嫁，税负前转和后转，税负转化成资本和不能转化成资本又是同时并存的，无法截然分开。

## 二、影响税负转嫁的主要因素

政府向纳税人征税所引起的税收负担能否转嫁，转嫁多少，取决于税种形式、定价方式、价格弹性、征税范围、反应期限等多种因素。

### （一）税负转嫁和税种形式

税负能否转嫁首先取决于税种形式。因为按税负能否转嫁，我们可把整个税收分为直接税和间接税两类。直接税是指按立法者意图，税负不能转嫁由纳税人承担的税种，主要包括所得税和财产税。间接税是指按立法者意图，税负能够全部或部分转嫁由他人承担的税种，主要包括流转税。直接税和间接税分类虽然过于简单，因为立法者的预期意图并不能同复杂的经济关系相符合，预期能转嫁的税种并不一定转嫁，而预期不能转嫁的税种并不一定不转嫁，但至少说明税种形式同税负转嫁之间存在比较紧密的内在联系。

#### 1. 流转税

流转税是对销售商品取得的商品销售收入或购买商品支付的商品价格征税。流转税作为间接税，税收能够通过提高或降低商品价格转由他人负担。因此，流转税是能够转嫁的税种，但转嫁多少则取决于商品定价方式、价格弹性、征税范围等因素。这里的流转税是大类税收的统称，包括对国内商品征税和进出口商品征税，对商品征税和非商品征税。

#### 2. 所得税

所得税是对个人或企业的收益所得额征税，具体分为个人所得税和企业所得税。所得税作为直接税，由于是对收益所得额征税，因而一般由纳税人负担，不能转嫁。其中，个人所得税不能转嫁的结论比较明了，但企业所得税负担和转嫁问题较为复杂。因为企业本身不是负担主体，税负最终有三种可能的负担主体：如果企业由于征税而提高商品价格，有可能将税负转嫁给商品消费者负担；如果企业由于征税而降低职工工资，有可能将税负转嫁给企业职工负担；如果企业不能将税负转嫁给商品消费者和企业职工，税负则由企业所有者负担。因此，企业所得税具有转嫁的可能性。

#### 3. 财产税

财产税是对财产所得或财产交易征税。财产所得税的税负转嫁相当于企业所得税,因为财产所得税是对不动产所得征税。如对土地租金、房屋租金征税,土地或房产所有者有可能因征税而提高租金价格,将税负转嫁给土地或房屋使用者负担。财产交易税的税负转嫁相当于流转税,财产卖方在出售财产时有可能因征税而提高财产销售价格,将税负转嫁给财产买方负担。在财产供给无弹性的情况下,也可能出现税负资本化,即财产出售后由买方今后缴纳的财产所得税通过降低财产出售价格由卖方负担。

### (二)税负转嫁和定价方式

税负转嫁首先取决于税种形式,作为间接税的流转税是典型意义上能够转嫁的税种,也是税负转嫁研究的主要对象。但流转税能否转嫁还取决于商品定价方式。因为流转税的转嫁是指纳税人通过提高或降低商品价格把税负转嫁给他人负担,因此,流转税能否转嫁关键在于商品价格变动。商品价格变动与定价方式密切相关,定价方式主要有市场价格和计划价格两种。

#### 1. 市场定价和税负转嫁

市场定价是指商品价格由市场供求决定的一种定价方式,当商品需求大于供给时商品价格上升,而当商品需求小于供给时商品价格下降。流转税作为商品价格的组成部分,其征收或变动直接影响商品价格变动。因此,在市场价格下,流转税可以通过商品价格变动而发生转嫁,但转嫁多少则取决于价格弹性、征税范围等因素。

#### 2. 计划定价和税负转嫁

计划定价是指商品价格由政府物价部门按计划制定,虽然计划价格由成本、利润和税金三要素组成,计划价格要反映商品价值和供求,但计划价格更多的是体现国家的价格政策,并且价格确定以后较少变动。因此,在计划价格下,税收难以通过影响商品价格变动而发生税负转嫁。

### (三)税负转嫁和供求弹性

在市场价格下,流转税通过影响商品价格变动而引起税负转嫁,但流转税转嫁多少则取决于商品的供给和需求弹性。商品的需求弹性和供给弹性是决定流转税收转嫁的最主要因素。商品的需求弹性是商品价格变化的百分比和商品需求数量变化的百分比之比,需求弹性 $E_d=(\Delta Q_d/Q_d)/(\Delta P/P)$。需求弹性系数一般为负值,当需求弹性系数绝对值大于1时,被认为需求有弹性,当需求弹性系数绝对值小于1时,被认为需求缺乏弹性。商品的供应弹性是商品价格变化的百分比和商品供应数量变化的百分比之比,供应弹性 $E_s=(\Delta Q_s/Q_s)/(\Delta P/P)$。供应弹性系数一般为正值,当供应弹性系数大于1时,被认为有供应弹性,当供应弹性系数小于1时,被认为缺乏供应弹性。商品供求弹性同流转税负转嫁的关系为:首先,需求弹性同税负转嫁成反向运动,需求弹性越大,税负越趋向由生产者负担;需求弹性越小,税负越趋向由消费者负担。其次，供应弹性同税负转嫁成正向运动。供应弹性越大，税负越趋向由消费者负担；供应弹性越小，税负越趋向由生产者负担。最后，税负转嫁最终取决于供求之间的弹性关系。在需求弹性大于供应弹性的情况下，即 $E_d/E_s > 1$，税负更多地趋向由生产者负担；在供应弹性大于需求弹性的情况下，即 $E_d/E_s < 1$，税负更多地趋向由消费者负担。

（四）税负转嫁和征税范围

流转税既可以选择部分商品征税，也可以对商品实行普遍征税，前者征税范围的面比较狭，后者征税范围的面比较宽，征税范围的宽狭不但影响税收收入，也影响税负转嫁。

1. 从需求角度分析

征税范围狭，消费者选择替代商品的余地比较大，税负不易转嫁，更多趋向由生产者负担；征税范围广，消费者选择替代商品的余地比较小，税负易转嫁，更多趋向由消费者负担。

2. 从供给角度分析

征税范围狭，生产者选择转换生产的余地比较大，税负易转嫁，更多趋向由消费者负担；征税范围宽，生产者选择生产的余地比较小，税负不易转嫁。

由于从需求和供给不同角度得出税负归宿的不同结论，因此，不能仅从征税面的宽狭来确定税负归宿，还必须进一步从反应期限来分析。

（五）税负转嫁和反应期限

实行选择性商品征税，消费者必然选择替代品消费以对税收作出反应，而生产者也必然转向相关品生产以对税收作出反应，税负转嫁最终取决于两者的反应速度。

从即期看，在政府实行选择性征税的初期，消费者和生产者都难以立即作出替代消费和转换生产反应，税负由供求双方均衡负担。

从短期看，消费者采取替代品、变更消费习惯、改变支出预算比生产者改变产品生产、改变计划、改变设备容易，因此，税负更趋向由生产者负担。

从长期看，生产者和消费者都会作出替代消费和转换生产的反应，因此，不考虑其他因素又趋向于由供求双方均衡负担。如果考虑到其他因素，最终归宿还是取决于供求弹性。

以上分析了影响税负转嫁的五个主要因素，这些因素之间的关系是：税负转嫁取决于税种形式，流转税容易转嫁，而其他税不易转嫁；流转税转嫁取决于定价方式，市场定价下流转税能转嫁，计划定价下流转税不能转嫁；市场定价下的流转税转嫁取决于供求弹性等因素。

## 第三节 税负归宿

税负归宿是税负运动的终点或最终归着点。从政府征税至税负归宿是一个从起点到终点的税负运动过程：政府向纳税人征税，我们称为税负运动的起点；纳税人把缴纳税款转由他人负担的过程，我们称为税负转嫁；税负由负税人最终承担，不再转嫁，我们称为税负归宿。按纳税人和负税人的关系，也可把税负归宿分为法定归宿和经济归宿。法定归宿是税收立法机构在税收法律规范中所规定的税负归着点，我们一般把纳税人承担纳税义务视为税负法定归宿，税负法定归宿是从税收法律制度分析税负的依据。经济归宿是税收负担随着经济运动而不断转嫁以后的税负归着点，我们一般把负税人承担的税负视为税负经济归宿，税负经济归宿是从税收经济运行分析税负的依据。税负归宿和税收负担是两个既相联系，又有区别的概念。税负归宿是相对于税负转嫁而言的，是从税负转嫁运动中来确定把握税负主体，即税收由谁负担。而税收负担是相对于税负归宿而言的，是在税负主体已经确定的情况下，来计量税收负担水平，即负担多少。

### 一、税负归宿的局部均衡分析

税负归宿在分析方法上可分为局部均衡分析和一般均衡分析，前者只分析税收征收对征税商品或要素的直接影响，后者则是在前者基础上进一步分析税收征收对整个市场的连锁影响。税负归宿的局部均衡分析是一般均衡分析的前提，可以分别从完全竞争市场、独占市场和垄断竞争市场等经济形态进行研究分析。

#### （一）完全竞争市场的税负归宿分析

完全竞争市场是一个存在大量买者和卖者，商品或要素价格不受个别买卖者影响，而由市场供求决定。

##### 1. 税负归宿与征税方式

对商品征税可分为从量征税和从价征税两种征收形式。其中，从量征税是依据商品的实物数量征税，如我国现行消费税对啤酒按每吨 250 元征收。而从价税是依据商品价值量征税，如我国现行增值税按 17％比例税率征税。从量税和从价税不改变税负归宿的性质，但改变税负归宿的影响方式。从价税和从量税在商品价格、政府税收、税负归宿等方面相同。但在通货膨胀情况下，随着价格上升，从价税税率不变，税额上升，而从量税税额不变，税额占销售收入比例下降。因此，相对于从价税而言，在通货膨胀时从量征税税额少，税负轻，存在着减税效应；在通货紧缩时从量征税税额大，税负重，存在着增税效应。

2. 税负归宿和价格弹性

税负归宿与商品供给和需求的价格弹性关系一般可归纳为：在其他条件不变的情况下，税负归宿与生产者的供给弹性呈正向运动。供给弹性越大，税负越倾向于由消费者负担；供给弹性越小，税负越倾向于由生产者负担。税负归宿与消费者的需求弹性呈反向运动。需求弹性越大，税负越倾向于由生产者负担；需求弹性越小，税负越倾向于由消费者负担。

（二）不完全竞争市场的税负归宿分析

不完全竞争市场可分为独占市场和垄断竞争市场两种市场情况。

1. 独占市场的税负归宿分析

独占市场又称为独家垄断市场，是指市场处于完全由一家厂商所控制的状态。在独占市场，独占者可以决定价格和产出。在独占市场，即使价格由生产者决定，但在利润极大化原则下，税收仍然需视商品价格弹性由生产者和消费者共同负担。

2. 垄断竞争市场的税负归宿分析

以上分析了完全竞争市场和独占市场的税负归宿。事实上完全竞争市场和独占市场是两种极端情况，而绝大多数企业处于完全竞争和独占之间的不完全竞争市场。但不完全竞争市场的税负归宿理论还不成熟，主要是因为税负归宿主要取决于征税引起的价格变化，但对于不完全竞争市场定价方法还没有一种可被普遍接受的模式，因此，税负归宿取决于定价方法的假定。如果任何一个垄断竞争者相信，对征税商品提高价格都会引起消费者转移消费至其他竞争者，任何生产同类商品的企业由此而不相应提高征税商品价格，结果消费者价格不变，税收全部由生产者负担。相反的情况是如果生产同类商品企业对征税商品联合行动，同时提高商品价格，在这种情况下，大部分税收可能被消费者负担。第三种情况是垄断竞争企业采用成本补足定价法或成本加价法，把税收作为成本的一部分计入价格，由于消费者支付比较高的价格而使税负转嫁给消费者承担。

## 二、税负归宿的一般均衡分析

税负归宿的一般均衡分析是在税负归宿的局部均衡分析基础上，进一步分析由此引起的连锁影响。以下是在一般均衡分析框架内，选择分析商品税、要素税和公司所得税的税负归宿。

（一）商品税（假定选择对食品消费征税 $t_F$）

1. 商品税税负归宿的局部均衡分析

对食品消费征税，导致食品价格上升、产量减少，消费者因提高商品价格而承担部分税负，生产者也因税后收入减少而承担部分税负，而消费者和生产者各自承担税负的比例取决于商品供求弹性及其他相关因素。

2. 商品税税负归宿的一般均衡分析

商品税税负归宿的一般均衡分析可以从生产要素和其他商品两方面进行。

(1) 要素方面。对食品征税提高食品价格，必然减少食品的消费数量。如果食品和机器可相互替代，以增加机器消费来替代食品消费，从而食品生产部门的资本和劳动力流向机器生产部门。假定食品部门和机器部门在生产的技术构成上不同，食品部门是劳动密集型生产部门，而机器部门是资本密集型生产部门，在食品部门的资本和劳动力流向机器部门时，出现资本短缺，劳动力相对过剩，从而使劳动力相对价格或劳动报酬率下降，这使得劳动所有者也承担了部分因商品征税而连锁引起的税收负担。两个部门的生产技术构成差异越大，劳动和资本的相互替代越困难，劳动报酬率的下降幅度越大，劳动所有者承担的税收负担也就越重；反之则越轻。如果上述两个部门的生产技术构成情况相反，假定食品部门是资本密集型，而机器部门是劳动密集型，那么，就会发生相反的情况，资本的相对价格下降，使资本所有者承担部分税收负担。如果上述两个部门的生产技术构成情况相同，那么税收在生产要素方面影响也随之消失。

(2) 商品方面。对食品征税提高食品价格，必然减少食品的消费数量，增加对机器的替代消费数量，从而因机器需求增加也提高了机器价格，使机器消费者也承担了部分税收负担。机器生产者和消费者的税收负担比例也取决于供求弹性及其他相关因素。

(二) 要素税(假定对劳动力要素所得征税 $t_L$)

1. 要素税税负归宿的局部均衡分析

对劳动力要素所得征税，减少劳动力要素的净报酬率(即工资)，劳动力供应者因净报酬率减少而承担部分税负；同时，劳动力需求者所支付的劳动力要素报酬上升，从而使劳动力需求者也承担部分税负。劳动力供给者和劳动力需求者之间的税收负担比例也取决于劳动力供求弹性及相关因素。

2. 要素税税负归宿的一般均衡分析

要素税税负归宿的一般均衡分配也可以从商品和其他生产要素两方面进行。

(1) 商品方面。对劳动力要素征税，提高了劳动力要素的价格。由于劳动力需求者提高对劳动力报酬的支付，从而增加了生产成本，并相应提高商品价格，使商品消费者承担了部分因对劳动力要素征税而连锁反应引起的税收负担，商品消费者的税收负担数量也取决于供求弹性及相关因素。

(2) 要素方面。对劳动力要素征税，如果资本和劳动力是可替代的，则必定减少对劳动力的需求,增加对资本的需求,从而使资本价格提高,资本需求者承担部分税负。如果资本和劳动力是不可替代的,则劳动力需求下降,使资本要素需求也下降,资本供应者承担部分税负。

(三) 所得税(假定对食品生产部门所得征税 $t_{KF}$)

1. 所得税税负归宿的局部均衡分析

对食品生产部门所得征税,食品生产部门资本报酬率下降,资本所有者因资本报酬率下降而承担部分税负。如果因资本报酬率下降而提高商品价格或降低劳动力报酬,劳动者因减少劳动力报酬,消费者因提高商品价格而分别承担部分税负,而三者各自承担的税负比例取决于三者的供求弹性和其他相关因素。

2. 所得税税负归宿的一般均衡分析

所得税税负的一般均衡分析也可以从商品和其他生产要素两方面进行。

(1) 商品方面。如果对食品生产部门所得征税,因征税而引起食品价格上升,如果食品和机器存在相互替代关系,必然也导致食品消费减少,而机器消费增加,使得机器价格上升,机器消费者也由此而承担部分税收负担。机器消费者承担税负的数量也取决于食品和机器的替代关系,供求弹性及其他相关因素。

(2) 要素方面。对食品生产部门所得征税,食品生产部门的报酬率下降,如果机器生产部门的所得不征所得税,那么食品生产部门的资本就会流向机器生产部门,机器生产部门也会因资本供应增加而资本报酬率降低,从而承担部分税收负担。

以上我们只是分析了九种税中三种税的税负归宿,这三种税具有一定的典型意义。可以根据上述三种税税负归宿的一般均衡分析方法,进一步分析其他六种税的税负归宿。

## 本章小结

税收负担可分为宏观税收负担和微观税收负担。宏观税收负担是指一国中所有的纳税人税收负担的总和,也称总体税收负担。它反映一个国家或地区税收负担的整体状况。反映宏观税收负担的指标,主要有国民生产总值税负率、国内生产总值税负率和国民收入税负率。微观税收负担的指标一般有企业所得税税负率、企业综合税收税负率和个人所得税税负率。一个国家的税收负担水平受制于经济发展水平、经济制度、国家职能、财政收入结构和经济政策等多方面因素。从世界范围看,根据税收负担轻重,大致可把税收负担分为重税负型、中等税负型和轻税负型三类税负类型。根据我国的客观实际情况,提高税负水平,调整税负结构的主要政策措施可概括为:开辟新财源,扩大税基;区别税收负担和非税负担,规范国家和企业的分配制度;调整企业各种税收的负担比例。税负转嫁是纳税人将缴纳的税款,通过各种途径和方式转由他人负担的过程,是税负运动的一种方式。根据税收负担运动方向的特点,我们可以把税负转嫁分为前转、后转和税收资本化三种方式。政府向纳税人征税所引起的税收负担能否转嫁，转嫁多少，取决于税种形式、定价方式、价格弹性、征税范围、反应期限等多种因素。税负归宿在分析方法上可分为局部均衡分析和一般均衡分析，税负归宿的局部均衡只分析税收征收对征税商品或要素的直接影响，可以分别从完全竞争市场、独占市场和垄断竞争市场等经济形态进行研究分析。税负归宿的一般均衡是在税负归宿的局部均衡分析基础上，进一步分析由此引起的连锁影响。

## 思考题

1. 宏观税收负担有哪些主要衡量指标？
2. 税收负担高低由哪些因素所决定？
3. 经济发展与税收负担存在什么关系？
4. 税收负担有哪几种类型？
5. 我国应如何进行税收负担政策调整？
6. 什么是税负转嫁，有哪些主要转嫁方式？
7. 税负转嫁取决于哪些主要因素？
8. 税负归宿的局部均衡和一般均衡分析的主要区别有哪些？
9. 完全竞争市场和垄断竞争市场税负归宿的主要区别有哪些？
10. 依据一般均衡分析对一种商品征税会引起哪些连锁反应？

# 第六章　税收体系

税收体系主要是在税收分类基础上，分析税制结构模式的不同类型、影响税制结构的因素、税制结构模式的选择，并研究我国税收体系的建立、发展演变进程和改革、发展的历史趋势。

## 第一节　税收分类

现代经济社会普遍实行了复合税制，也就是一个国家的税收制度由多种税组成。复合税制使税种形式多样，有利于适应现代经济的复杂情况和多重政策目标要求，但同时也使得税收制度变得十分复杂。因此，无论从理论分析还是实际操作，都要求把复杂的税种按一定的标志进行归类，以便对税收进行统计、比较和分析。

### 一、按税负能否转嫁为标志进行分类

按税负能否转嫁为标志，税收可分为直接税和间接税两类。凡由纳税人自己承担税负，不发生转嫁关系的税称为直接税，例如所得税和财产税。凡纳税人可将税负转嫁于他人，发生转嫁关系，由他人负担的税称为间接税，例如流转税。这是西方税收学中最基本的分类方法。划分直接税和间接税的意义主要在于帮助分析税收负担及税负运动。

### 二、按课税对象性质进行的税收分类

按课税对象的性质，税收可分为流转税、所得税、财产税、资源税和行为税五类。其中，流转税是以商品流转额和非商品流转额为课税对象的税收统称；所得税是以收益所得额为课税对象的税收统称，包括对个人收益所得征收的个人所得税和对企业收益所得征收的企业所得税；财产税是以财产价值为课税对象的税收统称；资源税是以资源绝对收益和级差收益为课税对象的税收统称；行为税是以特定行为为课税对象的

税收统称。按课税对象性质特点分类主要意义在于帮助分析不同税种的性质和经济作用,并为合理设计税制提供前提条件。

### 三、按税收管辖和支配权进行的税收分类

按税收管辖和支配权可以把税收分为中央税、地方税、中央和地方共享税三种类型。其中,中央税收入归为中央,由中央立法,并由代表中央的国家税务局进行税收征收和管理;地方税收入归为地方,由中央或地方立法,并由代表地方的地方税务局进行税收征收和管理;中央和地方共享税收入在中央和地方之间按一定标准分享,由中央立法,并由代表中央的国家税务局进行税收征收和管理。按税收管辖和支配权进行分类主要意义在于帮助分析中央和地方收入来源和责权关系。

### 四、其他税收分类方法

除了上述税收分类方法以外,还有一些其他的分类方法。

以税收收入形态采取实物还是货币为依据,可以将税收分为实物税和货币税。实物税采取实物形态,货币税采取货币形态。

以立法者预期税法生效期限长短为依据,可以将税收分为经常税和临时税。凡能长期持续生效的为经常税;反之,则为临时税。

以计税依据采用价值量还是实物量为依据,可以将税收分为从价税和从量税。按价值量计算的为从价税;反之,则为从量税。

以税率形式特点为依据,可以将税收分为比例税、累进税、定额税。

以是否考虑纳税人的纳税情况和纳税能力为依据,可以将税收分为对人税和对物税。凡考虑纳税人的纳税能力情况的为对人税;反之,则为对物税。

## 第二节 税制结构

### 一、我国税制结构

税制结构是指实行复合税制的国家,在按一定标志进行税收分类的基础上所形成的税收分布格局及其相互关系。在现代经济社会,由于税收履行着筹集资金、资源配置、收入分配和宏观调控等多种职能,因此,自然就会形成多种税同时并存,各税种既相对独立,又协调配合、互为补充的复合税制体系。尽管各国普遍实行了复合税制体系,但是,由于各国经济条件、历史传统和政策目标不同,在税种设置、税收分布格局上也不完全相同,甚至存在着比较大的差异,从而也形成了各具特点的税制结构类型或

税制结构模式。

（一）我国现行税制结构

2019 年，我国税收总额 157 992 亿元。其中：包括国内增值税和消费税、进口增值税和消费税、关税、城市维护建设税、车辆购置税，并剔除出口退税后的货劳税 85 425 亿元，占全部税收的 54.07%；包括企业所得税、个人所得税和土地增值税在内的所得税 54 153 亿元，占全部税收的 34.28%；包括资源税、房产税、城镇土地使用税、车船税、船舶吨税、契税、耕地占用税、印花税在内的资源财产税 18 413 亿元，占全部税收的 11.65%（见表 6—1）。①

**表 6-1　1994—2019 年我国税制结构**

| 项　目 | | 2019 年 | | 2004 年 | | 1994 年 | |
|---|---|---|---|---|---|---|---|
| | | 金额（亿元） | 比重（%） | 金额（亿元） | 比重（%） | 金额（亿元） | 比重（%） |
| 间接税 | 一、货劳税 | 85 425 | 54.07 | 16 581.7 | 68.62 | 3 875.5 | 75.59 |
| | 国内增值税 | 62 346 | 39.46 | 9 017.9 | 37.32 | 2 338.6 | 45.61 |
| | 国内消费税 | 12 562 | 7.95 | 1 501.9 | 6.22 | 502.4 | 9.80 |
| | 关税 | 2 889 | 1.83 | 1 043.8 | 4.32 | 291.8 | 5.69 |
| | 进口货物增值税、消费税 | 15 812 | 10.01 | 3 700.4 | 15.31 | 336.4 | 6.56 |
| | 出口货物退增值税、消费税 | −16 503 | −10.45 | −3 484.1 | −14.42 | −450.2 | −8.78 |
| | 营业税 | — | — | 3 582 | 14.82 | 680.2 | 13.27 |
| | 城市维护建设税 | 4 821 | 3.05 | 674.1 | 2.79 | 176.3 | 3.44 |
| | 车辆购置税 | 3 498 | 2.21 | 545.7 | 2.26 | — | — |
| 直接税 | 二、所得税 | 54 153 | 34.28 | 5 769.5 | 23.87 | 992 | 19.35 |
| | 企业所得税 | 37 300 | 23.61 | 3 957.3 | 16.38 | 687.8 | 13.42 |
| | 个人所得税 | 10 388 | 6.58 | 1 737.1 | 7.19 | 72.7 | 1.42 |
| | 土地增值税 | 6 465 | 4.09 | 75.1 | 0.31 | — | — |
| | 农业税 | — | — | 242 | 1 | 231.5 | 4.52 |

① 之所以把城市维护建设税和烟叶税纳入货劳税，主要是由于城市维护建设税为增值税、消费税的附加税；车辆购置税是对车辆交易征税。而把土地增值税作为所得税，是因为事实上土地增值税相当于对房地产特定行业在一定时期内征收的暴利税。

（续表）

| 项　目 | | 2019年 | | 2004年 | | 1994年 | |
|---|---|---|---|---|---|---|---|
| | | 金额（亿元） | 比重（%） | 金额（亿元） | 比重（%） | 金额（亿元） | 比重（%） |
| 直接税 | 三、资源财产税 | 18 413 | 11.65 | 1 572.5 | 6.51 | 259.4 | 5.06 |
| | 资源税 | 1 822 | 1.15 | 98.8 | 0.41 | 45.5 | 0.89 |
| | 房产税 | 2 988 | 1.89 | 366.3 | 1.52 | 60.3 | 1.18 |
| | 印花税 | 2 463 | 1.56 | 290.2 | 1.20 | 61.8 | 1.21 |
| | 城镇土地使用税 | 2 195 | 1.39 | 106.2 | 0.44 | 32.5 | 0.63 |
| | 耕地占用税 | 1 390 | 0.88 | 120.1 | 0.50 | 37 | 0.72 |
| | 车船税、船舶吨税、烟叶税 | 1 121 | 0.71 | 47.1 | 0.02 | 11.3 | 0.22 |
| | 契税 | 6 213 | 3.93 | 540.1 | 0.02 | — | — |
| | 环境税 | 221 | 0.14 | — | — | — | — |

（二）我国税制结构特征

1. 从税负主体视角分析

从税负主体视角分析，可将税种概括为由纳税人缴纳并由纳税人负担、不可转嫁的直接税，以及由纳税人缴纳、可转由他人负担的间接税。我国间接税占全部税收的54.07%，直接税占全部税收的45.93%，是以间接税为主体的税制结构类型。

（1）间接税可分为对全部商品和劳务在产制、批发和零售、服务等各环节按单一税率征收的一般货劳税，主要是增值税；以及对部分商品和劳务在产制、批发和零售、服务等某环节按差别税率征收的特别货劳税，包括消费税、关税、车辆购置税和按消费税征收的附加税。2019年，我国一般货劳税62 346亿元，占间接税的72.98%；特别货劳税23 079亿元，占间接税的27.02%。我国间接税以一般货劳税为主体。

（2）直接税可分为所得税和资源财产税。2019年，我国所得税54 153亿元，占直接税的74.63%，资源财产税18 413亿元，占直接税的25.37%，直接税以所得税为主体。所得税主要分为企业所得税和个人所得税。2019年，企业所得税37 300亿元，占所得税的68.88%；个人所得税10 388亿元，占所得税的19.18%；土地增值税6 465亿元，占所得税的11.94%。所得税以企业所得税为主体。

2. 从纳税主体和纳税客体视角分析

纳税主体可分为企业主体和个人主体两类；作为纳税客体的税源可分为生产经营和收入财富分配两类。

（1）在我国，由个人直接承担和缴纳的税种主要涉及：以个人缴纳和负担为主，但部分由独资和合伙企业缴纳的个人所得税；以及由个人和企业共同缴纳负担的房产税、印花税、车船税、车辆购置税、契税等税种。按 2019 年统计，即使将上述与个人直接承担和缴纳相关的税种全部纳入个人纳税统计，个人直接缴纳和负担的税额也仅为 26 671 亿元，占全部税收的 16.88%，而企业直接缴纳 131 321 亿元，占全部税收的 83.12%，企业作为纳税主体尤为明显。

(2)在我国，由于企业纳税主要来源于生产经营活动，而个人纳税主要来源于收入和财富分配，又由于我国纳税主体是企业，所以税收也主要来源于企业生产经营，再加上我国目前还没有个人不动产税、遗产赠与税等个人财产税以及工薪税等社会保障税，与个人收入和财富分配有直接关联的税种主要是个人所得税，来源于个人收入分配、财富积累等非生产经营活动的税收占比较低。2019 年，我国个人所得税 10 388 亿元，占全部税收的比重仅为 6.58%。

(三)我国税制结构变化

1994 年，我国分税制及税制改革奠定了现代税制体系基本构架。1994 年以来，随着我国经济社会发展，税收政策制度调整，税制结构也发生了重要变化。

1. 直接税比重上升

1994 年我国直接税为 1 251.4 亿元，占全部税收的 24.41%；2004 年增加到 7 342 亿元，占全部税收的 30.38%；2019 年增加到 72 566 亿元，占全部税收的 45.93%。1994—2019 年，直接税占比提高 21.52 个百分点，增幅高达 88.32%。其中，所得税占比由 79.27%下降为 74.62%，资源财产税占比由 20.73%提高到 25.38%。所得税中，个人所得税占比由 7.33%提高到 19.18%，企业所得税(包括土地增值税)占比由 69.33%提高到 80.81%，农业税占比由 23.34%下降为 0。

2. 间接税比重下降

1994 年我国间接税为 3 875.5 亿元，占全部税收的 75.59%。2019 年，我国间接税增加到 85 425.2 亿元，占全部税收的比重下降为 54.07%，下降了 21.52 个百分点，降幅达 28.63%。其中，一般货劳税占间接税比重由 77.89%降为 72.98%，特殊货劳税占间接税比重由 22.11%提高到 32.11%。

3. 企业主体地位未变

1994 年，个人直接缴纳和负担税收仅为 145.8 亿元，占全部税收的 2.98%，而企业直接缴纳 4 747.48 亿元，占全部税收的 97.02%。2019 年，个人直接缴纳和负担税收 28 973.6 亿元，占全部税收的 18.53%，而企业直接缴纳 106 135.7 亿元，占全部税收的 81.47%。个人纳税比重有了较大幅度上升，而企业纳税比重有所下降，但企业主体地位未变。

上述分析可以清晰地反映出我国 1994 年税制改革以来，税制结构呈现直接税比重上升、间接税比重下降、个人纳税比重上升、企业纳税比重下降、特殊货劳税比重上升、一般货劳税比重下降的特征，但以企业缴纳的间接税为主体税特征的税制结构格局没有发生根本性改变。

## 二、税制结构模式

税制结构模式是指由主体税特征所决定的税制结构类型。在一个国家的税制体系中，各类税收在税制体系中的地位有主次之分；而在一个国家的大类税收中，各个税种在大类税收中的地位也有主次之别。因此，在组织财政收入和调节经济方面处于主要地位，发挥主要作用的主体税种则成为区别不同税制结构类型的主要标志。由主体税特征所决定的税制结构大体可归纳为以下三种类型。

### （一）以流转税为主体的税制结构模式

以流转税为主体的税制结构模式是指在整个税制体系中，流转税作为主体税，占最大比重，并起到主导作用。根据资料统计，绝大多数发展中国家、少数经济发达国家实行这种税制结构模式。作为大多数发展中国家以流转税为主体与发展中国家的社会经济发展状况的特点相适应。譬如流转税多采用统一税率，对商品和劳务的流转额课征，征管简单方便，且不受成本变动的影响，能够保证财政收入的稳定可靠和及时，这在发展中国家税源相对匮乏的条件下是极其重要的。以流转税为主体的税制结构模式就其内部主体税特征而言，还可以进一步分为以下两种类型。

#### 1. 以一般商品税为主体

一般商品税是对全部商品和劳务在产制、批发和零售、服务等各个环节实行普遍征税。一般商品税具有普遍征收、收入稳定、调节中性的特点。一般流转税在课税对象确定上，既可以对收入全额征税，也可以对增值额征税。前者称为周转税，虽征收简便易行，但重复课税，不利于专业化协作；后者称为增值税，可避免重复征税，但对核算有较高要求。

#### 2. 以选择性商品税为主体

选择性商品税是对部分商品和劳务在产制、批发和零售、服务的某些环节选择性征税。选择性商品税具有个别征收、收入较少、特定调节的特点。选择性商品税既可以选择在产制环节征税，也可以选择在零售环节征税。

### （二）以所得税为主体的税制结构模式

以所得税为主体的税制结构模式是指在整个税制体系中，所得税作为主体税，占最大比重，并起主导作用。根据资料统计，绝大多数经济发达国家和少数发展中国家实行这种税制结构模式。经济发达国家之所以选择建立以所得税为主体的税制结构模式，主要是因为所得税与现代市场经济关系密切。所得税以纳税人的所得为课税对象，税收收入能准确反映国民收入的增减变化，同时能灵活调节纳税人的实际收入，对消费、储蓄和投资等行为能产生迅速而强有力的影响和制约作用。以所得税为主体的税制结构模式就其内部主体税特征而言，还可以进一步分为以下三种类型。

1. 以个人所得税为主体

这一类型是把对个人收益所得课征的所得税作为主体税。以个人所得税为主体税一般是经济比较发达的国家采用，这些国家的个人收入水平较高，收入差异较大，需要运用个人所得税来稳定财政收入，促进个人收入的公平分配。

2. 以企业所得税为主体

这一类型是把对企业课征的企业所得税或法人所得税作为主体税。在经济比较发达又实行公有制经济的国家，在由间接税制向直接税制转换的过程中，有可能选择以企业所得税而不是个人所得税为主体税。

3. 以社会保险税为主体

这一类型是把对个人和企业共同征收的社会保险税作为主体税。在一些福利经济国家，为实现社会福利经济政策，税制结构已经由个人所得税为主体转向社会保险税为主体。

（三）流转税和所得税双主体的税制结构模式

双主体税制结构模式是指在整个税制体系中，流转税和所得税占有相近的比重，在财政收入和调节经济方面共同起着主导作用。选择流转税和所得税并重的税制结构模式，既确保财政收入的稳定可靠，又能使税收的刚性与弹性相结合，充分发挥税收的宏观调控作用。一般来说，在由流转税为主体向所得税为主体的转换过程中，或者在由所得税为主体转向发展增值税、扩大流转税的过程中，都会形成双主体的税制结构模式。双主体的税制结构模式虽然是一种现实的税制结构模式，但从发展角度分析，只是一种转换时期的过渡模式，将被流转税为主体的税制结构模式或所得税为主体的税制结构模式所替代。

2016 年，我国由增值税、消费税、营业税、关税组成的流转税占全部税收的 55.62％，由企业所得税和个人所得税组成的所得税占全部税收的 33.10％，其他各种资源、财产等税占全部税收的 11.28％。因此，我国现行税制呈现以流转税为主体的税制结构。但从税制结构演变来看，呈现流转税占比下降，所得税占比上升，以及财产、资源等税占比上升的趋势。1994 年、2004 年和 2016 年，流转税占比分别为 75.59％、68.62％和 55.62％，所得税占比分别为 19.35％、23.87％和 33.10％，财产、资源等税占比分别为 5.06％、6.51％和 11.28％。

## 三、影响税制结构的因素

在同一个时期不同国家税制结构具有很大差异,在同一个国家不同时期税制结构也具有很大差异,然而,我们需要进一步了解的是引起这种税制结构差异的原因。尽管每一个国家的税制结构都有它具体的形成和发展原因,但从总体上看仍然可归纳为以下几方面因素。

### (一)经济因素

经济因素是影响并决定税制结构的最基本因素,这里的经济因素主要是指社会生产力发展水平,并由社会生产力发展水平所决定的经济结构。生产力发展水平及其经济结构对税制结构的影响可以从纵向的税制结构发展和横向的税制结构比较两个方面进行分析。

#### 1. 从税制结构发展分析

从税制结构发展变化的历史分析,大致经历了从古老的直接税到间接税,再由间接税发展到现代直接税的发展过程,而这种税制结构的发展是同经济结构的发展相联系的。在以农业经济为主体的自然经济条件下,形成了以古老的直接税为主体的税制结构;在以工商经济为主体的商品经济条件下,形成了以间接税为主体的税制结构;在现代市场经济条件下,又转向以直接税代替间接税,使现代直接税即所得税逐渐成为主体税。

#### 2. 从税制结构比较分析

从发达国家同发展中国家税制结构的横向比较分析,我们也不难发现生产力发展水平对税制结构的影响。从主体税种看,发达国家一般以所得税为主体,而发展中国家一般以流转税为主体。从所得税内部结构看,发达国家一般是以个人所得税为主体,而发展中国家是以企业所得税为主体。从流转税内部结构看,发达国家进出口贸易征税占较小比重,而发展中国家进出口贸易征税占较大比重。在社会保险税方面,发达国家在税制中的比重较高,而发展中国家在税制中的比重较低。

### (二)政策因素

税制结构同税收政策目标也有一定联系。如果我们把税收政策目标定为效率、公平和稳定,不同的政策目标选择及政策目标的不同排列顺序对税制结构可能产生不同影响。从税收的效率目标考虑,选择流转税还是所得税并没有什么大的差异,主要在于税制的设计方式。如选择流转税为主体,对全部商品征税,其中大部分商品按统一比例对增值额征税,少数需要调节的商品按差别比例征税;或者选择所得税为主体,对大部分商品不征税,仅对少数需要调节的商品按差别比例征税。这二者对资源配置的效果是相近的,差异只在于税收收入是更多地来源于流转税还是所得税。从税收的公平目标考虑，虽然差别流转税和累进所得税都能起到公平分配的调节效果，但累进所得税对公平分配的调节功能比差别流转税更大。从税收的稳定目标考虑，所得税由于累进税率而形成的弹性税制，比流转税由于比例税率而形成的刚性税制，对宏观经济稳定具有更大的调节作用。

（三）管理因素

税收的管理能力对税制结构也会产生一定影响。流转税一般对商品销售或经营取得收入征税，因此，征收管理比较简单；而所得税一般对企业利润所得或个人收入征税，征收管理较为复杂。因此，征收所得税往往受到征收管理水平、征收管理能力和征收管理成本制约而难以推行，而流转税的推行相对容易。

## 四、税制结构模式的选择

税制结构模式要求从经济社会发展变化趋势，对主体税种、税种组合和配置方式作出选择。从我国社会主义市场经济改革和发展趋势分析，我国税制结构应选择流转税和所得税并重，税种之间组合和配置合理，整体功能优化的目标模式。

（一）主体税选择

主体税是指在整个税制体系中处于主导地位，占有主要比重的税种，主体税标志着税制结构模式的类型特征，因此，主体税的选择也就成为确定税制结构目标模式的关键。我国税制结构应选择流转税和所得税并重的目标模式。

流转税和所得税并重的目标模式符合我国经济改革和发展的客观实际。选择双主体税模式，可以发挥两类主体税的综合优势，互补各自的缺陷。在财政收入上充分利用流转税的刚性收入特点和所得税的弹性收入特点实现互补：在调节经济方面同时发挥流转税对弥补市场资源配置和所得税在促进经济稳定方面的调节作用；在公平收入分配方面，能够同时运用所得税累进税率的基础调节和流转税差别比例税率的补充调节作用，从而适应社会主义市场经济改革和发展对税制结构目标模式的要求。

流转税和所得税并重的目标模式是我国税制结构模式发展的必然进程。从我国税制发展的历史变化进程来看，曾经历了一个由自然经济下的古老直接税为主体，向商品经济下的间接税为主体的发展阶段。虽然在现代市场经济下，一些发达国家已经或正在朝着以直接税即所得税为主体的目标模式转换，但是，从我国作为一个发展中国家的经济条件和现行以流转税为主体、所得税比重较低的现实经济状况出发，近期选择以流转税和所得税双主体目标模式过渡，待客观条件成熟，再考虑以所得税主体模式为远期目标，是比较稳妥可行的。

（二）税种合理配置

在主体税确定的前提下，作为大类税收的主体税内部也还存在一个税种之间的组合和配置，即主体税内部结构问题。

1. 流转税内部结构的目标模式

应选择以具有一般流转税中性特征的增值税为主体，起到财政收入的作用，并辅之以选择性流转税非中性消费税(或货物税)为辅，起到个别调节作用的内部结构模式，以适应市场经济对资源基础配置和流转税对市场资源配置必要的弥补调节作用。

2. 所得税内部结构的目标模式

所得税内部也有一个企业所得税和个人所得税的主辅关系问题。由我国国民经济发展水平、财产制度和收入分配方式所决定，应选择以企业所得税为主，逐步扩大并提高个人所得税的所得税内部结构模式。

(三) 辅助税制的设计

在主体税确定、主体税内部税种组合配置合理的条件下，为使总体税制结构功能优化，还需要在流转税与所得税无法征收和调节的范围，充分运用辅助税种对经济所具有的特殊调节功能。辅助税包括资源税、财产税、土地税和特定行为目的税等税系。应本着简化税种、优化功能的原则，形成税种相对较少、征收比较简单、功能比较合理的辅助税内部结构模式。

## 第三节 税收体系

自中华人民共和国成立后，适应社会经济发展的要求，我国经历了一个建立统一税收体系并不断改革和完善的发展进程，税收体系逐步趋于合理、完善。

### 一、建立新中国的统一税收体系

1949 年新中国成立后，针对旧中国税法极不统一的局面，一方面暂时沿用旧税制，另一方面积极制定全国统一新税制。1949 年 11 月召开的全国首届税务会议提出了统一全国税政的思路，制定了《全国税政实施要则》，从 1950 年起统一税种、统一立法、公平纳税，初步确立起了统一的社会主义税收体系。

(一) 统一税种

包括中央税和地方税在内的 14 个税种具体为：货物税、工商业税、盐税、关税、薪给报酬税、存款利息所得税、印花税、遗产税、交易税、屠宰税、房产税、地产税、特种消费行为税、使用牌照税。

(二) 统一立法

凡全国性的税收条例法令，均由国务院统一制定颁布实施，各地区应切实执行，如有意见可以提出建议，在中央未修改前不得自行修改或变更。全国性税种的实施细则和解释权均归财政部。凡有关地方性税收的立法，应由县人民政府拟议报诸省人民政府核转大行政区人民政府批准，并报中央备案。

## 二、计划经济时期税收体系

从20世纪50年代至70年代，我国基本上实行传统的计划经济管理体制，以及相应的税收制度。在这期间，随着社会经济的发展，税收体系也不断进行调整。

### (一) 1953年修正税制

新中国税制建立以后，随着国民经济的恢复和发展，社会主义经济在整个国民经济中的比重不断提高，工商企业的经营方式和商品流通渠道也发生了很大变化。为了使税收制度适应已经变化了的经济形势，从1953年1月起，国家依据“保证税收、简化手续”原则对税收制度进行了修正。试行商品流通税；调整货物税；修订工商业税；简化交易税；取消特种消费行为税。经过1953年的税制修正，我国税收计有14个税种，即商品流通税、货物税、工商业税、盐税、关税、农(牧)业税、利息所得税、印花税、牲畜交易税、屠宰税、城市房地产税、车船使用牌照税、文化娱乐税、契税。

### (二) 1958年税制改革

1956年，中国基本上完成了生产资料所有制的社会主义改造。征纳关系的重点由资本主义工商业转变为以社会主义全民所有制和集体所有制经济。为适应新的社会主义经济发展，国家对税收制度进行了一次较大改革。简并工商税收；统一农业税制。经过这次改革，除农业税外，中国实际开征的有工商统一税、工商所得税、关税、盐税、牲畜交易税、城市房地产税、车船使用牌照税、屠宰税等9个税种。改革后税种和纳税环节大大减少，税制进一步简化。

### (三) 1973年税制改革

1966年，“文化大革命”爆发，我国进入十年动乱时期。在此期间，国家依据“合并税种，简化征税办法”的原则进行了税制改革。废止工商统一税，改征工商税；保留城市房地产税、车船使用牌照税和屠宰税3个税种；合并税目税率。经过这次改革，除农业税外，中国实际只开征8种税，即工商税、工商所得税、牲畜交易税、城市房地产税、车船使用牌照税、屠宰税、关税、契税。改革后企业缴纳的税种大为减少。国营企业只征一种工商税，集体企业只征工商税与工商所得税两种税。

上述三次改革总的指导思想是简化税制。这一指导思想是与社会主义改造后经济成分逐渐趋向于单一化，国家的经济管理体制逐步转向高度集中的计划经济体制的要求相适应的。但过分追求税制的简化，也削弱了税收的分配和调节功能。

### 三、改革开放时期税收体系

1979 年，中共十一届三中全会作出了把全党工作重点转移到社会主义现代化建设上来的战略决定，我国从此进入了“改革、开放”的新的历史时期。与之相联系，在 20 世纪 80 年代、90 年代和 21 世纪前 10 年中国税制进行了三次重大改革。

（一）20 世纪 80 年代税制改革

20 世纪 80 年代，适应转型经济发展要求，我国进行了国有企业利改税以及工商业制改革。

（1）分解流转税。1984 年起，将 20 世纪 70 年代建立的工商税按征税对象性质划分为产品税、增值税、营业税、盐税四种税。

（2）修订新关税。1985 年 3 月，制定了《中华人民共和国进出口关税条例》，健全了关税法规。同时，以国际上通行的《海关合作理事会商品分类目录》为基础，修订了《中华人民共和国海关进出口税则》，较大范围地调整了关税税率，降低了税率水平。

（3）设置资源税。1984 年 10 月，开征了资源税，对开发原油、天然气、煤炭等自然资源的企业征收。

（4）实行利改税。1983 年，在全国范围内进行第一步利改税。对有盈利的国营企业由上缴利润改为普遍征收企业所得税，大中型国营企业征收所得税后的利润，一部分按核定的留利水平留给企业，其余部分根据企业不同情况分别采取不同办法上交国家。1984 年 10 月，进行了第二步利改税。大中型国营企业征收所得税后，利润超过核定留利水平的缴纳调节税，小型国营企业税后利润归企业支配，实行自负盈亏。

（5）建立涉外税收。1980 年 9 月，开征了中外合资经营企业所得税，对中国境内的中外合资经营企业征收。同时，开征了个人所得税，对在中国境内居住的个人（主要是外籍个人、港澳台同胞）取得的各项所得征收所得税。1981 年 1 月，开征了外国企业所得税，对中国境内的中外合作企业和外商独资企业征收。对经济特区、经济开发区和沿海开放城市，规定了一些特殊的税收优惠办法。

经过全面改革，我国的税种计有 30 种：产品税、增值税、营业税、关税、船舶吨税、进口调节税、资源税、盐税、国营企业所得税、国营企业调节税、集体企业所得税、城乡个体工商业户所得税、个人收入调节税、农（牧）业税、外国企业所得税、中外合资经营企业所得税、个人所得税、烧油特别税、建筑税、国营企业工资调节税、国营企业奖金税、集体企业奖金税、事业单位奖金税、城市维护建设税、屠宰税、集市交易税、牲畜交易税、房产税、土地使用税、车船使用税。此外，对中外合资经营企业和外国企业还征收工商统一税。

（二）20世纪90年代税制改革

20世纪90年代，适应社会主义市场经济改革和发展要求，依据统一税政、合并税种、扩大税基、降低税率、减少优惠、加强征管的原则，我国于1994年进行了中央地方分税制及工商税制重大改革。

1. 流转税制改革

主要举措是扩大增值税的征收范围，规范增值税的征收制度，实行消费税，统一流转税，调整关税。

(1) 扩大增值税征收范围。由原来仅对部分工业品在生产环节征收增值税，扩大到全部商品，在生产制造、商业批发和商业零售环节普遍征收增值税。

(2) 规范增值税征收制度。按国际规范的增值税制要求，改革增值税制。由多档次税率改为相对单一税率；由价内税改为价外税；由出口按退税率退税改为按零税率退税；由依据法定扣除项目计算的扣除税额扣税，改为依据法定扣除项目发票扣除税额扣税。

(3) 实行消费税。取消产品税后，在生产、批发、零售对全部商品统一征收增值税的基础上，对部分利润高、需要由税收进行调节的商品，在生产环节征收差别税率或税额的消费税。

(4) 统一流转税制。由原来对内资企业和本国公民个人从事生产经营征收产品税、增值税、营业税，对外商投资企业、外国企业从事生产经营征收工商统一税，改为统一征收增值税、营业税和消费税。

(5) 调整关税。主要是大幅度降低关税税率。

2. 所得税制改革

主要举措是统一税制、扩大税基、降低税率、控制减免优惠。具体可分为统一内资企业所得税、外资企业所得税和个人所得税。

(1) 统一内资企业所得税。由原来对国营、集体、私营企业生产经营所得和其他所得分别征收国营企业所得税、调节税、集体企业所得税、私营企业所得税，改为统一征收企业所得税。并扩大税基、降低税率、规范税制。企业所得税税率统一降低为33%。

(2) 统一外资企业所得税。由原来对中外合资经营企业、其他外商投资企业、外国企业生产经营所得和其他所得，分别征收中外合资经营企业所得税和外国企业所得税，改为统一征收外商投资企业和外国企业所得税。

(3) 统一个人所得税。由原来对本国公民和外国公民分别征收个人收入调节税和个人所得税，改为统一征收个人所得税。并扩大免税额，降低税率，减轻个人税负。对于非法人的个体工商业户按国际规范征收个人所得税，不征企业所得税。

3. 其他税制改革

其他税制改革具体又可分为资源税制改革、财产税制改革、行为税制改革和农业税制改革。

(1) 资源税制改革。主要是进一步扩大资源税征收范围,在现行对煤、天然气和石油征收的基础上,进一步扩大对金属矿产品和非金属矿产品征税。

(2) 财产税制改革。主要是把对外商投资企业、外国公民个人征收的城市房地产税,以及对内资企业、本国公民征收的房产税和城镇土地使用税,统一为房产税和土地使用税。开征土地增值税。

(3) 行为税制改革。取消奖金税和工资调节税,把对外商投资企业和外国公民征收的车船使用牌照税与对内资企业、本国公民征收的车船使用税合并,统一征收车船使用税。

(4) 农业税制改革。主要是调整农业税税负、完善农林特产税。

我国经过1994年税制改革以后,建立的新税制体系由增值税、营业税、消费税、关税、城乡维护建设税、企业所得税、外商投资企业和外国企业所得税、个人所得税、农(牧)业税、房产税、契税、资源税、城镇土地使用税、土地增值税、耕地占用税、印花税、固定资产投资方向调节税、车船使用税、船舶吨税等22种税组成。

(三) 21世纪前10年税制改革

中共十六届三中全会关于完善社会主义市场经济体制的决定,提出了我国税制改革的指导思想和主要措施。本着总体设计、统筹安排、分步实施的原则,国家进行了流转税制改革、所得税制改革、农业税制改革和其他税费改革。

1. 流转税制改革

新一轮税制改革中的流转税制改革主要为进出口税收改革、增值税改革和消费税改革。

(1) 进出口税收改革。一是降低进口关税税率。按照我国加入世贸组织所作出的承诺,进口关税平均税率已降至9.8%。同时,逐步取消进口税收优惠,在降低税率的同时,通过扩大税基来稳定税收。并引入反倾销税、反补贴税,对进口的倾销商品、补贴商品利用税收手段予以限制。二是调整出口税收政策。从2004年起,我国实行了降低出口退税率,调整退税率结构,建立中央地方出口退税共担机制的新出口退税政策。从2005年起,进一步降低高污染、高能耗、资源类商品出口退税率,或取消退税,乃至征收出口关税。进出口税收政策的调整,使我国进出口税收政策由鼓励出口、限制进口向促进贸易平衡、经济结构调整和可持续增长方向转变。

(2) 增值税改革。将购入固定资产所含增值税不允许抵扣的生产型增值税,改为外购设备所含增值税允许一次性抵扣的消费型增值税,解决对资本品重复征税问题,降低企业投资税收负担。2009 年，在全国范围内，全面推行由生产型增值税向消费型增值税转型。

(3) 消费税改革。2006 年，我国扩大了对木制地板、燃料用油等资源消耗品和高档手表、高尔夫用具等奢侈品征税。2009 年，在取消养路费的基础上，开征了燃油消费税，并对香烟批发环节征收消费税，使消费税更好地发挥个别调节功能。

2. 所得税制改革

我国新一轮税制改革中的所得税改革主要为企业所得税改革和个人所得税改革。

(1) 企业所得税改革。2007 年 3 月 16 日，全国人民代表大会审议通过了《中华人民共和国企业所得税法》，并于 2008 年 1 月 1 日实施。新企业所得税法改革主要体现在以下方面：一是统一内外资企业所得税。合并税种、统一税法、公平税负、平等竞争是市场经济发展的内在要求和必然趋势。二是实行法人所得税。以法人作为界定纳税人的标准，对不具有法人资格的现行企业所得税纳税人用个人所得税来进行调节，建立法人和个人两个所得税相互配合、充分发挥作用的所得税体制。三是规范税基。核心内容就是规范税前抵扣，确定计税成本，建立生产经营成本的足额补偿机制，主要使劳动力成本、资本成本、土地成本和技术成本得到足额补偿，并对收入确定、成本费用列支标准、资产税务处理、亏损弥补方式等税务处理作出统一、规范、合理的法律规定。四是降低税率。考虑到我国企业所得税名义税率高、实际负担率低，而流转税税率高、综合税负重，以及世界性税制改革降税浪潮，将企业所得税税率由 33%降至 25%。五是调整优惠形式和政策导向。由地区优惠为主转向产业优惠为主，产地结合。产业政策重点转向农业、基础设施、科技进步、环境保护、生态平衡、再就业工程和社会公益事业。地区优惠重点由发达沿海地区转向相对落后的西部地区和东北老工业基地。

(2) 个人所得税改革。一是提高起征门槛。随着通货膨胀引起的货币贬值，经济社会发展引起的基本生活水平提高，教育、医疗、住房制度改革引起的个人开支范围扩大，我国于 2006 年起将个人所得税起征点由 800 元提高到 1 600 元。自 2008 年 3 月 1 日起，又将个人所得税起征点由 1 600 元提高到 2 000 元。2011 年 9 月，进一步将起征点提高至 3 500 元。二是调整税率结构。2011 年 9 月，个人所得税税率由 9 级税率减少为 7 级，税率取消了 15%和 40%两档税率。

(3) 加强征收管理。主要通过对收入较高的重点行业和重点纳税人的税收监控，建立个人收入支付单位代扣代缴和个人申报双向申报制度，形成扣缴人、纳税人、征税人的相互制约，减少税收流失。从长期看，应通过隐性收入显性化、收入分配货币化、货币收支信用化、金融资产实名化以及个人信用号和纳税号一致化，来完善个人所得税的征收管理。

3. 农业税制改革

我国于 2006 年 1 月 1 日起取消了农业税。

4. 其他税制改革

其他税制改革主要可概括为：

(1) 调整资源税征收方式。近年来我国资源类价格上升幅度比较大，但在现行从量定额征税的前提下，没有给资源税带来相应的涨价收益，也不利于资源的有效节约利用，从节约资源、经济可持续发展考虑，我国将提高资源税税率，并将从量定额征税改为从量定额和从价比例结合征税。

(2) 房地产税试点改革。随着我国房地产市场的发展，有必要改变房地产纳税环节重点。2011 年，上海和重庆实行对个人部分房产开征房产税试点。

## 四、新时期深化税制改革

继 1984 年利改税、1994 年分税制、2004 年新税制改革，2014 年迎来了 10 年一次的新一轮重大税制改革浪潮。改革主题是建立和谐税收。建立和谐税收的税改主题有三大内涵：一是理顺经济关系，促进经济发展方式转变，提高经济效率；二是理顺经济与社会关系，促进收入分配格局调整，增进分配公平；三是建立和谐税收关系，促进资源节约和环境友好下的经济可持续发展，实现社会稳定。我国未来税制改革主要围绕三大主题展开：

### （一）促进经济发展方式转变

1. 深化增值税改革

2016 年，我国已全面实施营改增，并取得了合理税制、减轻税负、促进转型发展、提升征管能力的重要成效。深化增值税改革须在全面推行“营改增”的基础上，针对增值税改革中制度不规范、偏离中性的现状，以规范为目标，调整税率结构，控制税收优惠，实施增值税立法。

2. 调整消费税结构

具体包括四方面：一是扩大奢侈品消费税征税范围。二是调整不同层次消费品税率结构，以更好地发挥消费税对消费品结构性调节作用。三是降低进口关税税率。发挥关税在扩大商品贸易进口和服务贸易出口的政策导向作用，顺应世界自由贸易发展，并带动国内服务业发展和产业结构转型调整。四是加大企业创新所得税优惠。对高新技术生产制造企业和先进技术现代服务企业给予一定的减免税优惠，促进科技进步和产业升级。

### （二）促进收入财富公平分配

1. 实行分类综合个人所得税

从综合征税制度上的合理性和分类征税管理上的可行性考虑，将个人收入分为经常性收入和偶然性收入。经常性收入实行综合征税，偶然性收入实行分类征税，以更好地发挥个人所得税量能负担和公平收入分配功能。

2. 推进房地产税立法改革

加快房地产税立法，在适当的时候推出房地产税。重点探索在征税对象范围上由增量房扩大至存量房，在课税基础上允许扣除基本居住面积，在计税依据上由交易价格转向评估价格，以更好地发挥房产税作为财产税的调节财富分配功能。

3. 建立社会保障税

在实施社会保障统筹覆盖面由城市扩大至农村、由就业扩大至医疗，提高社会保障统筹水平，提升社会保障支付层次，实施地区间互补统筹基础上，将社会保障统筹改为社会保障税，更好发挥社会保障税的社会保障功能。

（三）促进经济可持续发展

1. 改革资源税

扩大资源税征收范围，提高资源税税率，将从量征税改为从量征税基础上的从价征税，更好地发挥从量税的资源收益调节和从价税的资源税收益分享功能。

2. 开征环境税

通过对废水、废气、废渣征收污染税、二氧化碳排放税和废弃固体物税，更好地发挥环境税保护环境的功能。

## 本章小结

本章主要阐述税收分类、税制结构和税制结构模式选择等税收理论问题。税收分类主要说明对实行复合税制的国家，按税负能否转嫁、课税对象性质、税收管辖和支配权等不同标志进行分类有不同的分类方法，分析税收制度需要从不同侧面和层次进行研究。税制结构主要分析税制模式类型，目前世界上存在以流转税为主体的税制结构模式、以所得税为主体的税制结构模式和以流转税和所得税双主体的税制结构模式三种税制结构模式，而一个国家的税制结构模式要受到经济因素、制度因素、政策因素、管理因素等多种因素影响。从税制结构目标模式来看，我国在主体税上应选择流转税和所得税双主体，税种之间配置相对合理的税制结构模式。我国现行税收体系是多种税组成的复合税制体系，可分为流转税、所得税、财产税、资源税和行为税五种类型。20 世纪 50 年代至 70 年代计划经济时期，我国于 1953 年、1958 年和 1973 年进行了以简化税制为主要内容的税制调整。20 世纪 80 年代、90 年代以及 21 世纪前 10 年改革开放时期，我国于 1984 年、1994 年和 2004 年进行了以利改税、分税制和新税制为主要内容的税制改革，基本建立起社会主义市场经济的税收体系。进入新时期，我国税制改革将围绕经济增长方式转变、收入分配格局调整、经济社会可持续发展方面有所作为。

## 思考题

1. 按课税对象性质，税收如何分类？
2. 影响税制结构有哪些主要因素？
3. 影响税制结构的经济因素有哪些？
4. 影响税制结构的制度因素有哪些？
5. 影响税制结构的政策因素有哪些？
6. 税制结构同哪些因素呈相关关系？
7. 税制结构有哪些主要模式类型？
8. 我国应选择什么样的税制结构模式？
9. 简述 1994 年税制改革的主要内容。
10. 简述 2004 年税制改革的主要内容。
11. 简述我国未来税制改革的发展方向。

# 第七章　流转税制

流转税是我国现行税制结构中的主体税，以流转税为主体的税制结构对于保持财政收入稳定增长具有重要意义。流转税制主要研究流转税税种形式、组合方式、模式类型、结构特点等流转税制度设计中所涉及的一些共同问题。

## 第一节　流转税制特点

### 一、流转税性质

流转税是以流转额为课税对象而设计征收的税种统称，流转额包括商品流转额和非商品流转额。其中，商品流转额是指在商品生产和经营活动中，由于销售或购进商品而发生的货币金额，即商品销售收入或购进商品支付金额；非商品流转额是指从事非商品生产经营的劳务而发生的货币金额，即提供劳务取得的营业服务收入额或取得劳务支付的货币金额。从消费角度看，流转税是对个人和企业消费的商品和劳务课税，因此，也可以称为消费税。从经营角度看，流转税是对企业销售商品和提供劳务的经营收入征税，因此，也可以称为营业税。从消费和经营角度同时看，流转税课征的商品范围包括商品和劳务，其中，商品又可以进一步分为资本品和消费商品，流转税的商品征税主要是对消费商品交易征税，对以财产形式出现的资本品，如土地、房产、权益交易转让也往往纳入商品课税的商品范围，因此，也可以称为交易税。流转税的名称和表现形式尽管很多，但在本质上都是对商品流转额和非商品流转额征税，属流转税的范畴。

### 二、流转税的特点

流转税作为整个税收体系中的重要组成部分，具有不同于其他大类税收的以下特点。

#### （一）税收负担的间接性

税收负担可分为直接负担和间接负担，直接负担是指纳税人因纳税而承受的福利牺牲,而间接负担是指负担人因税负转嫁而间接承受的税收负担。流转税一般由企业作为纳税人履行纳税义务,但在市场价格的情况下,纳税人缴纳的流转税能够随商品价格运动转嫁由消费者负担,因而,企业是纳税人,而消费者是负担人,承担部分或全部税收。由于消费者所承担的税负并不是由消费者纳税而引起,而是由税负转嫁运动而引起,因而消费者所承担的税负是间接的,这种消费者间接承担的流转税也可以称为间接税。

（二）税收分配的累退性

税收征收可分为累进、比例和累退三种方式。累进征收应使税负随个人收入增加,负担能力增强而提高;比例征收应使税负与个人收入始终保持等比例关系;而累退性征收应使税负随个人收入增加,负担能力增强而降低。流转税在名义上一般按比例征收,而消费者负担却具有累退特点。这是因为随个人收入增加,个人边际消费倾向下降,个人储蓄倾向提高。这意味着随个人收入增加,个人消费支出占收入比例下降,如果按消费支出比例征税,那么流转税占个人收入比例必然下降,从而使流转税比例征收具有累退特点,不符合公平税收原则要求。

（三）税收征收的隐蔽性

流转税的纳税人可分为生产经营的厂商和消费者个人,在现行流转税中,除个人消费支出以消费者个人为纳税人,一般均以生产经营厂商为纳税人,但通过商品价格运动转嫁给消费者负担。由于消费者负担的税收并不是由个人直接缴纳,而是在消费商品、支付价格时间接负担,因而没有强烈的纳税意识和负税感觉。特别是流转税采取价内税方式的情况下,流转税并不是依附于价格之外,而是内含于价格之中,消费者在消费时只支付价格,并不支付税收,在不知不觉中承担税负。流转税在征收上的隐蔽性使推行流转税比推行所得税的阻力减少。

（四）税收管理的便利性

流转税主要是对生产经营厂商征税,相对于个人征税而言,由于厂商规模较大,税源比较集中,纳税户减少,征收管理就比较方便。同时,流转税对商品销售和提供劳务征税,征税的主要依据是商品销售额,相对于所得税而言,较少需要或不需要核算成本、费用、利润,以及考虑通货膨胀因素,在核算和管理上比较简单。因此,在经济相对落后、管理基础相对薄弱的国家或地区就比较重视流转税,也比较容易推行流转税。

（五）税收收入的稳定性

流转税是以商品流转额和非商品流转额为课税对象,因此,只要有商品销售和劳务服务并取得收入,就可以按确定的税率征收。由于流转税较少受生产经营成本、费用和利润的直接影响,收入相对稳定。在现代商品经济社会,社会产品主要以商品形式出现,意味着流转税能够就生产经营厂商和个人、商品流转额和非商品流转额、生产和流通的各个环节普遍征税，从而使流转税有可能形成覆盖面宽广、税源大而普遍、收入稳定的特点。

## 第二节　流转税制设计

流转税是对商品流转额和非商品流转额而征收的大类税收统称，由许多具体形式的税种组成，这些税种尽管具体形式不同，但在税制设计或制定中都遇到课税对象、征税范围、计税依据、纳税环节、税率结构等基本要素及其对这些要素作出选择。

### 一、流转税课税对象

流转税的课税对象为商品流转额和非商品流转额，可分为总值型和增值型两种类型。

（一）总值型

总值型流转税课税对象为从事商品生产经营的商品销售收入总额，或从事劳务服务的营业收入总额。以商品销售收入总额或营业服务收入总额为课税对象，相对于以增值额为课税对象，税基增大，由于不涉及扣除额的核算，使计税核算和征管难度降低。但在多环节征税的情况下，会引起重复征税、重叠征税，不利于产品间和企业间的税负平衡。

（二）增值型

增值型流转税课税对象为从事商品生产经营或劳务服务的增值额。增值额是企业从事生产经营活动新创价值额，或者是企业商品销售或营业服务收入额扣除同企业商品销售或营业服务有关的物质消耗后新增价值额。以增值额为课税对象相对于以收入总额为课税对象，税基缩小，计税核算和征管难度增大。但在多环节征税情况下可减少或消除重复征税，解决产品间或企业间税负不平衡的问题，合理税收负担，稳定税收收入。

### 二、流转税征收范围

流转税以商品流转额和非商品流转额为课税对象征税，但并不意味着对全部商品和劳务征税，在课税对象的征收范围上可以有宽狭不同的选择。以商品征收为例，现行流转税的征收范围可归纳为以下三种类型：

（一）对商品普遍征税

商品可分为消费品和资本品，对商品普遍征税意味着流转税的征税范围既包括消费品，也包括资本品。在其他条件不变的情况下，实行对商品普遍征税，可以扩大流转税税基，平衡消费品和资本品的税负，有利于增加流转税收入，减少流转税对消费品和资本品产销选择的干预。但同时也不利于对资本品产销的税收激励和投资的税收激励。

（二）只对消费品征税

只对消费品征税也就意味着对资本品不予征税。由于流转税既影响消费者价格，又影响生产者利润，因而对产销两方面产生影响。只对消费品征税，而对资本品不予征税，这种对消费品和资本品区别对待的税收政策，有利于从税收上激励资本品的生产和消费，同时也对投资产生激励效果。

（三）选择少数消费品征税

选择少数消费品征税也就意味着对资本品和大部分消费品不予征税，从而使税基缩小，流转税收减少。这主要出于以下两方面考虑：

一是减少流转税对生产流通的不利干预。由于流转税通过直接影响商品价格从而间接影响商品生产和消费，在市场价格能够有效发挥作用前提下，缩小流转税课征范围，减少对商品征税，可以减少流转税对商品生产流通过程的不利干预，更有效地发挥市场的资源配置作用。

二是发挥税收对资源配置调节作用。由于市场经济的局限性，在市场价格不能有效发挥作用的领域或范围内，例如，对于烟、酒等少数高利润商品，产生外部成本商品，需要以税替代价格或收费的商品，通过税收有可能提高资源配置效率。因此，即使政府把收入重点转移到收益所得征税，仍有必要保留对少数消费品征税，发挥税收对资源配置调节作用，提高经济效率。

## 三、流转税计税依据

流转税的计税依据有从价计税和从量计税之分。对于从价计征的还有含税价格计税和不含税价格计税之别。

（一）从价计税和从量计税

从价计税是以计税金额为计税依据来计算应纳税额，计税金额是计税价格乘以计税数量。从价计税由于以商品价格或劳务价格为依据，因此，商品价格变化会影响计税金额变化，从而影响税额变化，同种商品由于价格不同而税额不同。从量计税是以计税数量为计税依据来计算应纳税额，计税数量包括计税重量、容积、体积。从量计税由于以商品数量为依据，因此，商品价格变化不影响税额变化，同种商品也不会因价格差异而引起税额差异。

（二）含税价格和不含税价格

从价计税的计税价格可分为含税价格和不含税价格两类。

1. 含税价格

含税价格是包含税金在内的计税价格，价格由成本、利润和税金组成，税金内含于价格之中，一旦商品销售实现，就可取得内含商品价格中的税款。一般在实行价内税的情况下，商品交易价格即为含税价格，如果商品价格为不含税价格，就要按组成计税价格计算含税价格。组成计税价格计算公式如下：

**组成计税价格＝不含税价格/(1－税率)＝(成本＋利润)/(1－税率)**

2. 不含税价格

不含税价格是不包含税金的计税价格，价格由成本、利润组成，税金依附于价格之外。一般在实行价外税的情况下，交易价格即为不含税价格，如果商品价格为含税价格，也要按完税价格计算计税价格。完税价格计算公式如下：

**完税价格＝含税价格/(1＋税率)**

## 四、流转税纳税环节

流转税主要是对商品流转额征税，而商品流转一般要经过原材料采购、生产制造、商业批发、商业零售等多道流转环节，在同一流转环节也会经过多次流转过程。因此，流转税制设计涉及纳税环节的选择。

(一) 多环节普遍征税

在生产流通每一环节普遍征税，或者说每经过一道流转环节就征一次税，这种多环节道道征税方法有利于扩大征税面，加强流转税对生产流通过程的调节，减少税收流失。但多环节普遍征税会增加税收征收管理的复杂性。如果按全额征税，还会造成重复征税、重叠征税、税负不平衡问题。同时，在市场价格情况下，道道加税使价格扭曲，不利于价格对经济的有效调节。

(二) 单一环节征税

在生产流转诸环节中选择某些环节征税，减少纳税环节，主要可分为以下两种情况：

1. 在产制环节征税

商品从生产到消费尽管要经过多道流转环节，但各个流转环节情况不完全相同，有些流转环节必须经过，如产制环节，有些流转环节不一定经过，如批发、零售环节。因此，选择商品产品必须经过的产制环节征税，既可以保证税收收入，又可以简化征收手续。但如果按全额征税，仍然不能解决重复征税、重叠征税以及税负不平衡问题。同时在产制环节征税，如果商品价值不能最终实现，也有可能引起虚假税收收入。

2. 在零售环节征税

由于在产制环节无法确定商品的属性，要对消费品征税就只能选择零售环节征税。选择零售环节征税，还可以减少税收对生产流通的干扰，和因税收导致的价格扭曲，保持流转税“中性”特征。但仅在零售环节征税，使税基大为缩小，容易引起税收流失。

## 五、流转税税率

税率是税收制度的中心环节，直接关系到国家税收收入和纳税人税收负担。流转税税率设计主要涉及税率形式和税率水平等问题。

（一）税率形式

流转税税率可分为定额税率和比例税率两种税率形式。税率形式同计税依据的确定方式是相联系的。凡是从量税一般适用定额税率，按商品销售的实物量计算税额。凡是从价税一般适用比例税率，按商品销售的价值量计算税额。比例税率有单一比例税率和差别比例税率之分。单一比例税率是一个税种只采用一种税率比例，主要发挥税收的收入功能。差别比例税率是一个税种采用多种税率比例，不但其有收入功能，同时也发挥税收的调节功能。差别比例税率既可按行业设计，也可按产品设计，还可按地区设计，主要取决于税收的政策目标。

（二）税率水平

如果说税率形式和税率结构体现了税收政策，那么，税率水平就决定着税收负担。税率水平的决定取决于多种因素，大致可归纳为以下几方面。

1. 税制结构

在税收总量既定的前提下，税负的分布结构是决定税率的基本因素。如果政策上强调税收对生产流通过程的直接干预，更多地依赖流转税取得政府收入，实行以流转税为主体的税制结构，那么也就要求提高流转税税率水平；反之，则可降低流转税税率水平。

2. 税基大小

在税制结构既定的前提下，流转税的课税对象、征收范围、纳税环节同税率水平互为消长。如果流转税的征收范围比较宽，课税对象为收入金额，实行多环节征税，由于税基比较大，那么，税率就可以定得低一些；反之，流转税的征税范围比较狭，课税对象为增值额，实行单环节征税，由于税基比较小，那么，税率就需要定得高一些。

3. 利润水平

就具体行业、产品、地区而言，流转税税率水平要根据行业或产品的平均利润率水平来确定。对于平均利润率水平比较高的行业或产品，税率相对可定得高一些；反之，税率则需要定得低一些。

4. 国家政策

考虑到产业政策、行业规划和产品结构调整，国家通过流转税进行结构性调节也是必要的。根据重点行业还是一般行业，短线产品还是长线产品，是否关系到国计民生，实行高低税率，区别对待，以体现国家政策要求，这在计划经济下比较有效。

## 第三节　流转税制类型

根据流转税的课税对象、征收范围、计税依据、纳税环节、税率形式等基本要素的不同政策选择，大致可把流转税分为周转税、销售税、增值税和消费税四种类型。

### 一、周转税

周转税是对从事产品生产、经营和劳务服务企业和个人，在产制、批发、零售和劳务每一个周转环节，以商品销售收入和营业服务收入全额，从量或从价，差别比例税率课征的流转税。

（一）周转税特点

周转税在税制设计的政策选择上具有以下特点：课税对象选择收入全额；征收范围选择全部商品和劳务；计税依据从价或从量，但主要实行从价课征；纳税环节选择产制、批发和零售多环节；税率形式选择按行业和产品设计差别税率。

（二）周转税利弊分析

1. 周转税的合理性

周转税作为流转税的一种重要形式，自然就有它存在的理由。从税收收入功能角度分析，周转税由于税基大、纳税环节多，因而能以较低的税率取得较多的流转税收入，有利于实现以流转税为主体的税制结构；周转税由于普遍征税，使征收管理比较方便，可降低税征成本，并可减少税收流失，在经济相对落后、管理基础比较差的国家和地区比较容易推行实施。从税收调节功能角度分析，由于在产制、批发、零售各个流转环节征税，使税收调节渗透到生产流通的整个过程中。从流转税调节的积极意义来看，能够弥补价格的缺陷，配合价格调节生产和消费；发挥差别税率对产品生产和消费的奖、限作用，促进产业结构和产品结构的合理调整。

2. 周转税的局限性

周转税作为传统的流转税，曾经是最主要的流转税形式，但在实践中，由于周转税所具有的无法克服的局限性，逐渐被销售税和增值税所替代。周转税的局限性主要表现在以下三个方面：首先，多环节，按全额征税导致重复征税、重叠征税，使同种产品由于生产企业的组织形式不同而税负不同。其次，按全额、多环节征税，使税负随交易而增加，价格随税负增加而上升，从而使价格发生扭曲，影响并制约价格对经济的正常调节。最后，纳税人也可通过减少周转环节、减少纳税，从而影响税收收入的稳定性。

## 二、销售税

销售税是对从事产品生产、经营的企业和个人，选择产制、批发、零售的某一环节，以产品销售收入全额，按比例税率课征的流转税。

### （一）销售税类型

销售税实行单环节征税，分为产制销售税、批发销售税和零售销售税三类。

#### 1. 产制销售税

它是在应税产品产制出厂环节，对产制厂商，以销售收入全额，按单一比例税率课征。选择在产制环节征税，优点是产制环节是商品周转必经环节，税源集中，可减少纳税单位数目，易于征收管理，降低征税成本。缺点是税收仍渗透到产制过程，容易导致价格扭曲，不利于发挥价格的正常调节。

#### 2. 批发销售税

批发销售税是在应税产品批发环节，对批发商，以批发销售收入全额，按单一比例税率课征。批发销售税同产制销售税比较，使纳税环节后移，避免了税收对产制过程的干预。但由于批发环节并不是商品流转必经环节，如果制造厂商直接向零售商销售，或直接零售，就无法征收批发销售税，而只能退回到产制销售税，或进入到零售销售税。

#### 3. 零售销售税

零售销售税是在应税产品零售环节，对零售商，以其销售收入全额，按单一比例税率课征。零售销售税同批发销售税比较，使纳税环节进一步后移，可以进一步减少税收对商品流转过程的干预，减少税收对价格的扭曲。同时，零售环节又是商品周转必经环节，也是征税不可逃避环节。但零售环节征税同产制、批发环节征税比较，纳税单位增多，征收管理比较困难，征税成本也有所提高。

### （二）销售税利弊分析

销售税同周转税比较而言，最为明显的特点是把多环节征税改为单环节征税。尽管可以在产制、批发和零售环节选择征税，但都属于单环节征税。在保留按全额征收的情况下，把多环节征税改成单环节征税，可以避免重复征税、重叠征税，克服同一产品因企业组织形式不同而税负不同的矛盾，有利于专业化协作发展。也可减少税收对生产流转过程的干预，减少税收对价格的扭曲，有效发挥价格调节作用。但是，纳税环节减少，要求相应提高税率。销售税容易引起税收流失，也会引起产品价值在生产流转过程中逐步增加实现而税收集中在一个流转环节征收的矛盾。

## 三、增值税

增值税是对从事产品生产、经营的企业和个人，在产制、批发、零售的每一个周转环节，以产品销售和营业服务所取得的增值额，按单一税率课征。

（一）增值税类型

增值税是按增值额课征，所谓增值额是指新增价值额，在计算时是以销售收入减去法定扣除项目。由于在理论上对增值额的理解不同，在实践中，对法定扣除项目不同，因而也就形成了生产型、收入型和消费型不同类型的增值税。

1. 生产型增值税

它是以销售收入总额减去所购中间产品价值后的余额为课税对象计算增值税，增值额＝工资＋利息＋租金＋利润＋折旧，或者，增值额＝消费＋净投资＋折旧。由于增值额相当于国民生产总值，因此，称为生产型增值税。生产型增值税由于扣除范围小，税基大，在同等税率下可以取得较多的财政收入，或以较低的税率取得同等财政收入。

2. 收入型增值税

它是以销售收入总额减去所购中间产品价值与折旧额后余额为课税对象计算增值税，增值额＝工资＋利息＋租金＋利润，或者，增值额＝消费＋净投资。由于增值额相当于国民收入，因此，称为收入型增值税。收入型增值税税基小于生产型增值税税基。

3. 消费型增值税

它是以销售收入总额减去所购中间产品价值与固定资产投资额后的余额为课税对象计算增值税，增值额＝消费。由于增值额相当于消费，故称为消费型增值税。消费型增值税税基小于收入型增值税税基。同生产型增值税比较，消费型增值税由于对固定资产允许抵扣，可以彻底避免重复征税，降低资本密集型产业的生产成本。

（二）增值税利弊分析

1. 增值税的合理性

增值税同周转税比较，最为典型的特点是把按全额征税改为按增值额征税。在保留按多环节征收的情况下，把按全额征税改为按增值额征税，可以避免重复征税、重叠征税，克服同一产品因企业组织形式不同而税负不同的矛盾，有利于促进专业化协作的发展。由于按增值额征税，在单一税率情况下，按最终产品销售收入计算的税额等同于各流转环节计算征收的增值税，已纳税额计算比较方便，出口退税计算也比较方便，有利于促进出口贸易。在差别税率情况下，如果各环节价税分开，也便于出口退税的计算。增值税在计算扣除中间产品已纳税额时必须依据发票抵扣，使购销企业之间在纳税上相互牵制，便于税务机关查核，有利于防止或减少偷漏税，稳定税收收入。

2. 增值税的局限性

增值税也存在很大的局限性，特别是在经济比较落后，管理基础比较差的国家和地区推行实施具有一定难度。这主要是因为：相对于周转税而言，增值税仍然保留着多环节征税，纳税户数没有减少，但由于增值额的核算比较复杂，不但要求有完整的会计制度和税务征收管理制度，也增加核算和管理难度，增加政府和企业的管理及税务执行成本。增值税也由于税基缩小，而名义税率提高。

## 四、消费税

消费税是对从事产品生产、经营的企业和个人，选择少数商品，在产制或零售环节，从价或从量，按差别税率课征。

### （一）消费税特点

消费税作为一种选择性的商品征税，同一般商品税比较既有共同点，又有不同点，例如，同销售税比较，都是对商品征税，都是选择单环节征税，但在课税范围、计税依据和税率设计上并不完全相同。消费税的课税范围比较窄，只是选择少数商品或劳务征税，而销售税的课税范围比较广，对商品实行普遍征税；消费税的计税依据为价值量和实物量，实行从价、从量两种课征方式，而销售税的计税依据为价值量，实行从价课征方式；消费税实行差别税率，就不同商品设计不同税率，而销售税（主要是零售销售税）实行单一税率，对不同商品设计相同税率。

### （二）消费税制的设计原则

消费税实行选择性商品，按差别税率课征，在税制设计时，除了财政收入目的以外，主要依据以下几方面原则：一是限制消费，对烟、酒等高利润、并会给社会带来消极后果的商品进行课征利于限制消费；二是平衡供求，对石油进口而课征有利于平衡国内供求矛盾；三是公平分配，对奢侈品、贵重物品、娱乐用品等商品进行课征可以减少流转税累退性，促进所得公平分配；以税代费，对燃料、汽车、污染等课税主要从受益原则考虑，实行以税代费。消费税作为非中性税，可以起到弥补市场缺陷的作用。

## 五、流转税比较

上述周转税、销售税、增值税和消费税在课税对象、征税范围、纳税环节、计税依据、税率结构等税制要素选择上有不同的特点，从而形成不同类型的流转税，如表7－1所示。

表 7-1　流转税类型

| | 征税范围 | | 课税对象 | | 计税依据 | | 纳税环节 | | 税率结构 | |
|---|---|---|---|---|---|---|---|---|---|---|
| | 普遍 | 选择 | 全额 | 增值额 | 从价 | 从量 | 单一 | 多重 | 单一 | 差别 |
| 周转税 | √ | | √ | | √ | √ | | √ | | √ |
| 销售税 | √ | | √ | | √ | | √ | | √ | |
| 增值税 | √ | | | √ | √ | | | √ | √ | |
| 消费税 | | √ | √ | | √ | √ | √ | | | √ |

## 第四节　流转税制模式

### 一、流转税制模式概述

在现行税收制度下，绝大多数国家都征收两种或两种以上类型的流转税。由于各国在流转税种组合的选择上不同，因而也就形成了不同的流转税制模式。

（一）周转税制模式

实行周转税制模式的国家，流转税一般仅选择周转税一种类型，并通过周转税来达到政府收入和经济调节目的。周转税作为流转税的一种类型，既可以实行单一周转税，也可以实行多种周转税组合。在历史上，周转税制模式曾经是流转税制的最主要模式。然而，在实践中由于周转税所具有的不可克服的矛盾，逐渐被销售税和增值税所替代，特别是经济发达国家都已废弃了周转税。

（二）销售税和消费税结合模式

替代周转税制的一种可供选择的模式是销售税和消费税结合模式。实行销售税同消费税结合模式的国家，流转税一般选择销售税和消费税两种类型：销售税作为一般商品税，选择在产制、批发或零售环节对商品普遍征税，并选择单一或差别比例税率征收，主要发挥流转税的收入功能；消费税作为选择性商品税，在产制或零售环节，选择少数商品，按差别比例税率或差别定额税，从价或从量征收，主要发挥流转税的个别调节功能。实行销售税和消费税结合模式的国家，在销售税和消费税关系处理上也有两种不同处理方式：一种是选择少数商品征收消费税，其余没有征收消费税的商品征收销售税；另一种是对全部商品征收销售税，并选择少数已征收销售税的商品再征收消费税。

（三）增值税和消费税结合模式

替代周转税制的另一种可供选择的模式是增值税和消费税结合模式。实行增值税和消费税结合模式的国家，流转税一般选择增值税和消费税两种类型：增值税作为一般商品税，在产制、批发、零售各个环节，按增值额对商品普遍征税，并选择单一或差别比例税率征收。增值税作为“中性”税收，主要发挥流转税的收入功能；消费税作为选择性商品税，在产制或零售环节，选择少数商品，按差别税率从价或从量课征。实行增值税和消费税结合模式的国家，在处理增值税和消费税关系上也有两种处理方式：一种是除少数需要特定调节的商品征收消费税外，绝大多数不征消费税的商品征收增值税；另一种是对全部商品征收增值税，在普遍征收增值税的基础上，选择少数商品征收消费税。以上两种方式在税制关系处理上不完全相同，达到的收入和调节的效果也不完全相同。增值税和消费税结合主要是因为增值税是作为“中性”税收出现的，因而无法发挥个别调节作用，需要有消费税来弥补“中性”增值税在个别调节方面的局限。如果增值税要发挥个别调节作用，必然要求设计差别税率，这就会给已经十分复杂的增值税在核算和管理上增添新的难度，从而影响增值税的实施。实行增值税和消费税结合模式对于实行增值税的国家，特别是市场经济发育还很不健全，经济比较落后的国家就显得十分必要。

## 二、流转税制结构

在现行流转税制中，除了实行周转税制模式的国家以外，都同时征收两类以上流转税、销售税和消费税，抑或增值税和消费税。如果按课税范围分类，可以把周转税、销售税和增值税归为一般商品税，把消费税归为选择性商品税。从税制体系来看，随着经济的发展，流转税在总税收中的比重呈下降趋势。而在流转税制内部，随着经济的发展，在流转税占总税收比重呈下降趋势的情况下，一般商品税占总税收比重呈上升趋势，而选择性商品税占总税收比重呈下降趋势。由于一般商品税比重的上升和选择性商品税比重的下降，使一般商品税和选择性商品税的地位发生变化，一般商品税比重已由低于选择性商品税发展为超过了选择性商品税。

## 三、流转税制模式选择

如果把一般商品税视为“中性”税收，一般商品税的征收主要实现流转税的收入功能，而把选择性商品税视为“非中性”税收，选择性商品税的征收主要实现流转税的调节功能，那么从流转税的发展变化趋势来看，也反映出流转税的收入功能得到加强，而其调节功能不断削弱的变化倾向。在现行的税制模式中，周转税由于对全部商品按收入全额、多环节、差别税率征收，渗透到生产流通过程，对经济造成过多干预，不符合最优流转税的要求。而销售税和消费税结合模式，增值税和消费税结合模式，由于实行一般商品税和选择性商品税结合，并对一般商品税按相同和相近税率征收，而选择性商品税按差别税率征收，能够兼顾税收的效率和公平政策目标，符合最优流转税的要求。因此，在现行税制体系下，绝大多数国家选择这两类流转税模式有它的客观必然性。

## 本章小结

流转税是以流转额为课税对象而设计征收的税种的统称，具有负担的间接性、分配的累退性、征收的隐蔽性、管理的便利性、收入的稳定性等特点。流转税由许多具体形式的税种组成，不同的税种主要是税制设计时对课税对象、征税范围、计税依据、纳税环节、税率结构等基本要素作了不同的选择。根据流转税的课税对象、征收范围、计税依据、纳税环节、税率形式等基本要素的不同政策选择，大致可把流转税分为周转税、销售税、增值税和消费税四种类型。在现行税收制度下，各国在流转税种组合的选择上不同，形成了周转税制、销售税和消费税结合、增值税和消费税结合三种模式。从整个税制体系看，随着经济发展流转税在总税收中的比重呈下降趋势，但一般商品税占总税收比重呈上升趋势，我国选择了增值税同消费税结合模式。

## 思考题

1. 流转税有哪些主要特点？
2. 总值型和增值型流转税存在哪些主要区别？
3. 消费税有哪些主要特点？
4. 流转税有哪些主要模式类型？
5. 增值税和消费税的共同点和不同点有哪些？
6. 销售税和消费税结合模式的主要特点是什么？
7. 增值税和消费税结合模式的主要特点是什么？
8. 我国流转税应选择什么样的模式类型？

# 第八章　增值税

增值税是对在我国境内销售货物或者提供加工、修理修配劳务(以下简称应税劳务),提供交通运输业、邮政业、电信业、金融业、建筑业、不动产业、现代服务业和生活性服务业服务(以下简称应税服务),以及进口货物的企业单位和个人,就其销售货物、提供应税劳务、提供应税服务的增值额和货物进口金额为计税依据而课征的一种流转税。增值税是我国税收体系中最主要的税种,不但占整个税收收入比重高,而且作为中性税,在减少税收干预、发挥市场对资源基础配置功能中发挥了重要作用。

## 第一节　概论

### 一、增值税特点

增值税是以增值额为课税对象征收的一种税,当今被世界大多数国家采用。增值税是流转税的一种形式,除具有按商品销售和提供劳务收入征税的一般商品税共性以外,又具有其自身的特殊性。从大多数已实行增值税国家的制度分析,现实中的增值税一般具有以下三个特点:

(1) 以增值额为课税对象。从征税对象看,无论各国的法定增值额有多大的差别,增值税都是以增值额而不是以销售全额为课税对象。以增值额为课税对象是增值税最基本的特点。

(2) 实行普遍征税。从征税范围看,增值税依据普遍征税原则,对从事商品生产经营和劳务提供的所有单位和个人征税。虽然各国的征税范围有宽有窄,但至少不是只局限于对少数商品或劳务征税,这是增值税的又一基本特点。

(3) 实行多环节征税。从纳税环节看,增值税实行多环节征税,即在生产、批发、零售、劳务提供和进口等各个经营环节分别课税,而不是只在某一环节征税。

### 二、增值税制理论优点

以增值额为课税对象的增值税之所以能够代替长期以来实行的以销售额为课税

对象的周转税，为许多国家所采纳，并得到广泛推行和迅速发展，其主要原因在于增值税在制度设计上比周转税更合理、更科学，在理论上具有传统的周转税所无法比拟的优点。

（一）消除重叠征税

周转税按全额实行多环节征税，因而形成重复征税或重叠征税，而且商品周转环节越多，重叠征税的矛盾也就越突出。而增值税是按增值额征税，从而消除了重复征税、重叠征税，并且不会因商品周转环节变化而影响税负的变化，因此，税收负担比较合理。

（二）促进专业化协作

周转税存在重复征税、重叠征税，并且因商品周转环节的变化而影响商品税负的变化。周转环节多的专业化协作企业生产的产品的税负重于周转环节少的非专业化协作企业生产的产品，从而限制了生产的专业化协作发展。而增值税不存在重复征税、重叠征税，也不因商品周转环节的变化而影响商品税负的变化，使专业化协作企业和非专业化协作企业同等纳税，从而为生产的专业化协作发展消除了税收上的障碍。

（三）稳定财政收入

周转税由于商品周转环节的变化而影响商品税负的变化，为企业通过改变协作生产、减少周转环节进行合法避税提供了可能，从而使财政收入失去了稳定性和可靠性。而增值税既不会因经济结构的变化而影响财政收入的变化，也不会因生产组织方式的变化而影响财政收入的变化，使得财政收入比较稳定。

（四）激励国际贸易

周转税按全额征税，并因商品周转环节的变化而影响商品税负的变化，在商品出口时因难以核算该商品已纳税额而无法按实际已纳税额退税，因此，一般只退该商品最后一道环节的税额。而增值税是按增值额征税，各环节已纳增值税等同于按最终销售额计算的总体税负，因而可以在商品出口时把各环节已纳税款全部退还给企业，保证出口商品得到彻底退税，从而促进对外贸易的发展。

（五）减少税收扭曲

周转税由于按全额、多环节、差别税率征收，因而税收直接渗透于生产、流转过程。在市场经济有效运行的情况下，会干预市场经济的正常运行。增值税由于按增值额、多环节、相对单一税率征收，可使税收保持“中性”，减少对经济的干预，在市场有效运行情况下，可减少税收对经济的扭曲。

（六）强化税收制约

周转税只按销售额征税，各企业纳税是独立的，没有相互间的税收制约关系。而增值税是按增值额征税，采用税收抵扣的方法，即每一道生产流转环节征税取决于本生产流转环节的销售税额以及前道生产流转环节的销售税额，在实行凭发票抵扣税款的情况下，就形成了各道生产流转环节企业之间的税收制约，健全了税款核算制度。

增值税是一种新型的商品税，同传统的周转税比较，具有许多优点，但也有它的局限性，主要是征收管理比较复杂，征收成本费用比较高，需要严格完整的会计和核算制度，因而增加了推行增值税制的难度。

## 三、增值税建立和发展

我国现行的增值税是在借鉴国际经验的基础上，经过不断探索和改进而逐步形成的。早在1979年，国家税务总局提出部分城市实行增值税的试点。1984年，在总结试点城市经验的基础上，国务院正式发布了《中华人民共和国增值税条例草案》，将机器机械、钢材钢坯、自行车、缝纫机、电风扇及其零配件等12类商品纳入增值税征税范围，对其他商品则征收产品税。当时对增值税实行"扣额法"和"扣税法"两种计税方法，税率从6%至16%共5个档次。以后又对增值税进行了多次改革，征收范围已扩大到生产和进口环节的绝大部分产品。

1994年，国家对增值税制进行了较为彻底的重新构造：一是将增值税的征收范围扩大到工业、商业和进口环节产品，以及加工、修理修配劳务；二是实行价外计税的办法，以不含增值税的价格为计税依据，使成本、价格和利润均不含增值税因素，能够较真实地反映企业的经营业绩；三是实行凭增值税专用发票注明的税款进行抵扣的制度，在计算本环节销售货物和提供劳务的应纳税款时，允许将购进货物和应税劳务的已纳税款予以扣除，即所谓"发票扣税法"，从而较好地解决了重复征税的矛盾；四是减少税率档次，简化计税办法，由改革前的8%～45%共12个税率档次减为17%的基本税率和13%的优惠税率两档，同时对不符合增值税计征条件的小规模纳税人采取按固定比例的征收率，实行简易计税办法。2008年，国务院决定全面实施增值税改革，即将固定资产设备不允许抵扣的生产型增值税转为固定资产设备可抵扣的消费型增值税，从而完成了工商业的增值税试点、扩围、转型改革。

我国增值税分别于1984年、1994年、2004年和2009年在工商业进行试点、扩围、转型重大改革，由于将服务领域排除在外，不但使增值税改革并不完整，而且服务领域重复征税以及产品和服务之间重复征税的矛盾日趋凸显。2011年11月16日，经国务院批准，财政部、国家税务总局联合下发营业税改征增值税试点方案。从2012年1月1日起，在上海交通运输业和研发、信息技术、文化创意、物流辅助、有形动产租赁、鉴证咨询等部分现代服务业开展营业税改征增值税试点。2012年8月1日起至年底，国务院扩大"营改增"试点，由上海市分批扩大至北京、天津、江苏、浙江、安徽、福建、湖北、广东 8 个省(直辖市)和宁波、厦门、深圳 3 个计划单列市。2013 年 8 月 1 日,“营改增”试点推向全国,同时将广播影视作品的制作、播映、发行等服务纳入试点范围。2014 年 1 月 1 日,铁路运输业和邮政业在全国范围实施“营改增”试点。2014 年 6 月 1 日,电信业在全国范围实施“营改增”试点。

自 2016 年 5 月 1 日起,营业税改征增值税试点全面推开,试点范围扩大到建筑业、房地产业、金融业、生活服务业,所有企业新增不动产所含增值税均纳入抵扣范围。全面实施“营改增”试点,表明以合理化我国税收制度、实施结构性减税、促进我国经济发展方式转变为宗旨的“营改增”试点完成了全面扩围的历史性突破,将进入增值税改制、立法的全面深化改革进程。

2017—2019 年,我国连续三年进行以降低税率为主体的增值税减税费改革。一是降低税率,原适用 17%税率的降为 13%,原适用 13%和 11%税率的降为 9%。二是纳税人取得不动产或者不动产在建工程的进项税额由分两年抵扣改为购入时一次性抵扣。三是纳税人购进国内旅客运输服务,其进项税额允许从销项税额中抵扣时,允许从事生产、生活性服务业的纳税人按照当期可抵扣进项税额分别加计 10%和 15%抵减应纳税额。四是从 2019 年 4 月 1 日起,试行增值税期末留抵税额退税制度,符合条件的纳税人可以向主管税务机关申请退还增量留抵税额。

## 第二节　征税范围确定

### 一、征税范围的一般规定

现行增值税征税范围包括销售和进口应税货物、提供应税服务、销售无形资产和不动产。

(一) 销售或者进口应税货物

应税货物是指有形动产,包括电力、热力、气体在内。销售货物,是指有偿转让货物的所有权。

(二) 提供应税服务

应税服务是指纳税人提供的加工和修理修配服务、交通运输服务、邮政服务、电信服务、建筑服务、金融服务、现代服务、生活服务。提供应税服务,是指有偿提供应税服务,但不包括非营业活动中提供的应税服务。

(三) 销售无形资产和不动产

1. 销售无形资产

无形资产是指不具实物形态,但能带来经济利益的资产,包括技术、商标、著作权、商誉、自然资源使用权和其他权益性无形资产。销售无形资产，是指转让无形资产所有权或者使用权的业务活动。

2. 销售不动产

不动产是指不能移动或者移动后会引起性质、形状改变的财产，包括建筑物、构筑物等。销售不动产，是指转让不动产所有权的业务活动。转让建筑物有限产权或者永久使用权的，转让在建的建筑物或者构筑物所有权的，以及在转让建筑物或者构筑物时一并转让其所占土地的使用权的，按照销售不动产缴纳增值税。

境内是指销售货物的起运地或者所在地在境内，应税服务以及应税无形资产的提供方为境内单位或者个人，或者服务、无形资产在境内消费。境外单位或者个人向境内单位或者个人销售完全在境外发生的服务，境外单位或者个人向境内单位或者个人销售完全在境外使用的无形资产，境外单位或者个人向境内单位或者个人出租完全在境外使用的有形动产，不属于境内销售。

## 二、征税范围的特殊规定

增值税征税范围除了上述一般规定以外，对经济实务中某些特殊项目或行为是否属于增值税的征税范围，或者是按销售货物还是按提供劳务或提供服务征收增值税，也有具体界定。

（一）属于征税范围的特殊项目

1. 货物期货(包括商品期货和贵金属期货)

没有发生货物销售交割的，不征税；发生货物销售交割的，应按货物销售征收增值税。

2. 银行销售金银业务

银行业务主要按提供服务征收增值税，但银行销售金银业务按货物销售征收增值税。

3. 资产重组货物转让

纳税人在资产重组过程中，通过合并、分立、出售、置换等方式，将全部或者部分实物资产以及与其相关联的债权、负债和劳动力一并转让给其他单位和个人，不属于增值税的征税范围，其中涉及的货物转让，不征收增值税。

4. 罚没物品

执罚部门和单位查处的属于一般商业部门经营的商品，具备拍卖条件的，由执罚部门或单位商同级财政部门同意后，公开拍卖。其拍卖收入作为罚没收入由执罚部门和单位如数上缴财政，不予征税。对经营单位购入拍卖物品再销售的，应照章征收增值税。

5. 商业预付卡

(1) 单用途商业预付卡。发卡或售卡企业销售或接受充值收取的预收资金不缴纳增值税。售卡方因发行或销售并办理相关资金收付结算业务收取手续费、结算费、服务费、管理费等收入，应按规定缴纳增值税。持卡人用卡购买货物或服务时，货物或服务销售方应按照现行规定缴纳增值税。

(2) 多用途商业预付卡。支付机构售卡取得等值人民币资金，或者接受持卡人充值取得的充值资金，不缴纳增值税。支付机构因发行或销售并办理相关资金收付结算业务收取手续费、结算费、服务费、管理费等收入，应按规定缴纳增值税。持卡人向与支付机构签署合作协议的特约商户购买货物或服务时，特约商户应按照现行规定缴纳增值税。

6. 其他项目

对增值税纳税人收取的会员费，对纳税人收取的中央财政补贴，根据国家指令无偿提供的铁路运输、航空运输公益事业服务，存款利息，被保险人获得的保险赔付，房地产主管部门或其指定机构、公积金管理中心、开发企业以及物业管理单位代收的住宅专项维修基金，不征收增值税。

(二) 属于征税范围的特殊行为

为保证增值税税款抵扣制度的实施，不致因发生上述行为而造成各相关环节税款抵扣链条的中断，防止逃避纳税，对一些没有实际销售的行为视同销售征税。

1. 视同销售货物征税

将自产、委托加工的货物用于集体福利或者个人消费；将货物除公益事业外无偿赠送。

2. 视同销售服务、无形资产或者不动产

单位或者个体工商户向其他单位或者个人无偿转让无形资产或者不动产，但用于公益事业或者以社会公众为对象的除外。

(三) 属于征税范围的特殊方式

1. 混业经营方式

纳税人生产或销售不同税率的货物，或者既销售货物又提供应税服务，应当分别核算适用不同税率或征收率的销售额。未分别核算销售额，兼有不同税率或征收率的销售货物、提供应税服务的，从高适用税率。

2. 混合销售方式

一项销售行为如果涉及两个或两个以上税率和征收率的，为混合销售，按其主业适用税率或征收率征税。

（四）不征税行为

下列项目视为非应税交易，不征收增值税：员工为受雇单位或者雇主提供取得工资薪金的服务；行政单位收缴的行政事业性收费、政府性基金；因征收征用而取得补偿；存款利息收入；国务院财政、税务主管部门规定的其他情形。

## 第三节 纳税人认定及管理

增值税纳税人是在税法上需要依法履行纳税义务的单位和个人。我国现行增值税实行专用发票抵扣税款制度，客观上要求纳税人具备健全的会计核算制度和能力。在实际经济生活中，由于增值税纳税人众多，会计核算水平差异较大，大量小企业和个人还不具备发票抵扣税款条件，为了既简化增值税计算和征收，也有利于减少税收征管漏洞，在增值税征收和管理中将纳税人按会计核算水平和经营规模分为一般纳税人和小规模纳税人两类，分别采取不同的增值税计税方法。

### 一、纳税义务人和扣缴义务人

（一）纳税义务人

凡在中华人民共和国境内销售或者进口货物、提供应税服务的单位和个人都是增值税纳税义务人。单位是指企业、行政单位、事业单位、军事单位、社会团体及其他单位。个人是指个体工商户和其他个人。在境内销售或进口货物、提供应税劳务和应税服务的单位租赁或分包给其他单位或者个人经营的，承租人或承包人为纳税人。以发包人、出租人、被挂靠人名义对外经营并由发包人承担相关法律责任的，以该发包人为纳税人，否则，以承包人为纳税人。资管产品运营过程中发生的增值税应税行为，以资管产品管理人为纳税人。

（二）扣缴义务人

中华人民共和国境外的单位或者个人在境内提供应税服务，在境内未设有经营机构的，以其境内代理人为扣缴义务人；在境内没有代理人的，以购买方或接受方为扣缴义务人。

### 二、一般纳税人的认定及管理

（一）一般纳税人的认定标准

一般纳税人是指年应征增值税销售额（以下简称年应税销售额）超过财政部、国家税务总局规定的小规模纳税人标准的企业和企业性单位（以下简称企业）。

(1) 应税服务的年应征增值税销售额(以下称应税服务年销售额)超过财政部和国家税务总局规定标准的纳税人为一般纳税人,未超过规定标准的纳税人为小规模纳税人。

(2) 兼有销售货物、提供应税服务的纳税人,应税货物销售额与应税服务销售额分别计算,分别适用增值税一般纳税人资格认定标准。

(3) 兼有销售货物、提供应税服务,且不经常发生应税行为的单位和个体工商户可选择按照小规模纳税人纳税。

(4) 小规模纳税人会计核算健全,能够提供准确税务资料的,可以向主管税务机关申请资格认定,不作为小规模纳税人,依照有关规定计算应纳税额。

(二) 申请一般纳税人资格条件

年应税销售额未超过财政部、国家税务总局规定的小规模纳税人标准的,以及新开业的纳税人,可以向主管税务机关申请一般纳税人资格认定。对提出申请并且同时符合下列条件的纳税人,主管税务机关应当为其办理一般纳税人资格认定:有固定的生产经营场所;能够按照国家统一的会计制度规定设置账簿,根据合法、有效的凭证核算,能够提供准确的税务资料。

(三) 纳税人办理一般纳税人资格认定程序

纳税人应当向其机构所在地主管税务机关申请一般纳税人资格认定。一般纳税人资格认定的权限,属于县(市、区)税务局或者同级别的税务分局(以下称认定机关)。纳税人按照下列程序办理一般纳税人资格认定:纳税人向主管税务机关填报《增值税一般纳税人资格登记表》,并提供税务登记证件;纳税人填报内容与税务登记信息一致的,主管税务机关当场登记;纳税人填报内容与税务登记信息不一致,或者不符合填列要求的,税务机关应当场告知纳税人需要补正的内容。

## 三、小规模纳税人的认定及管理

(一) 小规模纳税人的认定标准

小规模纳税人是指年销售额在规定标准以下,并且会计核算不健全,不能按规定报送有关税务资料的增值税纳税人。所称会计核算不健全,是指不能正确核算增值税的销项税额、进项税额和应纳税额。

从事货物生产的纳税人,年销售额未超过500万元的,为小规模纳税人。

年应税销售额超过小规模纳税人标准的其他个人按照小规模纳税人纳税;非企业性单位、不经常发生应税行为的企业可选择按小规模纳税人纳税;对于应税服务年销售额超过规定标准但不经常提供应税服务的单位和个体工商户可选择按照小规模纳税人纳税。

（二）小规模纳税人的管理

小规模纳税人会计核算健全，能够提供准确税务资料的，可以向主管税务机关申请资格认定，不作为小规模纳税人。会计核算健全，是指能够按照国家统一的会计制度规定设置账簿，根据合法、有效的凭证核算。

## 第四节　税率与征收率

我国增值税采用比例税率形式。从增值税中性原则出发，增值税针对不同行业、不同企业实行单一基本税率。在实践中，考虑到一些特殊行业或产品，以及服务业与工商业不同的增值特点，除对部分产品设置了低税率外，对服务又设置了不同于产品的差别税率，并对出口产品实行零税率。为了适应增值税纳税人分成一般纳税人和小规模纳税人的情况，对这两类不同的纳税人采用不同的税率和征收率。

### 一、一般纳税人适用税率

（一）基本税率

增值税一般纳税人销售或者进口货物，提供应税服务，除低税率适用范围外，税率一律为13%，这就是通常所说的基本税率。

（二）低税率

（1）增值税一般纳税人销售或者进口下列货物，按低税率9%计征增值税：粮食、食用植物油；自来水、暖气、冷气、热水、煤气、石油液化气、天然气、沼气、居民用煤炭制品；图书、报纸、杂志；饲料、化肥、农药、农机、农膜；农产品；音像制品。

（2）增值税一般纳税人提供交通运输、邮政、基础电信、建筑、不动产租赁服务，销售不动产，转让土地使用权，税率为9%。

（3）增值税一般纳税人提供增值电信服务，提供包括研发和技术服务、信息技术服务、文化创意服务、物流辅助服务、租赁服务、鉴证咨询服务、广播影视服务、商务辅助服务和其他现代服务，税率为6%。

### 二、小规模纳税人和简易征税纳税人征收率

增值税对小规模纳税人及一些特殊情况采用简易征收办法，对小规模纳税人及特殊情况适用的税率称为征收率，一般为3%。

（一）小规模纳税人征收率

考虑到小规模纳税人经营规模小，且会计核算不健全，难以按上述增值税税率计

税和使用增值税专用发票抵扣进项税款，因而实行按销售额与征收率计算应纳税额的办法计算增值税，不得抵扣进项税额。小规模纳税人增值税征收率为3％。

（二）简易征税办法征收率

（1）一般纳税人销售下列货物，可选择按照简易办法依照征收率计算缴纳增值税：县级及县级以下小型水力发电单位生产的电力；建筑用和生产建筑材料所用的砂、土、石料；以自己采掘的砂、土、石料或其他矿物连续生产的砖、瓦、石灰；用微生物、微生物代谢物、动物毒素、人或动物的血液或组织制成的生物制品；自来水；商品混凝土；单采血浆站销售非临床用人体血液；寄售商店代销寄售物品；典当业销售死当物品。

（2）一般纳税人提供以下服务，可选择按照简易办法依照征收率计算缴纳增值税：提供物业管理服务纳税人，向服务接收方收取自来水费；小规模纳税人提供劳务派遣服务；非企业性单位中的一般纳税人提供研发和技术服务、信息技术服务、鉴证咨询服务，以及销售技术、著作权等无形资产；一般纳税人提供教育辅助服务。

（3）房地产企业征收率：房地产开发企业中的一般纳税人销售自行开发的房地产老项目；房地产开发企业中的一般纳税人出租自行开发的房地产老项目；房地产开发企业中的小规模纳税人销售自行开发的房地产项目；房地产开发企业中的小规模纳税人出租自行开发的房地产项目。

（4）资管产品管理人运营资管产品过程中发生的增值税应税行为，暂适用简易计税方法，按照3％的征收率缴纳增值税。资管产品管理人包括银行、信托公司、公募基金管理公司及其子公司、证券公司及其子公司、期货公司及其子公司、私募基金管理人、保险资产管理公司、专业保险资产管理机构、养老保险公司。资管产品包括银行理财产品、资金信托（包括集合资金信托、单一资金信托）、财产权信托、公开募集证券投资基金、特定客户资产管理计划、集合资产管理计划、定向资产管理计划、私募投资基金、债权投资计划、股权投资计划、股债结合型投资计划、资产支持计划、组合类保险资产管理产品、养老保障管理产品。

（三）其他适用征收率情况

（1）一般纳税人销售自己使用过的除固定资产以外的物品，应当按照适用税率征收增值税。一般纳税人销售自己使用过的按规定不得抵扣且未抵扣进项税额的固定资产，按照简易办法依照3％征收率减按2％征收增值税。

（2）小规模纳税人销售自己使用过的固定资产，减按2％征收率征收增值税。小规模纳税人销售自己使用过的除固定资产以外的物品，应按3％征收率征收增值税。

（3）纳税人销售旧货，按照简易办法依照3％征收率减按2％征收增值税。

一般纳税人选择简易办法计算缴纳增值税后，36个月内不得变更。

### 三、出口免税或零税率

零税率是针对纳税人出口货物和财政部、国家税务总局规定的应税服务，按销项免税、进项允许抵扣或退税，实际税收负担为零。零税率不同于免税。出口货物和应税服务免税仅指在出口环节不征收增值税；而零税率是指对出口货物和应税服务除了在出口环节不征增值税外，还要对该产品和应税服务在出口前已经缴纳的增值税进行退税，使该出口产品和应税服务在出口时完全不含增值税税款，从而以无税产品和应税服务进入国际市场。

## 第五节 增值税的销项税计算

我国目前对一般纳税人采用国际上通行的购进扣税法，即先按当期销售额和适用税率计算出销项税额，然后对当期购进允许抵扣项目向对方支付的税款进行抵扣，从而间接计算出对当期增值额部分的应纳税额。增值税一般纳税人销售货物或者提供应税服务的应纳税额，应该等于当期销项税额抵扣当期进项税额后的余额，增值税一般纳税人当期应纳税额，取决于当期销项税额和当期进项税额这两个因素。其计算公式如下：

**当期应纳税额＝当期销项税额－当期进项税额**

**当期销项税额＝当期销售额×适用税率**

销项税额是由购买方在购买货物或者应税服务支付价款时，一并向销售方支付的税额。销售方收取的销项税额计算取决于销售额和适用税率两个因素。在适用税率既定的前提下，销项税额的大小主要取决于销售额的大小，由于增值税适用税率的选择比较简单，因而销项税额计算的关键就是准确确定作为增值税计税依据的销售额。

### 一、一般销售方式下的销售额

销售额是指纳税人发生应税交易取得的与之相关的对价，包括全部货币或非货币形式的经济利益。

销售额以人民币计算。纳税人以人民币以外的货币结算销售额的，应当折合成人民币计算。折合率可以选择销售额发生的当天或者当月 1 日的人民币汇率中间价。纳税人应当在事先确定采用何种折合率，确定后 12 个月内不得变更。

## 二、特殊销售方式下的销售额

在销售活动中，为了达到促销的目的，有多种销售方式。在不同销售方式下，销售者取得的销售额会有所不同。对不同销售方式需要分别作出明确规定：

(1) 折扣方式销售。纳税人采取折扣方式销售货物，如果销售额和折扣额在同一张发票上分别注明的，可按折扣后的销售额征收增值税。折扣销售仅限于货物价格的折扣，如果销货者将自产、委托加工和购买的货物用于实物折扣的，则该实物款额不能从货物销售额中减除。

(2) 以旧换新方式销售。纳税人在销售自己的货物时，采取以旧换新方式销售货物的，应按新货物的同期销售价格确定销售额，不得扣减旧货物的收购价格。

(3) 还本销售方式销售。纳税人在销售货物后，到一定期限由销售方一次或分次退还给购货方全部或部分价款，不得从销售额中减除还本支出。

(4) 以物易物方式销售。以物易物双方都应作购销处理，以各自发出的货物核算销售额并计算销项税额，以各自收到的货物按规定核算购货额并计算进项税额。

(5) 包装物押金。纳税人为销售货物而出租出借包装物收取的押金，单独记账核算的，时间在 1 年以内，又未过期的，不并入销售额征税，但对因逾期未收回包装物不再退还的押金，应按所包装货物的适用税率计算销项税额。

(6) 企业直销。直销企业通过直销员向消费者销售货物，直接向消费者收取货款，直销企业的销售额为其向消费者收取的与之相关的对价。

(7) 通信公司。中国移动通信集团公司、中国联合网络通信集团有限公司、中国电信集团公司及其成员单位通过手机短信公益特服号为公益性机构接受捐款服务，以其取得的与之相关的对价，扣除支付给公益性机构捐款后的余额为销售额。

(8) 航空运输企业。不包括代收的机场建设费和代售其他航空运输企业客票而代收转付的价款。

(9) 一般纳税人提供的客运场站服务，以其取得的与之相关的对价，扣除支付给承运方运费后的余额为销售额，其从承运方取得的增值税专用发票注明的增值税，不得抵扣。

(10) 国际货物运输代理服务，以其取得的与之相关的对价，扣除支付给国际运输企业的国际运输费用后的余额为销售额。

(11) 知识产权代理服务、货物运输代理服务和代理报关服务，以其取得的与之相关的对价，扣除向委托方收取并代为支付的政府性基金或者行政事业性收费后的余额为销售额。

(12) 经纪代理服务，以取得的全部价款和价外费用，扣除向委托方收取并代为支付的政府性基金或者行政事业性收费后的余额为销售额。向委托方收取的政府性基金或者行政事业性收费，不得开具增值税专用发票。

（13）旅游服务，可以选择以取得的与之相关的对价，扣除向旅游服务购买方收取并支付给其他单位或者个人的住宿费、餐饮费、交通费、签证费、门票费和支付给其他接团旅游企业的旅游费用后的余额为销售额。

（14）劳务派遣服务，以取得的与之相关的对价为销售额，按照一般计税方法计算缴纳增值税。

（15）经纪代理服务，以取得与之相关的对价，扣除向委托方收取并代为支付的政府性基金或者行政事业性收费后的余额为销售额。

## 三、金融服务销售额

（1）贷款服务，以提供贷款服务取得的全部利息及利息性质的收入为销售额。

（2）直接收费金融服务，以提供直接收费金融服务收取的手续费、佣金、酬金、管理费、服务费、经手费、开户费、过户费、结算费、转托管费等各类费用为销售额。

（3）金融商品转让，按照卖出价扣除买入价后的余额为销售额。转让金融商品出现的正负差，按盈亏相抵后的余额为销售额。若相抵后出现负差，可结转下一纳税期与下期转让金融商品销售额相抵，但年末时仍出现负差的，不得转入下一个会计年度。金融商品的买入价，可以选择按照加权平均法或者移动加权平均法进行核算，选择后36个月内不得变更。

（4）融资租赁和融资性售后回租业务销售额。

① 经中国人民银行、银监会或者商务部批准从事融资租赁业务的试点纳税人，提供融资租赁服务，以取得的全部价款和价外费用，扣除支付的借款利息（包括外汇借款和人民币借款利息）、发行债券利息和车辆购置税后的余额为销售额。

② 经中国人民银行、银监会或者商务部批准从事融资租赁业务的试点纳税人，提供融资性售后回租服务，以取得的全部价款和价外费用（不含本金），扣除对外支付的借款利息（包括外汇借款和人民币借款利息）、发行债券利息后的余额作为销售额。融资性售后回租，是指承租方以融资为目的，将资产出售给从事融资租赁业务的企业后，又将该资产租回的业务活动。试点纳税人提供融资性售后回租服务，向承租方收取的有形动产价款本金，不得开具增值税专用发票，可以开具普通发票。

③ 经中国人民银行、银监会或者商务部批准从事融资租赁业务的纳税人，提供除融资性售后回租以外的有形动产融资租赁服务，以收取的全部价款和价外费用，扣除支付的借款利息（包括外汇借款和人民币借款利息）、发行债券利息、保险费、安装费和车辆购置税后的余额为销售额。

## 四、房地产开发销售额

房地产开发企业销售试点后开工的新项目或者销售未选择简易计税的老项目，适用一般计税方法，可以从销售额中扣除向政府部门支付的土地价款，包括受让土地人向政府部门支付的征地和拆迁补偿费用、土地前期开发费用和土地出让收益等。

**销售额＝(全部价款和价外费用－当期允许扣除的土地价款)÷(1＋9%)**

**当期允许扣除的土地价款＝(当期销售房地产项目建筑面积÷房地产项目可供销售建筑面积)×支付的土地价款**

当期销售房地产项目建筑面积是指当期进行纳税申报的增值税销售额对应的建筑面积。

房地产项目可供销售建筑面积是指房地产项目可以出售的总建筑面积，不包括销售房地产项目时未单独作价结算的配套公共设施的建筑面积。支付的土地价款是指向政府、土地管理部门或受政府委托收取土地价款的单位直接支付的土地价款，并应当取得省级以上(含省级)财政部门监(印)制的财政票据。

## 五、视同销售额的确定

对视同销售征税而无销售额的，按下列顺序确定其销售额：按纳税人最近时期同类货物的平均销售价格确定，按其他纳税人最近时期同类货物的平均销售价格确定，按组成计税价格确定。组成计税价格的公式为：

**组成计税价格＝成本×(1＋成本利润率)**

或　**组成计税价格＝成本×(1＋成本利润率)＋消费税税额**

公式中的成本是指：销售自产货物的为实际生产成本，销售外购货物的为实际采购成本。公式中的成本利润率由国家税务总局确定。

## 六、含税销售额的换算

我国增值税是价外税，计税依据中不含增值税本身的数额。因此，一般纳税人销售货物、提供应税劳务或者提供应税服务取得的含税销售额在计算销项税额时，必须将其换算为不含税销售额。对于一般纳税人销售货物或者应税劳务和应税服务，采用销售额和销项税额合并定价方法的，按下列公式计算销售额：

**销售额＝含税销售额/(1＋税率)**

# 第六节　增值税的进项税计算

纳税人购进货物或者接受应税服务支付或者负担的增值税额，为进项税额。进项税额与销项税额相对应，在开具增值税专用发票的情况下，销售方收取的销项税额就是购买方支付的进项税额。纳税人收取的销项税额抵扣其支付的进项税额，其余额为纳税人实际应缴纳的增值税税额。

## 一、准予从销项税额中抵扣的进项税额

增值税一般纳税人准予从销项税额中抵扣的进项税额，限于下列增值税扣税凭证上注明的增值税税额和按规定的扣除率计算的进项税额。

(1) 纳税人购进货物、服务、无形资产或者不动产而支付或者负担的，取得的增值税专用发票(含税控机动车销售统一发票)上注明的增值税税额。

(2) 纳税人从境外进口货物，从海关取得的海关进口增值税专用缴款书上注明的增值税税额。纳税人进口货物，凡已缴纳了进口环节增值税的，不论其是否已经支付货款，其取得的海关进口增值税专用缴款书均可作为增值税进项税额抵扣凭证，在规定的期限内申报抵扣进项税额。

(3) 购进农产品，除取得增值税专用发票或者海关进口增值税专用缴款书外，按照农产品收购发票或者销售发票上注明的农产品买价和10%的扣除率计算的进项税额。进项税额计算公式为：

**进项税额＝买价×扣除率**

(4) 增值税一般纳税人取得的试点小规模纳税人由税务机关代开的增值税专用发票上注明的税额。

(5) 接受境外单位或者个人提供的应税服务，从税务机关或者境内代理人取得解缴税款的中华人民共和国税收缴款凭证(以下称税收缴款凭证)上注明的增值税税额。

(6) 纳税人购进国内旅客运输服务，其进项税额允许从销项税额中抵扣。自2019年4月1日至2021年12月31日，允许生产、生活性服务业纳税人按照当期可抵扣进项税额分别加计10%和15%抵减应纳税额。

增值税一般纳税人在资产重组过程中，将全部资产、负债和劳动力一并转让给其他增值税一般纳税人，并按程序办理注销税务登记的，其在办理注销登记前尚未抵扣的进项税额可结转至新纳税人处继续抵扣。

## 二、不得从销项税额中抵扣的进项税额

(1) 纳税人购进货物或者接受应税服务,取得的增值税扣税凭证不符合法律、行政法规或者国务院税务主管部门有关规定的,其进项税额不得从销项税额中抵扣。所称增值税扣税凭证,是指增值税专用发票、海关进口增值税专用缴款书、农产品收购发票和农产品销售发票以及从税务机关或者境内代理人取得的解缴税款的税收缴款凭证。

(2) 纳税人用于简易计税方法计税项目、免征增值税项目、集体福利或者个人消费的购进货物、服务、无形资产和不动产发生的进项税额不得抵扣。其中涉及的固定资产、无形资产、不动产,仅指专用于上述项目的固定资产、无形资产、不动产。

(3) 非正常损失发生的进项税额不得抵扣。

(4) 纳税购进并用于消费的餐饮服务、居民日常服务、娱乐服务和贷款服务,发生的进项税额不得抵扣。

(5) 适用增值税一般计算方法的纳税人兼营简易计税方法计税项目、免征增值税项目,无法划分不得抵扣的进项税额,按以下公式计算不得抵扣的进项税额:

**不得抵扣的进项税额=当期无法划分的全部进项税额×(当期简易计税方法计税项目销售额+免征增值税项目销售额)/当期全部销售额**

对已按规定作不得抵扣且未抵扣进项税额的固定资产、无形资产、不动产的进项税额,不得抵扣固定资产、无形资产、不动产,发生用途改变,用于允许抵扣进项税额的应税项目,可在用途改变的次月按照下列公式计算可以抵扣的进项税额:

**可以抵扣的进项税额=固定资产、无形资产、不动产净值/(1+适用税率)×适用税率**

## 三、扣减发生期进项税额的规定

已抵扣进项税额的购进货物(不含固定资产)、服务,如果事后改变用途,用于简易计税方法计税项目、用于免征增值税项目、用于集体福利或者个人消费、发生非正常损失、在产品或产成品发生非正常损失,应当将该项购进货物或者应税服务的进项税额从当期发生的进项税额中扣减。无法准确确定该项进项税额的,按当期实际成本计算应扣减的进项税额。

## 四、增值税增量留抵退税

留抵退税是对增值税一般纳税人进项税额大于销项税额的差额给予当期退税。

自2019年4月1日起，增值税增量留抵退税制度全面实施。符合规定条件的增值税一般纳税人可以申请退还增值税增量留抵税额。自2019年6月1日起，对同时符合相关条件的生产并销售非金属矿物制品、通用设备、专用设备及计算机、通信和其他电子设备，销售额占全部销售额的比重超过50%的部分先进制造业纳税人，进一步放宽退税条件。增值税增量留抵退税政策对于新增进项税额大于销项税额的企业可大幅减少当期纳税，增加企业资金流，缓解企业资金压力，从而释放企业活力。

## 第七节 增值税应纳税额计算

### 一、一般纳税人应纳税额计算

增值税一般纳税人销售货物或者提供应税服务的应纳税额，应该等于当期销项税额抵扣当期进项税额后的余额。增值税一般纳税人当期应纳税额取决于当期销项税额和当期进项税额这两个因素。其计算公式如下：

**当期应纳税额＝当期销项税额－当期进项税额**

**当期销项税额＝当期销售额×适用税率**

由于增值税实行购进扣税法，有时企业当期购进的货物很多，在计算应纳税额时会出现当期销项税额小于当期进项税额从而不足抵扣的情况。根据税法规定，当期进项税额不足抵扣的部分可以结转下期继续抵扣。

**例8-1** 某生产企业为增值税一般纳税人，适用增值税税率为13%，2月有关生产经营业务如下：

(1) 销售甲产品给某大商场，开具增值税专用发票，取得不含税销售额800万元；另外，取得销售甲产品的送货运输费收入67.8万元(含增值税价格，与销售货物不能分别核算)。

(2) 销售乙产品，开具普通发票，取得含税销售额316.4万元。

(3) 将试制的一批应税新产品用于本企业基建工程，成本价为200万元。国家税务总局规定成本利润率为10%，该新产品无同类产品市场销售价格。

(4) 购进货物取得增值税专用发票，注明支付的货款600万元、进项税额102万元；另外支付购货的运输费用60万元，取得运输公司开具的货物运输业增值税专用发票。

(5) 向农业生产者购进免税农产品一批(不适用进项税额核定扣除办法)，支付收购价300万元，支付给运输单位的运费50万元，取得相关的合法票据。

以上相关票据均符合税法的规定。

要求：按顺序计算销售甲产品的销项税额、销售乙产品的销项税额、自用新产品的销项税额、外购货物应抵扣的进项税额、外购免税农产品应抵扣的进项税额、该企业2月应缴纳的增值税税额。

销售甲产品的销项税额＝800×13%＋67.8/(1＋13%)×13%＝111.8(万元)

销售乙产品的销项税额＝316.4/(1＋13%)×13%＝36.4(万元)

自用新产品的销项税额＝200×(1＋10%)×13%＝28.6(万元)

外购货物应抵扣的进项税额＝102＋60×9%＝107.4(万元)

外购免税农产品应抵扣的进项税额＝(300＋50)×9%＝31.5(万元)

该企业2月应缴纳的增值税税额＝111.8＋36.4＋28.6－107.4－31.5＝37.9(万元)

## 二、小规模纳税人和简易征税应纳税额计算

小规模纳税人一律采用简易计税方法，一般纳税人销售特定货物或者提供特定应税劳务和应税服务可以选择适用按简易计税方法。在简易计税方法下，应按照销售额和征收率计算应纳税额，并不得抵扣进项税额。其应纳税额计算公式是：

**应纳税额＝销售额×征收率**

**销售额＝含税销售额/(1＋征收率)**

**例8－2** 某商店为增值税小规模纳税人，5月取得零售收入总额12.36万元。

要求：计算该商店5月应缴纳的增值税税额。

5月取得的不含税销售额＝12.36/(1＋3%)＝12(万元)

5月应缴纳增值税税额＝12×3%＝0.36(万元)

## 三、进口货物应纳税额计算

申报进入中华人民共和国海关境内的货物，均应缴纳增值税。进口货物的收货人或办理报关手续的单位和个人，为进口货物增值税的纳税义务人。进口货物增值税纳税人的范围较宽，包括国内一切从事进口业务的企业事业单位、机关团体和个人。纳税人进口货物按照组成计税价格和增值税规定税率计算应纳税额。组成计税价格是指在没有实际销售价格时，按照税法规定计算出作为计税依据的价格。进口货物计算增值税组成计税价格和应纳税额的计算公式如下：

**组成计税价格＝关税完税价格＋关税＋消费税**

**应纳税额＝组成计税价格×税率**

进口货物增值税的组成计税价格中包括已纳关税税额。如果进口货物属于消费

税应税消费品，其组成计税价格中还要包括进口环节已纳消费税税额。在计算进口环节的应纳增值税税额时，不得抵扣任何税额，即在计算进口环节的应纳增值税税额时，不得抵扣发生在我国境外的各种税金。

**例 8-3**　某商场10月进口一批货物。该批货物在国外的买价为80万元，另该批货物运抵我国海关前发生的包装费、运输费、保险费等共计40万元。货物报关后，商场按规定缴纳了进口环节的增值税，并取得了海关开具的海关进口增值税专用缴款书。假定该批进口货物在国内全部销售，取得不含税销售额160万元。货物进口关税税率为15%，增值税税率为13%。

要求：按顺序计算关税的组成计税价格、进口环节应缴纳的进口关税、进口环节应纳增值税的组成计税价格、进口环节应缴纳的增值税、国内销售环节的销项税额、国内销售环节应缴纳的增值税。

关税的组成计税价格＝80＋40＝120(万元)

进口环节应缴纳的进口关税＝120×15%＝18(万元)

进口环节应纳增值税的组成计税价格＝120＋18＝138(万元)

进口环节应缴纳的增值税＝138×13%＝17.94(万元)

国内销售环节的销项税额＝160×13%＝20.8(万元)

国内销售环节应缴纳的增值税＝20.8－17.94＝2.86(万元)

一般贸易下进口货物的关税完税价格是以海关审定的成交价格为基础的到岸价格。所谓成交价格，是一般贸易项下进口货物的买方为购买该项货物向卖方实际支付或应当支付的价格；到岸价格是由货价以及货物运抵我国关境内输入地点起卸前的包装费、运费、保险费和其他劳务费等费用构成的一种价格。特殊贸易下进口的货物，由于进口时没有“成交价格”可作依据，为此，《中华人民共和国进出口关税条例》对这些进口货物制定了确定其完税价格的具体办法。

## 第八节　出口货物和服务退(免)税

出口货物退(免)税是在国际贸易中通常采用并为世界各国普遍接受的、目的在于鼓励各国出口货物公平竞争的一种退还或免征间接税的税收措施，即对出口货物已承担或应承担的增值税和消费税等间接税实行退还或者免征，这已成为国际社会通行的惯例。

## 一、出口增值税退(免)税方式

我国的出口货物、劳务和服务税收政策分为出口免税并退税、出口免税不退税和出口不免税也不退税三种形式。

(一) 出口免税并退税

出口免税是指对出口货物、劳务和服务在出口销售环节不征增值税、消费税,这是把出口货物、劳务和服务出口环节与出口前的销售环节都同样视为一个征税环节;出口退税是指对出口货物、劳务和服务在出口前实际承担的税收负担,按规定的退税率计算后予以退还。

(二) 出口免税不退税

出口免税与以上含义相同。出口不退税是指适用这一政策的出口货物、劳务和服务因在前一道生产、销售环节或进口环节是免税的,因此,出口时该出口货物、劳务和服务的价格中本身就不含税,也无须退税。

(三) 出口不免税也不退税

出口不免税是指对国家限制或禁止出口的某些出口货物、劳务和服务的出口环节视同内销环节,照常征税;出口不退税是指对前述出口货物、劳务和服务出口,不退还出口前其所负担的税款。

## 二、出口增值税退(免)税政策

对生产企业或出口企业出口货物和劳务及应税服务,除适用增值税免税政策和适用增值税征税政策规定之外的,实行免征和退还增值税。

(一) 增值税退(免)税办法

适用增值税退(免)税政策的出口货物、劳务及服务,实行增值税"免、抵、退"税或免退税办法。

1. 免、抵、退税办法

生产企业出口自产货物和视同自产货物及对外提供加工修理修配劳务,免征增值税,相应的进项税额抵减应纳增值税税额(不包括适用增值税即征即退、先征后退政策的应纳增值税税额),未抵减完的部分予以退还。

2. 免退税办法

不具有生产能力的出口企业(以下称外贸企业)或其他单位出口货物服务,免征增值税,相应的进项税予以退还。

(二) 增值税出口退税率

退税率的一般规定:除财政部和国家税务总局根据国务院决定而明确的增值税

出口退税率(以下称退税率)外,出口货物和应税服务退税率为其适用税率。

退税率的特殊规定:外贸企业购进按简易办法征税的出口货物、从小规模纳税人购进的出口货物,其退税率分别为简易办法实际执行的征收率、小规模纳税人征收率。上述出口货物取得增值税专用发票的,退税率按照增值税专用发票上的税率和出口货物退税率孰低的原则确定。出口企业委托加工修理修配货物,其加工修理修配费用的退税率,为出口货物的退税率。

适用不同退税率的货物、劳务及应税服务,应分开报关、核算并申报退(免)税,未分开报关、核算或划分不清的,从低适用退税率。

(三) 增值税退(免)税的计税依据

出口货物、应税服务的增值税退(免)税的计税依据,按出口货物、劳务及应税服务的出口发票(外销发票)、其他普通发票或购进出口货物、应税服务的增值税专用发票、海关进口增值税专用缴款书确定。

(1) 生产企业出口货物、应税服务(进料加工复出口货物除外)增值税退(免)税的计税依据,为出口货物、应税服务的实际离岸价(FOB)。实际离岸价应以出口发票上的离岸价为准,但如果出口发票不能反映实际离岸价,主管税务机关有权予以核定。

(2) 外贸企业出口货物增值税退(免)税的计税依据,为购进出口货物的增值税专用发票注明的金额或海关进口增值税专用缴款书注明的完税价格。

(3) 其他实行"免、抵、退"税办法的增值税零税率应税服务,为提供增值税零税率应税服务取得的收入。实行"免、抵、退"税办法的退(免)税计税依据为购进应税服务的增值税专用发票或解缴税款的税收缴款凭证上注明的金额。

(四) 增值税"免、抵、退"税和免退税的计算

1. 生产企业出口货物、服务和无形资产的增值税"免、抵、退"税

(1) 当期应纳税额的计算:

**当期应纳税额＝当期销项税额－(当期进项税额－当期不得免征和抵扣税额)**

**当期不得免征和抵扣税额＝当期出口货物离岸价×外汇人民币折合率×(出口货物适用税率－出口货物退税率)－当期不得免征和抵扣税额抵减额**

**当期不得免征和抵扣税额抵减额＝当期免税购进原材料价格×(出口货物适用税率－出口货物退税率)**

出口货物离岸价(FOB)以出口发票计算的离岸价为准。出口发票不能如实反映实际离岸价的,企业必须按照实际离岸价向主管国税机关申报,同时主管税务机关有权依照《中华人民共和国税收征收管理法》《中华人民共和国增值税暂行条例》等有关

规定予以核定。

（2）当期“免、抵、退”税额的计算：

**当期“免、抵、退”税额＝当期出口货物离岸价×外汇人民币折合率×出口货物退税率－当期“免、抵、退”税额抵减额**

**当期“免、抵、退”税额抵减额＝当期免税购进原材料价格×出口货物退税率**

（3）当期应退税额和免抵税额的计算：

① 当期期末留抵税额≤当期“免、抵、退”税额，则：

**当期应退税额＝当期期末留抵税额**

**当期免抵税额＝当期“免、抵、退”税额－当期应退税额**

② 当期期末留抵税额＞当期“免、抵、退”税额，则：

**当期应退税额＝当期“免、抵、退”税额**

**当期免抵税额＝0**

当期期末留抵税额为当期增值税纳税申报表中“期末留抵税额”。

**例 8－4**　某自营出口的生产企业为增值税一般纳税人，出口货物的征税税率为13%，退税税率为11%。4月的有关经营业务为：购进原材料一批，取得的增值税专用发票注明的价款为200万元，外购货物准予抵扣的进项税额为34万元。上月末留抵税款3万元，本月内销货物不含税销售额为100万元，收款113万元，本月出口货物的销售额折合人民币200万元。

要求：计算该企业当期的“免、抵、退”税额。

当期“免、抵、退”税不得免征和抵扣税额＝200×(13%－11%)＝4(万元)

当期应纳税额＝100×13%－(34－4)－3＝－20(万元)

出口货物“免、抵、退”税额＝200×11%＝22(万元)

按规定，如当期期末留抵税额≤当期“免、抵、退”税额时：

当期应退税额＝当期期末留抵税额

该企业当期应退税额＝20万元

当期免抵税额＝当期免抵退税额－当期应退税额

当期免抵税额＝22－20＝2(万元)

2. 外贸企业增值税免退税

**外贸企业兼营的零税率应税服务应退税额＝外贸企业兼营的零税率应税服务免退税计税依据×零税率应税服务增值税退税率**

**例 8－5**　某进出口公司3月出口美国平纹布20 000米，进货增值税专用发票列明单价为40元/平方米，计税金额为80万元，退税税率为11%。请计算其应退税额。

应退税额=80×11%=8.8(万元)

（五）其他出口退免税政策规定

出口企业既有适用增值税“免、抵、退”项目，也有增值税即征即退、先征后退项目的，增值税即征即退和先征后退项目不参与出口项目“免、抵、退”税计算。出口企业应分别核算增值税免抵退项目和增值税即征即退、先征后退项目，并分别申请享受增值税即征即退、先征后退和“免、抵、退”税政策。

## 三、出口增值税免税政策

适用增值税免税政策的出口货物，其销项税免税，进项税额不得抵扣和退税，而应当转入成本。对符合下列条件的出口货物和劳务及应税服务，按下列规定实行免征增值税政策。

（一）适用增值税免税政策的出口货物和劳务

(1) 出口企业或其他单位出口规定的货物，具体是指：增值税小规模纳税人出口的货物；避孕药品和用具，古旧图书；软件产品；含黄金、铂金成分的货物，钻石及其饰品；国家计划内出口的卷烟；已使用过的设备；非出口企业委托出口的货物；非列名生产企业出口的非视同自产货物；农业生产者自产农产品；油、花生果仁、黑大豆等财政部和国家税务总局规定的出口免税的货物；外贸企业取得普通发票、废旧物资收购凭证、农产品收购发票、政府非税收入票据的货物；来料加工复出口的货物；特殊区域内的企业出口的特殊区域内的货物；以人民币现金作为结算方式的边境地区出口企业从所在省(自治区)的边境口岸出口到接壤国家的一般贸易和边境小额贸易出口货物；以旅游购物贸易方式报关出口的货物。

(2) 出口企业或其他单位视同出口的货物和劳务：国家批准设立的免税店销售的免税货物；特殊区域内的企业为境外的单位或个人提供的加工修理修配劳务；同一特殊区域、不同特殊区域内的企业之间销售的特殊区域内的货物。

(3) 出口企业或其他单位未按规定申报或未补齐增值税退(免)税凭证的出口货物和劳务：未在国家税务总局规定的期限内申报增值税退(免)税的出口货物和劳务；未在规定期限内申报开具《代理出口货物证明》的出口货物和劳务；已申报增值税退(免)税，却未在国家税务总局规定的期限内向税务机关补齐增值税退(免)税凭证的出口货物和劳务。

（二）适用增值税免税政策的出口服务

境内的单位和个人提供的下列应税服务免征增值税，但财政部和国家税务总局规定适用零税率的除外：

（1）下列服务：工程项目在境外的建筑服务；工程项目在境外的工程监理服务；工程、矿产资源在境外的工程勘察勘探服务；会议展览地点在境外的会议展览服务；存储地点在境外的仓储服务；标的物在境外使用的有形动产租赁服务；在境外提供的广播影视节目(作品)的播映服务；在境外提供的文化体育服务、教育医疗服务、旅游服务。

（2）为出口货物提供的邮政服务、收派服务、保险服务。为出口货物提供的保险服务，包括出口货物保险和出口信用保险。

（3）向境外单位提供的完全在境外消费的下列服务和无形资产：电信服务；知识产权服务；物流辅助服务(仓储服务、收派服务除外)；鉴证咨询服务；专业技术服务；商务辅助服务；程租服务；广播影视节目(作品)制作服务；广告投放地在境外的广告服务；无形资产。

（4）以无运输工具承运方式提供的国际运输服务。

（5）纳税人提供的直接或者间接国际货物运输代理服务。

（6）台湾航运公司从事海峡两岸海上直航业务在大陆取得的运输收入。

（7）美国ABS船级社在非营利宗旨不变、中国船级社在美国享受同等免税待遇的前提下，在中国境内提供的船检服务。

（8）以水路运输方式、公路运输方式、航空运输方式提供国际运输服务但未持有经营许可证的。以公路运输方式、水路运输方式、航空运输方式提供往返香港、澳门、台湾的交通运输服务或者在香港、澳门、台湾提供交通运输服务，但未取得经营许可证。

（9）适用简易计税方法，或声明放弃适用零税率选择免税的下列应税服务：国际运输服务；往返香港、澳门、台湾的交通运输服务以及在香港、澳门、台湾提供的交通运输服务；航天运输服务；向境外单位提供的研发服务和设计服务，对境内不动产提供的设计服务除外。

（10）纳税人向境外单位或者个人提供国际语音通话服务、国际短信服务、国际彩信服务，通过境外电信单位结算费用的，服务接受方为境外电信单位，属于向境外单位提供的电信业服务。

（11）境外单位从事国际运输和港澳台运输业务经停我国机场、码头、车站、领空、内河、海域时，纳税人向其提供的航空地面服务、港口码头服务、货运客运站场服务、打捞救助服务、装卸搬运服务，属于向境外单位提供的物流辅助服务。

（12）合同标的物在境内的合同能源管理服务，对境内不动产提供的鉴证咨询服务，以及提供服务时货物实体在境内的鉴证咨询服务，不属于本款规定的向境外单位提供的应税服务。

（13）下列情形视同从境外取得收入：一是纳税人向外国航空运输企业提供物流辅助服务，从中国民用航空局清算中心、中国航空结算有限责任公司或者经中国民用航空局批准设立的外国航空运输企业常驻代表机构取得的收入;二是纳税人向境外关联单位提供跨境服务,从境内第三方结算公司取得的收入。上述所称第三方结算公司,是指承担跨国企业集团内部成员单位资金集中运营管理职能的资金结算公司,包括财务公司、资金池、资金结算中心等。

## 四、出口增值税征税政策

### (一) 适用增值税征税政策的范围

(1) 出口企业出口或视同出口财政部和国家税务总局根据国务院决定明确的取消出口退(免)税的货物。

(2) 出口企业或其他单位销售给特殊区域内的生活消费用品和交通运输工具。

(3) 出口企业或其他单位因骗取出口退税被税务机关停止办理增值税退(免)税期间出口的货物。

(4) 出口企业或其他单位提供虚假备案单证的货物。

(5) 出口企业或其他单位增值税退(免)税凭证有伪造或内容不实的货物。

(6) 出口企业或其他单位未在国家税务总局规定期限内申报免税核销以及经主管税务机关审核不予免税核销的出口卷烟。

(7) 不适用增值税零税率和免税政策规定的出口服务和无形资产。

### (二) 应纳增值税的计算

适用增值税征税政策的出口货物,其应纳增值税按下列办法计算:

1. 一般纳税人出口货物

**销项税额=(出口货物离岸价-出口货物耗用的进料加工保税进口料件金额)/(1+适用税率)×适用税率**

2. 小规模纳税人出口货物

**应纳增值税税额=出口货物离岸价/(1+征收率)×征收率**

## 五、境外游客购物离境退税政策

境外游客购物离境退税政策是指境外游客在离境口岸离境时,对其在退税商店购买的退税物品退还增值税的政策。境外旅客是指在我国境内连续居住不超过183天的外国人和港澳台同胞。离境口岸是指实施离境退税政策的地区正式对外开放并设有退税代理机构的口岸,包括航空、水运和陆地口岸。主要政策如下:

### (一) 退税物品

退税物品是指由境外旅客本人在退税商店购买且符合退税条件的个人物品,但不包括下列物品：退税商店销售的适用增值税免税政策的物品；财政部、海关总署、国家税务总局规定的其他物品。

（二）离境退税流程

（1）境外旅客在退税商店购买退税物品，需要离境退税的，应当在离境前凭本人的有效身份证件及购买退税物品的增值税普通发票（由增值税发票系统升级版开具），向退税商店索取《离境退税申请单》。

（2）境外旅客离境时，向退税代理机构申请办理离境退税时，须提交以下资料：本人有效身份证件；经海关验核签章的《离境退税申请单》。

（3）退税代理机构接到境外旅客离境退税申请的，应首先采集申请离境退税的境外旅客本人有效身份证件信息，并在核对以下内容无误后，按海关确认意见办理退税：同一境外旅客同一日在同一退税商店内购买退税物品的金额超过500元人民币；境外旅客离境日距最后入境日未超过183天；退税物品购买日距离境日未超过90天。

（三）退税款的计算

以离境的退税物品的增值税普通发票金额（含增值税）为依据，退税率为11%，计算应退增值税额。计算公式为：

**应退增值税额＝离境的退税物品销售发票金额（含增值税）×退税率**

**实退增值税额＝应退增值税额－退税代理机构办理退税手续费**

退税币种为人民币。退税金额超过10 000元人民币的，退税代理机构应以银行转账方式退税。退税金额未超过10 000元人民币的，根据境外旅客选择，退税代理机构采用现金退税或银行转账方式退税。

## 六、出口货物退（免）税管理

（一）认定和申报

（1）企业出口货物及适用增值税零税率的应税服务（以下简称出口货物劳务及服务），在正式申报出口退（免）税之前，应按现行申报办法向主管税务机关进行预申报，在主管税务机关确认申报凭证的内容与对应的管理部门电子信息无误后，方可提供规定的申报退（免）税凭证、资料及正式申报电子数据，向主管税务机关进行正式申报。

（2）税务机关受理企业出口退（免）税预申报后，应及时审核并向企业反馈审核结果。如果审核发现申报退（免）税的凭证没有对应的管理部门电子信息或凭证的内容与电子信息不符的，企业应按下列方法处理：属于凭证信息录入错误的，应更正后再次进行预申报；属于未在“中国电子口岸出口退税子系统”中进行出口货物报关单确认操作或未按规定进行增值税专用发票认证操作的，应进行上述操作后，再次进行预申报。

(3) 经主管税务机关核实，企业报送的退(免)税凭证资料齐全，且《出口退(免)税凭证无相关电子信息申报表》及其电子数据与凭证内容一致的，企业退(免)税正式申报时间不受退(免)税申报期截止之日限制。未按上述规定在退(免)税申报期截止之日前向主管税务机关报送退(免)税凭证资料的，企业在退(免)税申报期限截止之日后不得进行退(免)税申报，应按规定进行免税申报或纳税申报。

(二) 征、退(免)税规定

(1) 出口企业或其他单位退(免)税认定之前的出口货物劳务，在办理退(免)税认定后，可按规定适用增值税退(免)税或免税及消费税退(免)税政策。

(2) 出口企业或其他单位出口货物劳务适用免税政策的，除特殊区域内企业出口的特殊区域内货物、出口企业或其他单位视同出口的免征增值税的货物劳务外，如果未按规定申报免税，应视同内销货物和加工修理修配劳务征收增值税、消费税。

(3) 开展进料加工业务的出口企业若发生未经海关批准将海关保税进口料件作价销售给其他企业加工的，应按规定征收增值税、消费税。

## 第九节　增值税的税收优惠

增值税作为中性税收理应取消税收优惠，但为体现经济政策和社会政策，并从营业税改为增值税在过渡期内政策平移考虑，仍保留了较多的税收优惠。

### 一、货物销售免税

(1) 农业生产者销售的自产农产品。

(2) 避孕药品和用具。

(3) 古旧图书，是指向社会收购的古书和旧书。

(4) 直接用于科学研究、科学试验和教学的进口仪器、设备。

(5) 外国政府、国际组织无偿援助的进口物资和设备。

(6) 由残疾人的组织直接进口供残疾人专用的物品。

(7) 销售自己使用过的物品。

### 二、提供服务免税

服务业“营改增”后，为保持税负平衡，对营业税减免政策实行政策平移，从而对服务业增值税保留了较多的免税项目：

(1) 托儿所、幼儿园提供的保育和教育服务。

(2) 养老机构提供的养老服务。

(3) 残疾人福利机构提供的育养服务。

(4) 婚姻介绍服务。

(5) 殡葬服务。

(6) 残疾人员本人为社会提供的服务。

(7) 医疗机构提供的医疗服务。

(8) 从事学历教育的学校提供的教育服务。

(9) 学生勤工俭学提供的服务。

(10) 农业机耕、排灌、病虫害防治、植物保护、农牧保险以及相关技术培训业务，家禽、牲畜、水生动物的配种和疾病防治。

(11) 纪念馆、博物馆、文化馆、文物保护单位管理机构、美术馆、展览馆、书画院、图书馆在自己的场所提供文化体育服务取得的第一道门票收入。

(12) 寺院、宫观、清真寺和教堂举办文化、宗教活动的门票收入。

(13) 行政单位之外的其他单位收取的符合规定条件的政府性基金和行政事业性收费。

(14) 个人销售自建自用住房。

(15) 公共租赁住房经营管理单位出租公共租赁住房。

(16) 节能服务公司实施符合条件的合同能源管理项目，将项目中的增值税应税货物转让给用能企业。

(17) 科普单位的门票收入，以及县级及以上党政部门和科协开展科普活动的门票收入。

(18) 家政服务企业由员工制家政服务员提供家政服务取得的收入。

(19) 福利彩票、体育彩票的发行收入。

(20) 军队空余房产租赁收入。

(21) 为了配合国家住房制度改革，企业、行政事业单位按房改成本价、标准价出售住房取得的收入。

(22) 符合条件的节能服务公司实施合同能源管理项目中提供的应税服务。

(23) 注册在中国服务外包示范城市的试点纳税人从事离岸服务外包业务中提供的应税服务。

## 三、金融服务免税

(1) 利息收入免税：金融机构农户小额贷款；国家助学贷款；国债、地方政府债；金融机构与中国人民银行所发生的资金往来业务；金融机构间的资金往来业务；金融机构之间开展的转贴现业务；同一银行系统内部不同行、处之间所发生的资金账务往来业务；住房公积金管理中心用住房公积金在指定的委托银行发放的个人住房贷款；外汇管理部门在从事国家外汇储备经营过程中，委托金融机构发放的外汇贷款；在统借统还业务中，企业集团或企业集团中的核心企业以及集团所属财务公司按不高于支付给金融机构的借款利率水平或者支付的债券票面利率水平，向企业集团或者集团内下属单位收取的利息。

(2) 保险公司开办的一年期以上人身保险产品取得的保费收入、再保险服务收入。

(3) 下列金融商品转让收入：合格境外投资者(QFII)委托境内公司在我国从事证券买卖业务；香港市场投资者(包括单位和个人)通过沪港通买卖上海证券交易所上市A股；对香港市场投资者(包括单位和个人)通过基金互认买卖内地基金份额；证券投资基金(封闭式证券投资基金，开放式证券投资基金)管理人运用基金买卖股票、债券；个人从事金融商品转让业务。

(4) 为境外单位之间的货币资金融通及其他金融业务提供的直接收费金融服务，且该服务与境内的货物、无形资产和不动产无关。

(5) 同时符合下列条件的担保机构从事中小企业信用担保或者再担保业务取得的收入(不含信用评级、咨询、培训等收入)3年内免征增值税。

(6) 国家商品储备管理单位及其直属企业承担商品储备任务，从中央或者地方财政取得的利息补贴收入和价差补贴收入。

(7) 被撤销金融机构以货物、不动产、无形资产、有价证券、票据等财产清偿债务。

## 四、产权转让免税

(1) 个人转让著作权。

(2) 纳税人提供技术转让、技术开发和与之相关的技术咨询、技术服务。

(3) 将土地使用权转让给农业生产者用于农业生产。

(4) 涉及家庭财产分割的个人无偿转让不动产、土地使用权。

(5) 土地所有者出让土地使用权和土地使用者将土地使用权归还给土地所有者。

(6) 县级以上地方人民政府或自然资源行政主管部门出让、转让或收回自然资源使用权(不含土地使用权)。

(7) 按债转股企业与金融资产管理公司签订的债转股协议，债转股原企业将货物资产作为投资提供给债转股新公司的。

(8) 个人将购买不足2年的住房对外销售的，按照5%的征收率全额缴纳增值税；个人将购买2年以上(含2年)的住房对外销售的，免征增值税(适用于北京市、上海市、广州市和深圳市之外的地区)。

### 五、支持就业免税

(1) 随军家属就业。

(2) 军队转业干部就业。

(3) 城镇退役士兵就业。

(4) 失业人员就业。

(5) 退役士兵创业就业。

(6) 重点群体创业就业。

### 六、增值税即征即退

增值税一般纳税人销售其自行开发生产的软件产品,按16%税率征收增值税后,对其实际税负超过3%的部分实行增值税即征即退政策;安置残疾人的单位,实行由税务机关按照单位实际安置残疾人的人数,限额即征即退增值税的办法;试点纳税人中的一般纳税人提供管道运输服务,对其增值税实际税负超过3%的部分实行增值税即征即退政策;经中国人民银行、银监会、商务部批准经营融资租赁业务的试点纳税人中的一般纳税人,提供有形动产融资租赁服务,对其增值税实际税负超过3%的部分实行增值税即征即退政策。

### 七、增值税起征点

增值税起征点为季销售额30万元。销售额未达到增值税起征点的单位和个人,不是增值税法规定的纳税人,可以自愿选择依照规定缴纳增值税。

## 第十节　增值税的征收管理

### 一、纳税义务发生的时间

纳税义务发生时间,是纳税人发生应税行为应当承担纳税义务的起始时间。

(1) 纳税人销售货物、提供应税服务,其纳税义务发生时间为收讫销售款项或者取得索取销售款项凭据的当天;先开具发票的,为开具发票的当天。其中,收讫销售款项或者取得索取销售款项凭据的当天按销售结算方式的不同,具体为:采取直接收款方式销售货物,不论货物是否发出,均为收到销售款或者取得索取销售款凭据的当天;采取托收承付和委托银行收款方式销售货物,为发出货物并办妥托收手续的当天;采取赊销和分期收款方式销售货物，为书面合同约定的收款日期的当天，无书面合同的或者书面合同没有约定收款日期的，为货物发出的当天；采取预收货款方式销售货物，为货物发出的当天，但生产销售生产工期超过12个月的大型机械设备、船舶、飞机等货物，为收到预收款或者书面合同约定的收款日期的当天。提供建筑服务、租赁服务采取预收款方式的，其纳税义务发生时间为收到预收款的当天；从事金融商品转让的，为金融商品所有权转移的当天；委托其他纳税人代销货物，为收到代销单位的代销清单或者收到全部或者部分货款的当天，未收到代销清单及货款的，为发出代销货物满180天的当天；纳税人发生除将货物交付其他单位或者个人代销和销售代销货物以外的视同销售货物行为，为货物移送的当天；纳税人发生视同提供应税服务的，其纳税义务发生时间为应税服务完成的当天。

（2）纳税人进口货物，其纳税义务发生时间为报关进口的当天。

（3）扣缴义务发生时间为纳税人增值税纳税义务发生的当天。

上述销售货物或应税服务纳税义务发生时间的确定，明确了企业在计算应纳税额时，对“当期销项税额”时间的限定，是增值税计税和征收管理中重要的规定。目前，一些企业没有按照上述规定的纳税义务发生时间将实现的销售收入及时入账并计算纳税，而是采取延迟入账或不计销售收入等做法，以拖延纳税或逃避纳税，这些做法都是错误的。企业必须按上述规定的时限及时、准确地记录销售额和计算当期销项税额。

## 二、纳税期限

增值税的纳税期限分别为10日、15日、1个月、1个季度或半年。纳税人的具体纳税期限，由主管税务机关根据纳税人应纳税额的大小分别核定；自然人不能按照固定期限纳税的，可以按次纳税。以半年为纳税期限的规定仅适用于小规模纳税人以及财政部和国家税务总局规定的其他纳税人。小规模纳税人的具体纳税期限，由主管税务机关根据其应纳税额的大小分别核定。

纳税人以1个月或者1个季度为1个纳税期的，自期满之日起15日内申报纳税；以10日或者15日为1个纳税期的，自期满之日起5日内预缴税款，于次月1日起15日内申报纳税并结清上月应纳税款。

纳税人进口货物，应当自海关填发进口增值税专用缴款书之日起15日内缴纳税款。

纳税人出口货物适用退（免）税规定的，应当向海关办理出口手续，凭出口报关单等有关凭证，在规定的出口退（免）税申报期内按月向主管税务机关申报办理该项出口货物的退（免）税。出口货物办理退税后发生退货或者退关的，纳税人应当依法补缴已退的税款。

## 三、纳税地点

为了保证纳税人按期申报纳税，根据企业跨地区经营和搞活商品流通的特点及不同情况，税法还具体规定了增值税的纳税地点：

（一）纳税地点的一般规定

1. 固定业户

固定业户应当向其机构所在地的主管税务机关申报纳税。总机构和分支机构不在同一县（市）的，应当分别向各自所在地的主管税务机关申报纳税；但在同一省（区、市）范围内的，经省（区、市）财政厅（局）、税务局审批同意，可以由总机构汇总向总机构所在地的主管税务机关申报缴纳增值税。到外县（市）销售货物或者应税服务，应当向其机构所在地的主管税务机关申请开具外出经营活动税收管理证明，并向其机构所在地的主管税务机关申报纳税；未开具证明的，应当向销售地或者服务发生地的主管税务机关申报纳税；未向销售地或者服务发生地的主管税务机关申报纳税的，由其机构所在地的主管税务机关补征税款。

2. 非固定业户

非固定业户销售货物或者提供应税服务，应当向销售地或者服务发生地的主管税务机关申报纳税；未向销售地或者服务发生地的主管税务机关申报纳税的，由其机构所在地或者居住地的主管税务机关补征税款。

3. 进口货物

进口货物应当向报关地海关申报纳税。

4. 扣缴义务人

扣缴义务人应当向其机构所在地或者居住地的主管税务机关申报缴纳其扣缴的税款。

（二）纳税地点的特殊规定

1. 跨县市建筑服务

纳税人跨县（市、区）提供建筑服务，应按照工程项目分别计算应预缴税额，并按照工程项目区分简易征收和一般计税方法，分别计算应预缴税额。

(1) 一般纳税人跨县（市、区）提供建筑服务，适用一般计税方法计税的，以取得的与之相关的对价扣除支付的分包款后的余额，按照2%的预征率在建筑服务发生地预缴税款后，向机构所在地主管税务机关按9%税率申报纳税，自行开具增值税发票。适用一般计税方法计税的应预缴税款计算如下：

**应预缴税款＝（提供建筑服务相关对价－支付的分包款）÷（1＋9%）×2%**

(2) 一般纳税人跨县(市、区)提供建筑服务,选择适用简易计税方法计税的,应以取得的与之相关的对价扣除支付的分包款后的余额为销售额,按照3%的征收率计算应纳税额,在建筑服务发生地预缴税款后,按3%的征收率在机构所在地向主管税务机关申报纳税,自行开具增值税发票。适用简易计税方法计税的应预缴税款计算如下:

**应预缴税款=(提供建筑服务相关对价-支付的分包款)÷(1+3%)×3%**

(3) 小规模纳税人跨县(市、区)提供建筑服务,以取得的与之相关的对价扣除支付的分包款后的余额,按照3%的征收率计算应纳税额,在建筑服务发生地预缴税款后,向机构所在地主管税务机关进行纳税申报。小规模纳税人跨县(市、区)提供建筑服务,不能自行开具增值税发票的,可向建筑服务发生地主管税务机关按照其取得的全部价款和价外费用(不得扣除分包款)申请代开增值税发票。适用简易计税方法计税的应预缴税款计算如下:

**应预缴税款=(提供建筑服务相关对价-支付的分包款)÷(1+3%)×3%**

2. 房地产开发企业

(1) 一般纳税人销售自行开发的房地产项目适用一般计税方法计税的,应按照纳税义务发生时间,以当期销售额和11%的适用税率计算当期应纳税额,抵减已预缴税款后,向主管税务机关申报纳税。未抵减完的预缴税款可以结转下期继续抵减。

(2) 一般纳税人销售自行开发的房地产项目适用简易计税方法计税的,应按照纳税义务发生时间,以当期销售额和5%的征收率计算当期应纳税额,抵减已预缴税款后,向主管税务机关申报纳税。未抵减完的预缴税款可以结转下期继续抵减。

(3) 小规模纳税人销售自行开发的房地产项目,应按照纳税义务发生时间,以当期销售额和5%的征收率计算当期应纳税额,抵减已预缴税款后,向主管税务机关申报纳税。未抵减完的预缴税款可以结转下期继续抵减。

(4) 纳税人出租不动产,不动产所在地与机构所在地不在同一县(市、区)的,纳税人向不动产所在地主管税务机关预缴税款,向机构所在地主管税务机关申报纳税。向不动产所在地主管税务机关预缴的增值税款,可以在当期增值税应纳税额中抵减,抵减不完的,结转下期继续抵减。不动产所在地与机构所在地在同一县(市、区)的,纳税人向机构所在地主管税务机关申报纳税。纳税人出租的不动产所在地与其机构所在地在同一直辖市或计划单列市但不在同一县(市、区)的,由直辖市或计划单列市税务局决定是否在不动产所在地预缴税款。

(5) 一般纳税人转让土地使用权,适用一般计税方法计税的,税率为9%。小规模纳税人转让土地使用权,征收率为3%,按照规定的纳税义务发生时间,向主管税务机关申报纳税。

(6) 房地产开发企业销售自行开发的房地产项目，未按规定预缴或缴纳税款的，由主管税务机关按照《中华人民共和国税收征收管理法》及相关规定进行处理。

（三）总分机构试点纳税人

根据该办法的规定，经财政部和国家税务总局批准的总机构试点纳税人及其分支机构，按规定计算缴纳增值税。

(1) 总机构应当汇总计算总机构及其分支机构发生业务的应缴增值税，抵减分支机构发生业务已缴纳的增值税税款后，在总机构所在地解缴入库。总机构销售货物、提供加工修理修配劳务，按照《中华人民共和国增值税暂行条例》及相关规定就地申报缴纳增值税。

(2) 分支机构发生业务，按照应征增值税销售额和预征率计算缴纳增值税。计算公式如下：

**应预缴增值税＝应征增值税销售额×预征率**

预征率由财政部和国家税务总局规定，并适时予以调整。分支机构销售货物、提供应税服务，按照规定就地申报缴纳增值税。分支机构发生业务当期已预缴的增值税税款，在总机构当期增值税应纳税额中抵减不完的，可以结转下期继续抵减。

(3) 每年的第一个纳税申报期结束后，对上一年度总分机构汇总纳税情况进行清算。总机构和分支机构年度清算应交增值税，按照各自销售收入占比和总机构汇总的上一年度应缴增值税税额计算。分支机构预缴的增值税超过其年度清算应缴增值税的，通过暂停以后纳税申报期预缴增值税的方式予以解决。分支机构预缴的增值税小于其年度清算应缴增值税的，差额部分在以后纳税申报期由分支机构在预缴增值税时一并就地补缴入库。

## 第十一节　专用发票的使用和管理

增值税实行凭国家印发的增值税专用发票注明的税款进行抵扣的制度。增值税专用发票不仅是纳税人经济活动中的重要商业凭证，而且是兼记销货方销项税额和购货方进项税额进行税款抵扣的凭证，对增值税的计算和管理起着决定性的作用。

### 一、专用发票联次

专用发票由基本联次或者基本联次附加其他联次构成。基本联次为三联：发票联、抵扣联和记账联。发票联作为购买方核算采购成本和增值税进项税额的记账凭证;抵扣联作为购买方报送主管税务机关认证和留存备查的凭证;记账联作为销售方核算销售收入和增值税销项税额的记账凭证。其他联次用途由一般纳税人自行确定。

## 二、专用发票领购和使用

### (一) 专用发票的领购

一般纳税人凭《发票领购簿》、IC卡和经办人身份证明领购专用发票。一般纳税人有下列情形之一的,不得领购开具专用发票:

(1) 会计核算不健全,不能向税务机关准确提供增值税销项税额、进项税额、应纳税额数据及其他有关增值税税务资料的。

(2) 有《税收征收管理法》规定的税收违法行为,拒不接受税务机关处理的。

(3) 有下列行为之一,经税务机关责令限期改正而仍未改正的:虚开增值税专用发票;私自印制专用发票;向税务机关以外的单位和个人买取专用发票;借用他人专用发票;未按规定开具专用发票;未按规定保管专用发票设备;未按规定申请办理防伪税控系统变更发行;未按规定接受税务机关检查。

有上列情形的,如已领购专用发票,主管税务机关应暂扣其结存的专用发票和IC卡。

### (二) 专用发票的使用

(1) 增值税一般纳税人(以下简称一般纳税人)提供货物运输服务的,使用货物运输业增值税专用发票(以下简称货运专票)和普通发票;提供货物运输服务之外其他增值税应税项目的,统一使用增值税专用发票(以下简称专用发票)和增值税普通发票。

(2) 小规模纳税人提供货物运输服务,服务接受方索取货运专票的,可向主管税务机关申请代开,填写《代开货物运输业增值税专用发票缴纳税款申报单》。代开货运专票按照代开专用发票的有关规定执行。

(3) 提供港口码头服务、货运客运场站服务、装卸搬运服务、旅客运输服务的一般纳税人,可以选择使用定额普通发票。

(4) 从事国际货物运输代理业务的一般纳税人,应使用六联专用发票或五联增值税普通发票,其中第四联用作购付汇联;从事国际货物运输代理业务的小规模纳税人,应使用普通发票,其中第四联用作购付汇联。

(5) 纳税人于本地区试点实施之日前提供改征增值税的营业税应税服务并开具营业税发票后,如发生服务中止、折让、开票有误等情形,且不符合发票作废条件的,应于2014年3月31日前向原主管税务机关申请开具营业税红字发票,不得开具红字专用发票和红字货运专票。需重新开具发票的,应于2014年3月31日前向原主管税务机关申请开具营业税发票，不得开具专用发票或货运专票。

（6）实行增值税退（免）税办法的增值税零税率应税服务不得开具增值税专用发票。

## 三、专用发票开具范围

（1）一般纳税人销售货物或者提供应税服务，应向购买方开具专用发票。

（2）商业企业一般纳税人零售的烟、酒、食品、服装、鞋帽（不包括劳保专用部分）、化妆品等消费品不得开具专用发票。

（3）增值税小规模纳税人需要开具专用发票的，可向主管税务机关申请代开。销售免税货物不得开具专用发票，法律、法规及国家税务总局另有规定的除外。

（4）纳税人提供应税服务，应当向索取增值税专用发票的接受方开具增值税专用发票，并在增值税专用发票上分别注明销售额和销项税额。属于下列情形之一的，不得开具增值税专用发票：向消费者个人提供交通运输服务、邮政服务、电信服务、建筑服务、金融服务、现代服务、生活服务；向消费者个人提供无形资产或者不动产。

（5）适用免征增值税规定的应税服务。银行贷款利息、金融商品转让，不得开具增值税专用发票。提供旅游服务，从全部价款和价外费用中扣除的对外支付旅游费用，不得开具增值税专用发票，可以开具普通发票。

## 四、专用发票开具要求

（1）项目齐全，与实际交易相符。

（2）字迹清楚，不得压线、错格。

（3）发票联和抵扣联加盖财务专用章或者发票专用章。

（4）按照增值税纳税义务的发生时间开具。

一般纳税人销售货物或者提供应税劳务，可汇总开具专用发票。汇总开具专用发票的，同时使用防伪税控系统开具《销售货物或者提供应税劳务清单》，并加盖财务专用章或者发票专用章。

## 五、开具专用发票后发生退货或开票有误处理

增值税一般纳税人开具增值税专用发票（以下简称专用发票）后，发生销货退回、销售折让以及开票有误等情况需要开具红字专用发票的，视不同情况分别按以下办法处理：

（1）因专用发票抵扣联、发票联均无法认证的，由购买方填报《开具红字增值税专用发票申请单》，并在申请单上填写具体原因以及相对应蓝字专用发票的信息，主管税

务机关审核后出具《开具红字增值税专用发票通知单》。购买方不作进项税额转出处理。

(2) 购买方所购货物不属于增值税扣税项目范围,取得的专用发票未经认证的,由购买方填报申请单,并在申请单上填写具体原因以及相对应蓝字专用发票的信息,主管税务机关审核后出具通知单。购买方不作进项税额转出处理。

(3) 因开票有误购买方拒收专用发票的,销售方须在专用发票认证期限内向主管税务机关填报申请单,并在申请单上填写具体原因以及相对应蓝字专用发票的信息,同时提供由购买方出具的写明拒收理由、错误具体项目以及正确内容的书面材料,主管税务机关审核确认后出具通知单。销售方凭通知单开具红字专用发票。

(4) 因开票有误等原因尚未将专用发票交付购买方的,销售方须在开具有误专用发票的次月内向主管税务机关填报申请单,并在申请单上填写具体原因以及相对应蓝字专用发票的信息,同时提供由销售方出具的写明具体理由、错误具体项目以及正确内容的书面材料,主管税务机关审核确认后出具通知单。销售方凭通知单开具红字专用发票。

(5) 发生销货退回或销售折让的,销售方还应在开具红字专用发票后将该笔业务的相应记账凭证复印件报送主管税务机关备案。

(6) 税务机关为小规模纳税人代开专用发票需要开具红字专用发票的,比照一般纳税人开具红字专用发票的处理办法,通知单第二联交代开税务机关。

## 六、专用发票不得抵扣进项税额

(1) 有下列情形之一的,不得作为增值税进项税额的抵扣凭证:无法认证,即专用发票所列密文或者明文不能辨认,无法产生认证结果;纳税人识别号认证不符,即专用发票所列购买方纳税人识别号有误;专用发票代码、号码认证不符,即专用发票所列密文解译后与明文的代码或者号码不一致。

(2) 有下列情形之一的,暂不得作为增值税进项税额的抵扣凭证,税务机关扣留原件,查明原因,分别情况进行处理:重复认证,即已经认证相符的同一张专用发票再次认证;密文有误,即专用发票所列密文无法解译;认证不符,即纳税人识别号有误,或者专用发票所列密文解译后与明文不一致。

(3) 对丢失已开具专用发票的发票联和抵扣联的处理:一般纳税人丢失已开具专用发票的发票联和抵扣联,如果丢失前已认证相符的,购买方凭销售方提供的相应专用发票记账联复印件及销售方所在地主管税务机关出具的《丢失增值税专用发票已报税证明单》,经购买方主管税务机关审核同意后,可作为增值税进项税额的抵扣凭证。如果丢失前未认证的,购买方凭销售方提供的相应专用发票记账联复印件到主管税务机关进行认证，认证相符的，凭该专用发票记账联复印件及销售方所在地主管税务机关出具的《丢失增值税专用发票已报税证明单》，作为增值税进项税额的抵扣凭证。

(4) 专用发票抵扣联无法认证的，可使用专用发票发票联到主管税务机关认证。专用发票发票联复印件留存备查。

## 七、增值税专用发票管理

税法除了对纳税人领购、开具专用发票作了上述各项具体规定外，在严格管理上也作了多项规定。主要有：

### (一) 被盗、丢失增值税专用发票的处理

纳税人必须严格按照《增值税专用发票使用规定》保管使用专用发票，对违反规定发生被盗、丢失专用发票的纳税人，按《中华人民共和国税收征收管理法》和《中华人民共和国发票管理办法》的规定，处以1万元以下的罚款，并可视具体情况，对丢失专用发票的纳税人，在一定期限内(最长不超过半年)停止领购专用发票，对纳税人申报遗失的专用发票，如发现非法代开、虚开问题的，该纳税人应承担偷税、骗税的连带责任。

### (二) 对代开、虚开增值税专用发票的处理

代开发票是指为与自己没有发生直接购销关系的他人开具发票的行为；虚开发票是指在没有任何购销事实的前提下，为他人、为自己或让他人为自己或介绍他人开具发票的行为。代开、虚开发票的行为都是严重的违法行为。对代开、虚开专用发票的，一律按票面所列货物的适用税率全额征补税款，并按《中华人民共和国税收征收管理法》的规定按偷税给予处罚。纳税人取得的代开、虚开的增值税专用发票，不得作为增值税合法抵扣凭证抵扣进项税额。代开、虚开发票构成犯罪的，按全国人大常委会发布的《关于惩治虚开、伪造和非法出售增值税专用发票犯罪的决定》处以刑罚。

### (三) 纳税人善意取得虚开的增值税专用发票处理

(1) 纳税人善意取得虚开的增值税专用发票，是指购货方与销售方存在真实交易，且购货方不知取得的增值税专用发票是以非法手段获得的。纳税人善意取得虚开的增值税专用发票，如能重新取得合法、有效的专用发票，准许其抵扣进项税款；如不能重新取得合法、有效的专用发票，不准其抵扣进项税款或追缴其已抵扣的进项税款。纳税人善意取得虚开的增值税专用发票被依法追缴已抵扣税款的，从滞纳税款之日起，按日加收滞纳税款万分之五的滞纳金。

(2) 购货方与销售方存在真实的交易，销售方使用的是其所在省(自治区、直辖市和计划单列市)的专用发票，专用发票注明的销售方名称、印章、货物数量、金额及税额

等全部内容与实际相符，且没有证据表明购货方知道销售方提供的专用发票是以非法手段获得的，对购货方不以偷税或者骗取出口退税论处。但应按有关规定不予抵扣进项税款或者不予出口退税；购货方已经抵扣的进项税款或者取得的出口退税，应依法追缴。

(3) 购货方能够重新从销售方取得防伪税控系统开出的合法、有效专用发票的，或者取得手工开出的合法、有效专用发票且取得了销售方所在地税务机关已经或者正在依法对销售方虚开专用发票行为进行查处证明的，购货方所在地税务机关应依法准予抵扣进项税款或者出口退税。

(4) 如有证据表明购货方在进项税款得到抵扣或者获得出口退税前知道该专用发票是销售方以非法手段获得的，对购货方应按虚开的增值税专用发票处理。

(5) 有下列情形之一的，无论购货方(受票方)与销售方是否进行了实际的交易，增值税专用发票所注明的数量、金额与实际交易是否相符，购货方向税务机关申请抵扣进项税款或者出口退税的，对其均应按偷税或者骗取出口退税处理。

① 购货方取得的增值税专用发票所注明的销售方名称、印章与其进行实际交易的销售方不符的。

② 购货方取得的增值税专用发票为销售方所在省(自治区、直辖市和计划单列市)以外地区的。

③ 纳税人虚开增值税专用发票，未就其虚开金额申报并缴纳增值税的，应按照其虚开金额补缴增值税；已就其虚开金额申报并缴纳增值税的，不再按照其虚开金额补缴增值税。税务机关对纳税人虚开增值税专用发票的行为，应按《中华人民共和国税收征收管理法》及《中华人民共和国发票管理办法》的有关规定给予处罚。纳税人取得虚开的增值税专用发票，不得作为增值税合法有效的扣税凭证抵扣其进项税额。

(四) 税控系统增值税专用发票管理

(1) 税务机关专用发票管理部门在运用防伪税控发售系统进行发票入库管理或向纳税人发售专用发票时，要认真录入发票代码、号码，并与纸质专用发票进行仔细核对，确保发票代码、号码电子信息与纸质发票的代码、号码完全一致。

(2) 纳税人在运用防伪税控系统开具专用发票时，应认真检查系统中的电子发票代码、号码与纸质发票是否一致。如发现税务机关错填电子发票代码、号码的，应持纸质专用发票和税控 IC 卡到税务机关办理退回手续。

(3) 对税务机关错误录入代码或号码后又被纳税人开具的专用发票，按以下办法处理：纳税人当月发现问题的，应按照专用发票使用管理的有关规定，对纸质专用发票和防伪税控开票系统中的专用发票电子信息同时进行作废，并及时报主管税务机关。纳税人在以后月份发现的，应按有关规定开具负数专用发票。主管税务机关按照有关规定追究有关人员责任，同时将有关情况如发生原因、主管税务机关名称、编号、纳税人名称、纳税人识别号、发票代码号码（包括错误的和正确的）、发生时间、责任人以及处理意见或请求等，逐级上报至总局。

（4）在未收回专用发票抵扣联及发票联，或虽已收回专用发票抵扣联及发票联但购货方已将专用发票抵扣联报送税务机关认证的情况下，销货方一律不得作废已开具的专用发票。

（五）税务机关代开增值税专用发票管理办法

（1）代开专用发票是指主管税务机关为所管辖范围内的增值税纳税人（指已办理税务登记的小规模纳税人，包括个体经营者以及国家税务总局确定的其他可予代开增值税专用发票的纳税人）代开专用发票，其他单位和个人不得代开。主管税务机关应设立代开专用发票岗位和税款征收岗位，并分别确定专人负责代开专用发票和税款征收工作。

（2）代开专用发票统一使用增值税防伪税控代开票系统开具。通过防伪税控报税子系统采集代开增值税专用发票开具信息，不再填报《代开发票开具清单》，同时停止使用非防伪税控系统为纳税人代开增值税专用发票（包括手写版增值税专用发票和计算机开具不带密码的电脑版增值税专用发票）。非防伪税控代开票系统开具的代开专用发票不得作为增值税进项税额抵扣凭证。增值税防伪税控代开票系统由防伪税控企业发行岗位按规定发行。

（3）增值税纳税人发生增值税应税行为，需要开具专用发票时，可向其主管税务机关申请代开。申请代开专用发票时，应填写《代开增值税专用发票缴纳税款申报单》（以下简称《申报单》），连同税务登记证副本，到主管税务机关税款征收岗位按专用发票上注明的税额全额申报缴纳税款，同时缴纳专用发票工本费。

（4）税款征收岗位接到《申报单》后，应对以下事项进行审核：是否属于本税务机关管辖的增值税纳税人；《申报单》上增值税征收率填写及税额计算是否正确。审核无误后，税款征收岗位应通过防伪税控代开票征收子系统录入《申报单》的相关信息，按照《申报单》上注明的税额征收税款，开具税收完税凭证，同时收取专用发票工本费，按照规定开具有关票证，将有关征税电子信息及时传递给代开发票岗位。

（5）增值税纳税人缴纳税款后，凭《申报单》和税收完税凭证及税务登记副本，到代开专用发票岗位收取代开专用发票。

## 本章小结

本章主要阐述增值税的基本政策和制度。增值税是以增值额为课税对象设计征收的一种税，具有消除重叠征税、促进专业化协作、稳定财政收入、激励国际贸易、减少税收扭曲、强化税收制约的优点。2016年,我国已全面实施增值税,增值税征收范围包括货物销售、提供应税劳务和应税服务,以及货物进口。增值税的纳税人按其规模大小可分为一般纳税人和小规模纳税人,一般纳税人适用16%、10%和6%三档基本税率,小规模纳税人和实行简易征税办法的纳税人除房地产适用5%征收率以外,其他行业均适用3%征收率。增值税一般纳税人的应纳税额计算为销项税额减进项税额,销项税额为销售额乘税率,销售额一般为销售货物或提供应税劳务收取的价格和价外收费,但不含增值税。增值税允许抵扣的进项税额一般为购买货物、服务、固定资产和不动产取得的增值税专用发票或进口完税凭证列明的已纳税额,但对于从农业生产者直接购买的免税农产品、购销货物发生的运费和从专业废旧物资收购部门收购的废旧物资也予以抵扣。小规模纳税人应纳税额的计算为销售额乘征收率。增值税对于进口货物按组成计税价格计算纳税。增值税对于出口货物、应税劳务和应税服务分别不同情况实行出口退税、出口免税和出口正常纳税。出口退税是对出口销项免税,进项税额全部或部分退还。增值税纳税义务发生时间一般为收讫销售款、取得索取销售款凭据或报关进口的当天。增值税纳税地点一般为:固定业户在企业所在地,非固定业户在行为发生地。增值税由于实行发票扣税法,因此,对增值税专用发票的领购、使用、开具、取得和保管需实行严格的管理。

## 思考题

1. 增值税有哪些特点?
2. 增值税制在理论上有哪些优点?
3. 销售额和增值额之间存在什么关系?
4. 增值税征税范围一般规定包括哪些项目?
5. 混业经营和混合销售如何征税?
6. 一般纳税人和小规模纳税人如何划分?
7. 哪些业务适用6%的增值税税率?
8. 出口免税和零税率有何区别?
9. 房地产开发企业销售额如何确定?
10. 准予抵扣的进项税包括哪些项目?
11. 增值税低税率的适用范围是什么?
12. 一般纳税人不动产进项税如何抵扣?
13. 为什么要对出口货物退税?
14. 出口增值税退免税有哪三种方式?
15. 进项税额的抵扣时间如何确定?
16. 什么情况下要作进项税额的税务调整?
17. 增值税纳税地点如何确定?
18. 专用发票开具后发生销售退货或销售转让如何处理?

## 练习题

1. 某纺织厂8月棉布产品销售额为200万元,化纤产品销售额为300万元。本企业生产产品用于职工福利计40万元。同期从农场收购免税农产品棉花50万元,其中10万元用于非增值税产品;从化工厂购入化纤原料100万元;外购机器设备80万元。

要求:计算该纺织企业8月应缴纳的增值税。

2. 某自行车生产企业销售自行车的不含税出厂价为280元/辆。某月该厂购销情况如下:向当地百货大楼销售800辆,按9折折价销售,折扣价在同一张发票上开具;向外地特约经销点销售500辆,并支付运输单位8 000元,收到的运费增值税发票上注明运费7 000元;逾期仍未收回的包装物押金60 000元,记入销售收入;购进自行车零部件、原材料,取得的专用发票上注明销售金额140 000元;从小规模纳税人处购进自行车零件90 000元,未取得专用发票。

要求:计算该企业当月应缴纳的增值税。

3. 某摩托车生产企业为增值税一般纳税人。6月其业务情况如下:销售给特约经销商某型号摩托车300辆,不含税出厂价为3万元/辆,另外收取包装费和售后服务费0.2万元/辆;销售给某使用单位同型号摩托车100辆,不含税销售价为3.3万元/辆;将同型号摩托车50辆以出厂价给本厂售后服务部使用。购进一批生产原材料,已支付货款和运费,取得的增值税专用发票上注明税款165万元,但尚未到货。购进一批零部件,已付款并验收入库,取得的增值税专用发票上注明税款88万元。

要求:计算该摩托车企业6月应缴纳的增值税。

4. 某船运公司为增值税一般纳税人,6月购进船舶配件取得的增值税专用发票上注明价款360万元,税额46.8万元;开具普通发票取得的含税收入包括国内运输收入1 287.6万元、期租业务收入255.3万元、打捞收入116.6万元。

要求:计算该公司6月应缴纳的增值税。

5. 某航空公司为增值税一般纳税人,7月取得的含税收入包括航空培训收入57.72万元、航空摄影收入222.6万元、湿租业务收入199.8万元、干租业务收入245.7万元。该公司取得可抵扣进项税36万元。航空培训和摄影作为物流辅助业务适用9%税率,湿租作为交通运输适用9%税率,干租作为有形动产租赁适用13%税率。

要求:计算该公司7月应缴纳的增值税。

6. 某商店(为小规模纳税人)采取“以旧换新”方式销售彩电,开出普通发票38张,收到含税货款80 000元,并注明已扣除的旧货折价为30 000元(含税)。

要求:计算该商店当月应缴纳的增值税。

7. 某市提供劳务派遣服务的A公司为小规模纳税人,以1个月为一个纳税期。2月,A公司提供劳务派遣服务取得含税收入40万元,代用工单位支付给劳务派遣员工工资、社会保险及福利共计20万元。已知公司选择差额纳税。

要求:计算A公司当月应缴纳的增值税。

8. 某酒厂为增值税一般纳税人,6月向一小规模纳税人销售白酒,开具的普通发票上注明金额93 600元;同时收取单独核算的包装物押金2 000元(尚未逾期)。

要求:计算该酒厂有关此业务的销项税额。

9. 甲餐饮企业为增值税一般纳税人,符合加计抵减政策。2019 年 11 月可抵扣进项税额为 30 万元,其中取得增值税专票的进项税额为 25 万元,购进农产品计算抵扣的进项税额为 5 万元,购进农产品中,10%用于集体福利。

要求:计算甲餐饮企业当期可以加计抵减的进项税额。

10. 某个体五金商店(小规模纳税人,以 1 个月为一个纳税期)直接从五金厂购进各种五金零配件销售。2020 年 3 月,该商店购进各种五金零配件价值 5 000 元,五金厂开具的增值税专用发票上注明的税额是 850 元。该商店当月销售五金零配件,取得销售收入 107 000 元。

要求:计算该商店当月应缴纳的增值税。

11. 某企业为增值税一般纳税人,某月进口原材料一批,关税完税价格折合人民币 140 000 元。该企业委托某运输公司将原材料从报关地运到企业,取得的运输单位开具的运费发票上注明运费 6 000 元。原材料已经验收入库。已知原材料进口关税税率为 30%,增值税税率为 13%。

要求:计算该企业进口环节应向海关缴纳的增值税。

12. 北京某外贸公司 8 月购进及出口情况如下:第一次购进电风扇 500 台,单价 150 元/台;第二次购进电风扇 200 台,单价 148 元/台(均已取得增值税专用发票);将两次外购的电风扇 700 台报关出口,离岸单价 20 美元/台,此笔出口已收汇并作销售处理。已知美元与人民币比价为 1∶6.8,退税率为 9%。

要求:计算该笔出口业务应退增值税。

13. 某工业企业为增值税一般纳税人,某月进口原材料一批,关税完税价格折合人民币 120 000 元。该企业委托某运输公司将原材料从报关地运到企业,取得的运输单位开具的增值税专用发票上注明运费 5 000 元。原材料已经验收入库。已知原材料进口关税税率为 50%,增值税税率为 13%。

要求:计算该企业进口环节应向海关缴纳的增值税。

14. 某省所属专门从事科学研究工作的研发机构为增值税一般纳税人,1 月发生下列业务:

(1)为境内甲企业(小规模纳税人)提供产品研发服务并提供培训业务,取得研发服务收入 120 万元、培训收入 30 万元,发生业务支出 38 万元。

(2)为境内乙公司提供技术项目论证服务,开具增值税专用发票,注明金额为 90 万元。

(3)向境内丙企业转让一项专利取得技术转让收入 240 万元、技术服务收入 60 万元,已履行相关备案手续。

(4)购进研发用耗材,取得的增值税专用发票上注明销售额 50 万元、增值税 6.5 万元;支付运输费,取得运输公司开具的增值税专用发票上注明销售额 10 万元、增值税 0.9 万元。

要求:根据上述资料,回答下列问题:

(1)计算业务(1)的销项税额。

(2)计算业务(2)的销项税额。

(3)计算业务(3)的销项税额。

(4)确定本月准予抵扣的进项税额。

(5)计算当期应缴纳的增值税。

15. 某计算机公司 9 月每台计算机的不含税销售单价为 0.9 万元。该公司当月向五个大商场销售出 500 台，对这五个商场在当月 20 天内付清 500 台计算机购货款均给予了 5%的销售折扣。发货给外省市分支机构 200 台，用于销售，并支付发货运费等项费用 12 万元，取得运输单位开具的增值税专用发票。另采取以旧换新方式收购旧型号计算机、销售新型号计算机 100 台，每台按上述不含税销售单价折价 0.25 万元。购进计算机原材料零部件已入库，取得增值税专用发票上注明的销售金额 200 万元。为即将举行的全国体育运动会赠送计算机 50 台。另外，当月还从国外购进两台计算机检测设备，取得的海关开具的完税凭证上注明的增值税税额 18 万元。

要求：计算该公司当月应缴纳的增值税。

16. 某彩色电视机生产企业（增值税一般纳税人）7 月购销情况如下：

(1) 向本市电子产品销售公司销售 21 寸彩电 50 000 台，出厂单价 0.2 万元（含税价），因电子产品销售公司一次付清贷款，本企业给予了 5%的销售折扣，并开具红字发票入账。

(2) 采取直接收款方式向外地一小规模纳税人销售 21 寸彩电 1 000 台，提货单已交对方。

(3) 向本市一新落成的宾馆销售客房用 21 寸彩电 800 台，另在价外收费 1 万元。

(4) 无偿提供给本企业招待所 21 寸彩电 100 台。

(5) 采取以物易物方式向某显像管厂提供 21 寸彩电 2 000 台，显像管厂向本企业提供显像管 4 000 只。双方均已收到货物，未开具增值税专用发票，并商定不再进行货币结算。

(6) 外购彩色显像管一批，取得的增值税专用发票上注明税款为 680 万元，另支付运输费用 20 万元，货物已验收入库。

(7) 外购电子元器件一批，取得的增值税专用发票上注明税款为 340 万元，货物未到达。

(8) 进口大型检测设备一台，取得的海关完税凭证上注明增值税款为 15 万元。

(9) 从小规模纳税人购进 1.5 万元的修理用配件，未取得增值税专用发票。

要求：计算该企业当月应缴纳的增值税。

17. 上海市某服装厂（一般纳税人）11 月有关业务情况如下：

(1) 购进生产用原料（布匹）一批并取得增值税专用发票，税款为 35 700 元。该批货物已验收入库，货款尚未支付。

(2) 接受某单位捐赠的生产用材料一批并取得增值税专用发票，税款为 1 700 元。材料已验收入库。

(3) 以自制服装 100 套向某纺织厂换取布匹一批，服装厂开具的增值税专用发票上注明的销售额为 50 000 元；取得的纺织厂开具的增值税专用发票上税款为 6 500 元，其余款以支票结算。

(4) 发出各式服装委托某商场代销，月末收到商场送来的代销清单，代销服装的零售金额为 79 100 元。

(5) 向某百货公司销售服装一批，货已发出，开具的增值税专用发票上注明的销售额为 1 200 000 元，货款尚未收回。

(6) 为某客户加工服装 100 套，双方商定，服装面料由服装厂按客户要求选购，每套服装价格（含税）为 1 130 元。该厂为加工该批服装，从某厂购进面料 300 米并取得增值税专用发票，税款为 5 100 元，货款已付。该批服装已于当月加工完成并送交客户，货款已结清。

(7) 赠送某学校运动服 100 套，实际成本 7 000 元。该批运动服无同类产品销售价格。

(8) 上月未抵扣完的进项税额为 18 500元。

要求：计算该厂本月应缴纳的增值税。

18. 南京市某电脑生产企业12月经营业务如下：

(1) 销售电脑9 000台，每台出厂价为5 000元。

(2) 1 000台按9折折价销售，折扣价在同一张发票上开具。

(3) 800台因在10日内一次性付款，给予销售折扣2%。

(4) 150台采用以旧换新方式销售，每台旧电脑作价300元。

(5) 发货给外省市分支机构500台。

(6) 销售电脑收取7万元，由本企业开普通发票收取。

(7) 用于职工集体福利10台，捐赠给运动会20台。

(8) 本月生产一批新型号电脑1 000台，每台成本价为4 000元(无同类产品市场价格)，全部售给本企业职工，取得不含税销售额350万元。

(9) 本月发生已经到期无法退还的包装物押金10万元。

(10) 用本企业电脑1 200台与另一电脑元器件生产企业采取以物易物方式交换元器件，双方均未开具增值税专用发票。

(11) 委托电脑商店代销电脑2 000台，收到电脑商店代销清单1 500台，按每台4 800元结算。

(12) 购入原材料2 500万元，已付款并验收入库。购买原材料发生运输费2万元，取得运输增值税专用发票。

(13) 购入配件400万元，已取得增值税专用发票。

(14) 直接组织收购旧电脑，支付收购金额40万元。

(15) 本月发生以前月份入库的库存原材料非正常损失，金额达30万元。

要求：计算该企业当月应缴纳的增值税。

19. 某进出口公司进口一批应税货物，境外口岸离岸价格折算成人民币为2 000万元，支付运费50万元，保险费40万元，进口关税140万元，当月销售给国内企业，取得销售额3 600万元。这批货物适用13%的增值税税率。

要求：计算该公司进口和国内销售应缴纳的增值税。

20. 某具有进出口经营权的国有生产企业3月报关出口一批货物，离岸价为300万美元(汇率为1∶8.3)，当季度内销货物销售额为800万元人民币，购进货物价款2 000万元。增值税税率为13%，退税率为11%。

要求：按“免、抵、退”法计算该企业当月应纳或应退增值税。

21. 某有进出口经营权的国有企业对自产货物经营出口销售及国内销售。该企业10月和11月分别发生以下几笔购销业务：

(1) 10月报关离境出口一批货物，离岸价为300万美元；内销一批货物，销售额为5 000万元；购进所需原材料等货物，购货额为8 000万元。

(2) 11月报关离境出口一批货物，离岸价为800万美元；内销一批货物，销售额为2 000万元；购进所需原材料等货物，购货额是5 000万元；进料加工免税原材料120万美元。

已知上述购销货物增值税税率均为13%，退税率为11%，上述购销额均为不含税购销额，美元与人民币汇率为1∶6.8。

要求：按“免、抵、退”法分别计算该企业上述两个月应纳或应退增值税。

# 第九章　消费税

我国实行增值税和消费税结合模式，既发挥市场对资源基础配置功能，利用增值税中性税减少税收对经济的干预，又运用非中性消费税来弥补市场缺陷。本章主要研究分析消费税征收原因，消费税征收范围、税率结构特点，消费品销售、进口应纳税额计算和出口应退税额计算，以及消费税纳税时间、纳税地点等问题。

## 第一节　概论

### 一、消费税征收目的

消费税是以消费品的消费额为课税对象的一种税的统称，是各国普遍开征的税种，在各国税收收入总额中占有一定的比重。开征消费税的目的主要是增加财政收入、促进资源配置和调节收入分配。历史上的消费税更多出于增加财政收入的考虑，而现代消费税，除了增加国库收入以外，更重要的是发挥其独特的灵活调节功能，以弥补市场机制的缺陷。消费税征收目的可归纳为以下几方面：

（一）抑制不良消费行为

消费税可以对社会认为应该加以限制的消费品或消费行为征收高额税收，体现“寓禁于征”的精神，如对烟、烈性酒等消费品征收高额消费税，起到限制其消费目的。

（二）纠正外部经济

消费税还可以对产生外部成本的行为征税，使外部成本转化为内部成本，如对产生环境污染的生产经营者，通过征收环境污染税不仅可以为整治环境污染筹集资金，而且可以促使纳税人采取各种措施，减少产量、调整结构、应用新的治污技术和方法，减少社会福利损失。

（三）促进公平收入分配

实行消费税还可以促进收入的公平分配，因为消费税的征税范围通常是那些低收入者不消费或不经常消费的商品和劳务，按消费价值额和消费量实行比例税率或定额税率，具有累进性特点，即高收入者比低收入者将承担更多的消费税。

## 二、消费税形成和发展

我国现行消费税是在1950年货物税和特种消费行为税的基础上逐步形成的。1950年1月，当时的政务院公布了《货物税暂行条例》，对烟、酒等货物，在产品制造环节和进口环节实行从价定率和一次课征的征税办法。此外，曾开征了特种消费行为税，对列入娱乐、筵席、冷食、旅馆四个税目的消费行为征税。1953年起，特种消费行为税就不再征收。以后，货物税又并入了工商统一税。在1984年的税制改革中，实行了产品税、增值税、营业税和盐税制度，这些税种都带有个别消费税的某些烙印。1988年，为了抑制社会上存在的不合理的消费现象，国务院公布了《筵席税暂行条例》，但实际并未开征。1989年2月，为了缓解彩色电视机和小轿车的供求矛盾，开征了彩色电视机特别消费税和小轿车特别消费税。1994年新税制改革时，在取消原有的产品税、盐税和调整了增值税、营业税的基础上，开征了比较符合国际惯例的消费税，建立了独立的消费税税种，在商品生产经营领域形成了以增值税普遍征收和消费税特殊调节的税制格局。2006年，我国对消费税进行了结构性调整，主要是扩大了资源品和奢侈品的征税范围，使消费税能随着人们消费水平和消费结构调整，而对调节对象作出相应调整。2008年11月5日，国务院修订通过并颁布了《中华人民共和国消费税暂行条例》，于2009年1月1日起实施。

## 三、消费税特点

我国现行消费税和其他流转税种比较，具有一些不同于其他税种的特点。

### （一）以特定消费品为课税对象

狭义的消费税属于选择性商品劳务税，根据各国政府不同的政策目的选择相应的征税商品或劳务作为征税对象。各国征收消费税的项目数量差异很大，有的多达100多种，有的只有几种甚至1种，而且名称各异。比较常见的消费税有烟草税、酒和其他饮料税、盐税、茶叶税、石油税、汽油税等，还有赌具税、彩票税、狩猎税、狗税等各种针对独特消费品或消费行为的税种。我国现行的消费税对14种商品征税，主要涉及某些高档消费品或奢侈品、某些不可再生的资源类消费品和某些不利于人类健康和社会生态环境的消费品。

### （二）单一环节征税

从纳税环节看，我国现行消费税属于单环节征收的商品劳务税，其课征环节一般选择生产经营的起始环节，如生产环节、委托加工环节、进口环节，或者选择最终消费或使用环节，通常不在中间环节征税。如选择起始环节征税的，以后的所有经营环节就不再征税；如选择零售环节征税的，以前的各环节也就不再征税。这具有不同于增值税“道道课征”的显著的特点。选择单一环节征税的目的，主要是为了加强源泉控制,防止税款的流失,此外,还可以减少纳税人的数量,从而降低税收的征纳成本。

(三) 从价和从量征税共存

我国现行消费税实行从价计税、从量计税和从价从量复合计税。通常大部分应税消费品都以消费品的销售额为计税依据,实行从价定率的征收办法,但对少数价格难以确定或者价格变化较大的消费品则以消费品的实物量为计税依据,实行从量定额的征收方法。

(四) 实行差别税率

正是因为消费税的开征目的主要是发挥其独特的社会经济生活调节作用,因此,对列入征税范围的消费品实行有高有低的差别税率结构就非常必要。而且这种差别一般还比较大,即税率高低悬殊程度比较大。我国目前实行的消费税,其税率结构的差异较大,从价征收的消费税税率从 3%至 45%共分 10 档。

## 第二节 征税范围

### 一、纳税人

凡在中国境内生产、委托加工和进口应税消费品的单位和个人,都是消费税的纳税人。但在中国境内生产金银首饰的,由从事零售业务的单位和个人作为纳税人。这里所说的“境内”是指生产、委托加工、进口或零售的应税消费品的起运地或所在地在中国境内;“单位”是指国有企业、集体企业、私营企业、股份制企业、外商投资企业、外国企业、其他企业和行政单位、事业单位、军事单位、社会团体及其他单位;“个人”是指个体经营者及其他个人。

### 二、征税范围

消费税作为一种非中性选择性商品劳务税,目前仅对烟、酒、化妆品等 15 个税目商品征收,一般在应税消费品的生产、委托加工和进口环节征税。

(1) 烟。凡是以烟叶为原料加工生产的产品,不论使用何种辅料,均属于本税目的征收范围。烟具体包括卷烟(进口卷烟、白包卷烟、手工卷烟和未经国务院批准纳入计划的企业及个人生产的卷烟)、雪茄烟和烟丝。在“烟”税目下,分“卷烟”等子目,“卷烟”又分“甲类卷烟”和“乙类卷烟”。其中,甲类卷烟是指每标准条(200 支,下同)调拨价格在 70 元(不含增值税)以上(含 70 元)的卷烟;乙类卷烟是指每标准条调拨价格在 70 元(不含增值税)以下的卷烟。

(2) 酒。酒是指酒精度在 1 度以上的各种酒类饮料。酒类包括粮食白酒、薯类白酒、黄酒、啤酒和其他酒。啤酒每吨出厂价(含包装物及包装物押金)在 3 000 元(含3 000元,不含增值税)以上的是甲类啤酒,每吨出厂价(含包装物及包装物押金)在3 000元(不含增值税)以下的是乙类啤酒。

(3) 高档化妆品。高档化妆品包括高档美容、修饰类化妆品,高档护肤类化妆品和成套化妆品。

(4) 贵重首饰及珠宝玉石。凡以金、银、白金、宝石、珍珠、钻石、翡翠、珊瑚、玛瑙等高贵稀有物质以及其他金属、人造宝石等制作的各种纯金银首饰及镶嵌首饰和经采掘、打磨、加工的各种珠宝玉石,都属于征税范围内的贵重首饰及珠宝玉石。对出国人员免税商店销售的金银首饰,需要征收消费税。

(5) 鞭炮、焰火。这里包括各种鞭炮、焰火。

(6) 成品油。成品油包括汽油、柴油、石脑油、溶剂油、航空煤油、润滑油、燃料油 7 个子目。目前对航空煤油暂缓征税。

(7) 小汽车。小汽车包括含驾驶员座位在内最多不超过 9 个座位(含)的在设计和技术特性上用于载运乘客和货物的各类乘用车以及含驾驶员座位在内的座位数在 10～23 座(含 23 座)的在设计和技术特性上用于载运乘客和货物的各类中轻型商用客车。

电动汽车不属于本税目征收范围。车身长度大于 7 米(含),并且座位在 10～23 座(含)以下的商用客车,不属于中轻型商用客车征税范围。沙滩车、雪地车、卡丁车、高尔夫车不属于消费税征收范围,不征收消费税。

(8) 摩托车。这里的摩托车包括轻便摩托车和摩托车两种。对最大设计车速不超过 50 千米/小时,发动机气缸总工作容量不超过 50 毫升的三轮摩托车不征收消费税。对气缸容量在 250 毫升(不含)以下的小排量摩托车不征收消费税。

(9) 高尔夫球及球具。高尔夫球及球具是指从事高尔夫球运动所需的各种专用装备,包括高尔夫球、高尔夫球杆及高尔夫球包(袋)等。

(10) 高档手表。高档手表是指销售价格(不含增值税)每只在 10 000 元(含)以上的各类手表。

(11) 游艇。游艇包括艇身长度大于 8 米(含)小于 90 米(含),内置发动机,可以在水上移动,一般为私人或团体购置,主要用于水上运动和休闲娱乐等非营利活动的各类机动艇。

(12) 木制一次性筷子。这里包括各种规格的木制一次性筷子。未经打磨、倒角的木制一次性筷子属于本税目征税范围。

(13) 实木地板。实木地板包括各类规格的实木地板、实木指接地板、实木复合地板及用于装饰墙壁、天棚的侧端面为榫、槽的实木装饰板。未经涂饰的素板也属于本税目征税范围。

（14）电池。电池包括原电池、蓄电池、燃料电池、太阳能电池和其他电池。

（15）涂料。

## 第三节　税率结构

《中华人民共和国消费税暂行条例》根据不同应税消费品的具体情况分别规定了比例税率和定额税率两种税率形式，还对某些特殊消费品的税率适用作出具体规定。

### 一、税率适用的一般规定

（一）比例税率

比例税率主要适用于那些价格差异较大、计量单位难以规范的应税消费品，包括烟（除卷烟）、酒（除白酒、黄酒和啤酒）、化妆品、护肤护发品、鞭炮焰火、贵重首饰、珠宝玉石、高尔夫球及球具、高档手表、游艇、汽车轮胎、摩托车、小汽车、木制一次性筷子、木制地板。

（二）定额税率

定额税率适用于供求基本平衡并且价格差异较小、计量单位规范的应税消费品，包括黄酒、啤酒、成品油三种液体产品。

（三）复合税率

卷烟、白酒商品实行从价比例和从量定额复合税率。

（1）卷烟：定额税率为每支0.003元；比例税率为：甲级卷烟56%，乙级卷烟36%。

（2）白酒：定额税率为0.5元/500克（或毫升）；比例税率为20%。

### 二、税率适用的特殊规定

（一）兼营不同税率消费品的税率确定

纳税人兼营（生产销售）两种税率以上的应税消费品，应当分别核算不同税率应税消费品的销售额、销售数量；未分别核算销售额、销售数量，或者将不同税率的应税消费品组成成套消费品销售的，从高适用税率。

（二）酒及酒精适用税率的特殊规定

由于粮食白酒和薯类白酒适用税率不同，需要按一定标准划分：

（1）以外购酒精生产的白酒，应按酒精所用原料确定白酒的适用税率，酒精所用原料无法确定的，一律按粮食白酒税率征税。

（2）外购两种以上酒精生产的白酒，一律按粮食白酒税率征税。

（3）以外购白酒加浆降度或外购散酒装出售，以及外购白酒以曲香、香精调香、调味生产的白酒,按照外购白酒所用原料确定适用税率。凡白酒所用原料无法确定的,一律按照粮食白酒的税率征税。

(4) 以外购的不同品种白酒勾兑的白酒,一律按照粮食白酒的税率征税。

(5) 对用粮食、薯类、糠麸等多种原料混合生产的白酒,以粮食白酒为酒基的配置酒、泡制酒,一律按粮食白酒税率征税。

(6) 对用薯类和粮食以外的其他原料混合生产的白酒,一律按照薯类白酒的税率征税。

消费税税目税率具体见表9-1。

**表9-1 消费税税目税率表**

| 税目 | 税率 |
|---|---|
| 一、烟 | |
| 1. 卷烟 | |
| (1) 甲类卷烟(生产或进口环节) | 56%加0.003元/支 |
| (2) 乙类卷烟(生产或进口环节) | 36%加0.003元/支 |
| (3) 批发环节 | 11%加0.005元/支 |
| 2. 雪茄烟 | 36% |
| 3. 烟丝 | 30% |
| 二、酒 | |
| 1. 白酒 | 20%加0.5元/500克(或毫升) |
| 2. 黄酒 | 240元/吨 |
| 3. 啤酒 | |
| (1) 甲类啤酒 | 250元/吨 |
| (2) 乙类啤酒 | 220元/吨 |
| 4. 其他酒 | 10% |
| 三、高档化妆品 | 15% |
| 四、贵重首饰及珠宝玉石 | |
| 1. 金银首饰、铂金首饰和钻石及钻石饰品 | 5% |
| 2. 其他贵重首饰和珠宝玉石 | 10% |
| 五、鞭炮、焰火 | 15% |
| 六、成品油 | |
| 1. 汽油 | 1.52元/升 |
| 2. 柴油 | 1.2元/升 |
| 3. 航空煤油 | 1.2元/升 |
| 4. 石脑油 | 1.52元/升 |
| 5. 溶剂油 | 1.52元/升 |
| 6. 润滑油 | 1.52元/升 |
| 7. 燃料油 | 1.2元/升 |

（续表）

| 税　　目 | 税　　率 |
|---|---|
| 七、小汽车 | |
| 　1. 乘用车 | |
| 　　（1）气缸容量在 1.0 升以下的 | 1% |
| 　　（2）气缸容量在 1.0 升以上至 1.5 升的 | 3% |
| 　　（3）气缸容量在 1.5 升以上至 2.0 升的 | 5% |
| 　　（4）气缸容量在 2.0 升以上至 2.5 升的 | 9% |
| 　　（5）气缸容量在 2.5 升以上至 3.0 升的 | 12% |
| 　　（6）气缸容量在 3.0 升以上至 4.0 升的 | 25% |
| 　　（7）气缸容量在 4.0 升以上的 | 40% |
| 　2. 中轻型商用客车 | 5% |
| 八、摩托车 | |
| 　1. 气缸容量在 250 毫升以下 | 3% |
| 　2. 气缸容量在 250 毫升以上 | 10% |
| 九、高尔夫球及球具 | 10% |
| 十、高档手表 | 20% |
| 十一、游艇 | 10% |
| 十二、木制一次性筷子 | 5% |
| 十三、木制地板 | 5% |
| 十四、电池 | 4% |
| 十五、涂料 | 4% |

## 第四节　应纳税额

### 一、生产销售应纳税额的计算

应税消费品的生产者销售应税消费品，分别实行从价计税、从量计税和从价从量复合计税。

（一）从价比例应纳消费税的计算

实行从价比例计算消费税的基本公式为：

**应纳消费税＝销售额×税率**

1. 销售额

税法规定，作为消费税计税依据的销售额是指纳税人销售应税消费品而向购买方收取的与之相关的对价，包括全部货币和非货币形式的经济利益，但不包括应向购买方收取的增值税税款。如果纳税人应税消费品的销售额未扣除增值税税款或者因不得开具增值税专用发票而发生价款和增值税税款合并收取的，在计算消费税时应当换算为不含增值税税款的销售额。换算公式为：

**应税消费品的销售额＝含增值税的销售额/(1＋增值税税率或征收率)**

**例9-1** 某化妆品生产企业为增值税一般纳税人。3月15日向某大型商场销售化妆品一批，开具增值税专用发票，取得不含增值税销售额100万元，增值税额13万元；3月20日向某单位销售化妆品一批，开具普通发票，取得含增值税销售额9.04万元。化妆品适用消费税税率为30%。

要求：计算该化妆品生产企业上述业务应缴纳的消费税。

化妆品的应税销售额＝100＋9.04/(1＋13%)＝108(万元)

应缴纳的消费税＝108×30%＝32.4(万元)

由于征收消费税的产品同时又必须缴纳增值税，而两者的计税依据都是同口径的销售额，但含义有所不同：对增值税而言，应税销售额为不含增值税的销售额；对消费税而言，应税销售额为含消费税但不含增值税的销售额。因为消费税作为一种价内税，其计税依据就是含税(消费税)的，而增值税作为一种价外税，其计税依据是不含税(增值税)的。此外，有关价外费用的含义和内容及其处理规定，与增值税制相同。

2. 销售额确定的特殊规定

(1) 包装物及其押金的处理。税法根据包装物是否随同产品销售和是否收取押金的不同情况，作出了相应的规定：对连同所包装的应税消费品一起销售的包装物，无论是否单独计价，也不论在会计上如何核算，均应并入应税消费品的销售额中征收消费税；对只收取押金而不随同产品作价销售的包装物，其所收取的押金不应并入应税消费品中征税，但对逾期未收回的包装物不再退还的和收取1年以上的押金，应并入应税消费品的销售额，按照应税消费品的适用税率征税；对既作价随同应税消费品销售又另外收取押金的，凡纳税人在规定的期限内不予退还的，均应并入应税消费品的销售额，按照应税消费品的适用税率征收消费税。但对销售除啤酒、黄酒外的其他酒类产品而收取的包装物押金，无论是否返还以及会计上如何核算，均应并入当期销售额征税。

(2) 特殊方式下销售额的确定。纳税人通过自设非独立核算的门市部销售的自产应税消费品，应当按照门市部对外销售额或者销售数量征收消费税。纳税人用于换取生产资料和消费资料、投资入股和抵偿债务等方面的应税消费品，应当以纳税人同类应税消费品的最高销售价格作为计税依据计算消费税。

白酒生产企业向商业企业收取的品牌使用费属于应税白酒销售价格部分，应随白酒销售价格计入白酒销售额计算消费税。

**例 9-2**　某化妆品生产企业通过非独立核算门市部销售化妆品，每箱不含增值税售价 1 000 元，合计销售 500 箱，增值税进项税额 34 000 元。消费税税率为 30%，增值税税率为 13%。

要求：计算该企业应缴纳的增值税和消费税。

应纳消费税＝1 000×500×30%＝150 000(元)

应纳增值税＝1 000×500×13%－34 000＝31 000(元)

如果该企业将非独立核算门市部改为独立核算门市部，卖给独立核算门市部的不含增值税出厂价为每箱 800 元，门市部再按 1 000 元出售，则：

应纳消费税＝800×500×30%＝120 000(元)

生产企业应纳增值税＝800×500×13%－34 000＝18 000(元)

门市部应纳增值税＝1 000×500×13%－800×500×13%＝13 000(元)

设立独立核算门市部后减少消费税 30 000 元，但不影响增值税。主要原因是消费税在生产出厂环节一次性征税。

(二) 从量定额应纳消费税的计算

实行从量定额计征消费税的计算公式为：

**应纳消费税税额＝应税消费品的销售数量×单位税额**

其中，销售数量按以下不同情况分别确定：销售应税消费品的，为应税消费品的销售数量；自产自用应税消费品的，为应税消费品的移送使用数量；委托加工应税消费品的，为纳税人收回的应税消费品数量；进口的应税消费品，为海关核定的应税消费品进口征税数量。

实行从量定额办法计算应纳消费税的消费品，计算单位的换算标准为：啤酒：1 吨＝988 升；黄酒：1 吨＝962 升；汽油：1 吨＝1 388 升；柴油：1 吨＝1 176 升。

(三) 从价比例和从量定额应纳消费税的复合计算

实行从价比例和从量定额复合计算应纳消费税的计算公式为：

**从价比例应纳消费税＝销售额×税率**

**从量定额应纳消费税＝应税消费品的销售数量×单位税额**

**复合计算应纳消费税＝从价比例应纳消费税税额＋从量定额应纳消费税税额**

我国现行消费税的复合征税仅对卷烟和白酒征收。对于白酒可按上述公式计算征税。但对于卷烟的计税依据为卷烟的调拨价格或核定价格。调拨价格是指卷烟生产企业通过卷烟交易市场与购货方签订的卷烟交易价格；卷烟核定价格是指由税务机关按其零售价倒算一定比例的办法核定计税价格。核定价格的计算公式为：

$$核定价格=市场零售价格/(1+35\%)$$

实际销售价格高于计税价格和核定价格的，按实际销售价格计算征收消费税；实际销售价格低于计税价格和核定价格的，按计税价格或核定价格计算征收消费税。

**例 9-3** 某卷烟厂5月生产并通过交易市场销售甲级卷烟1 000箱，每标准箱不含增值税实际售价1.45万元，另外有50箱作为礼品赠送给协作单位。当月移送到本市非独立核算门市部200箱，门市部实际销售150箱，每箱含增值税售价1.808万元。国家不含增值税核定价1.55万元，增值税进项税额为145万元，消费税比例税率为45%，定额税率为150元/箱。

要求：计算该卷烟厂应缴纳的消费税和增值税。

$$\begin{aligned}应纳消费税&=0.015\times(1\,000+50+150)+[1.55\times(1\,000+50)+1.808/(1+13\%)\times150]\times45\%\\&=858.375(万元)\end{aligned}$$

$$\begin{aligned}应纳增值税&=[1.45\times(1\,000+50)+1.808/(1+13\%)\times150]\times13\%-145\\&=84.125(万元)\end{aligned}$$

## 二、外购已税消费品加工应税消费品应纳税额的计算

对纳税人用外购或委托加工收回已税消费品生产的应税消费品，应扣除所用已税消费品已纳的消费税税款。用外购或委托加工收回已税消费品生产的应税消费品，包括：以外购或委托加工收回已税烟丝生产的卷烟；以外购或委托加工收回已税化妆品生产的化妆品；以外购或委托加工收回已税珠宝玉石生产的珠宝玉石；以外购或委托加工收回已税的鞭炮焰火生产的鞭炮焰火；以外购或委托加工收回已税高尔夫球杆部件为原料生产的高尔夫球杆；以外购或委托加工已税木制一次性筷子为原料生产的木制一次性筷子；以外购或委托加工已税实木地板为原料生产的实木地板；以外购或委托加工已税汽油、柴油、燃料油、润滑油为原料生产的成品油。对这些用已税消费品生产的应税消费品，在计算应纳消费税时，需要对所耗用的已税消费品已缴纳的消费税予以扣除，以避免重复征税。外购已纳消费税的扣除应分别按以下方法处理。

(1) 对于用外购的已税消费品连续生产应税消费品的，按当期生产领用数量计算准予扣除外购应税消费品已纳的消费税税款。当期准予扣除外购应税消费品已纳消费税税款的计算公式为：

$$\begin{matrix}当期准予扣除外购应税\\消费品已纳消费税税款\end{matrix}=\begin{matrix}当期准予扣除的\\外购应税消费品买价\end{matrix}\times\begin{matrix}外购应税消费品\\适用税率\end{matrix}$$

$$\begin{matrix}当期准予扣除的\\外购应税消费品买价\end{matrix}=\begin{matrix}期初库存的外购\\应税消费品买价\end{matrix}+\begin{matrix}当期购进的外购\\应税消费品买价\end{matrix}-\begin{matrix}期末库存的外购\\应税消费品买价\end{matrix}$$

外购已税消费品买价是指购货发票上注明的销售额(不包括增值税税款)。

上述允许扣除已纳税款的消费品只限于从工业企业购进的应税消费品，对从商业企业购进应税消费品的已纳税款一律不得扣除。另外，对自己不生产应税消费品，而只是购进后再销售应税消费品的工业企业，其销售的化妆品、护肤护发品、鞭炮焰火和珠宝玉石，凡不能构成最终消费品直接进入消费品市场，而需进一步生产加工的，应当征收消费税，并允许扣除外购应税消费品已纳消费税。

(2) 对于用委托加工收回的应税消费品连续生产的应税消费品，因税款已经由受托方计算代扣代缴，可直接按当期生产领用数量从应纳消费税税额中计算准予扣除的已纳消费税税款。当期准予扣除的委托加工收回的应税消费品应纳消费税税款的计算公式为：

**当期准予扣除的委托加工应税消费品已纳消费税税款＝期初库存的委托加工应税消费品已纳消费税税款＋当期收回的委托加工应税消费品已纳消费税税款－期末库存的委托加工应税消费品已纳消费税税款**

纳税人用外购或委托加工收回的已税珠宝玉石生产的含珠宝玉石的镶嵌金银首饰，改在零售环节征收消费税时，一律不得扣除珠宝玉石已缴纳的消费税税款。

## 三、自产自用应纳税额的计算

### (一) 自产自用

纳税人自产自用的应税消费品，用于连续生产应税消费品的不纳税。纳税人自产自用的应税消费品用于其他方面的，应于其移送使用时缴纳消费税。用于连续生产的自产自用的应税消费品，是指作为生产最终应税消费品的直接材料并构成最终产品实体的应税消费品。用于其他方面的自产自用的应税消费品，是指纳税人用于生产非应税消费品和在建工程、管理部门、非生产机构、提供劳务，以及用于馈赠、赞助、集资、广告、样品、职工福利、奖励等方面的应税消费品。

### (二) 自产自用应税消费品应纳消费税的计算

#### 1. 有同类销售价格的自产自用应税消费品

纳税人自产自用的应纳消费税的消费品，如果有同类消费品销售价格的，应按照纳税人生产的同类消费品的销售价格计税。同类消费品的销售价格，是指纳税人当月销售的同类消费品的销售价格，如果当月同类消费品各期销售价格高低不同的，应按销售数量加权平均计算，但销售的应税消费品无销售价格或销售价格明显偏低又无正当理由的，不得列入加权平均计算；如果当月无销售或当月未完结，应按照同类消费品上月或最近月份的销售价格计算纳税。

2. 无同类销售价格的自产自用应税消费品

纳税人自产自用的应纳消费税的消费品，如果没有同类消费品销售价格的，应按照组成计税价格计算纳税。

实行从价定率办法计算纳税的组成计税价格计算公式：

**组成计税价格＝(成本＋利润)÷(1－比例税率)**

**应纳税额＝组成计税价格×税率**

实行复合计税办法计算纳税的组成计税价格计算公式：

**组成计税价格＝(成本＋利润＋自产自用数量×定额税率)÷(1－比例税率)**

**应纳税额＝组成计税价格×税率＋自产自用数量×定额税率**

成本是指应税消费品的生产成本。利润是指根据应税消费品的全国平均成本利润率计算的利润。应税消费品的全国平均成本利润率由国家税务总局确定(见表 9－2)。

**表 9－2　应税消费品全国平均成本利润率**　　单位：%

| 货物名称 | 成本利润率 | 货物名称 | 成本利润率 |
|---|---|---|---|
| 1. 甲类卷烟 | 10 | 10. 贵重首饰及珠宝玉石 | 6 |
| 2. 乙类卷烟 | 5 | 11. 摩托车 | 6 |
| 3. 雪茄烟 | 5 | 12. 高尔夫球及球具 | 10 |
| 4. 烟丝 | 5 | 13. 高档手表 | 20 |
| 5. 粮食白酒 | 10 | 14. 游艇 | 10 |
| 6. 薯类白酒 | 5 | 15. 木制一次性筷子 | 5 |
| 7. 其他酒 | 5 | 16. 实木地板 | 5 |
| 8. 化妆品 | 5 | 17. 乘用车 | 8 |
| 9. 鞭炮、焰火 | 5 | 18. 中轻型商用客车 | 5 |

## 四、委托加工应纳税额的计算

### (一) 委托加工

税法规定，委托加工的应税消费品，是指由委托方提供原料和主要材料，受托方只收取加工费和代垫部分辅助材料加工的应税消费品。这就是说，税法规定的委托加工业务必须同时符合两个条件：一是由委托方提供原料和主要材料，二是受托方只收取加工费和代垫部分辅助材料。对于由受托方提供原材料生产的应税消费品，或者受托方先将原材料卖给委托方后再接受加工的应税消费品，以及由受托方以委托方名义购进原材料生产的应税消费品，无论纳税人在财务上是否作销售处理，都不得作为委托加工的应税消费品。

（二）委托加工业务的消费税处理

对于符合税法规定条件的委托加工的应税消费品，应由受托方代收代缴消费税，但纳税人委托个体经营者加工的应税消费品，一律于委托方收回后在委托方所在地缴纳消费税。

对于受托方未按规定代收代缴消费税税款的，由委托方补征。委托方补征应纳消费税税款的计税依据是：如果委托加工收回的应税消费品已经直接销售的，应按销售额计税；如果尚未销售或不能直接销售的（如用于连续生产应税消费品等），应按组成计税价格计算纳税。

实行从价定率办法计算纳税的组成计税价格计算公式：

**组成计税价格＝(材料成本＋加工费)÷(1－比例税率)**

实行复合计税办法计算纳税的组成计税价格计算公式：

**组成计税价格＝(材料成本＋加工费＋委托加工数量×定额税率)÷(1－比例税率)**

对于委托加工收回后直接出售的应税消费品，如果受托方在交货时已代收代缴消费税的，不再征收消费税。

（三）受托方代收代缴消费税的计算

1. 有同类销售价格的委托加工应税消费品

如果委托加工的应税消费品，受托方有同类应税消费品销售价格的，受托方计算代收代缴的消费税税款时，应按当月销售的同类消费品的销售价格计算纳税；如果当月同类消费品各期销售价格高低不同的，应按销售数量加权平均价格计算纳税，但销售的应税消费品无销售价格或销售价格明显偏低又无正当理由的，不得列入加权平均价格计算；如果当月无销售或当月未完结，应按照同类消费品上月或最近月份的销售价格计算纳税。

2. 无同类销售价格的委托加工应税消费品

如果委托加工的应税消费品，受托方无同类应税消费品销售价格的，受托方计算代收代缴的消费税税款时，应按组成计税价格计算纳税。

组成计税价格和应纳消费税税额的计算公式为：

**组成计税价格＝(材料成本＋加工费)/(1－消费税税率)**

$$应纳消费税＝组成计税价格×消费税税率$$

材料成本是指委托方所提供加工材料的实际成本。委托加工应税消费品的纳税人，必须在委托加工合同上如实注明(或以其他方式提供)材料成本。凡未提供材料成本的，受托方所在地主管税务机关有权核定其材料成本。加工费是指受托方加工应税消费品向委托方收取的全部费用，包括代垫的辅助材料的实际成本。

**例 9-4** A酒厂10月发生以下业务：从农业生产者购入粮食1 500吨，共计支付收购价款290万元。A酒厂将收购的粮食委托B酒厂生产加工成白酒，B酒厂在加工过程中代垫辅助材料款89万元，收取加工费250万元。加工的白酒计750吨，当地无同类产品市场价格。A酒厂将收回的白酒650吨出售，取得不含税销售额900万元。另外100吨加工成药酒出售，药酒销售额400万元。A酒厂外购材料发生的进项税50万元。粮食白酒消费税比例税率为25%，定额税率为0.5元/500克，药酒消费税税率为10%。

要求：计算B酒厂应代收代缴的消费税、应缴纳的增值税和A酒厂应缴纳的消费税、增值税。

B酒厂应代收代缴消费税＝[290×(1－10%)＋89＋250＋0.1×750]/(1－25%)×25%＋0.1×750
＝300(万元)

B酒厂应纳增值税＝(89＋250)×13%＝44.07(万元)

A酒厂应纳消费税＝400×10%＝40(万元)

A酒厂应纳增值税＝(900＋400)×13%－50－300×10%－44.07＝44.93(万元)

## 五、进口应纳税额的计算

### (一) 从量定额征收的进口应税消费品应纳消费税的计算

对于实行从量定额征税产品，应按应税消费品的进口数量和规定的定额税率计算应纳消费税税额。同时，还应按进口时支付的金额为计税依据确定组成计税价格计算应纳增值税。计算公式为：

$$应纳消费税＝进口应税消费品数量×单位税额$$

### (二) 从价定率征收的进口应税消费品应纳消费税和增值税的计算

对于实行从价定率征税的进口应税消费品，其计算增值税和消费税的依据是相同的，均为进口时所支付的不含增值税税额的金额，按规定的组成计税价格和相应的适用税率分别计算应纳消费税和增值税。

实行从价定率办法计算纳税的组成计税价格计算公式：

**组成计税价格＝(关税完税价格＋关税)÷(1－消费税比例税率)**

实行复合计税办法计算纳税的组成计税价格计算公式：

**组成计税价格＝(关税完税价格＋关税＋进口数量×消费税定额税率)÷(1－消费税比例税率)**

**应纳消费税＝(关税完税价格＋关税)/(1－消费税税率)**

**应纳增值税＝(关税完税价格＋关税＋应纳消费税)×增值税税率**

**例9-5** 某外贸公司从国外进口一批化妆品。化妆品关税完税价格1 000万元，征收进口关税400万元，消费税税率为30%。

要求：计算该外贸公司进口化妆品应缴纳的消费税和增值税。

应纳消费税＝(1 000＋400)/(1－30%)×30%＝600(万元)

应纳增值税＝(1 000＋400＋600)×13%＝260(万元)

## 六、出口退(免)税的计算

### (一) 出口应税消费品退(免)税的范围

1. 出口应税消费品退税的适用范围

出口货物退还消费税的政策只适用于有出口经营权的外贸企业购进并直接出口的应税消费品，以及外贸企业受其他外贸企业委托代理出口的应税消费品。外贸企业受其他非外贸企业(包括非生产性的商贸企业和生产企业)委托代理出口的应税消费品，不予退税。

2. 出口应税消费品免税的适用范围

出口货物免征消费税的政策适用于有出口经营权的生产性企业自营出口或生产企业委托外贸企业代理出口自产的应税消费品，依据其实际出口数量免征消费税，不予办理退还消费税。这里，免征消费税是指对生产性企业按其实际出口数量免征生产环节的消费税。不予办理退还消费税，是因为消费税只在生产环节征税，对生产企业免征消费税，就使该应税消费品出口时已不再含有消费税，所以无须退还消费税。

### (二) 出口应税消费品的退税率

出口应税消费品应退消费税的税率或单位税额，就是税法规定的征税率或单位税额。出口企业应将出口的不同税率的应税消费品实行分别核算，并分别申报退税。凡划分不清适用税率的，一律从低适用税率计算应退消费税税额。

### (三) 出口应税消费品退税的计算

外贸企业购进应税消费品直接出口或受其他外贸企业委托代理出口应税消费品应退的消费税税款，属于从价定率计征消费税的应税消费品，应依据外贸企业从工厂购进货物时征收消费税的价格计算。计算公式为：

**应退消费税＝出口货物的工厂销售额×税率**

出口货物的工厂销售额，是指不包含增值税的收购金额，对含增值税的价格，应换算为不含增值税的销售或收购金额。

（四）出口应税消费品办理退（免）税后的管理

出口的应税消费品办理退税后发生退关，或者国外退货进口时予以免税的，报关出口者必须及时向其所在地主管税务机关申报补缴已退的消费税税款。纳税人直接出口的应税消费品办理免税后发生退关或国外退货，进口时已予以免税的，经所在地主管税务机关批准，可暂时不办理补税，待其转为国内销售时，再向其主管税务机关申报补缴消费税。

## 第五节　征收管理

### 一、纳税义务发生时间

消费税的纳税义务发生时间按不同的生产经营方式和货款的不同结算方式进行相应的处理。

（一）生产销售应税消费品的纳税义务发生时间

(1) 纳税人采取赊销和分期收款方式赊销应税消费品的，其纳税义务发生时间为销售合同规定的收款日期的当天，书面合同没有约定收款日期或无书面合同的，为发出应税消费品当天。

(2) 纳税人采取预收货款方式销售应税消费品的，其纳税义务发生时间为发出应税消费品的当天。

(3) 纳税人采取托收承付和委托银行收款方式销售应税消费品的，其纳税义务发生时间为发出应税消费品并办妥托收手续的当天。

(4) 纳税人采取其他结算方式销售应税消费品的，其纳税义务发生时间为收讫销售款或者取得索取销售款凭证的当天。

（二）其他应税行为的纳税义务发生时间

(1) 纳税人自产自用的应税消费品，其纳税义务发生时间为移送使用的当天。

(2) 纳税人委托加工应税消费品，其纳税义务发生时间为纳税人提货的当天。

(3) 纳税人进口的应税消费品，其纳税义务发生时间为报关进口的当天。

## 二、纳税期限

消费税的纳税期限，根据纳税人、代收代缴义务人应纳税额或应代收代缴税额的大小，由主管税务机关分别核定。税法规定的纳税期限分别为 10 日、15 日、1 个月、1 个季度或者半年。纳税人不能按固定期限纳税的，可以按次纳税。

纳税人以 1 个月或 1 个季度为一期纳税的，自期满之日起 15 日内申报纳税；以其他期限为一期纳税的，应在纳税期满之日起 5 日内预缴税款，于次月 1 日起 15 日内申报纳税并结清上月应纳税款。进口应税消费品的纳税人，应于报关进口后 15 日内申报纳税。

## 三、纳税地点

纳税人销售的应税消费品，以及自产自用的应税消费品，除国家另有规定的外，应当向纳税人机构所在地或居住地主管税务机关申报纳税。进口的应税消费品，应当在进口报关地向海关纳税。

委托加工的应税消费品，由受托方向机构所在地或居住地主管税务机关解缴消费税税款。

纳税人的总机构和分支机构不在同一县(市)的，应分别向各自机构所在地缴纳消费税。但经财政部、国家税务总局或其授权财政、税务机构批准，纳税人应纳消费税税款，也可由总机构汇总向总机构所在地主管税务机关缴纳。

## 四、报缴方式

消费税由税务机关负责征收。进口的应税消费品应征的消费税，由海关代征。个人携带或者邮寄进境的应税消费品应征的消费税，连同关税一并计征。纳税人报缴税款的方法，由所在地主管税务机关视不同情况，于下列办法中核定一种实行：

(1) 纳税人按期向税务机关填报纳税申报表，并填开纳税缴款书，向所在地代理金库的银行缴纳税款。

(2) 纳税人按期向税务机关填报纳税申报表，由税务机关审核后填发缴款书，按期缴纳。

(3) 对会计核算不健全的小型业户，税务机关可根据其产销情况，按季或按年核定其应纳税款，分月缴纳。

## 本章小结

本章主要阐述消费税的基本政策和制度。消费税是对部分货物在生产和进口环节征收的一种选择性商品税，我国在对全部商品征收增值税的基础上再对烟、酒、化妆品、珠宝、小汽车、摩托车等少数商品，按差别税率征收消费税，主要发挥消费税的个别调节功能。消费税实行从价比例征税和从量定额征税两种征税方法，其中从价比例征税应纳税额计算为销售额乘以税率，销售额的确定与增值税相同，一般为销售货物或提供应税劳务收取的价格和价外收费，但销售额应含消费税、不含增值税。消费税对于外购已税原材料加工成应税消费品、委托加工收回的已税原材料加工成应税消费品，允许在计算产品消费税时按实际领用扣除原材料已纳消费税。从量定额征税应纳税额计算为销售量乘以单位税额。消费税对于进口货物按组成计税价格计算。消费税对于出口货物也分别不同情况实行出口退税、出口免税和出口正常纳税。消费税纳税义务发生时间一般为收讫销售款、取得索取销售款凭据或报关进口的当天。消费税纳税地点一般为企业所在地。

## 思考题

1. 消费税的征收原因有哪些？
2. 消费税有哪些特点？
3. 消费税的纳税环节如何确定？
4. 消费税的税率有什么特点？
5. 用外购的已税消费品连续生产应税消费品的已纳消费税如何处理？
6. 用委托加工收回的应税消费品连续生产应税消费品的已纳消费税应如何处理？
7. 自产自用应税消费品如何征税？
8. 出口应税消费品的退(免)税有哪些规定？
9. 消费税的纳税地点如何确定？

## 练习题

1. 某化妆品厂受托加工一批高档化妆品，委托方提供原材料成本 30 000 元，化妆品厂收取加工费 10 000 元、代垫辅助材料款 5 000 元，化妆品厂没有同类高档化妆品销售价格。以上款项均不含增值税，高档化妆品消费税税率为 15%。

要求：计算该化妆品厂应代收代缴消费税。

2. 某进出口公司 11 月从澳大利亚进口两艘游艇，关税完税价格折合人民币合计 1 100 万元，关税税率假设为 30%，游艇消费税税率为 10%。

要求：计算该进出口公司当月应缴纳的消费税。

3. 某外贸公司 11 月从生产企业购入高档化妆品一批，取得增值税专用发票注明价款 30 万元，支付购买高档化妆品的运输费用 3 万元，当月将该批化妆品全部出口取得销售收入 45 万元。高档化妆品消费税税率为15%。

要求:计算该外贸公司出口高档化妆品应退的消费税。

4. 某酒厂10月将自产的一种新型粮食白酒3吨用于赠送客户,该批粮食白酒的成本共计8 000元,该批粮食白酒无同类产品市场销售价格,但已知其成本利润率为10%,税率为20%。

要求:计算该批粮食白酒应缴纳的消费税。

5. 某酒厂11月生产销售散装黄酒400吨,每吨不含税售价为3 800元。同时,该厂生产一种新的粮食白酒2吨,赠送给客户,已知该种白酒无同类产品出厂价,生产成本为每吨35 000元,成本利润率为10%。黄酒消费税单位税额为每吨240元。

要求:计算该厂当月应缴纳的消费税。

6. 某汽车厂为一般纳税人,1月下设一非独立核算门市部。该厂将一批汽车移送门市部销售,计价176万元。门市部零售取得销售收入187.22万元。

要求:计算该汽车厂有关该业务应纳消费税的计税销售额。

7. 某市一娱乐公司5月举办啤酒屋活动,销售利用啤酒设备自制的啤酒80吨,取得不含税收入160 000元。啤酒消费税单位税额为每吨250元。

要求:计算该公司当月应缴纳的消费税。

8. 某机械制造公司系增值税一般纳税人,生产各种礼品手表。2019年8月,该公司赠送某关系企业一只光电纯银手表,无同类售价,成本利润率为20%,税率为20%,成本为8 600元。

要求:计算该机械制造公司当月应缴纳的消费税。

9. 甲企业委托乙企业生产木制一次性筷子,甲企业提供的主要原材料实际成本为12万元,支付的不含税加工费为1万元。乙企业代垫辅料的不含税金额为0.87万元。木制一次性筷子的消费税税率为5%。

要求:计算乙企业代收代缴消费税的组成计税价格。

10. 某卷烟批发企业8月批发销售给卷烟零售企业5箱(标准箱)卷烟,取得含税收入110万元、包装费2万元。

要求:计算该卷烟批发企业当月应缴纳的消费税。

11. 某进出口公司2月从韩国进口150箱实木地板,每箱到岸价格为6万元,关税税率假设为50%,实木地板消费税税率为5%。

要求:计算该进出口公司当月应缴纳的消费税。

12. 某企业为增值税一般纳税人,8月经营状况如下:

(1) 生产食用酒精一批,将其中的50%用于销售,开具的增值税专用发票注明金额20万元、税额2.6万元。

(2) 将剩余50%的食用酒精作为酒基,加入食品添加剂调制成45度的配制酒2吨,当月全部销售,开具的增值税专用发票注明金额18万元、税额2.34万元。

(3) 配制葡萄酒一批,装瓶对外销售,开具的增值税专用发票注明金额36万元、税额4.68万元。

(4) 从农户手中收购高粱,收购成本价43万元;所收购的高粱当月全部委托A公司生产白酒35 000千克,收到A公司开具的增值税专用发票注明金额4万元、税额0.52万元。当月收回的白酒全部销售,收取了不含税价款80万元。

其他相关资料：企业当期通过认证可抵扣的进项税额为 8 万元；白酒消费税比例税率 20%，定额税率为 0.5 元/500 克；其他酒消费税税率为 10%。

要求：根据上述资料，按照下列序号回答问题，如有计算，须计算出合计数。

(1) 计算业务(1)应缴纳的消费税。

(2) 计算业务(2)应缴纳的消费税。

(3) 计算业务(3)应缴纳的消费税。

(4) 计算 A 公司代收代缴消费税。

(5) 计算业务(4)应缴纳的消费税。

13. 某汽车制造厂为增值税一般纳税人，生产销售 A 型小轿车，出厂不含税单价为每辆 95 000 元。3 月购销情况如下：

(1) 向当地汽车贸易中心销售 80 辆，汽车贸易中心当月付清货款后，厂家给予了 8%的销售折扣，开具红字发票入账。

(2) 向外地特约经销点销售 50 辆，另收取包装费和售后服务费每辆 1 000 元。

(3) 支付给运输单位 8 000 元，取得运输单位开具给汽车制造厂的运费增值税专用发票。

(4) 逾期仍未收回的包装物押金 63 000 元。

(5) 将本厂自产的一辆 A 型小轿车用于本厂后勤生活服务。

(6) 购进小轿车零部件、原材料，取得经税务验证的增值税专用发票上注明的价款为 5 800 000 元，税款为 986 000 元。

(7) 从小规模纳税人处购进小轿车零件 90 000 元，未取得增值税专用发票。

小轿车的消费税税率为 5%。

要求：计算该企业应缴纳的消费税、增值税。

14. 某卷烟厂为增值税一般纳税人，生产经营情况如下：

(1) 期初库存外购已税烟丝 80 万元，当年外购已税烟丝取得经税务验证的增值税专用发票，注明支付货款金额 1 200 万元、进项税额 204 万元，烟丝全部验收入库。

(2) 领用外购已税烟丝 400 万元，生产卷烟 1 500 箱(标准箱，下同)，全部对外销售，取得含税销售额 4 407 万元。支付销货运输费用 60 万元，取得运输单位开具的增值税专用发票。

(3) 领用外购已税烟丝 850 万元，生产卷烟 3 500 箱，销售 3 000 箱给某烟草批发公司，开具增值税专用发票，不含税销售额 7 500 万元。

(4) 经烟草专卖机关批准，签订委托代销协议，委托某商场代销卷烟 200 箱，每箱按不含税销售额 2.6 万元与商场结算。

烟丝消费税税率为 30%；卷烟消费税定额税率为每标准箱 150 元，比例税率为 45%。

要求：计算该卷烟厂应缴纳的消费税、增值税。

15. A 卷烟厂 3 月发生以下业务：

(1) 生产并通过交易市场销售卷烟 1 000 箱，每标准箱实际售价 14 500 元(不含增值税)，国家调拨价 15 500 元。

(2) 另外有 50 箱作为礼品赠送给协作单位。

(3) 当月移送到本市非独立核算门市部 200 箱，门市部实际销售 150 箱，每箱售价 16 000 元(不含增值税)，国家核定价 15 500 元。

(4) 同期购入香精10万元,卷烟纸12万元,包装箱8万元,烟丝期初库存买价30万元,本期购入买价150万元,期末库存买价50万元。

(5) 从农业生产者购入烟叶75万元,支付烟叶税15万元,委托B卷烟厂加工成烟丝,支付加工费24万元,无同类商品价格。

(6) 收回烟丝的40%对外销售,取得烟丝不含税销售额100万元;余下的60%直接用于加工成卷烟出售。

(7) 采购和销售发生的运输费3万元,取得增值税专用发票。

卷烟消费税比例税率为45%,定额税率为每箱150元;烟丝消费税税率为30%。

要求:计算A、B卷烟厂各应缴纳的增值税、消费税。

16. A酒厂2月发生以下业务:

(1) 从农业生产者购入粮食支付收购价款30万元,委托B酒厂生产加工成白酒,酒厂收取加工费10.5万元。加工的白酒计30吨,当地无同类产品市场价格。

(2) A酒厂将收回的白酒直接对外出售,取得不含税销售额60万元,销售粮食白酒收取包装物押金1万元。

(3) 向本市销售自制粮食白酒20吨,并向对方开具增值税专用发票,销售额30万元。另外,收取包装物押金0.226万元,并单独入账核算,上述款项已收妥。

(4) 销售酒精10吨,取得不含税销售额10万元,货已发出,款项已收到。

(5) 销售啤酒100吨,取得不含税销售额32万元。

(6) 从农业收购部门购入粮食、玉米等生产原料80万元。

(7) 支付给运输单位购货运输费4万元,取得增值税专用发票。

消费税税率:粮食白酒比例税率25%,定额税率0.5元/斤;酒精5%;啤酒250元/吨。

要求:计算B酒厂应代收代缴消费税、应缴纳的增值税和A酒厂应缴纳的消费税、增值税。

17. 某外贸公司当月从日本进口280辆小轿车,每辆关税完税价格14万元,关税8.8万元,消费税税率5%,该外贸公司将进口小轿车当月全部出售,每辆售价(不含税价)为26万元。

要求:计算该外贸公司进口轿车应缴纳的消费税、增值税和销售轿车应缴纳的增值税。

18. 某化妆品生产企业为增值税一般纳税人,10月上旬从国外进口一批散装化妆品,支付给国外的货价120万元、相关税金10万元、卖方佣金2万元、运抵我国海关前的运杂费和保险费18万元;本月该企业将进口的散装化妆品的80%生产加工为成套化妆品7 800件,对外批发销售6 000件,取得不含税销售额290万元;向消费者零售800件,取得含税销售额51.04万元。化妆品的进口关税税率为40%,消费税税率为30%。

要求:计算该企业在进口环节和国内生产销售环节应缴纳的消费税、增值税。

19. 某首饰厂8月从某商贸企业购进一批珠宝玉石,增值税发票注明价款50万元,增值税税款8.5万元,打磨后再将其销售给首饰商城,收到不含税价款90万元。珠宝玉石消费税税率为10%。

要求:计算该首饰厂以上业务应缴纳的消费税。

20. 某商场12月发生以下业务:

(1) 零售金银首饰取得含税销售额67.8万元。

(2) 销售粮食、食用植物油、鲜奶取得含税销售额220万元,销售家用电器取得含税销售额565万元。

(3) 商场采购商品取得经税务验证的增值税专用发票，注明的增值税额合计为35万元。

金银首饰消费税税率为5%。

要求：计算该商场应缴纳的消费税和增值税。

21. 甲礼花厂6月发生如下业务：

(1) 委托乙厂加工一批焰火，甲厂提供原材料成本为37.5万元。当月乙厂将加工完毕的焰火交付甲厂，开具增值税专用发票注明收取加工费5万元。

(2) 将委托加工收回的焰火60%用于销售，取得不含税销售额38万元，将其余的40%用于连续生产A型组合焰火。

(3) 将生产的A型组合焰火对外销售，合同约定不含税销售额36万元，另将剩余的20%焰火赠送给客户。

焰火消费税税率为15%。

要求：计算甲礼花厂当月应缴纳的消费税。

22. 某礼花厂1月发生以下业务：

(1) 月初库存外购已税鞭炮的金额为12 000元，当月购进已税鞭炮300箱，增值税专用发票上注明的每箱购进金额为300元。月末库存外购已税鞭炮的金额为8 000元。其余为当月生产领用。

(2) 当月生产甲鞭炮120箱，销售给A商贸公司100箱，每箱不含税销售价格为800元；其余20箱通过该企业自设非独立核算门市部销售，每箱不含税销售价格为850元。

(3) 当月生产乙鞭炮500箱，销售给B商贸公司250箱，每箱销售价格为1 100元；将200箱换取火药厂的火药，双方按易货价格开具了增值税专用发票，剩余的50箱作为福利发给职工。

其他相关资料：上述增值税专用发票的抵扣联均已经过认证。鞭炮的消费税税率为15%。

要求：根据上述资料计算该礼花厂当月应缴纳的消费税。

23. 某卷烟厂为增值税一般纳税人，主要生产A牌卷烟(不含税调拨价100元/标准条)及雪茄烟，8月发生如下业务：

(1) 从烟农处购进烟叶，买价110万元，将其运往甲企业委托加工烟丝，向甲企业支付加工费，取得增值税专用发票，注明加工费12万元、增值税2.04万元，该批烟丝已收回入库，但本月未领用。

(2) 从乙企业购进烟丝，取得增值税专用发票，注明价款400万元、增值税68万元；从丙供销社(小规模纳税人)购进烟丝，取得税务机关代开的增值税专用发票，注明价款300万元；进口一批烟丝，支付货价300万元、卖方佣金12万元，该批烟丝运抵我国输入地点起卸之前发生运费及保险费共计38万元。

(3) 以成本为350万元的特制自产烟丝生产雪茄烟，领用外购烟丝生产A牌卷烟。

(4) 本月销售雪茄烟取得不含税收入600万元，并收取品牌专卖费9.04万元；销售A牌卷烟400标准箱。

(5) 月初库存外购烟丝买价30万元，月末库存外购烟丝买价50万元。

本月取得的相关凭证符合规定，并在本月认证抵扣。烟叶税税率为20%，烟丝关税税率为10%。

要求：根据上述资料计算该企业当月应纳税额。

# 第十章　关　税

关税是对进出口商品征税，通过征收关税提高进口商品成本，起到保护国内产业的作用。本章主要研究分析关税征收目的、分类方法理论，纳税人、征收范围、税率结构等税收要素，关税完税价格、原产地规则、应纳税额计算方法，关税减免税优惠、征收管理规定，反倾销税、反补贴税政策意义等问题。

## 第一节　概论

### 一、关税征收目的

关税是主权国家根据其政治、经济需要，由设置在边境、沿海口岸或境内的水、陆、空国际交往通道的海关机关依据国家规定，对进出国境(或关境)的货物和物品征收的一种税。上述的国境和关境是两个既有联系、又不完全相同的概念。国境是指一个主权国家行使行政权力的领域范围，而关境是指一个主权国家行使关税权力的领域范围。一般情况下，国境和关境是一致的。但是，当存在自由港、自由贸易区以及关税同盟国家在成员之间免征关税的情况下，国境和关境就不一致，前者国境大于关境，后者关境大于国境。对进出口商品征收关税有多种目的，但主要是增加财政收入和保护国内经济。

#### (一) 财政性关税

以增加国家财政收入为目的而征收的关税称为财政性关税。财政性关税的税率视国家财政收入需要和影响国际贸易数量的大小而制定，税率偏低达不到财政收入目的，税率过高抑制进出口，也达不到财政收入目的。财政性关税在各国历史上曾占有重要地位，在各国财政收入中占有较大比重。在现代经济中，财政性关税的地位大为削弱，关税在财政收入中的比重也大幅度下降。但在发展中国家，关税在财政收入中仍占有很重要的地位。

#### (二) 保护性关税

以保护国内经济为目的而征收的关税称为保护性关税。对于进口商品征收保护性关税主要是限制产成品进口。在发展中国家通过关税保护国内新兴的幼稚产业，使其免受更先进国家的工业制成品竞争，从而达到经济平稳发展。而在发达国家，通过关税，扩大国内市场和国际市场的占有率，从而保护和增加就业机会，减少失业。对于出口商品征收保护性关税，主要是限制紧缺原材料的出口，保护国内生产。在现代经济社会，随着财政性关税地位的削弱，保护性关税的地位加强，保护性关税成为关税征收的主要目的。保护性关税税率同保护目的是相关的，保护性关税税率越高，越能达到保护目的。

## 二、关税的分类

关税可以按不同标准划分，从而形成不同类型的关税。除了按征收目的可以分为财政性关税和保护性关税外，还有以下一些划分方式：

### （一）按征税商品的流向划分

按征税商品的流向划分，可把关税分为进口税、出口税和过境税。

#### 1. 进口税

进口税是对进口商品征收的关税。进口关税在外国商品进入关境或国境时征收，或者在外国商品由自由港、自由贸易区、海关保税仓库运往进口国国内市场销售时征收。进口关税的税率一般随商品加工程度的深化而提高，税率由原材料、半成品、产成品依次上升。进口关税是各国政府限制进口、保护国内市场、增加财政收入的重要工具。

#### 2. 出口税

出口税是对出口商品征收的关税。目前，世界各国一般不征出口税，因为征收出口税会提高本国商品在国际市场上的销售价格，削弱出口商品的国际竞争力，不利于出口。但一些发展中国家为增加财政收入，保证国内生产所需原材料和国内消费品市场的供应，也征收出口税，出口税的税率一般比较低。

#### 3. 过境税

过境税是对通过本国境内的外国商品征收的关税。征收过境税的目的主要是为了增加财政收入。在资本主义初期，过境税在欧洲各国普遍流行。目前，大多数国家已不再征收过境税，仅收取少量的行政费用或提供服务费用。

### （二）按计征依据或标准分类

按关税的计征依据或标准分类，可把进口关税分为从价关税、从量关税和复合关税。

#### 1. 从价关税

从价关税是以货物的价格为标准而计征的关税。从价关税一般按海关审定的完税价为依据计征关税。从价关税具有随商品价格变化关税收入和关税负担变化的特点。

2. 从量关税

从量关税是以货物的实物量为标准而计征的关税。从量关税的实物量计量单位一般包括重量、数量、长度、体积等。从量关税具有随商品实物量变化关税收入和关税负担变化,计算比较简单的特点。

3. 复合关税

复合关税是对同一种进口商品同时采用从价和从量两种计征标准计征的一种关税。具体课征时,或以从价税为主加征从量税,或以从量税为主加征从价税。

(三) 按征税有无优惠分类

按征税有无优惠划分,可把进口关税分为普通税和最惠国税。普通税和最惠国税是正常进口税的两种形式。最惠国税适用于从与该国签订有最惠国待遇原则的贸易协定的国家或地区进口的商品。普通税适用于从与该国没有签订这种贸易协定的国家或地区进口的商品。最惠国税比普通税的税率要低,有时差幅很大。目前,大多数国家都已加入了世界贸易组织,或签订双边及多边贸易条约或协定,相互确认最惠国待遇原则、享受最惠国税率。因此,正常进口税通常指最惠国税。

(四) 按征税的依据分类

按征税的依据,可把关税划分为正税和附加税。

1. 正税

正税是指正常关税,依据公布的税率征收,进口税、出口税、过境税、优惠税均属于正税。

2. 附加税

附加税又称为进口附加税,是在正常进口税以外额外征收的关税,是一种临时性的特定措施。征收的主要目的是:应付国际收支危机;维持进出口平衡;防止外国商品低价倾销;对某个国家实行歧视或报复等。进口附加税在大多数情况下,是对特定的商品和国家征收,采用较多的形式是反补贴税、反倾销税、报复性关税和保障性关税。

(1) 反补贴税。反补贴税是对直接或间接地接受出口补贴或奖励的外国进口商品征收的一种进口附加税,税额一般按补贴或奖励的金额征收。

(2) 反倾销税。反倾销税是对进行低价倾销的进口商品征收的一种进口附加税,目的在于抵制国外倾销,保护本国产品和国内市场。

(3) 报复性关税。报复性关税是对本国出口货物受到歧视时,为了报复所征收的一种进口附加税。

(4) 保障性关税。保障性关税是对进口量剧增的商品征收的一种进口附加税，目的在于保护国内产业不至于受到进口剧增而给相关产业带来巨大威胁或损害。

## 三、关税制度的建立和发展

### (一) 关税制度的建立

新中国成立后，废除了旧的关税制度，成立了统一领导全国海关机构和海关业务的海关总署，代表国家负责执行海关业务的监督管理、征收关税、查禁走私，保护国家主权和经济利益。国家为了行使主权并从根本上改革旧的海关制度，于1950年1月颁布了《关于关税政策和海关工作的决定》，随后在1951年5月又颁布了《中华人民共和国暂行海关法》和《中华人民共和国海关进出口税则》，形成了关税的基本法规，使我国关税制度逐步统一，走上正常轨道。随着有关货物监督、征收关税、查禁走私等方面的一些主要业务规章的陆续制定施行，我国完全独立自主的保护性关税制度和海关管理制度也完全建立起来了。

### (二) 关税制度的改革与完善

1. 1985年关税制度全面改革

1951年制定的《中华人民共和国海关进出口税则》及《中华人民共和国海关进出口税则暂行实施条例》一直执行到1985年2月。在这30多年中，只有局部的调整，没有很大的变动。1978年后，随着我国经济体制的改革和贯彻执行对外开放政策，原有的税则已不能适应新形势的需要，为此，国家于1985年2月对关税制度进行了全面调整，发布了《中华人民共和国进出口关税条例》(以下简称《进出口关税条例》)，并且重新修订发布了《中华人民共和国海关进出口税则》(以下简称《海关进出口税则》)，作为《进出口关税条例》的组成部分。新的《进出口关税条例》和《海关进出口税则》完善了税制，系统地规定了关税的一些重大政策、基本制度和纳税人的权利义务等，改变了税则结构，以《海关合作理事会商品分类目录》为基础进行编排，较大范围地调整了税率。

2. 1987年对《进出口关税条例》进行修订

根据1985年制定的《进出口关税条例》两年多的实践，并根据1987年1月颁布的新的《中华人民共和国海关法》(以下简称《海关法》)对海关征税原则所作的修改，国家于1987年又对《进出口关税条例》进行了修订，规定于1987年10月15日起执行。修订的内容主要为：规定国务院成立关税税则委员会；修订完税价格；修订纳税人的申诉程序。

3. 1992年对《海关进出口税则》进一步修订

为适应改革开放和经济发展要求，国务院关税税则委员会决定进一步修订我国《海关进出口税则》，并决定自1992年1月1日起施行。新的《海关进出口税则》以国际上通用的《商品名称以及编码协调制度》目录为基础，能广泛适应海关征税、进出口统计、国际贸易管理、国际商品运输等多方面的需要。

4. 2001 年实施新的《海关法》

根据 2000 年 7 月 6 日第九届全国人民代表大会常务委员会第十六次会议《关于修改〈中华人民共和国海关法〉的决定》以及 WTO 规则的要求，我国海关对旧的法律法规进行了集中清理修改工作，同时对旧的《海关法》进行全面修订。明确了进出口货物的原产地确定规则，确立了商品预归类制度；合理调整了确定完税价格的基础。新《海关法》采用国际通行的海关估价准则，明确规定进出口货物的完税价格以货物的成交价格为基础确定；成交价格不能确定时，完税价格由海关估定。

5. 2002 年起施行新的《完税价格办法》

根据《海关法》和《进出口关税条例》及其他有关法律、行政法规的规定，国家制定并颁布了《中华人民共和国海关审定进出口货物完税价格办法》(以下简称《完税价格办法》)，自 2002 年 1 月 1 日起施行。该办法提出海关应当遵循客观、公平、统一的估价原则，依据《完税价格办法》来审定进出口货物的完税价格。此后，根据实施过程中存在的问题，国家对《完税价格办法》又作了补充、修订，并于 2006 年 5 月 1 日起施行。

6. 2004 年起实施新的《进出口关税条例》

《进出口关税条例》于 1985 年由国务院发布，分别于 1987 年和 1992 年对个别条款进行过修订。自 2004 年 1 月 1 日起，我国施行新的《进出口关税条例》，并分别于 2011 年和 2013 年进行修改。新的《进出口关税条例》在税率设置、完税价格的确定等方面做了较为全面的修订。第一，明确了进口关税设最惠国税率、协定税率、特惠税率和普通税率，以及各种税率的适用原则和国别范围；增加了对暂定税率、关税配额的适用规定。第二，将《完税价格办法》的主要条款纳入新的关税条例中，修改或删除了不符合估价协定的条款。对于不能按成交价格确定进口货物完税价格的，规定了海关应采用的估价方法。第三，规定了如实申报进出口货物的成交价格，并按海关规定提供有关资料；明确了进出口货物的纳税义务人向海关申报纳税的时限和地点；调整了对缴纳税款和征收滞纳金的规定，调整了对汇率的适用规定；对退、补税做了较大的改动；增加了纳税义务转移和对进境物品进口税征收内容的规定。第四，完善以关税为手段的各种贸易救济措施，对某些特定进出口货物依法实行关税配额管理，并依法采取反倾销、反补贴、保障措施及报复性措施等贸易措施。第五，规定了企业资产重组的缴税办法，明确了代理报关时纳税义务人与报关企业的纳税责任，建立欠税公告制度，完善了海关执法手段，赋予海关估价时对纳税义务人账户的查询权。

## 第二节 征税范围

### 一、纳税人

贸易性进出口商品关税的纳税人为进口货物的收货人、出口货物的发货人。进出口货物的收、发货人是依法取得对外贸易经营权,并进口或出口货物的法人或其他社会团体。进出口货物,除了另有规定的以外,可以由进出口货物收、发货人自行办理报关纳税手续,也可以由进出口货物收、发货人委托海关准予注册登记的报关企业办理报关纳税手续。进境物品的纳税人为进境物品的所有人,包括物品的所有人和推定所有人。一般情况下,对于携带进境的物品,推定其携带人为所有人;对分离运输的行李,推定相应的进出境旅客为所有人;对以邮递方式进境的物品,推定收件人为所有人;对以邮递或其他运输方式出境的物品,推定寄件人或托运人为所有人。

### 二、进口商品征税范围

我国对进口商品实行普遍征税,贸易性进口关税的征税范围是进口通过我国关境的货物。我国关税以国际通行的《商品名称及编码协调制度》为基础进行归类,把商品分为 21 大类、97 章,以下再分为项目、一级子目、两级子目,共 5 个等级、8 549 个税目,按 8 位数码编号,以确定具体商品适用的税目和税率。21 大类商品如下:

(1) 活动物,动物产品。

(2) 植物产品。

(3) 动植物油、脂,精制的食用油脂,动植物蜡。

(4) 食品、饮料、酒及醋,烟草及烟草代用品的制品。

(5) 矿产品。

(6) 化学工业及相关工业的产品。

(7) 塑料、橡胶及其制品。

(8) 生皮、皮革、皮毛及其制品,鞍具及挽具,旅行用品、手提包及类似容器,动物肠线及其制品。

(9) 木及木制品,木炭,软木及软木制品,稻草、秸秆、针茅或其他编织材料制品,篮筐及柳条编结品。

(10) 木浆及其他纤维素浆,回收纸或纸板,纸、纸板及其制品。

(11) 纺织原料及其制品。

(12) 鞋、帽、伞、杖、鞭及其零件,已加工的羽毛及其制品,人造花,人发制品。

(13) 石料、石膏、水泥、石棉、云母及类似材料的制品,陶瓷产品,玻璃及其制品。

(14) 天然或养殖珍珠、宝石或半宝石、贵金属、包贵金属及其制品,仿首饰,硬币。

(15) 贱金属及其制品。

(16) 机器、机械器具、电气设备及其零件,录音机及放声机、电视图像、声音的录制和重放设备及其零件、附件。

(17) 车辆、航空器、船舶及有关运输设备。

(18) 光学、照相、电影、计量、检验、医疗或外科用仪器及设备、精密仪器及设备,钟表,乐器,上述物品的零件、附件。

(19) 武器、弹药及零件、附件。

(20) 杂项制品。

(21) 艺术品、收藏品及古物。

## 三、出口商品征税范围

为了更好地促进我国的对外贸易发展,提高我国各种商品在国际市场上的竞争能力,我国对大部分出口产品不征税,只对出口盈利特高、防止削价竞销,以及国内紧俏的少数商品征收出口税。征收出口关税的商品主要有鳗鱼苗、部分有色金属矿砂石及其精矿、生锑、磷、氟钽酸钾、苯、山羊板皮、部分铁合金、钢铁废碎料、铜和铝原料及其制品、镍碇、锌碇、锑碇等 36 种。对其中 16 种商品实行零税率,因此,实际征收出口关税的商品只有 20 种。

随着我国经济的发展,进出口贸易格局发生了重大变化,出现了出口远大于进口的巨额贸易顺差。同时,由于出口加工贸易快速发展,使污染、能源和资源消耗所引发的矛盾越来越突出。为促进贸易平衡,进一步控制高能耗、高污染和资源性产品出口,调整经济结构和贸易增长方式,我国扩大了对出口关税征税范围。我国自 2005 年起,扩大对煤炭、原油、化肥、有色金属等"两高一资"产品,以及从保障农业生产用肥需要,对尿素、磷酸铵等化肥征收出口关税。至 2018 年,征收出口关税或实行出口暂定税率的商品已达 202 项。

## 四、跨境电子商务零售进口商品征税

为营造公平竞争的市场环境,促进跨境电子商务零售进口健康发展,自 2016 年 4 月 8 日起,国家对跨境电子商务零售进口商品征收关税和国内商品税。

### (一) 纳税人

跨境电子商务零售进口商品按照货物征收关税和进口环节增值税、消费税,购买跨境电子商务零售进口商品的个人为纳税义务人,以实际交易价格(包括货物零售价格、运费和保险费)作为完税价格,电子商务企业、电子商务交易平台企业或物流企业可作为代收代缴义务人。

(二) 征税范围

从其他国家或地区进口《跨境电子商务零售进口商品清单》范围内的以下商品要征税:

(1) 所有通过与海关联网的电子商务交易平台交易,能够实现交易、支付、物流电子信息“三单”比对的跨境电子商务零售进口商品;

(2) 未通过与海关联网的电子商务交易平台交易,但快递、邮政企业能够统一提供交易、支付、物流等电子信息,并承诺承担相应法律责任进境的跨境电子商务零售进口商品。

不属于跨境电子商务零售进口的个人物品以及无法提供交易、支付、物流等电子信息的跨境电子商务零售进口商品,按现行规定执行。

(三) 适用政策

进口货物增值税税率按增值税相应税率执行。跨境电子商务零售进口商品的单次交易限值为人民币 2 000 元,个人年度交易限值为人民币 20 000 元。在限值以内进口的跨境电子商务零售进口商品,关税税率暂设为 0;进口环节增值税、消费税取消免征税额,暂按法定应纳税额的 70%征收。超过单次限值、累加后超过个人年度限值的单次交易,以及完税价格超过 2 000 元限值的单个不可分割商品,均按照一般贸易方式全额征税。

## 第三节 税率结构

### 一、进口税率

(一) 进口税率类型

我国关税在执行税率栏内分设最惠国税率、协定税率、特惠税率和普通税率。

1. 最惠国税率

最惠国税率适用于原产于与我国共同适用最惠国待遇条款的世界贸易组织成员国家或地区的进口货物,或者原产于与我国签订有相互给予最惠国待遇条款的双边贸易协定的国家或者地区进口的货物。

2. 协定税率

协定税率适用于原产于与我国签订含有关税优惠条款贸易协定的国家或地区进口的货物。依据中国—东盟自由贸易区协议、中国—智利自由贸易区协定、中国—巴基斯坦自由贸易区协定、《亚太贸易协定》，对原产于东盟10国、巴基斯坦、韩国、冰岛、瑞士、哥斯达黎加、秘鲁、澳大利亚、新西兰等国家的部分进口商品实行比最惠国税率更低的协定税率。

3. 特惠税率

特惠税率适用于原产于与我国签订含有特殊关税优惠条款贸易协定的国家或地区进口的货物。对原产于老挝等东南亚4国、贝宁等非洲31国、也门等6国，共41个最不发达国家的部分商品实行特惠税率。

4. 普通税率

普通税率适用于原产于上述国家或者地区以外的国家或者地区进口的货物。目前我国的进口关税税率主要使用最惠国税率，并通过差别税率体现国家的经济、外贸政策。

5. 零关税

对原产于港澳地区且完成原产地标准核准的产品实行零关税。

（二）进口税率水平

20世纪90年代以来，我国进口关税实行了大幅度降低税率的改革。1996年4月1日起，平均税率由35.9%降为23%，下降幅度达三分之一。1997年10月1日起，平均税率由23%降为17%。2001年1月1日起，平均税率由17%降为15.3%。2002年1月1日起，平均税率由15.3%降为12%。2003年1月1日起，平均税率由12%降为11%。2004年1月1日起，平均税率由11%降为10.4%。2005年1月1日起，平均税率由10.4%降为9.9%。2007年1月1日起，平均税率由9.9%降低至9.8%。其中，农产品平均税率15.2%，工业品平均税率8.9%。2008年以来，我国继续调整部分产品税率，但总水平仍保持9.8%。通过多次大幅度降低进口关税，使我国实际关税税率水平有了较大幅度的降低，已接近世界发展中国家的水平。为了建立和完善与国际经济通行规则相衔接的对外经济体制，我国仍将继续降低关税率。

（三）进口适用税率

我国对进口商品基本上实行从价税，以进口货物的完税价为计税依据，以应征税额占货物完税价格的百分比为税率。其中，最惠国税率从0到65%不等。对部分产品实行从量定额税率、从价比例和从量定额复合税率、滑准税率。从量税率以进口商品的重量、长度、容量、面积等计量单位为计税依据。复合税率为同时实行从价比例和从量定额征税。滑准税率是指随进口商品价格由高到低税率由低至高设置征收关税的方法。

## 二、出口税率

我国出口关税中征税商品主要为限制出口的不可再生资源，国内紧缺原材料，煤炭、原油、化肥、有色金属等“两高一资”产品，以及农用尿素、磷酸铵等化肥等107种，适用出口税率或出口暂定税率。出口税率分为20%、25%、30%、40%和50%五档。

### 三、暂定税率

根据我国《进出口关税条例》的规定，国务院关税税则委员会可以根据国家经济贸易政策的需要制定关税暂定税率（一般按照年度制定），包括进口商品暂定税率和出口商品暂定税率两个部分。暂定最惠国税率是对于一些国内不能生产或者国内产品的性能、质量不能满足国内生产需要的进口原材料、关键件实施的比最惠国税率更为优惠的税率，仅适用于最惠国税率适用范围的国家或者地区进口的货物。暂定最惠国税率优先于最惠国税率执行；按照协定税率、特惠税率进口暂定最惠国税率货物的时候，两者取低计征关税；按照国家优惠政策进口暂定最惠国税率货物的时候，以优惠政策计算确定的税率与暂定最惠国税率两者取低计征关税，但是不得在暂定最惠国税率基础上再进行减免。

（一）进口暂定税率

2018年，我国适用进口暂定税率征税的商品为948种。适用税率分为0、1%、2%、3%、4%、5%、5.5%、6%、6.5%、7%、7.5%、8%、9%、10%、12%、13%、15%、16%、17%、19%、20%和40%共22档，非加权平均税率为3.19%。而这些商品的最惠国税率为1.5%～57%，非加权平均税率为9.32%。暂定税率相对于最惠国税率减税幅度达39%。

（二）出口暂定税率

2020年，我国征收出口关税的商品有107种，其中，77种商品适用0～20%暂定税率。税率分为0、5%、10%、15%、20%五档。适用暂定税率为0的有49种商品。

## 第四节 完税价格

关税应税货物的完税价格是计算关税应纳税款的依据。要正确计算应纳关税的税款，必须首先准确确定应税货物的完税价格。

### 一、进口货物完税价格的确定

（一）一般贸易方式进口货物完税价格的确定

1. 以成交价为基础确定完税价格

进口货物的完税价格，由海关以该货物的成交价格为基础审查确定。完税价格包括货物运抵中国境内输入地点起卸前的运输及其相关费用、保险费。进口货物的成交价格是指买方为购买该货物，并按《完税价格办法》的规定调整后的实付或应付价格。

2. 进口货物成交价格的调整

在确定进口货物的完税价格时，下列费用或价值应当计入：第一，由买方负担的以下费用：除购货佣金以外的佣金和经纪费，与该货物视为一体的容器费用，包装材料和包装劳务费用。第二，与该货物的生产和国内销售有关，由买方直接或间接免费提供或以低于成本价方式提供，并可以按照适当比例分摊的料件、工具、模具和类似货物的价款，以及在境外开发设计、相关服务费用。第三，与该货物有关并作为卖方向我国销售该货物的一项条件，应当由买方直接或间接支付的特许权使用费。第四，卖方直接或间接从买方对该货物进口后转售、处置或使用所得中获得的收益。

在确定进口货物的完税价格时，下列费用如果单独列明，可以不计入：第一，厂房、机械、设备等货物进口后的基建、安装、装配、维修和技术服务的费用；第二，货物运抵境内输入地点之后的运输费用；第三，进口关税及其他国内税；第四，为在境内复制进口货物而支付的费用；第五，境内外技术培训及境外考察费用；第六，同时符合买方为购买进口货物而融资所产生，有书面的融资协议，单独列明，不高于在融资当时当地此类交易通常应当具有的水平的利息费用。

3. 以海关估价确定完税价格

买卖双方之间有特殊关系的，其特殊关系对成交价格产生影响的，或进口货物的完税价格不能按照成交价确定时，海关应当依次使用下列方法估定完税价格：

(1) 相同或类似货物成交价格方法，即海关以与进口货物同时或者大约同时向我国境内销售的相同或类似货物的成交价格为基础，审查确定进口货物的完税价格。

(2) 倒扣价格方法，即海关以进口货物、相同或者类似进口货物在境内的销售价格为基础，扣除境内发生的有关费用后，审查确定进口货物的完税价格。计算公式如下：

**关税完税价格＝被认定的境内销售价/[(1＋关税税率)/(1－消费税税率)＋费用利润率]**

(3) 计算价格方法，即海关以下列各项的总和为基础，审查确定进口货物的完税价格：生产该货物所使用的原材料价值和进行装配或其他加工的费用，与向境内出口销售同等级或同种类货物的利润和一般费用相符的利润和一般费用，货物运抵境内输入地点起卸前的运输及相关费用、保险费。

(4) 合理方法，即当海关不能根据上述估价方法确定完税价格时，海关根据估价原则，以客观量化的数据资料为基础审查确定进口货物的完税价格。

### （二）特殊贸易方式进口货物完税价格的确定

1. 进料加工贸易方式进口货物

（1）进口时应当征税的进料加工进口料件，以该料件申报进口时的成交价格为基础审查确定完税价格。

（2）进料加工进口料件或者其制成品（包括残次品）内销时，海关以料件原进口成交价格为基础审查确定完税价格。料件原进口成交价格不能确定的，海关以接受内销申报的同时或者大约同时进口的与料件相同或者类似的货物的进口成交价格为基础审查确定完税价格。

（3）来料加工进口料件或者其制成品（包括残次品）内销时，海关以接受内销申报的同时或者大约同时进口的与料件相同或者类似的货物的进口成交价格为基础审查确定完税价格。

（4）加工企业内销加工过程中产生的边角料或者副产品，以海关审查确定的内销价格作为完税价格。

加工贸易内销货物的完税价格按照前款规定仍然不能确定的，由海关按照合理的方法审查确定。

2. 出口加工区、保税区加工贸易方式进口货物

（1）出口加工区内的加工企业内销的制成品，包括残次品，海关以接受内销申报的同时或者大约同时进口的相同或者类似货物的进口成交价格为基础审查确定完税价格。加工企业内销加工过程中产生的边角料或者副产品，以海关审查确定的内销价格作为完税价格。加工贸易内销货物的完税价格按照前款规定仍然不能确定的，由海关按照合理的方法审查确定。

（2）保税区内的加工企业内销的进口料件或者其制成品（包括残次品），海关以接受内销申报的同时或者大约同时进口的相同或者类似货物的进口成交价格为基础审查确定完税价格。保税区内的加工企业内销的进料加工制成品中，如果含有从境内采购的料件，海关以制成品所含从境外购入的料件原进口成交价格为基础审查确定完税价格。保税区内的加工企业内销加工过程中产生的边角料或者副产品，以海关审查确定的内销价格作为完税价格。保税区内的加工企业内销制成品（包括残次品）、边角料或者副产品的完税价格按规定仍不能确定的，由海关按照合理的方法审查确定。

3. 运往境外修理的机械器具、运输工具或其他货物

出境时已向海关报明，并在海关规定期限内复运进境的，应当以海关审定的境外修理费和料件费以及该货物复运进境的运输及其相关费用、保险费估定完税价格。

4. 运往境外加工的货物

出境时已向海关报明，并在海关规定期限内复运进境的，以海关审定的境外加工

费和料件费以及该货物复运进境的运输及其相关费用、保险费估定完税价格。

5. 经海关批准的暂时进境的货物

按照一般进口货物估价办法的规定，估定完税价格。

6. 以租赁方式进口的货物

以租金方式对外支付的租赁货物在租赁期间以海关审定的租金作为完税价格；留购的租赁货物以海关审定的留购价格作为完税价格；承租人申请一次性缴纳税款的，经海关同意，按照一般进口货物估价办法的规定估定完税价格；或按经海关审查确定的租金总额为完税价格。

7. 境内留购的进口货样、展览品和广告陈列品

以海关审定的留购价格作为完税价格。

8. 减税或免税进口的货物需要补税的

以海关审定的该货物原进口时的价格，扣除折旧部分价值作为完税价格。其计算公式如下：

**完税价格＝海关审定的该货物原进口时的价格×［1－申请补税时实际已使用的时间(月)／(监管年限×12)］**

9. 以易货贸易、寄售、捐赠、赠送等其他方式进口的货物

按照一般进口货物估价办法的规定估定完税价格。

## 二、出口货物完税价格的确定

### （一）以成交价格为基础的完税价格

出口货物的完税价格由海关以该货物向境外销售的成交价格为基础审查确定，并包括货物运至中国境内输出地点装载前的运输及其相关费用、保险费，但其中包含的出口关税税额可以扣除。出口货物的成交价格是指该货物出口销售到中国境外时买方向卖方实付或应付的价格。出口货物的成交价格中含有支付给境外佣金的，如果单独列明可以扣除。

### （二）出口货物海关估定方法

出口货物的成交价格不能确定时，完税价格由海关依次使用下列方法估定：

（1）同时或大约同时向同一国家或地区出口的相同货物的成交价格。

（2）同时或大约同时向同一国家或地区出口的类似货物的成交价格。

（3）根据境内生产相同或类似货物的成本、利润和一般费用、境内发生的运输及其相关费用、保险费计算所得的价格。

（4）按照合理方法估定的价格。

## 三、运输费、保险费的计算

运输费应当按照实际支付的费用计算。进口货物的运费无法确定的，海关应当按照该货物的实际运输成本或者该货物进口同期运输行业公布的运费率(额)计算运费。运输工具作为进口货物，利用自身动力进境的，海关在审查确定完税价格时，不再另行计入运费。

保险费应当按照实际支付的费用计算。如果进口货物的保险费无法确定或者未实际发生，海关应当按照“货价加运费”两者总额的3‰计算保险费，其计算公式如下：

**保险费＝(货价＋运费)×3‰**

邮运进口的货物，应当以邮费作为运输费及保险费。

以境外边境口岸价格条件成交的铁路或者公路运输进口货物，海关应当按照境外边境口岸价格的1%计算运输费、保险费及其相关费用。

## 四、完税价格的审定

(1) 纳税义务人应依法向海关如实申报，并向海关提供发票、合同、提单、装箱清单等单证，以及与货物买卖有关的支付凭证以及证明申报价格真实、准确的其他商业单证、书面资料和电子数据。

(2) 海关为审查申报价格的真实性、准确性，可以行使下列职权进行价格核查：查阅、复制与进出口货物有关的合同、发票、账册、结付汇凭证、单据、业务函电、录音录像制品和其他反映买卖双方关系及交易活动的商业单证、书面资料和电子数据；向进出口货物的纳税义务人及与其有资金往来或者有其他业务往来的公民、法人或者其他组织调查与进出口货物价格有关的问题；对进出口货物进行查验或者提取货样进行检验或者化验；进入纳税义务人的生产经营场所、货物存放场所，检查与进出口活动有关的货物和生产经营情况；经直属海关关长或者其授权的隶属海关关长批准，凭《中华人民共和国海关账户查询通知书》及有关海关工作人员的工作证件，可以查询纳税义务人在银行或者其他金融机构开立的单位账户的资金往来情况，并向银行业监督管理机构通报有关情况；向税务部门查询了解与进出口货物有关的缴纳国内税情况。

(3) 海关对申报价格的真实性、准确性有疑问时，或者认为买卖双方之间的特殊关系影响成交价格时，应当制发《中华人民共和国海关价格质疑通知书》，将质疑的理由书面告知纳税义务人或者其代理人，纳税义务人或者其代理人应当自收到《价格质疑通知书》之日起5个工作日内，以书面形式提供相关资料或者其他证据，证明其申报价格真实、准确或者双方之间的特殊关系未影响成交价格。

(4) 海关经过审查认为进口货物无成交价格的,可以不进行价格质疑,经与纳税义务人进行价格磋商后,按照规定方法审查确定完税价格。

(5) 对符合同一合同项下分批进出口的货物,海关对其中一批货物已经实施估价的;进出口货物的完税价格在人民币 10 万元以下或者关税及进口环节海关代征税总额在人民币 2 万元以下的;进出口货物属于危险品、鲜活品、易腐品、易失效品、废品、旧品等的。经纳税义务人书面申请,海关可以不进行价格质疑以及价格磋商,按规定的方法审查确定进出口货物的完税价格。

(6) 海关审查确定进出口货物的完税价格后,纳税义务人可以提出书面申请,要求海关就如何确定其进出口货物的完税价格做出书面说明。海关应当根据要求出具《中华人民共和国海关估价告知书》。

## 第五节 应纳税额

应税货物的税则归类和进口货物原产地确定以后,即可根据应税货物的完税价格和适用税率计算进出口货物应纳的关税税款。

### 一、原产地规则

由于进口货物针对是否来自与我国共同适用最惠国待遇条款的世界贸易组织成员方的进口货物,或者来自与我国签订有相互给予最惠国待遇条款的双边贸易协定的国家或者地区进口的货物,以确定适用最惠国税率还是普通税率。上述是否来自同我国共同适用最惠国待遇条款的世界贸易组织成员方,或者与我国签订有相互给予最惠国待遇条款的双边贸易协定的国家或者地区进口,是指进口商品在哪一个国家生产。因此,要确定进口货物是否适用最惠国税率,首先要确定进口货物的原产地。我国原产地规则基本上采用全部生产地标准和实质性加工标准两种国际上通用的原产地标准。

(一) 全部生产地标准

全部生产地标准是指进口货物完全在一个国家内生产或制造,生产或制造国即为该货物的原产国。完全在一国内生产或制造的进口货物包括:在该国领土或领海内开采的矿产品;在该国领土上收获或采集的植物产品;在该国领土上出生或由该国饲养的活动物及从其所得产品;在该国领土上狩猎或捕捞所得的产品;在该国的船只上卸下的海洋捕捞物,以及由该国船只在海上取得的其他产品;在该国加工船加工由该加工船取得的海洋捕捞物和其他产品;在该国收集的只适用于作再加工制造的废碎料和废旧物品；在该国完全使用上述项目所列产品加工成的制成品。

（二）实质性加工标准

实质性加工标准适用于确定有两个或两个以上国家参与生产的产品的原产国标准。其基本含义是经过几个国家加工、制造的进口货物，以最后一个对货物进行经济上可以视为实质性加工的国家作为有关货物的原产国。实质性加工指产品经过加工后，在进口税则中四位数号一级的税则归类已经有了改变；或者加工增值部分所占新产品总值的比例已超过30%以上的。

（三）其他

对机器、仪器、器材或车辆所有零件、部件、配件、备件及工具，如与主件一起进口，而且数量合理，其原产地按主件的原产地予以确定；如分别进口，应按其各自的原产地确定。

进口货物的原产地，由海关予以确定。必要时，海关可以通知进口申报人交验有关国外发证机关发放的原产地证。

## 二、应纳税额的计算

（一）从价税的计算公式

**应纳关税＝应税进出口货物完税价格×适用税率**

（二）从量税的计算公式

**应纳关税＝应税进出口货物数量×适用税额标准**

（三）复合税的计算公式

**应纳关税＝应税进出口货物数量×单位关税完税价格×适用税率＋应税进出口货物数量×适用税额标准**

（四）滑准税的计算公式

**应纳关税＝应税进出口货物数量×单位完税价格×滑准税税率**

**例10-1**　某外贸进出口公司进口一批护肤护发品，成交价格为1 280万元，运输费30万元，保险费12万元，装卸费8万元，关税税率40%，消费税税率5%，增值税税率13%。

要求：计算该进口商品应缴纳的关税、消费税和增值税。

关税完税价格＝1 280＋30＋12＋8＝1 330（万元）

应纳关税＝1 330×40%＝532（万元）

应纳消费税=(1 330+532)/(1-5%)×5%=98(万元)

应纳增值税=(1 330+532+98)×13%=254.8(万元)

**例 10-2** 假定上述例题无成交价格资料，也无同类可比价格，只知道国内同类商品被认定的销售价格为 2 226 万元，费用利润率 20%，消费税税率 5%。

要求：计算该进口商品应缴纳的关税。

关税完税价格=2 226/[(1+40%)/(1-5%)+20%]=1 330(万元)

应纳关税=1 330×40%=532(万元)

**例 10-3** 某外贸公司代某手表厂进口 3 台数控设备，美元 30 万元，运费人民币 5 万元，保险费率 0.3%，进口关税税率为 15%，填发海关代征税缴款书之日美元对人民币外汇市场买卖中间价为 100 美元=680 人民币。

要求：计算该公司应缴纳的进口关税、增值税。

关税完税价格=(30×6.8+4.55)/(1-0.3%)=215(万元)

应征进口关税=215×15%=32.25(万元)

增值税组成计税价格=215+32.5=247.5(万元)

应征增值税=247.5×13%=32.175(万元)

## 第六节 优惠政策

关税的减免，是为了照顾某些特殊需要而制定的。关税的减免主要有以下几种情况。

### 一、法定减免

法定减免税优惠是指《海关法》《进出口关税条例》(包括《海关进出口税则》)中对某些商品明文规定的关税和国内商品税减免。该项减免税货物、物品不受特定地区、特定企业和特定用途的限制。法定减免税商品有以下几类。

(1) 特定对象的减免税。一票货物的关税额在人民币 50 元以下的；外国政府、国际组织无偿赠送的物资；无商业价值的广告品及货样；我国缔结或者参加的国际条约规定减征、免征关税的货物、物品；因故退还，由原发货人或者他们的代理人申报进境，并提供原出口单证，经海关审查核实，可以免征进口税的货物；进出境运输工具装载的途中必需的燃料、物料和饮食用品免税。

(2) 损坏货物的酌情减免税。在境外运输途中或者在起卸时，遭受损坏或者损失的进口货物；起卸后海关放行前，因不可抗力遭受损坏或者损失的进口货物；海关查验时已经破漏、损坏或者腐烂，经证明不是保管不慎造成的进口货物；进口货物在征税放行以后，发现残损、短少或品质不良，经海关审核确定，由国外承运人、发货人或保险公司免费补偿或更换的同类进口货物。

(3) 暂时进出境货物减免税。经海关批准暂时进境或者暂时出境的下列货物，在进境或者出境时纳税义务人向海关缴纳相当于应纳税款的保证金或者提供其他担保的，可以暂不缴纳关税，并应当自进境或者出境之日起 6 个月内复运出境或者复运进境：在展览会、交易会、会议及类似活动中展示或者使用的货物；文化、体育交流活动中使用的表演、比赛用品；进行新闻报道或者摄制电影、电视节目使用的仪器、设备及用品；开展科研、教学、医疗活动使用的仪器、设备及用品；在上述所列活动中使用的交通工具及特种车辆；货样；供安装、调试、检测设备时使用的仪器、工具；盛装货物的容器；其他用于非商业目的的货物。暂准进境货物在规定的期限内未复运出境的，或者暂准出境货物在规定的期限内未复运进境的，海关应当依法征收关税。

## 二、特定减免

特定减免税是在《海关法》和《海关进出口税则》以外，按特定地区、特定用途或特定企业分别制定实施的减免税优惠，以区别于法定减免和临时减免。特定减免税办法涉及面较广。按享受减免的对象和范围的不同，主要分为以下几类。

(1) 科教用品。为有利于我国科研、教育事业发展，对科学研究机构和学校，不以营利为目的，在合理数量范围内进口国内不能生产的科学研究和教学用品，直接用于科学研究或者教学的，免征进口关税和进口环节增值税、消费税。

(2) 残疾人专用品。为支持残疾人的康复工作，对规定的残疾人个人专用品，免征进口关税和进口环节增值税、消费税；对康复机构、福利机构、假肢厂和荣誉军人康复医院进口国内不能生产的残疾人专用品，免征进口关税和进口环节增值税。

(3) 扶贫、慈善性捐赠物资。为促进公益事业的健康发展，对境外自然人、法人或者其他组织等境外捐赠人，无偿向经国务院主管部门依法批准成立的，以人道救助和发展扶贫、慈善事业为宗旨的社会团体以及国务院有关部门和各省、自治区、直辖市人民政府捐赠的，直接用于扶贫、慈善事业的物资，免征进口关税和进口环节增值税。

(4) 加工贸易产品。为鼓励加工贸易发展，对来料加工、来样加工、来件装配、补偿贸易进口的料件，不征收进口关税和国内商品税，在境内保税加工为成品后返销出口免征出口税。转作内销时应征收进口税。对加工过程中产生的小额副产品、次品、边角料件转内销时免税。

(5) 边境小额贸易。为了鼓励我国边境地区积极发展与我国毗邻国家间的边境贸易与经济合作，对边民通过互市贸易进口的商品，每人每日价值在 3 000 元以下的，免征进口关税和进口环节增值税。对沿陆地边境线经国家批准对外开放的边境县(旗)、边境城市辖区内经批准有边境小额贸易经营权的企业,通过国家指定的陆地边境口岸,与毗邻国家边境地区的企业或其他贸易机构之间进行的贸易活动,除烟、酒、化妆品以及国家规定必须照章征税的其他商品外,进口关税和进口环节增值税减半征收。

(6) 保税区进出口货物。为了创造完善的投资、运营环境,开展为出口贸易服务的加工整理、包装、运输、仓储、商品展出和转口贸易,对进口供保税区使用的机器、设备、基建物资、生产用车辆,为加工出口产品进口的原材料、零部件、元器件、包装物料,供储存的转口货物以及在保税区内加工运输出境的产品免征进口关税和进口环节税;保税区内企业进口专为生产加工出口产品所需的原材料、零部件、包装物料,以及转口货物予以保税;从保税区运往境外的货物,一般免征出口关税。

(7) 出口加工区进出口货物。为对出口加工企业提供更宽松的经营环境,带动国产原材料、零配件的出口,对境外进入区内生产性的基础设施建设项目所需的机器、设备和建设生产厂房、仓储设施所需的基建物资,区内企业生产所需的机器、设备、模具及其维修用零配件,区内企业和行政管理机构自用合理数量的办公用品,予以免征进口关税和进口环节税;区内企业为加工出口产品所需的原材料、零部件、元器件、包装物料及消耗性材料,予以保税;对加工区运往区外的货物,海关按照对进口货物的有关规定办理报关手续,并按照制成品办理;对从区外进入加工区的货物视同出口,可按规定办理出口退税。

(8) 进口设备。为进一步扩大利用外资,引进国外先进技术和设备,促进产业结构的调整和技术进步,保持国民经济持续、快速、健康发展,对符合《外商投资产业指导目录》鼓励类和限制乙类,并转让技术的外商投资项目,在投资总额内进口的自用设备,以及外国政府贷款和国际金融组织贷款项目进口的自用设备、加工贸易外商提供的不作价进口设备,除《外商投资项目不予免税的进口商品目录》所列商品外,免征进口关税;对符合《当前国家重点鼓励发展的产业、产品和技术目录》的国内投资项目,在投资总额内进口的自用设备,除《国内投资项目不予免税的进口商品目录》所列商品外,免征进口关税;对符合上述规定的项目,按照合同随设备进口的技术及配套件、备件,免征进口关税。

(9) 符合国家规定的集成电路生产企业引进集成电路技术和成套生产设备,单项进口集成电路专用设备和仪器。符合国家规定的集成电路生产企业进口自用的原材料、消耗品免征关税。

(10) 企业为引进《国家高新技术产品目录》中所列的先进技术按照合同规定向境外支付的软件费免征关税。

(11) 因故退还的我国出口货物,由原发货人或者他们的代理人申报进境,并提供原出口单证，经过海关审查核实，可以免征进口关税。但是，已经征收的出口关税不能退还。因故退还的境外进口货物，由原收货人或者他们的代理人申报出境，经过海关审查核实，可以免征出口关税。但是，已经征收的进口关税不能退还。

### 三、临时减免

关税临时减免，是指对某些单位的某批或某时期内进（出）口货物给予免税或减税。主要是对个别纳税人由于特殊原因临时给予的减免税。依照《进出口关税条例》规定，因特殊原因而要求临时减免关税时，货物的所有人应当在货物进（出）口前书面说明理由，并随附必要的资料及证明，向所在地海关申请，经海关审查后转报海关总署，由海关总署按照有关规定审批。

## 第七节　征收管理

### 一、缴纳

纳税人应当自海关填发税款缴款书之日起15日内向指定银行缴纳税款。纳税义务人未按期缴纳税款的，从滞纳税款之日起，按日加收滞纳税款5‱的滞纳金。海关可以对纳税义务人欠缴税款的情况予以公告。海关征收关税、滞纳金等，应当按人民币计征。进出口货物的成交价格以及有关费用以外币计价的，以中国人民银行公布的基准汇率折合为人民币计算完税价格；以基准汇率币种以外的外币计价的，按照国家有关规定套算为人民币计算完税价格。适用汇率的日期由海关总署规定。

### 二、强制执行

纳税义务人未在关税期限内缴纳税款的，即构成关税滞纳。对关税滞纳的，海关可采取强制执行措施。强制措施主要有两类。

#### （一）征收滞纳金

逾期不缴的，除依法追缴外，由海关自到期之日起到缴清税款之日止，按日征收欠缴税款5‱的滞纳金。海关征收的关税和滞纳金，除另有规定者外，一律按人民币计征。人民币的折合原则是：由我国海关按照签发税款缴纳证的当天中国人民银行公布的人民币外汇牌价表的买卖中间价折合计算。我国关税的缴纳方式目前分为集中缴纳和分散缴纳两种。

#### （二）强制执行

纳税义务人自海关填发缴款书之日起3个月内仍未缴纳税款，经海关关长批准，海关可以采取扣缴、变价抵缴等强制措施。强制扣缴，即海关从纳税义务人在开户银行或者其他金融机构的存款中直接扣缴税款。变价抵缴，即海关将应税货物依法变卖，以变卖所得抵缴税款。

## 三、退税

纳税人发现海关误征、多缴纳税款的；已征进口关税的货物，因品质或者规格问题，原状退货复运出境的；已征出口关税的货物，因品质或者规格问题，原状退货复运进境，并已重新缴纳因出口而退还的国内环节有关税收的；已征出口关税的货物，因故未装运出口，申报退关的。可自缴纳税款之日起 1 年内，应当以书面形式向海关说明理由，提供原缴款凭证及相关资料，要求海关退还多缴的税款并加算银行同期活期存款利息；海关应当自受理退税申请之日起 30 日内查实并通知纳税义务人办理退还手续。纳税义务人应当自收到通知之日起 3 个月内办理有关退税手续。海关发现多征税款的，应当立即通知纳税义务人办理退还手续。

## 四、补征和追征

进出口货物放行后，海关发现少征或者漏征税款的，应当自缴纳税款或者货物放行之日起 1 年内，向纳税义务人补征税款。但因纳税义务人违反规定造成少征或者漏征税款的，海关可以自缴纳税款或者货物放行之日起 3 年内追征税款，并从缴纳税款或者货物放行之日起按日加收少征或者漏征税款 5‱的滞纳金。海关发现海关监管货物因纳税义务人违反规定造成少征或者漏征税款的，应当自纳税义务人应缴纳税款之日起 3 年内追征税款，并从应缴纳税款之日起按日加收少征或者漏征税款 5‱的滞纳金。

## 五、纳税期限

纳税人因不可抗力或者在国家税收政策调整的情形下，不能按期缴纳税款的，经海关总署批准，可以延期缴纳税款，但是最长不得超过 6 个月。进出口货物的纳税义务人在规定的纳税期限内有明显的转移、藏匿其应税货物以及其他财产迹象的，海关可以责令纳税义务人提供担保；纳税义务人不能提供担保的，海关可以按规定采取税收保全措施。纳税人、担保人自缴纳税款期限届满之日起超过 3 个月仍未缴纳税款的，海关可以按规定采取强制措施扣缴或者抵缴税款。

进出境物品关税的纳税人应当在物品放行以前缴纳税款。在某些特殊情况下(如易腐、急需、有关手续无法立即办结等)，海关可以在提取货样，收取保证金或者接受纳税人提供的其他担保以后，先办理放行货物的手续，后办理征纳关税的手续。

## 六、保税制度

保税制度是对保税货物加以监管的一种制度，是关税制度的一个重要组成部分。保税货物是指经过海关批准，没有办理纳税手续进境，在境内储存、加工、装配以后复运出境的货物。保税货物属于海关监管货物，没有经海关许可并补缴税款的，不能擅自出售；没有经过海关许可，也不能擅自开拆、提取、交付、发运、调换、改装、抵押、转让或者更换标记。实行保税制度可以简化手续，便利通关，有利于促进对外加工、装配和转口贸易的发展，增加外汇收入。目前，我国的保税制度包括保税仓库、保税工厂和保税区等制度。

### （一）保税仓库

保税仓库是指专门存放经海关核准的保税货物的仓库。这种仓库仅限于存放供来料加工、进料加工复出口的料件，暂时存放以后复运出口的货物和经过海关批准缓办纳税手续进境的货物。我国的保税仓库主要有以下三种类型：

1. 转口贸易保税仓库

转口贸易项下的进出口货物可以免征进出口关税和其他税收；如果需要改变包装、加刷唛码，必须在海关的监管下进行。

2. 加工贸易备料保税仓库

来料加工、进料加工项下存入保税仓库的免税进口的备用物料，经过海关核准以后提取加工复出口的，海关将根据实际出口数量征收或者免征原进口物料的关税。

3. 寄售维修保税仓库

为引进先进技术设备提供售后服务而进口的维修零备件，可以免办纳税进口手续存入保税仓库。在保税仓库内储存保税货物一般以 1 年为限。如果有特殊情况，经过海关核准，可以适当延长。

### （二）保税工厂

保税工厂是指经过海关批准，并在海关监管之下专门建立的，用免税进口的原材料、零部件、元器件等加工、生产、制造或者存放外销产品的专门工厂、车间。保税工厂为外商加工、装配成品和为制造出口产品而进口的原材料、元器件、零部件、配套件、辅料、包装物和加工过程中直接消耗的数量合理的化学物品，可以缓办进口纳税手续，待加工成品出口以后按照实际耗用的进口料件免税。进口的原材料、元器件、零部件必须在规定的期限以内加工为成品复出口。如果有特殊情况，工厂经理人可以向海关申请延长其经营加工的期限。如果产品拟转为内销或者因故不能在规定期限以内出口时，应当补办纳税手续。

(三) 保税区

保税区是指在出入境比较便利的地方，划出一些易于管理的区域，以与外界隔离的全封闭方式，在海关监管下存放和加工保税货物的特定区域。国务院已经批准在上海、天津、大连、青岛、深圳、宁波、厦门、广州、福州、海口、张家港、汕头、珠海等若干城市设立保税区。设在区内的企业可以享受规定的进出口税收优惠，如区内企业进口自用的生产设备等，免征关税和增值税；进口加工出口产品所需的原材料、零部件等，可以保税。

## 第八节 行邮关税

### 一、纳税人

行邮关税是海关对入境旅客行李物品和个人邮递物品征收的进口税。进口行邮物品主要指入境旅客、运输工具服务人员携带的应税行李物品、个人邮递物品、馈赠物品以及其他方式入境的个人物品，简称进口物品。纳税人主要是入境物品的所有人(或持有人)和进口邮件的收件人。对这些物品征收的进口税包括关税、增值税和消费税，实现三税合并征收。对海关总署规定数额以内的个人自用进境物品，免征进口税。超过海关总署规定数额但仍在合理数量以内的个人自用物品按规定缴纳进口税。超过合理、自用数量的进境物品按照进口货物征税。

### 二、税率

进口行邮物品征税项目共有 4 类，都采用比例税率，税率分为 15%、30%和 60%三档，参见表 10－1。

**表 10－1 进境物品税目税率表**

| | 税 目 | 税 率 |
|---|---|---|
| 1 | 书报、刊物、教育用影视资料；计算机、视频摄录一体机、数字照相机等信息技术产品；食品、饮料；金银；家具；玩具，游戏品、节日或其他娱乐用品 | 15% |
| 2 | 运动用品(不含高尔夫球及球具)、钓鱼用品；纺织品及其制成品；电视摄像机及其他电器用具；自行车；税目 1、3 中未包含的其他商品 | 30% |
| 3 | 烟、酒；贵重首饰及珠宝玉石；高尔夫球及球具；高档手表；化妆品 | 60% |

海关总署根据入境旅客行李物品和个人邮递物品进口税税率表制定入境旅客行李物品和个人邮递物品税则归类表，负责征税的海关按照税则归类表对应税个人自用

物品进行归类，确定适用税率。对于税则归类表中没有列明的进口物品，可以由海关按照税率表规定的范围归入最合适的税号归类征税。

## 三、完税价格

进口行邮物品的进口税实行按完税价格从价计征，但由于行李、物品来自世界各地，情况复杂，价格不一，无法确定实际完税价格。为了既使税负合理，又简化通关手续，海关总署编制了《进口旅客行李物品和个人邮递物品完税价格表》，作为完税价格依据，规定在全国各地海关统一执行。

## 四、计算与缴纳

应税进口物品由海关按照填发税款缴纳证当日有效的税率和完税价格计算征收进口税。其计算公式为：

**进口税税额＝完税价格×进口税税率**

应税进口物品的纳税义务人应在海关放行物品之前缴纳税款。待纳税人缴纳入境旅客行李物品和个人邮递物品进口税以后，海关对其应税物品予以放行。

纳税人的应税物品放行以后，海关发现少征入境旅客行李物品和个人邮递物品进口税的，应当从开出税款缴纳证之日起 1 年以内向纳税人补征；发现漏征应征税款的，应当从物品放行之日起 1 年以内补征。由于纳税人违反规定造成少征或者漏征应征税款的，海关可以从违反规定行为发生之日起 3 年以内向纳税人追征。海关发现或者确认多征的入境旅客行李物品和个人邮递物品进口税税款，应当立即退还；纳税人也可以从缴纳税款之日起 1 年以内要求海关退还。

## 五、减免税

入境旅客行李物品和个人邮递物品税的主要免税规定有：

(1) 进境居民旅客携带在境外获取总值在 5 000 元以内的自用物品，非居民旅客携带拟留在境内总值在 2 000 元以内的自用物品，可以免征行李和邮递物品进口税。

(2) 我国常驻境外的外交机构人员、留学人员、访问学者、赴外劳务人员、援外人员、远洋海员，香港、澳门、台湾同胞和华侨，外国驻华使馆、领事馆、有关国际机构的人员，可以享受一定的免征入境旅客行李物品和个人邮递物品进口税待遇。

(3) 外国在华常驻人员在华居住超过 1 年者(指工作或者留学签证有效期超过 1 年者)，在签证有效期以内初次来华携带进境的个人自用的家用摄像机、照相机和便携式收录机、激光唱机、计算机，报经所在地主管海关审核，在每个品种 1 台的数量限制以内,可以免征入境旅客行李物品和个人邮递物品进口税。其中,外国专家携运进境的图书资料、科研仪器、工具、样品、试剂等教学、科研物品,在自用合理数量范围以内的,可以免税。上述外国在华常驻人员包括:外国企业和其他经济贸易、文化等组织在华常驻机构的常驻人员;外国民间经济贸易、文化团体在华常驻机构的常驻人员;外国在华常驻新闻机构的常驻记者;在华的中外合资经营企业、中外合作经营企业和外资企业的外方常驻人员;长期来华工作的外籍专家和华侨专家;长期来华学习的外国留学生和华侨留学生。

(4) 寄自或者寄往香港、澳门和台湾地区的个人物品,每次允许进出境的限值为800元,寄自或者寄往其他地区的个人物品,每次允许进出境的限值为1 000元,免税额为50元。

## 本章小结

本章主要阐述关税的基本理论和政策、制度。关税是由海关依法对进出国境或关境的货物和物品征收的一种税。关税按采取的政策不同可分为财政关税和保护关税,按货物的不同流向可分为进口税、出口税和过境税,按征税有无优惠分类可分为普通税和最惠国税,按征税的依据可分为正税和附加税。海关对进口商品实行普遍征税,税率分为最惠国税率、协定税率、特惠税率和普通税率四种。其中,对原产于世贸组织成员国及与我国订有关税互惠条款的贸易条约或者协定的国家或地区进口的货物,按最惠国税率征税,从价征收实行差别比例税率。原产地规则基本上采用全部生产地标准和实质性加工标准两种国际上通用的原产地标准。出口关税选择个别商品征税,目前仅对35种商品征税。关税应纳税额计算为进出口货物的完税价格乘以适用税率。一般贸易方式进口货物的完税价格为以成交价为基础的到岸价格,到岸价格是指货品在采购地的正常批发价格,加上国外已征的出口税以及运到我国输入地点起卸前的包装费、运费、保险费、手续费等费用组成的一种价格。进口货物成交价格经海关审查未能确定的,由海关本着合理、公正的原则,依照相同货物成交价格法、类似货物成交价格法、国际市场价格法、国内市场价格倒扣法、其他方法的次序估定完税价格。出口货物的完税价格以海关审定的成交价格为基础的对外离岸价格扣除出口关税后作为完税价格。关税的减免税可分为法定减免、特定减免和临时减免。关税的纳税期限为海关签发税款缴纳凭证的次日起15日内。海关对从国外进口在境内储存、加工、装配以后复运出境的货物实行保税制度。对入境旅客行李物品和个人邮递物品征收行邮物品关税,税率分为3级,采取从价征税,完税价格由海关参照该项物品的境外正常零售价格以及该物品的到岸价格核定。为了维护对外贸易秩序和公平竞争,对进口产品以倾销方式进入我国市场,或进口产品存在补贴,并对国内产业造成实质损害的,可采取包括关税措施在内的反倾销或反补贴措施。

## 思考题

1. 关税有哪些主要分类方式?

2. 关税对进出口商品征税在征收范围确定上有何主要区别?
3. 我国进口关税有哪几种税率,分别适用哪些对象?
4. 什么是暂定税率,与正常税率有何区别?
5. 关税的法定减免、特定减免和临时减免分别适用哪些对象?
6. 我国关税的原产地规则是如何确定的?
7. 一般贸易方式进口货物完税价格如何确定?
8. 运往境外修理的机械器具、运输工具或其他货物的完税价格如何确定?
9. 运往境外加工货物的完税价格如何确定?
10. 进口货物海关估定价格应按照什么样的程序进行?
11. 出口货物完税价格如何确定?
12. 什么情况下海关应对纳税人退还关税?
13. 关税的补征和追征有何区别?
14. 我国有哪些保税制度?
15. 非贸易性进口物品关税的完税价格如何确定?

## 练习题

1. 某企业从国外进口1 000吨化肥,海关无法审定其成交价格,但国内市场同类商品的批发价格为每吨2 800元,进口关税最低税率为20%,费用利润率为20%。

要求:计算该批进口化肥应纳关税。

2. 某企业向海关报明后将一台价值65万元的机械运往境外修理,机械修复后准时复运进境。假设该机械的关税税率为5%,支付的修理费和料件费为35万元(经海关审查确定)。

要求:计算该企业应纳关税。

3. 某建筑工程公司获海关核准从国外暂时进口A、B两台施工机械。已知A、B机械的到岸价格分别为1 536万元和1 920万元,其留在国内使用的时间分别为4个月和8个月,适用的关税税率均为10%。

要求:计算该公司应纳关税。

4. 2×16年9月1日,某公司由于承担国家重要工程项目,经批准免税进口了一套电子设备。使用3年后,项目完工。2×19年8月31日,公司将该设备出售给了国内另一家企业。该电子设备的到岸价格为300万元,关税税率为10%,海关规定的监管年限为5年。

要求:计算该公司应补缴的关税。

5. 某进出口公司进口一批非消费税应税货物,境外口岸离岸价格折算成人民币2 000万元,支付运费50万元,保险费40万元,这批货物适用16%的增值税税率,10%的进口关税税率。

要求:计算该公司应缴关税、增值税。

6. 某外贸公司从国外进口化妆品,国外成交价格206万美元,发生运输费2万美元,保险费0.4万美元,包装材料费0.2万美元,支付特许权使用费0.4万美元,为进口商品向买方采购代理人支付劳务费0.5万美元,向买卖双方经纪人支付经纪费1万美元,设备安装维修费1.5万美元。同期以3 200万元人民币出售给国内某商场。进口关税税率为40%,消费税税率为30%。美元与人民币汇价为1∶6.8。

要求：计算该外贸公司进口和国内销售应纳和应退关税、消费税和增值税。

7. 某企业进口设备一台，应付价格为200万元，其中包含进口后的技术服务费10万元。另外支付购货佣金5万元、经纪费8万元、买方负担的包装费4万元、货物运抵境内输入地点之后的运输费13万元。假设该设备进口关税税率为20%。

要求：计算该企业进口设备应缴纳的关税。

8. 某进出口公司为增值税一般纳税人，5月从国外进口一批机器设备共10台，每台货价15万元人民币，其中包括运抵我国黄骅港起卸前的包装、运输、保险和其他劳务费用共计8万元；另外销售商单独向该进出口公司收取设备包装材料费10万元。假设该类设备进口关税税率为40%，境内运费已经取得合法的货物运输企业的发票。

要求：计算该公司当月应缴纳的关税。

9. 某企业海运进口一批货物，海关审定的货价折合人民币2 000万元，运费折合人民币10万元，保险费无法查明。该批货物进口关税税率为5%。

要求：计算该企业应缴纳的关税。

10. 有进出口经营权的某外贸公司10月发生以下经营业务：经有关部门批准从境外进口小客车300辆，每辆货价5万元，运抵我国海关前发生的运输费用、保险费用无法确定，经海关查实，其他运输公司相同业务的运输费用占货价的比例为2%。该公司向海关缴纳了相关税款，并取得完税凭证。小客车关税税率为30%，货物关税税率为20%，增值税税率为16%，小客车消费税税率为5%。

要求：计算小客车在进口环节应缴纳的关税、消费税和增值税。

11. 某轿车生产企业为增值税一般纳税人，12月的生产经营情况如下：

(1) 进口原材料一批，支付给国外买价120万元，包装材料8万元，到达我国海关以前的运输装卸费3万元、保险费13万元，从海关运往企业所在地支付运输费7万元。

(2) 进口两台机械设备，支付给国外的买价60万元，相关税金3万元，支付到达我国海关以前的装卸费、运输费6万元，保险费2万元，从海关运往企业所在地支付运输费4万元。

该企业进口原材料和机械设备的关税税率为10%。

要求：计算该企业应缴纳的进口关税和增值税。

12. 我国某公司3月从国内甲港口出口一批锌锭到国外，货物成交价格170万元（不含出口关税），其中包括货物运抵甲港口装载前的运输费10万元、单独列明支付给境外的佣金12万元。甲港口到国外目的地港口之间的运输保险费20万元。锌锭出口关税税率为20%。

要求：计算该公司出口锌锭应缴纳的出口关税。

13. 位于市区的某汽车厂为增值税一般纳税人，主要生产达到低污染排放值A型小轿车。A型小轿车最高售价22万元/辆，平均售价20万元/辆（均为不含税价），汽缸容量为2.0升。3月发生下列经济业务：

(1) 进口一批小轿车发动机，支付货款350万元，境外运输费用及保险费15万元，与购买发动机有关的且构成销售条件的特许权使用费20万元，关税税率20%，缴纳进口环节相关税金后海关放行；发生境内运费6万元，取得货运企业开具的增值税专用发票。

(2) 购进生产用钢材，取得增值税专用发票，注明价款229.5万元、增值税36.72万元；购进汽车轮胎一批，取得增值税专用发票，注明价款318.75万元、增值税51万元；购进其他生产用原材料，取得增值税专用发票，注明增值税 660 万元。

(3) 本月 1 日以直接收款方式销售 A 型小轿车 300 辆，每辆不含税售价 20 万元。本月最新推出新款跑车，销售 15 辆，不含税售价 32 万元/辆。本月支付销货运费 21 万元，取得运输企业开具的增值税专用发票。

本月取得的相关票据均符合税法规定并在本月认证抵扣。消费税税率为：A 型小轿车 5%，跑车 40%。

要求：根据上述资料，计算该企业应缴纳的关税、消费税和增值税。

14. 某日化企业（地处市区）为增值税一般纳税人，8 月发生如下业务：

(1) 与甲企业（地处县城）签订加工合同，为甲企业加工一批化妆品，甲企业提供的原材料成本 20 万元，加工结束后开具增值税专用发票，注明收取加工费及代垫辅助材料价款共计 8 万元。

(2) 进口一批化妆品作原材料，支付货价 60 万元，支付进口化妆品运抵我国输入地点起卸前的运输费用及保险费共计 9 万元，支付包装劳务费 1 万元，关税税率为 20%；支付海关监管区至公司仓库运费 2 万元，取得增值税专用发票，本月生产领用进口化妆品的 80%。

(3) 将护肤品和化妆品组成成套化妆品销售，某大型商场一次购买 240 套，该日化企业开具增值税专用发票，注明金额 48 万元，其中包括护肤品 18 万元，化妆品 30 万元。

(4) 销售其他化妆品取得不含税销售额 150 万元。

本月取得的相关票据均符合税法规定，并在本月认证抵扣。化妆品成本利润率为 5%，消费税税率为 30%。

要求：根据上述资料，计算该企业委托加工、进口和国内生产销售应缴纳的关税、消费税和增值税。

# 第十一章　所得税制

所得税在我国现行税制结构中占有重要地位，由于其相对于流转税更为公平合理，在税收中的地位不断上升，作用不断增强。本章主要研究所得税税种形式、组合方式、制度设计要点、政策变化趋势等所得税制设计中所涉及的一些共同问题。

## 第一节　所得税制特点

### 一、所得税的性质

所得税是对企业和个人因从事劳动、经营和投资而取得的各种所得所课征的税种的统称，或者说是以所得额为课税对象而课征的税种的统称。既然所得税是以所得额为课税对象，那么，确定所得额也就自然成为所得税的课征关键。然而，由于认识角度不同，人们对所得也有着不同的理解。从经济学角度来看，所得是指人们在两个时点之间以货币表示的经济能力的净增加值。

如果以净增加值定义，所得应包括工资、利润、租金、利息等要素所得和赠与、遗产、财产增值等财产所得。

但是，从会计学的角度来看，所得必须以实现的交易为基础，即在某一时期内，一切交易所实现的收入减去为实现收入而消耗的成本、费用后的余额。如果以交易余额定义，那么所得只包括工资、利润、租金、利息等要素所得和资本利得，不包括不经过交易的遗产、赠与和没有经过交易的财产增值。因为没有经过交易的财产增值虽然代表了经济能力的增值，但由于没有经过交易，增值税价值没有得到体现。

然而，从税收实务的角度来看，所得是指应税所得，是在会计所得基础上，经过必要调整而计算的缴纳所得税的所得，即按会计所得减去税法规定不予计列项目后的余额。这是因为作为纳税依据的税法和作为核算依据的财务会计制度对所得的规定存在一定差异，企业和个人应按财务会计制度规定核算所得，并按税法规定对会计所得进行必要调整，按应税所得计算纳税。

具体来说，应税所得就企业而言是企业收入减去成本、费用、流转税和法定扣除项目后的余额;就个人而言是个人收入扣除个人生计费、赡养费和其他费用及法定扣除项目后的余额。

## 二、所得税的特点

所得税作为整个税收体系中的重要组成部分,具有不同于其他大类税收的特点,可归纳为以下几个方面:

(一)税收负担的直接性

所得税一般由企业或个人作为纳税人履行纳税义务,并且又由企业和个人最终承担税负。由于纳税人就是负税人,税负不能转嫁,因而被称为直接税。所得税作为直接税不能转嫁只是从立法者的预期来考虑,事实上,所得税能否转嫁还需要区别具体税种。个人所得税由于是对个人工资、股息、利息所得征税,而且个人作为自然人又是负税主体,因而税负不易转嫁,由纳税人负担。而企业所得税虽然是对企业利润、利得、股息所得征税,也不易转嫁,但企业作为法人并不是负税主体,企业所得税税负有可能通过提高商品价格由消费者负担,或者降低职工工资由生产者负担,或者减少利润由企业所有者负担,因此,企业所得税仍有可能转嫁。

(二)税收分配的累进性

个人所得税在名义上一般累进征收,既实行累进税率,税率随个人收入增加而递增,低收入者适用低边际税率,而高收入者适用高边际税率;又实行标准扣除和单项扣除,扣除随个人收入增加而递减,低收入者扣除占收入比例高,高收入者扣除占收入比例低。通过累进税率和标准扣除,达到累进征收、缩小个人税后收入差距的目的,符合税收的公平原则要求。但企业所得税一般实行比例税率,即使实行累进税率,也主要是对部分小企业的税收照顾,而企业规模并不是负担能力的主要依据,因此,企业所得税并不具有累进特点,税收分配的累进性主要是对个人所得税而言的。

(三)税收征收的公开性

所得税在税收负担上一般以企业或个人为纳税人,同时,税负又由纳税人承担,一般不能转嫁。所得税在征收方式上一般由企业或个人申报缴纳,即使实行源泉课征,也必须申报结算。所得税在征收环节上选择收入分配环节,是对企业利润或个人所得征收。因此,所得税征收具有公开性、透明度强的特点,容易引起税收对抗,推行比较困难。

(四)税收管理的复杂性

所得税不但对企业所得征税,而且对个人所得征税,由于个人纳税户多、税额小、税源分散,征收管理的成本高、难度大。同时,所得税是对所得额征税,就企业而言,要核算企业的收入、成本、费用、利润,计算企业应税所得;就个人而言,要计算个人收入、免税额、扣除额、应税所得，从而又增加了成本核算和管理上的难度。征收所得税客观上要求整个社会有较高的信息、核算和管理基础。

（五）税收收入的弹性

所得税是对企业和个人所得征税，所得随国民经济的发展变化和国民收入的变化而变化，因此，收入可靠。同时，个人所得税的累进征税特点，能够自动适应国民经济周期的变化，随经济膨胀和经济衰退发挥稳定经济的作用，也能根据政策的需要相机抉择，调整税收政策，促进国民经济的稳定增长。

## 第二节　所得税制类型

所得税依据纳税人的不同特点，可划分为企业所得税和个人所得税，还涉及对资本利得是否设计独立税种征税。其中，企业所得税是以企业所得为课税对象征收的所得税，个人所得税是以个人所得为课税对象征收的所得税，而资本利得税是对资本商品转让时发生的增值征税。

### 一、企业所得税

企业所得税是以企业所得为课税对象征收的所得税，但由于企业组织形式多种多样，企业所得税在课征范围上可能会有不同的选择，从而形成不同类型的所得税。

（一）企业组织形式

企业是以营利为目的，从事生产、经营活动而形成的独立核算的经济组织，是国民经济的基本单位。按企业组织形式的特点划分，大致可把企业划分为独资企业、合伙企业和公司三种组织形式。

1. 独资企业

独资企业是企业的一种组织形式，它是由一人投资，企业为个人所有。企业规模较小，一般由业主直接从事企业经营，利润归业主，业主对企业债务负有无限清偿责任。我国的城乡个体工商户是比较典型的独资企业。

2. 合伙企业

合伙企业是企业的一种组织形式，它是由二人或二人以上共同投资，企业归合伙人共同所有。企业规模较小，一般由合伙人直接从事经营，通过合同协议的形式来确定投资者的权利、义务、责任和风险，分配企业利润。合伙人对企业债务负有无限清偿责任。我国的部分私营企业和集体企业都是以合伙企业形式出现。

3. 公司

公司是企业的一种组织形式，它是由二人或二人以上共同投资，按公司法组建，是独立的法人。公司依据投资来确定投资者在公司中的股份，并通过股份来确定股东的权利、义务、责任和风险，分配企业利润。公司作为独立的法人，股东对公司债务只负有有限清偿责任，以股东出资额或公司资本额为限。公司规模较大，一般由股东代表组成的董事会来领导组织企业的经济活动。公司的主要组织形式是有限责任公司和股份有限公司，两者主要区别在于是否把投资资本分成等额股份，是否公开发行股票。公司是现代企业的最主要的组织形式。但在我国，传统的企业都以企业而不是公司形式出现。

（二）企业所得税类型

企业所得税按课税范围，可划分为企业所得税和公司所得税两种类型。

1. 企业所得税

企业所得税是以企业所得为课税对象征收的所得税。它的基本特点是不分企业性质和组织形式，把各种类型的企业都纳入企业所得税的课税范围。由于不同企业都按统一的企业所得税法征收，有利于企业间公平税负、平等竞争。但是，企业所得税把独资企业和合伙企业纳入课税范围，而独资和合伙企业业主的个人财产和企业财产又不可分离。因此，对企业利润征税和个人所得征税就很难划清，给征收管理带来困难。

2. 公司所得税

公司所得税是以公司所得为课税对象征收的所得税。它的基本特点是区别企业的性质和组织形式，仅对公司所得征收公司所得税，而非公司的合伙企业和独资企业所得不征公司所得税，只征收个人所得税。公司所得税只对法人企业征收所得税，而自然人企业不征所得税，有利于税收管理，同时又照顾了小企业发展。但公司所得税也会造成公司和非公司企业税负不平衡，公司企业既征收公司所得税，又征收个人股息所得税，而非公司企业把企业利润归属为个人，仅征收个人所得税，不利于公司企业和非公司企业公平税负、平等竞争。

## 二、个人所得税

个人所得税是以个人所得为课税对象征收的所得税。由于个人所得形式多种多样，个人所得税在课征方式上可能会有不同的选择，从而形成不同类型的所得税。

（一）个人综合所得税

个人综合所得税是把个人各种不同来源所得和各种不同形式所得都纳入课税范围征收的所得税。个人综合所得税一般按累进税率征收，由于征税面广，有利于扩大税基，累进征收，公平税负。但个人综合所得税必须由个人申报，汇总个人各种所得计算纳税，不但计算复杂，也容易发生税收流失。个人综合所得税也无法区别个人各种类型所得，在税收上予以区别对待。

（二）个人分类所得税

个人分类所得税是把个人收入按一定标志进行分类，对不同类型的个人收入分别课征。个人分类所得税一般按比例税率课征。由于分类课征，有利于对个人的不同所得实行区别对待。也可以对已经缴纳过公司或企业所得税的股息和税后利润不再征收个人所得税，仅就工薪所得征税。个人分类所得税由于源泉课征，有利于简化征收管理，减少税收流失。但分类所得税只适宜于比例税率，因而不利于发挥所得税收在公平税负方面的调节作用。

（三）个人混合所得税

个人混合所得税是对个人收入按不同的收入类别分别实行分类所得税和综合所得税。对部分所得进行分类，按比例税率征收分类所得税；对部分所得综合汇总，按累进税率征收综合所得税。

## 三、资本利得税

资本利得在税收上是指资本商品，如股票、债券、房产、土地或土地使用权等，在出售或交易时发生收入大于支出而取得的收益，即资产增值。资本利得税是对资本利得所征的税。资本利得作为所得的一种特定形式，同其他所得一样，增加资本所有者的所得，同样也增强了资本所有者的负担能力。因此，从所得征税的角度分析，对资本利得征税体现了税收的公平原则。但资本利得作为所得的一种特定形式，同其他所得也有一定区别。一般意义上的所得是指把资本作为生产要素，并同其他生产要素结合，通过生产经营活动而取得的收益；而资本利得是资产的自然增值，既有价值增长因素，也有价格上涨、通货膨胀因素。因此，不能把资本利得完全视为收益，其中包含部分价值补偿。由于资本利得具有不同于一般所得的特点，因此，在对资本利得是否征税以及如何征税问题上也就形成了不同的处理方式，大致可概括为以下三种：

（一）视同普通所得征税

对纳税人所取得的资本利得分别按公司所得税或个人所得税制度征税。在具体征收时又有两种类型：一种类型是把资本利得视同其他所得一样征税；另一种类型是对资本利得，主要是对长期资本利得给予一定的税收优惠，以体现短期资本利得和长期资本利得在税收上的区别对待。

（二）征收资本利得税

对纳税人所取得的资本利得按资本利得税征税，资本利得税在课税对象确定、税率设计上给予一定的政策优惠，以体现对资本利得和一般所得在税收政策上的区别对待。

（三）对资本利得免税

对纳税人所取得的资本利得免征所得税，或免征部分资本项目所得税，以体现对资本利得的政策优惠。

## 四、企业所得税和个人所得税的关系

企业所得税和个人所得税是两种不同类型的所得税，在一般情况下两者以不同的纳税人，选择不同对象课征，因而互不交叉。但在有些情况下，企业所得税和个人所得税虽选择不同纳税人，却以同一对象征税，因而发生重叠交叉、重复征税。例如，对个人股息、分得的税后利润征收个人所得税，就会涉及企业所得税和个人所得税的重复征税。这就需要处理好企业所得税和个人所得税之间的征收关系。对于个人股息和税后利润所得的征税，有以下几种处理方式：

（一）既征企业所得税，又征个人所得税

作为传统处理方式，对企业实现利润首先征收企业所得税。然后，对于个人分得的股息和税后利润再征收个人所得税，但企业税后未分配利润不征收个人所得税。采取这一方法的理论依据是企业和个人是两个独立的纳税人，享有各自的民事权利和经济利益，根据权利与义务对等原则，企业所得税和个人所得税是对两个独立纳税人的各自所得征税，但这种处理方式对个人分得的股息和税后利润引起了事实上的重复征税。

（二）只征收企业所得税，不征收个人所得税

消除对个人分得的股息和税后利润重复征税的一种可供选择的方式，是对企业利润征收企业所得税，而对个人分得的股息或税后利润不再征收个人所得税，个人所得税主要对工薪所得征收。这一方法的主要特点是以放弃对个人投资所得征收个人所得税而避免对个人分得的股息和利润重复征税。这一方式虽能避免重复征税，但对个人分得的股息和税后利润所得只征收企业所得税，不符合以能力为标准的公平准则。因此，这种征税方式仅仅在理论上存在，实践中很少被采纳。实践中被采纳的是这种方式的变形，即对已经征过企业所得税的股息、红利在征收个人所得税时给予股东各种形式的减免，以减轻这部分股息、红利的所得税。

（三）征收企业所得税，并允许在个人所得税中抵免

为了既能避免重复征税，又能对企业和个人这两个独立纳税人行使征税，比较可行的办法是征收企业所得税，并允许在个人所得税中抵免。允许企业所得税在个人所得税中抵免的主要理论依据是：从经济利益的实质联系看，企业只是为获利目的而设

立的营业机构，企业“人格”具有虚拟性，企业获利最终分解归属投资股东，企业责任最终由出资股东个人负担，纳税最终减少出资者收益，是对出资股东税收的预扣。税收抵免被很多国家所采纳，但在税收实践中按抵免额的大小可分为完全抵免和部分抵免。完全抵免就分配利润缴纳的所有税款在给予股东的税收抵免时都全部给予考虑，而部分抵免只考虑部分税款的抵免。针对税收抵免，也有一种取消企业所得税的主张，认为在实行税收抵免的情况下，企业所得税只是一种所得税预扣，从简化税制考虑应取消企业所得税，对个人所得征收个人所得税，对资本利得征收利得税。

## 第三节　所得税制设计

在所得税制设计时，不可避免地会涉及课税范围、税基、税率、征税方法等基本要素及其政策选择问题，这些基本问题可概括如下：

### 一、征税范围

所得税的征税范围是行使所得税的课税权范围，包括纳税人和课税对象的范围。只有对属于课税范围内的纳税人和纳税人所得，才能行使征税权。但由于纳税人有居民纳税人和非居民纳税人之分，纳税人所得也有来自本国境内所得和境外所得之别，各国行使的税收管辖权也不完全相同，因而，征税范围也就形成不同的选择。

（一）居民纳税人和非居民纳税人

国际上对居民纳税人和非居民纳税人的确定通常有两种标准，即法律标准和户籍标准。

1. 确定居民纳税人和非居民纳税人的法律标准

依据法律标准，确定居民纳税人或非居民纳税人就企业而言，取决于企业按哪一个国家法律注册设立。凡按某一个国家法律注册设立的法人企业，不论这个企业的管理机构是否设在该国都是该国的居民纳税人；反之，如果没有按该国法律注册设立，即使这个企业的管理机构设在该国，也不能成为该国居民纳税人。确定居民纳税人和非居民纳税人就个人而言，取决于个人的国籍。凡是取得某一个国家的国籍，不论个人是否居住在该国，都是该国的居民个人；反之，即使个人居住在该国，而没有取得该国的国籍，也不能成为该国居民个人。目前，世界上只有少数国家采用法律标准。

2. 确定居民纳税人和非居民纳税人的户籍标准

依据户籍标准，确定居民纳税人和非居民纳税人就企业而言，取决于企业的管理机构设在哪一个国家，凡是将法人企业的管理机构设在某一个国家行使征税权力的范围内，不论这个法人企业是否按照该国法律规定注册设立，都是该国的居民纳税人；反之，即使这个法人企业按照该国法律规定注册设立，但企业管理机构不是设在该国，这个企业也不能成为该国的居民纳税人。居民纳税人和非居民纳税人的户籍标准就个人而言，取决于个人的住所或居所，但由于住所或居所是比较抽象的概念，因此，在具体实施时都是以居住时间为确定标准。按照个人在一个国家居住时间的长短，把个人分为非居民个人、非长期居民个人和长期居民个人三种。依据户籍标准，个人在一个国家居住达到一定时间就可被认定为该国居民个人，而不管其是否取得该国国籍。目前，世界上绝大多数国家都采用户籍标准。

（二）境内所得和境外所得

1. 确定企业境内所得和境外所得的标准

企业所得可分为营业所得和股息、利息、特许权使用费等其他所得。对于不同所得，在确定为境内所得和境外所得上也有不同的确定标准。

（1）营业所得的确定标准。营业所得是指从事各种营利事业所取得的所得。按国际惯例，营业所得来源地的确定是以是否设有常设机构为标准。具体来说，只有在一个国家境内设有常设机构并取得营业所得，才能被确认为来源于该国境内所得；否则，即使在一个国家境内取得营业所得，但在该国境内没有设有常设机构，也不能被确认为来源于该国境内所得。上述常设机构是指企业进行全部或部分营业的具有相对永久性的场所。包括管理机构、营业机构、办事机构、工厂、开采自然资源场所、工程作业场所等。

（2）其他所得的确定标准。其他所得是指股息、利息，转让专利、专有技术、著作权和商标权等使用权所取得的特许权使用费所得。按国际惯例，对其他所得应以股息支付地和利息、特许权使用费负担者所在地为标准。

2. 确定个人境内所得和境外所得的标准

个人所得可分为独立劳动所得，非独立劳动所得，股息、利息、特许权使用费所得和其他所得。对于不同的所得，在确定为境内所得和境外所得上也有不同的确定标准。

（1）独立劳动所得的确定标准。独立劳动所得是指个人独立地从事于非雇佣的各种劳动，包括独立的科学、文学、艺术、教育等活动，以及医师、律师、工程师、建筑师、会计师等独立劳动所取得的所得。独立劳动所得来源地确定是以独立劳动者在一个国家的出场为条件，在具体实施中是以是否设有经常使用的固定基地和在一个国家停留时间长短为标准。只有在一个国家设有经常使用的固定基地或者在一个国家居住达到限定时间，才能被认定为独立劳动者在该国出场，并认定其所得来源于该国；否则，不能被认定为来源于该国境内所得。

（2）非独立劳动所得的确定标准。非独立劳动所得是指受聘或受雇于他人的工薪收入者所取得的工资、薪金等所得。非独立劳动所得来源地的确定是以所得支付地或在一个国家停留时间长短为标准。对于非独立劳动所得由提供劳动所在地的常设机构或固定基地负担的，以所得支付地为标准，在哪一个国家支付，就为来源于该国所得。对于非独立劳动所得不是由劳动所在地的常设机构或固定基地所负担，而是由非劳动所在地的雇主所支付，以劳动者在一个国家停留时间长短为标准。劳动者在一个国家停留达到限定时间，就被认定为其非独立劳动所得来源于该国。否则，不能被认定为来源于该国境内所得。

（3）股息、利息、特许权使用费等其他所得的确定标准。一般对股息以支付地，对利息、特许权使用费以负担者所在地为标准来确定其来源地。

（三）征税范围

一个主权国家行使它的征税权力，可以遵循属地原则和属人原则两种不同的指导原则，并相应地确立起地域管辖权和居民管辖权两种不同的税收管辖权。在一个实行地域管辖权的国家，它只对纳税人来源于本国境内所得征税，不管纳税人是本国居民或外国居民，而在一个实行居民管辖权的国家，它只对属于本国居民的一切应税所得征税，不管所得是来自于境内或境外。在实践中，绝大多数国家都同时行使居民管辖权和地域管辖权两种征税权力。即对于本国居民，就其来源于本国境内境外所得合并征税；而对于本国非居民，仅就其来源于本国境内所得征税。

## 二、跨国所得的税收抵免

对于跨国所得，由于涉及两个或两个以上主权国家对同一所得同时行使征税权，从而导致重复征税，需要采取有效方法来避免国际重复征税。

（一）国际重复征税的原因

国际重复征税是指两个或两个以上国家的不同课税权主体，对同一跨国纳税人的同一所得所进行的重复征税。国际重复征税是由税收管辖权及其选择所引起的。

1. 国际重复征税与税收管辖权的选择

国际重复征税首先是由有关国家对跨国纳税人和跨国所得行使不同的税收管辖权，或同时行使两种税收管辖权而引起。假定有甲、乙两个主权国家，甲、乙两国居民（公民）A 和 B 同时在本国和对方国家取得所得甲 A、乙 A、甲 B、乙 B，我们可以把税收管辖权和国际重复征税关系分为以下三种情况：

（1）甲、乙两国行使同样的税收管辖权。如果甲、乙两国同时行使地域管辖权，那么甲国政府对 A 在本国所得甲 A 和 B 在本国所得甲 B 征税，而乙国政府对 B 在本国所得乙 B 和 A 在本国所得乙 A 征税，不会发生交叉重叠的重复征税。如果甲乙两国同时行使居民(公民)管辖权,那么甲国政府对 A 在本国所得甲 A 和乙国所得乙 A 征税,而乙国政府对 B 在本国所得乙 B 和甲国所得甲 B 征税,也不会发生交叉重叠的重复征税。因此,甲、乙两国行使同样的税收管辖权不会引起重复征税。

(2) 甲、乙两国行使不同的税收管辖权。如果甲国行使地域管辖权,而乙国行使居民(公民)管辖权,那么甲国对 A 在本国所得甲 A 和 B 在本国所得甲 B 征税,而乙国对 B 在本国所得乙 B 和甲国所得甲 B 征税,结果对 B 在甲国所得甲 B 重复征税。如果甲国行使居民管辖权,乙国行使地域管辖权,结果相同。因此,甲、乙两国行使不同税收管辖权将引起国际重复征税。

(3) 甲、乙两国同时行使两种税收管辖权。如果甲、乙两国同时行使两种税收管辖权,那么甲国对 A、B 在甲国所得甲 A 和甲 B 以及 A 在乙国所得乙 A 征税,同样乙国对 A、B 在乙国所得乙 A 和乙 B 以及 B 在甲国所得甲 B 征税,结果对 A 在乙国所得乙 A 和 B 在甲国所得甲 B 重复征税。因此,甲、乙两国同时行使两种税收管辖权将使国际重复征税问题进一步扩大,更加复杂化。

2. 国际重复征税与税收管辖权的界定

税收管辖权的选择是引起国际重复征税的基本原因,而税收管辖权的界定也是引起国际重复征税的重要原因。税收管辖权的界定所引起的国际重复征税可分为两种情况。

(1) 居民(公民)的界定同国际重复征税。如果有关国家行使相同的居民(公民)管辖权不会引起重复征税,这是假定有关国家对居民(公民)的界定有相同的内涵。如果有关国家对居民(公民)界定有不同标准,一个纳税义务人有可能同时具有双重居民身份。例如,甲国选择公民标准,乙国选择居民标准,一个在甲国出生而在乙国居住的纳税人就可能发生重复征税。即使都选择居民标准,由于甲国对居民选择住所标准,乙国对居民选择居住标准,一个在甲国有住所而在乙国居住的纳税人有可能同时成为甲、乙两国双重居民而发生国际重复征税。即使甲、乙两国都选择居住标准,而确定居住的时间长短不同或纳税年度时间确定不同,也可能使一个纳税人同时成为双重居民而发生国际重复征税。

(2) 来源地的界定同国际重复征税。如果有关国家行使相同的地域管辖权不会引起重复征税,这是假定有关国家对收入来源地的界定有相同的内涵。如果有关国家对收入来源地的界定有不同标准,纳税人的一笔所得有可能成为双重所得而重复征税。例如,一笔所得在甲国发生,而在乙国支付,那么有可能甲、乙两国分别依据所得的行为发生地和所得支付地都把这一笔收入作为来源于本国所得而行使地域管辖权征税,从而导致国际重复征税。

(二) 国际重复征税的避免

既然国际重复征税的原因是税收管辖权的选择和税收管辖权的界定,那么,避免国际重复征税的途径也只能是协调税收管辖权的选择，规范税收管辖权的界定。

1. 协调税收管辖权的选择

由于各国行使不同的税收管辖权，或同时行使两种税收管辖权才引起国际重复征税，因此，避免国际重复征税的途径是各国行使相同的税收管辖权、地域管辖权或居民（公民）管辖权。但由于各国的经济发展水平不同，从各国自身利益出发，在维护税收管辖权时都有所侧重，发达国家更偏重于维护居民（公民）管辖权，而发展中国家更偏重于维护地域管辖权，因而不可能在行使相同税收管辖权上达成共识。唯一可行的解决途径是在承认、尊重各国已经作出的同时行使两种税收管辖权的前提下，通过协调地域管辖权同居民（公民）管辖权的关系来消除和避免国际重复征税。基本思路或原则是居住国（国籍国）政府通过承认非居住国（非国籍国）政府优先或独占行使地域管辖权，来避免或消除本国居民（公民）来源或存在于非居住国（非国籍国）的所得重复征税。基本方法有以下几种：

（1）免税法。它是居住国（国籍国）政府，对本国居民（公民）来源或存在于非居住国（非国籍国）所得，放弃行使居民（公民）管辖权，免予征税，由非居住国（非国籍国）政府独占行使地域管辖权予以征税，从而达到消除和避免国际重复征税的办法。由于免税法使居住国（国籍国）放弃行使居民（公民）税收管辖权，使一部分税收流失。因此，很少有国家实行免税法。

（2）扣除法。它是居住国（国籍国）政府，对本国居民（公民）来源或存在于非居住国（非国籍国）所得已经向非居住国（非国籍国）缴纳的所得税，视为一个扣除项目在向本国政府汇总申报应税所得额时予以扣除，就扣除后的余额计算征收所得税。扣除法由于要将本国居民（公民）来源或存在于非居住国（非国籍国）所得汇总计入本国居民所得，但在计算应税所得时只允许予以扣除本国居民（公民）来源或存在于非居住国（非国籍国）所得已经缴纳的所得税而不是所得额，因此，扣除法只是对纳税人跨国所得的一种照顾征税方法，并没有解决国际重复征税问题，所以很少被采用。

（3）抵免法。它是居住国（国籍国）政府，对本国居民（公民）来源或存在于非居住国（非国籍国）所得汇总计入本国居民（公民）所得，并允许将本国居民（公民）来源或存在于非居住国（非国籍国）所得已经缴纳的所得税，在本国居民（公民）汇总计算的所得税中予以抵免。抵免法在抵免计算时有两种方法，即全额抵免和限额抵免。全额抵免不受抵免限额的约束，对本国居民（公民）来源或存在于非居住国（非国籍国）所得已缴纳的所得税，在本国居民（公民）汇总计算的所得税中全部予以抵免。限额抵免则要受抵免限额的约束，规定最高抵免限额为本国居民（公民）来源或存在于非居住国（非国籍国）所得按本国税率计算的所得税，这意味着国外税率高于本国税率时，国外所得已经缴纳的所得税不能全部给予抵免。抵免法由于既承认非居住国（非国籍国）能够优先行使地域管辖权,又不放弃居住国(国籍国)能同时行使居民管辖权,并且使跨国纳税人国际重复征税问题基本得到避免,较之居住国(国籍国)政府放弃行使居民(公民)管辖权的免税法和无法消除国际重复征税的扣除法具有很大的优越性,从而得到世界绝大部分国家的认可,并被广泛使用,成为消除因税收管辖权原因而引起的国际重复征税问题的最重要方法。我国也选择抵免法作为避免国际重复征税的必要措施和方法。

2. 规范税收管辖权的界定

国际重复征税不但在于税收管辖权的选择,也在于税收管辖权的界定,因此,规范税收管辖权的界定也是避免国际重复征税的重要途径。规范税收管辖权的界定主要是规范对居民的界定以及各种类型收入来源地的界定。

(1) 规范对居民(公民)的界定。广义的居民(公民)包括居民(公民)个人和居民(公民)企业。

国际上对居民(公民)个人的确定通常有两种标准,即法律标准和户籍标准。目前,世界上绝大多数国家以及国际税收协定范本均采用户籍标准向跨国居民个人行使居民管辖权,签署有关国家之间的国际税收协定,并依据个人居住时间长短来划分居民和非居民。在居民中又分为长期居民和非长期居民,只有对符合居民条件的个人才能行使居民管辖权。其中,对于长期居民能够行使居民(公民)管辖权,就其来源或存在于世界各国领土范围内的所得征税;而对于非长期居民则只限于就其来源于本国以及来源于外国而属于在本国境内支付或实际汇入本国境内的所得征税。对于确定居民和非居民的时间标准,各个国家不完全相同。我国个人所得税法规定:在一个纳税年度内居住满 365 天的个人为中国居民,其中在中国居住超过 5 年的个人为长期居民。

国际上对居民(公民)企业的确定通常也有两种标准,即法律标准和户籍标准。目前,世界上绝大多数国家以及国际税收协定范本都已采用了户籍标准。至于户籍标准中的管理机构所在地的具体界定,各国仍有不同的解释,我国关于管理机构所在地的概念是指总机构所在地。

(2) 规范对收入来源地的界定。对收入来源地的界定需要区分不同所得,根据不同所得特点加以规范。

① 股息、利息和特许权使用费等收益。对于股息、利息、特许权使用费一般采取由居住国(国籍国)与非居住国(非国籍国)双方分享征税权利的办法,即非居住国对这些收益行使地域管辖权征税时,应设计比本国国内税法规定的更低税率,以保证居住国(国籍国)行使居民(公民)管辖权时也能征得一部分税款。

② 独立劳动所得。按国际规范是指从事于非雇佣的各种劳动,包括独立的科学、

文学、艺术、教育活动，以及医师、律师、工程师、建筑师、牙医师和会计师等独立劳动所获取的劳动所得。上述独立劳动所得必须符合独立劳动者在某个非居住国（非国籍国）出场条件，才能认定独立劳动所得来源于该非居住国（非国籍国），由这个国家行使地域管辖权征税。对判断是否出场按以下顺序：首先是经常使用的固定基地；其次是连续或累计停留时间；最后在不符合上述两个条件的情况下，可按实际支付标准或实际负担标准，即哪一个国家居民（公民）支付或常设机构、固定基地所负担确定。并规定非居住国（非国籍国）只限于就劳动者归属于他的固定基地那部分所得，或停留期间内活动所取得的那部分所得征税。

③ 非独立劳动所得。按国际规范是指受聘或受雇于他人的工薪收入者所取得的工资、薪金和其他类似报酬。对于上述所得必须是受聘或受雇于非居住国（非国籍国），非居住国（非国籍国）才能行使地域管辖权征税。在受聘受雇和所得支付发生在同一个国家，所得来源地的确定比较明确。但受聘受雇和所得支付发生在两个国家时，只有当受聘受雇人在有关历年中连续或累计停留非居住国（非国籍国）超过一定时间，才能被认定为该项所得来源于非居住国（非国籍国），并由该国行使地域管辖权。

④ 跨国其他个人活动所得。区分不同所得情况，对政府人员退休金和其他所得一般由支付退休金和其他所得政府的所在国征税；对企事业和其他社会团体工作人员退休金所得，一律由退休者本人所在居住国（国籍国）独占行使居民（公民）管辖权征税；对董事费习惯上采取实际支付标准，一般由来源于支付所得的该董事会的公司所在国征税；对于表演家和运动员所得由演出活动取得所得所在国行使地域管辖权征税；对于教师、研究人员及学生、学徒和实习生在规定范围内的所得给予一定期限内的免税待遇。

⑤ 营业所得。按国际规范，只有在某个国家设有常设机构，并取得归属于该常设机构的所得，才能被认定为从该国取得所得，由该国行使地域管辖权征税。常设机构是指一个企业进行全部或部分经营的营业固定场所，包括管理场所、分支机构、办事处、工厂、车间、矿场、油井或气井、采石场或任何其他开采自然资源的场所、建筑工地、建筑、装配或安装工程（应以连续超过 6 个月为限）。对常设机构的营业所得行使地域管辖权征税一般是依据归属原则，指归属于常设机构所得。但为了防止避税，也应使用引力原则，对不通过常设机构，但经营业务与常设机构经营相同或同类所获取的所得，也要列入行使地域管辖权征税范围。在确定常设机构利润时应当允许扣除常设机构所发生的各项费用，包括行政费用和一般管理费用。

### （三）税收抵免制度

税收抵免是居住国（国籍国）政府对本国居民（公民）来源或存在于非居住国（非国籍国）所得汇总计入本国居民（公民）所得，并允许将本国居民（公民）来源或存在于非居住国(非国籍国)所得已缴纳的所得税,在本国居民(公民)汇总计算的所得税中予以抵扣的制度。税收抵免是避免因税收管辖权选择原因而发生的国际重复征税的一种最有效合理的方法。税收抵免因适用对象和计算方法不同可分为直接抵免、间接抵免和饶让抵免。

1. 直接抵免

直接抵免是指居住国(国籍国)政府在计算本国居民(公民)跨国所得已纳税额的抵免额时,直接通过所得和已纳税额计算抵免税额的一种抵免计算方法。直接抵免适用于同一经济实体的跨国纳税人,包括同一跨国居民(公民)个人的非居住国所得和同一跨国居民企业的分支机构所得。

2. 间接抵免

间接抵免是指居住国(国籍国)政府在计算本国居民(公民)跨国所得已纳税额的抵免税额时,通过间接推算所得已纳税额,再计算抵免税额的一种抵免计算方法。间接抵免适用于母子公司及子孙公司组织形式。对于跨国纳税人在居住国(国籍国)母公司从非居住国(非国籍国)子公司取得的股息所得由于是税后所得,并不知道该所得承担多少税额。因此,只有通过分得的股息间接推算已纳税额予以抵免。

3. 饶让抵免

饶让抵免是指居住国(国籍国)政府对跨国纳税人从非居住国(非国籍国)得到优惠减免的那部分税收,视同已经纳税给予抵免的抵免计算方法。饶让抵免使非居住国(非国籍国)对投资者提供的税收优惠能够由投资者,而不是投资者所在的居住国(国籍国)政府享受。

## 三、税基

所得税的税基是计算所得税时的应税所得,一般为收入减去法定支出项目。虽然各个国家在计算所得税时的法定支出项目不同,税基的确定也不完全相同,但仍有它的共同点。

### (一) 企业应税所得

企业所得税的税基即应税所得,是以企业总收入减去为取得收入而支付的费用和开支后的企业净收入为基础,进行必要调整后求得。计算公式为:

**企业总收入＝营业收入＋资本利得＋股息收入＋租金收入＋权利金收入＋其他收入**

**企业净收入＝企业总收入－费用和开支**

**费用和开支＝营业成本＋营业税收＋利息费用＋折旧与折耗＋其他可以扣除的费用**

**企业应税所得＝企业净收入－税前必要调整**

上述税前必要调整是依据税法规定，对会计利润的必要调整，这些必要调整主要涉及资产折旧、资源折耗、存货、费用列支、资本利得、损失等项目。通过调整，把依据会计核算的企业所得调整为依据税法规定的应税所得。

（二）个人应税所得

个人所得税的税基即应税所得，是以个人总收入减去不予计列项目、费用开支、扣除项目、减免项目求得的。综合个人所得税的应税所得计算公式一般为：

**个人毛所得＝全部所得－不予计列项目**

**个人调整毛所得＝毛所得－费用开支**

**个人净所得＝调整后毛所得－扣除项目**

**个人应税所得＝净所得－减免项目**

个人应税所得的计算是一个复杂的过程，涉及不予计入个人所得的项目确定、费用开支项目确定、扣除项目的标准和方法等问题。

## 四、税率结构

所得税税率一般采用比例税率和累进税率两种税率形式。两种税率具有不同的特点和设计依据，并适用不同的对象。

（一）比例税率

企业所得税一般适用于比例税率，而且一般采用单一比例税率。对企业所得设计比例税率而不是累进税率主要依据是：

(1) 累进税率的能力负担原则不适宜于企业。这是因为设计累进税率的理论依据是能力负担原则，即收入高、负担能力强，税收负担应重一些；反之，收入低、负担能力弱，税收负担应轻一些。累进税率能体现这种纵向公平的原则要求。然而，企业尽管是纳税人，但并不是最终负税人。只有负税人才具有自己的负税能力。因此，累进税率的负担能力原则不适宜于企业。

(2) 所得大小不反映企业负担能力强弱。假定企业是负税人，累进税率的征收依据是负担能力，但企业所得大小并不一定反映企业的负担能力。如果企业所得大，而资金利润率或人均利润率低，并不反映为企业负担能力强。相反，企业所得小，而资金利润率或人均利润率高，也不反映为企业负担能力弱。由于企业所得往往是企业规模大小，而不是企业负担能力强弱的体现，因此，企业也不适宜按所得大小设计累进税率。

（二）累进税率

个人所得税的税率一般适用累进税率方式，即对于个人所得视所得额大小适用不同等级的税率。对个人所得设计累进税率而不是比例税率主要依据是：

（1）个人所得额大小是衡量个人负担能力的主要指标。这是因为个人所得税的税基已经扣除了为取得所得而花费的开支以及个人、家庭生活必需支出额，在这种情况下，个人所得额的大小已成为个人负担能力的主要标志。

（2）累进税率体现了税收的公平原则。公平原则是税收的基本原则，也是税制设计的主要依据，而公平原则主要体现在个人所得税上，特别是个人所得税累进税率设计上。这是因为在个人所得税情况下，个人不但是纳税人，同时也是负税人，个人应税所得是个人负担能力的主要标志，累进税率有利于缩小个人税后收入差距，实现税收的纵向公平。个人所得税一般采用累进税率，但从个人所得税税率发展变化的进程和趋势看，个人所得税的边际税率下降，税率档次减少，税率级距缩小，由高低差异悬殊的税率结构向比较平稳的税率结构转变。这是因为累进税率虽有利于公平，但不利于效率，也不利于储蓄和投资。从发挥税收的激励效应、增加储蓄、增加投资角度考虑，理应调整累进税率结构。

## 五、税收优惠

税收优惠是政府为了某些特定的社会和经济目的，在统一税法的基础上，对于某些特殊情况所给予减征或免征一部分税款的政策措施。

### （一）税收优惠形式

所得税的税收优惠主要有免税、减税、税前扣除、盈亏互抵、加速折旧、税收抵免、延期纳税、税前还贷等方式。

（1）免税是指纳税义务的全部免除，是一种最典型、最彻底的税收优惠措施。免税的具体方法一般有定期免税或永久免税，或者规定起征点免税，即对未达到起征点标准的一律免税。

（2）减税是指纳税义务的减轻，是纳税义务局部的或部分的免除。这也是一种较为典型和普遍的税收优惠形式。

（3）税前扣除是指在征税对象的全部数额中扣除一定的数额，只对超过扣除额的部分征税。通常，这种按规定扣除的数额，也称作免征额。这种形式的特点是在既定税率的条件下，通过缩小税基来减轻税负。

（4）退税是指政府将纳税人已经缴纳或实际承担的税款退还给规定的受益人。

（5）盈亏结转是指在若干年度内以某一年度的亏损抵消其他年度的盈余，从而减少应纳税所得额。按照结转的顺序不同，有向前结转和向后结转两种不同做法。向前结转是指本年度的亏损可以抵消以前年度的盈余，向后结转是指本年度的亏损可以抵消以后年度的盈余。

（6）税收抵扣是指对于企业某些项目支出，允许在应纳所得税中抵扣，从而直接减少纳税。

(7) 延期纳税是指允许纳税人在税法规定的时限内延期支付税款。对纳税人来说，延期纳税的好处在于将纳税义务向后推迟，可暂时减轻当前的税负，实际上是税负的后移。

(二) 税收优惠政策

所得税优惠主要出于两种目的：一种是照顾性税收优惠，是政府基于某种社会政策目的，对纳税人的困难在税收上给予特别宽免照顾；另一种是激励性税收优惠，是政府基于某种经济政策目的，对纳税人的发展在税收上宽免鼓励。所得税优惠在政策上会产生以下政策导向：

1. 地区税收优惠

这种优惠带有明显的区域经济政策倾斜的特点，通常是一国政府出于某种政治、经济的特别考虑，而对某一特定地区普遍实行特别的税收优惠政策。这种优惠通常在税法中明确规定，有时也可以在税收立法、执法和司法方面赋予某一地区以某些特别权力。地区税收优惠大致分为两类：一类是根据国家的经济发展战略而对某些具有发展国际经济优势的特定地区，如沿海地区或沿边地区实行的税收优惠政策。另一类是对那些经济条件较差需要加速发展的地区所实行的特别税收鼓励或照顾措施。此外，还有对国家鼓励专门从事某些特定行业的地区所实行的税收优惠，如对国家高新技术产业开发区或大型旅游胜地开发区的税收优惠。

2. 行业税收优惠

这种优惠明显地体现一国的行业或产业倾斜政策。行业税收优惠除可在流转税方面予以优惠并主要采取退税措施外，通常表现为减免所得税，如对基础设施项目，技术密集、资本密集或知识密集项目所给予的所得税减免退优惠。而为了促进出口贸易所采取的免征出口关税以及退还出口商品已纳的增值税和消费税等措施，则属于流转税方面的优惠。

3. 特定对象税收优惠

还有一些税收优惠并不明显体现地区和行业倾斜政策，而只针对某些特定纳税人或征税对象。如我国为吸引外国资金和技术而对有外商资本投入的企业一律给予程度不同的税收优惠，再如对民政部门举办的福利企业以及校办企业所给予的税收优惠等也属于特定对象税收优惠。

## 六、征收方法

(一) 企业所得税

企业所得税征收主要涉及会计核算和纳税方式等问题。

1. 会计核算

企业在计算收益和费用时有权责发生制和收付实现制两种会计核算方法。权责发生制或称应收应付制，是以收益和费用是否发生为标准，来确定本期收益和费用，而不管收付在本期是否实现。收付实现制或称现金收付制，是以款项的实际收付为标准，来确定本期收益和费用，不管收益和费用是否属于本期。企业所得税法规定，企业可以选择权责发生制、收付实现制或其他会计核算方法作为计税基础，大多数企业选择权责发生制。

2. 纳税方式

企业所得税的缴纳一般采取分期预缴和年终清算相结合的方式。分期预缴是指企业在每一月度或每一季度结束前，自行申报月度或季度所得额及暂缴所得税。年终清算是指企业在每一年度末，结算申报年度所得额和所得税，并办理补缴不足所得税或退还溢缴所得税。

（二）个人所得税

个人所得税一般采取扣缴、预估暂缴和结算申报等缴纳方法。

1. 扣缴

对于居民个人，属固定职业职工的薪资所得由雇佣单位预扣代缴，年终再由纳税人结算申报进行清算。对于非居民个人，仅就其来源于本国境内所得于取得时扣缴，年终不再结算申报。

2. 预估暂缴

对于居民个人，不属扣缴范围者须进行预估并分期暂缴其应纳税款。预估暂缴一般由纳税人依据上年资料自行计算缴纳。

3. 结算申报

对于居民个人，年终应进行结算申报，把年终结算申报应纳税额同扣缴和预扣暂缴税额进行比较，并减去抵免额，计算应补缴税额或应退税额。

## 第四节　所得税制政策

所得税在制度设计时涉及税种确定、税基宽窄、税率结构、税收优惠和征收方式等问题，对这些基本问题的不同处理方式，形成了具有不同特点的所得税制政策。

### 一、所得税税基政策

在所得税设计时，就税基而言，主要涉及税基宽和窄的不同政策选择。传统的所得税为体现所得税在促进收入公平分配和经济发展方面的调节作用，选择了征税范围小、税前扣除面广、税收优惠项目多的窄税基政策。窄税基政策虽有利于政策导向，但由于税基偏窄，使税收增长受到制约，而且对经济的过多政策干预也会影响经济的正常有效运行，给税收征收管理带来了一定困难。现代所得税制改革在政策导向上有扩大税基的趋向。其主要政策措施是：扩大征税范围，将一些过去未列入税基的收入项目，如将利息、股息、资本收益、社会福利列入个人所得税征税范围；限制税前扣除，包括降低个人所得税的起征点，减少个人所得税和企业所得税的扣除额和扣除项目，延长企业所得税的固定资产折旧年限；控制税收优惠，如在企业所得税中取消投资抵免的优惠税收待遇，以及限制或取消企业所得税和个人所得税的减免税优惠。扩大税基有利于拓宽税源，增加税收，减少税收对经济干预，简化税收征收管理。

## 二、所得税税率政策

在所得税设计时，就税率而言，主要涉及税率水平和税率结构。传统的所得税在窄税基的前提下，实行高税率水平，多税率档次，以稳定税收，发挥税收在促进收入纵向公平分配方面的作用。但高税率水平尤其是高边际税率使企业和个人税负加重，对企业发展和个人劳动、储蓄、投资会产生强烈的反激励效应。现代所得税制改革的政策导向为：在扩大税基的基础上，降低税率。主要政策措施就个人所得税而言，主要是降低个人所得税税率，尤其是最高边际税率，并减少税率级距数量。就企业所得税而言，重点是降低税率，减少累进级次，向比例税率过渡。当企业所得税实行比例税率时，为照顾小企业，也可以保留小企业所适用的低税率。降低个人所得税和公司税的税率虽已成为世界各国税制发展趋势，但降低税率改革要受到财政收入的制约，一个国家只有因降低税率而损失的财政收入能够通过扩大税基得到弥补时，这种降低税率的政策导向才是可行的。

## 三、所得税优惠政策

在所得税设计时，就税基和税率而言，还涉及税收优惠政策。传统的所得税在窄税基、高税率的前提下，偏重于采取税收优惠来鼓励某些经济活动，以体现政策导向，纠正市场缺陷。但税收优惠在实践中反映出许多问题，主要体现在以下几方面：第一，侵蚀税基。税收优惠越多，就越需要用更高的税率对其余税基征税才能保证必要的财政收入，更高的税率会使经济发生扭曲；如果税率不能提高到足够水平，财政收入的不足会加剧财政收支不平衡，进而产生宏观经济问题。第二，降低效率。许多优惠政策迫于利益集团压力，而不是出于经济需要，享受优惠部门的社会经济效益并不一定好，就会影响资源配置合理性，降低社会投资效益；有些税收鼓励措施达不到预期效果，这是由于税收措施的力度不足以抵消经济上的诱因。第三，有损公平。由于个人税收减免，对纳税人不同来源所得和不同形式所得区别课税，造成税制的横向不公平，较高收入阶层广泛利用税收优惠进行逃税，产生横向不公平，使纳税人之间税收负担失去平衡，成为不公平的源泉。第四，助长逃税，使高收入纳税人转入低税负纳税合法化，给征收管理造成困难。这一切都促使人们重新审视税收优惠政策效用。现代所得税制改革的政策导向主要是限制税收优惠，实行税收中性。

## 四、所得税征收政策

在所得税设计时，就计算征收而言，主要涉及综合所得税和分类所得税政策选择，及通货膨胀的税收处理。在综合所得税和分类所得税中，传统的个人所得税实行分类所得税，主要是考虑对不同所得在税基确定和税率设计上区别对待。现代个人所得税改革的政策导向是把分类所得税改为综合所得税，使各种所得同等纳税，并有利于实行累进税率的个人所得税制。在现代经济社会，由于通货膨胀，在纳税人没有增加实际所得的情况下，其获得的名义所得却不断增加，如果实行累进税率，纳税人的所得将适用更高税率，使纳税人税负加重。为排除或削弱通货膨胀对所得税纳税人的影响，一些国家实行了所得税指数化措施，即按每年消费物价指数，自动确定应纳税所得额的适用税率和纳税扣除额，以便剔除通货膨胀造成的名义所得涨落的影响。

## 五、所得税一体化政策

在企业所得税和个人所得税同时并存的情况下，有可能引起对纳税人的同一所得在不同层次的重复征税。如对公司所得在公司层次上征收公司所得税，对分配股息在股东层次上征收个人所得税。这种经济意义上的双重征税增加了投资成本，抑制了股东投资积极性，不利于企业选择股份制方式筹资。在现代企业所得税的改革中，主要通过在公司层次上给予股息扣除，或在股东层次上通过抵免制解决。

## 本章小结

所得税是以所得额为课税对象而课征的税种的统称，具有负担的直接性、分配的累进性、征收的公开性、管理的复杂性、收入的弹性等特点。所得税依据纳税人的不同特点，可划分为企业所得税、个人所得税和资本利得税。企业所得可划分为企业所得税和公司所得税两种类型。个人所得税也可分为个人综合所得税、个人分类所得税、个人混合所得税三种类型。对资本利得税可采取视同普通所得征税、征收资本利得税、免于征税三种处理方式。对个人股息及分得的税后利润征收个人所得税，会涉及企业所得税和个人所得税的重复征税。避免重复征税的方法主要有只征收企业所得税、不征收个人所得税，征收企业所得税、并允许在个人所得税中抵免二种处理方式。在所得税制设计时主要涉及课税范围、税基、税率、征税方法等基本要素及其政策选择问题。征税范围主要涉及居民纳税人和非居民纳税人的划分，境内所得和境外所得的划分，居民纳税人和非居民纳税人的纳税义务。跨国所得主要涉及国际重复征税的原因。避免国际重复征税的方式，比较有效的方式是实行税收抵免制度。税基主要涉及应税所得的确认。税率主要涉及比例税率和累进税率选择。税收优惠政策主要涉及税收优惠形式的选择。所得税制政策涉及税基政策、税率政策、优惠政策、征收政策和一体化政策。

## 思考题

1. 所得税有哪些主要特点？
2. 资本利得税有哪些主要处理方式？
3. 按法律标准，居民纳税人和非居民纳税人如何划分？
4. 按户籍标准，居民个人和非居民个人如何划分？
5. 企业所得税和个人所得税的关系应如何处理？
6. 对独立劳动所得，如何确定来自境内或境外？
7. 对非独立劳动所得，如何确定来自境内或境外？
8. 税收优惠有哪些主要形式？
9. 所得税税基应确定什么样的政策？
10. 所得税税率应确定什么样的政策？
11. 所得税征收应确定什么样的政策？
12. 所得税的通货膨胀有哪些处理方式？

# 第十二章　企业所得税

## 第一节　概论

### 一、企业所得税的特点

企业所得税是对企业生产经营所得和其他所得征收的一种税。我国现行企业所得税具有以下特点：

（一）以所得额为征税对象

企业所得税的基本特点是以企业所得额为课税对象。企业所得额是企业从事生产经营所取得的收入总额，减去各项成本、费用等开支后的余额。以所得额为课税对象体现量能负担的原则，所得多、负担能力强的多纳税，所得少、负担能力弱的少纳税，无所得、没有负担能力的不纳税。这不同于增值税、消费税、营业税等流转税，有收入即使亏损也要缴税。

（二）纳税人为法人企业

企业所得税的纳税人为除个人独资企业、合伙企业以外的所有企业、事业单位、社会团体以及其他取得收入的组织，并以法人为纳税主体，非法人企业由法人汇总纳税。以法人为纳税主体使法人所享有的权利和承担的义务对等，并有利于不同所有制形式的法人企业公平税负、平等竞争。

（三）会计利润和应税所得分离

按财务会计制度规定计算的所得额，即会计利润，是企业收入减去成本、费用、税金、损失后的余额。而按税法制度规定计算企业所得税的所得是指应税所得，是在会计利润基础上，按税法制度规定和财务会计制度规定的差异，经过必要调整而计算的所得。也就是说，企业应按财务会计制度规定进行企业核算，但须按税法规定缴税。实行会计利润和应税所得分离，有利于保持财务会计制度和税法制度各自的相对独立性，但也增加了所得税核算和缴纳的复杂性。

（四）实行按年计征、分期预缴

通过利润所得综合反映的企业经营业绩，通常是按年度计算、衡量的。所以，企业所得税一般是以全年的应纳税所得额作为计税依据，分月或分季预缴税款，年终汇算清缴。对经营期不足一年的企业，要将经营期间的所得额换算成一年的所得额，计算应纳的所得税。

## 二、企业所得税的建立和发展

我国企业所得税制，同我国的政治、经济情况的变化相联系，大致经历了20世纪50年代建立工商所得税、80年代多种企业所得税并存、90年代合并企业所得税、新时期统一企业所得税四个时期。

（一）20世纪50年代建立工商所得税

中华人民共和国成立后，对工商企业征收所得税始于1950年1月。当时，政务院公布的《工商业税暂行条例（草案）》把工商业税分为营业税和所得税两类。其中，所得税对企业生产经营所取得的所得征税，适用于资本主义经济、国家资本主义经济、合作社经济和个体经济性质的工商企业，并实行21级全额累进税率，税率为3%～30%。而对国营企业实行利润上缴，不征所得税。

1958年9月，工商业税中的营业税独立出来，改为工商统一税，而所得税也转变为工商所得税，成为一个独立税种，适用于集体经济、个体经济、供销合作社、预算外国有企业和事业单位，以及外国人在我国境内经营的工商企业和交通运输企业。工商所得税对不同经济性质的企业区别对待，实行全额累进税率、超额累进税率和比例税率三种税率形式：对个体经济实行14级全额累进税率，税率为7%～62%，并可加征4成；对合作商店实行9级超额累进税率，税率为7%～60%，并可加征4成；对手工业合作社、交通运输合作社实行8级超额累进税率，税率为7%～55%；对供销合作社实行39%的比例税率。其他应当缴纳所得税的单位，分别按其行业性质确定适用税率。

（二）20世纪80年代多种企业所得税并存

20世纪80年代，我国在城市经济体制改革的同时，对企业所得税制进行了重大改革，改革的基本特点是按不同的经济性质分别设置税种。

1. 开征国营企业所得税

新中国成立以后，除少数没有纳入国家预算的国营企业和事业单位外，国家对国营企业普遍实行利润上缴制度，不征所得税。1984年9月，国务院发布了《国营企业所得税条例（草案）》，规定对大中型国营企业实行55%的比例税率；对国家机关、团体、军队、行政事业单位所属宾馆、招待所、饭店暂按15%的比例税率；对小型国营企业实行10%～55%的8级超额累进税率。

2. 开征集体企业所得税

1985年，国务院发布了《集体企业所得税暂行条例》，规定对实行独立核算的城乡集体所有制企业的生产经营所得和其他所得征收10%～55%的8级超额累进税率。

3. 开征私营企业所得税

1988年6月，国务院发布《私营企业所得税暂行条例》，规定对私营企业的生产经营所得和其他所得征收35%的比例税率。

4. 开征城乡个体工商业户所得税

自1985年4月集体企业改征集体企业所得税后，原工商所得税就变为只对城乡个体工商业户征收的名不副实的税种。1986年1月，国务院发布了《城乡个体工商业户所得税暂行条例》，同时取消了实行多年的工商所得税。城乡个体工商业户所得税实行7%～60%的10级超额累进税率，并允许地方政府最高可加征4成。

5. 开征中外合资经营企业所得税

1980年，全国人民代表大会通过并颁布了《中华人民共和国中外合资企业所得税法》，规定对中外合资经营企业按30%基本税率和3%地方附加征税。

6. 开征外国企业所得税

在开征中外合资经营企业所得税基础上，为体现对中外合资经营企业与中外合作经营企业、外国企业在税收政策上的差别，1981年全国人民代表大会通过并颁布了《中华人民共和国外国企业所得税法》，规定对外国企业按20%～40%的五级累进税率为基本税率，另附加征收10%地方税，基本形成了我国的涉外企业所得税制。

（三）20世纪90年代合并企业所得税

20世纪90年代，为适应建立社会主义市场经济发展的需要，促进企业公平税负、平等竞争，我国对企业所得税进行了归并。

1. 合并内资企业所得税

1993年12月13日，国务院发布《中华人民共和国企业所得税暂行条例》，规定除外商投资企业和外国企业外，在我国境内的其他各类企业均应依法缴纳企业所得税，从而实现了内资企业所得税制的合并与统一。新的企业所得税，不仅减低了税率（除少数减征的外），一律实行33%的比例税率，而且统一了税基，统一了税前列支标准。

2. 合并外商投资企业所得税

1991年4月9日，全国人民代表大会审议并通过了新的《中华人民共和国外商投资企业和外国企业所得税法》，于1991年7月起开始实施。对外商投资企业和在中国设有机构场所的外国企业按30%基本税率和3%地方附加税率征税，对在中国不设有机构场所的企业按20%征收预提所得税。

（四）21世纪统一企业所得税

在我国，内、外资企业两种企业所得税同时并存已实施了20多年，随着改革的进一步深入进行和社会经济的进一步发展，有必要把内、外资企业所得税合并，从而实现企业所得税制的真正统一，以便各类企业在公平合理的税负条件下开展竞争，促进社会主义市场经济的健康发展。2007年,全国人大审议通过了《中华人民共和国企业所得税法》(以下简称《企业所得税法》),并于2008年实施,通过统一内外资企业所得税法、规范税基、降低税率、强化征管,从而建立起了新企业所得税。

## 第二节　基本制度

### 一、纳税人

企业所得税以在我国境内成立的企业和其他取得收入的组织为纳税人。依照中国法律在中国境内成立的企业,包括依照中国法律、行政法规在中国境内成立的企业、事业单位、社会团体以及其他取得收入的组织。

个人独资企业、合伙企业不适用企业所得税,而是征收个人所得税。这是因为个人独资企业、合伙企业是指根据《中华人民共和国个人独资企业法》和《中华人民共和国合伙企业法》规定设立的负有无限责任的企业。由于企业财产和个人财产不可分离,无法区分企业所得和个人所得,因此,是对个人独资、合伙企业征收个人所得税,而不是企业所得税。

我国企业所得税以法人为纳税主体,非法人企业不作为独立纳税人,而由法人汇总纳税。法人是相对自然人而言,是指拥有独立支配的财产,能够以自己的名义独立地参加民事活动,为自己取得民事权利和承担义务的社会组织。法人主要被区分为企业法人与非企业法人两大类。企业法人是从事商品生产经营活动,以获取利润、创造社会财富、扩大社会积累为目的的法人,包括从事工业、农业、建筑业、运输业、商业、服务业的经济组织。

### 二、纳税义务

在我国,缴纳企业所得税的企业分为居民企业和非居民企业。居民企业和非居民企业各自的法律地位不同,所承担的纳税义务也是不同的。

(一) 居民企业和非居民企业

1. 居民企业

居民企业是指依法在中国境内成立,或者依照外国(地区)法律成立但实际管理机构在中国境内的企业。实际管理机构,是指对企业的生产经营、人员、财务、财产等实施实质性全面管理和控制的机构。实际管理机构要同时符合以下三个方面的条件:一是对企业有实质性管理或控制的机构;二是对企业实行全面的管理和控制的机构;三是管理和控制的内容是企业的生产经营、人员、财务、财产等。上述三个条件必须同时具备,才能被认定为实际管理机构。

我国采用注册地和实际管理机构所在地的双重标准来判断居民企业和非居民企业,采取了适当扩展实际管理机构范围的做法,将其规定为对企业的生产经营、人员、账务、财产等实施实质性全面管理和控制的机构,贯彻了实质重于形式原则,有利于维护国家税收权益,防止纳税人通过一些主观安排逃避纳税义务。管理机构所在地的具体判断标准,将根据征管实践由部门规章解决。

2. 非居民企业

非居民企业是指依照外国(地区)法律成立,而且实际管理机构不在中国境内,但在中国境内设立机构、场所的,或者在中国境内未设立机构、场所,但有来源于中国境内所得的企业。

机构、场所是指:管理机构、营业机构、办事机构;工厂、农场、开采自然资源的场所;提供劳务的场所;从事建筑、安装、装配、修理、勘探等工程作业的场所;其他从事生产经营活动的机构、场所。非居民企业委托营业代理人在中国境内从事生产经营活动的,包括委托单位或者个人经常代其签订合同,或者储存、交付货物等,该营业代理人视为非居民企业在中国境内设立的机构、场所。

(二)纳税义务

1. 居民企业纳税义务

居民企业负有全面纳税义务,应当就其来源于中国境内、境外的所得缴纳企业所得税。

2. 非居民企业纳税义务

非居民企业在中国境内设立机构、场所的,应当就其所设机构、场所取得的来源于中国境内的所得,以及发生在中国境外但与其所设机构、场所有实际联系的所得缴纳企业所得税。实际联系是指非居民企业在中国境内设立的机构、场所拥有据以取得所得的股权、债权,以及拥有、管理、控制据以取得所得的财产等。非居民企业在中国境内未设立机构、场所的,或者虽设立机构、场所但取得的所得与其所设机构、场所没有实际联系的,应当就其来源于中国境内的所得缴纳企业所得税。

## 三、课税基础

企业所得税以所得为课税对象。所得包括销售货物所得、提供劳务所得、转让财产所得、股息红利所得、利息所得、租金所得、特许权使用费所得、接受捐赠所得和其他所得。所得又分为中国境内所得和中国境外所得。境内所得和境外所得按以下原则划分:第一,销售货物所得,按照交易活动发生地确定;第二,提供劳务所得,按照劳务发生地确定;第三,转让财产所得,不动产转让所得按照不动产所在地确定,动产转让所得按照转让动产的企业或者机构、场所所在地确定,权益性投资资产转让所得按照被投资企业所在地确定；第四，股息、红利等权益性投资所得，按照分配所得的企业所在地确定；第五，利息所得、租金所得、特许权使用费所得，按照负担、支付所得的企业或者机构、场所所在地确定，或者按照负担、支付所得的个人的住所地确定；第六，其他所得，由国务院财政、税务主管部门确定。

### 四、税率结构

我国企业所得税实行比例税率，具体分为基本税率、照顾税率和预提所得税税率三类。

（一）基本税率

居民企业，以及在中国境内设有机构、场所，取得与该机构、场所有实际联系的所得按25%比例税率征税。

（二）照顾税率

为了照顾众多小型企业和微利企业的实际困难，也参照国际上一些国家对小企业采用较低税率征税的优惠办法，对小型微利企业采用20%比例税率。符合规定条件的小型微利企业，是指同时符合以下条件的企业：

(1) 制造业，年度应纳税所得额不超过30万元，从业人数不超过100人，资产总额不超过3 000万元。

(2) 非制造业，年度应纳税所得额不超过30万元，从业人数不超过80人，资产总额不超过1 000万元。

（三）预提所得税税率

预提所得税税率为20%，但实际操作按10%征税。主要适用于非居民企业在我国境内未设立机构、场所而取得的来源于我国境内的所得，或者虽设有机构、场所，但取得的所得与该机构、场所没有实际联系的所得。

## 第三节　应税收入

企业所得税以每一纳税年度的收入总额，减除不征税收入、免税收入、各项扣除以及允许弥补的以前年度亏损后的余额，为应纳税所得额。企业收入包括以货币形式和非货币形式从各种来源取得的收入。

### 一、收入范围

企业收入在内容上一般包括销售货物收入、提供劳务收入、转让财产收入、利息收入、租赁收入、特许权使用费收入、接受捐赠收入和其他收入；在形式上包括货币形式收入和非货币形式收入。货币形式收入包括现金、应收账款、应收票据以及准备持有至到期的债券投资等。非货币形式收入是指货币形式以外的收入,包括存货、固定资产、无形资产、股权投资、劳务、不准备持有至到期的债券投资以及债务的豁免等。

(1) 销售货物收入,即企业销售商品、产品、原材料、包装物、低值易耗品及其他存货取得的收入。

(2) 提供劳务收入,即企业从事建筑安装、修理修配、交通运输、仓储租赁、金融保险、邮电通信、咨询经纪、文化体育、科学研究、技术服务、教育培训、餐饮住宿、中介代理、卫生保健、社区服务、旅游、娱乐、加工和其他劳务服务活动取得的收入。

(3) 转让财产收入,即企业转让固定资产、无形资产、股权、债权等所取得的收入。

(4) 股息、红利等权益性投资收益,即企业权益性投资从被投资方分配取得的收入,包括股息、红利、联营分利等。

(5) 利息收入,即企业将资金提供他人使用或他人占用本企业资金所取得的利息收入,包括存款利息、贷款利息、债券利息、欠款利息等收入。

(6) 租金收入,即企业提供固定资产、包装物和其他资产的使用权取得的收入。

(7) 特许权使用费收入,即企业提供专利权、非专利技术、商标权、著作权以及其他特许权的使用权而取得的收入。

(8) 接受捐赠收入,即企业接受捐赠的货币和非货币资产。

(9) 其他收入,即企业取得的除上述各项收入以外的一切收入,包括企业资产溢余收入、逾期未退包装物押金收入、确实无法偿付的应付款项、已作坏账损失处理后又收回的应收款项、债务重组收入、补贴收入、违约金收入、汇兑收益等。

企业发生非货币性资产交换,以及将货物、财产、劳务用于捐赠、偿债、赞助、集资、广告、样品、职工福利或者利润分配等用途的,除国务院财政、税务主管部门另有规定外,应当视同销售货物、转让财产或者提供劳务,作收入处理。

## 二、收入实现

企业收入原则上应遵循权责发生制和实质重于形式原则确认。

(1) 销售货物,在发出货物并取得货款或取得收款凭证时确定为收入实现。以分期收款方式销售产品或者商品的,按照合同约定的收款日期确认收入的实现。

(2) 提供劳务,在同一会计年度内开始并完成的,应在劳务完成并取得价款或取得收款凭证时确认收入。受托加工制造大型机械设备、船舶、飞机,以及从事建筑、安装、装配工程业务或者提供其他劳务等,持续时间超过 12 个月的,按照纳税年度内完工进度或者完成的工作量确认收入的实现。

(3) 利息收入,按照合同约定的债务人应付利息的日期确认收入的实现。

（4）特许权使用费收入，按照合同约定的特许权使用人应付特许权使用费的日期确认收入的实现。

（5）股息、红利等权益性投资收益，除国务院财政、税务主管部门另有规定外，按照被投资方作出利润分配决定的日期确认收入的实现。

（6）企业收到的税收返还款，应当计入实际收到退税款项当年的收入总额。

（7）企业已作为支出、亏损或坏账处理的应收款项，在以后年度全部或部分收回时，应当计入收回年度的收入总额。

（8）企业取得财产（包括各类资产、股权、债权等）转让收入、债务重组收入、接受捐赠收入、无法偿付的应付款收入等，不论是以货币形式还是非货币形式体现，除另有规定外，均应一次性计入确认收入的年度。

### 三、不征税收入

不征税收入是指从性质和根源上不属于企业营业性活动带来的经济利益、不负有纳税义务并不作为应纳税所得额组成部分的收入。不征税收入与免税收入虽然都不予征税，但免税收入是指属于企业的应税所得但按照税法规定免予征收企业所得税的收入。《企业所得税法》规定的不征税收入包括：

（1）财政拨款，即各级政府通过预算对事业单位、社会团体等拨付的人员经费和事业发展财政资金，但国务院财政、税务主管部门另有规定的除外。财政拨款不包括财政补贴、税收返还。

（2）依法收取并纳入财政管理的行政事业性收费、政府性基金。其中，行政性收费是指依照法律法规等有关规定，按照国务院规定程序批准，在实施社会公共管理，以及在向公民、法人或者其他组织提供特定公共服务过程中，向特定对象收取并纳入财政管理的费用；政府性基金是指企业依照法律、行政法规等有关规定，代政府收取的具有专项用途的财政资金。

（3）国务院规定的其他不征税收入，即企业取得的，由国务院财政、税务主管部门规定专项用途并经国务院批准的财政性资金。

## 第四节　税前扣除

### 一、扣除项目的确定原则

企业在生产经营活动中所发生的费用支出可分为经营性支出和资本性支出。其中，资本性支出应按税法规定分期折旧、摊销或计入有关投资的成本，不得在发生当期

直接扣除。经营性支出可在税前直接扣除。经营性支出税前扣除项目和金额要求真实、合法,确认一般应遵循以下原则:

（一）权责发生制原则

企业应在费用发生时而不是实际支付时确认扣除。

（二）相关性原则

企业可扣除的费用从性质和根源上必须是企业实际发生,并与取得应税收入直接相关的支出。

（三）确定性原则

企业可扣除的费用不论何时支付,其金额必须是确定的、可计量的。

（四）合理性原则

企业可扣除费用的计算和分配方法应符合经营活动常规应计入资产成本或当期损益的必要与正常的支出。

（五）配比原则

企业发生的可扣除费用应与收入相匹配,在费用应分配的当期申报扣除,不得提前或滞后申报扣除。

（六）历史成本原则

纳税人的存货、固定资产、无形资产和投资等各项资产成本的确定应以历史成本为准。

## 二、扣除项目的基本范围

在计算应税所得额时准予从收入额中扣除的项目,是指企业每一纳税年度发生的与取得应纳税收入有关的、合理的支出。企业实际发生的与生产经营有关的支出,是指企业发生的支出必须与企业获得的应税收入具有关系,是取得收入必要的代价。企业实际发生的合理的支出,是指符合经营活动常规和会计惯例的必要与正常的支出。扣除项目包括成本、费用、税金和损失。成本、费用是指企业在纳税年度内为了获取生产、经营收入而耗费的,与向所有者分配利润无关的各项支出。

（一）成本

成本是指企业在生产经营活动中发生的销售成本、销货成本、业务支出以及其他耗费。

1. 成本类型

企业必须将经营活动中发生的成本合理划分为直接成本和间接成本。直接成本是可直接计入有关成本计算对象或劳务的经营成本中的直接材料、直接人工等。间接成本是指多个部门为同一成本对象提供服务的共同成本，或者同一种投入可以制造、提供两种或两种以上产品或劳务的联合成本。

2. 成本内容

外购存货的实际成本包括购货价格、购货费用和税金。计入存货成本的税金是指购买、自制或委托加工存货发生的消费税、关税、资源税和不能从销项税额中抵扣的增值税进项税额。企业自制存货的成本包括制造费用等间接费用。

3. 成本计价方法

企业的各种存货应以取得时的实际成本计价。各项存货的发出或领用的成本计价方法，可以在先进先出法、加权平均法和个别计价法中选用一种，确认存货的实际成本。企业的成本计算方法一经确定，不得随意改变；确实需要改变计价方法的，应当在下一纳税年度开始前报主管税务机关批准。

（二）费用

费用是指企业在生产经营活动中发生的销售费用、管理费用和财务费用，已经计入成本的有关费用除外。

1. 销售费用

销售费用是指应由企业负担的为销售商品而发生的费用，包括广告费、运输费、装卸费、包装费、展览费、保险费、销售佣金(能直接认定的进口佣金调整商品进价成本)、代销手续费、经营性租赁费及销售部门发生的差旅费、工资、福利费等费用。

2. 管理费用

管理费用是指企业的行政管理部门为管理组织经营活动提供各项支援性服务而发生的费用。除经国家税务总局或其授权的税务机关批准外，企业不得列支向其关联企业支付的管理费。

3. 财务费用

财务费用是指企业筹集经营性资金而发生的费用，包括利息净支出、汇兑净损失、金融机构手续费以及其他非资本化支出。

（三）税金

税金是指企业发生的除企业所得税和允许抵扣的增值税以外的各项税金及其附加。包括企业缴纳的消费税、关税、资源税和城市维护建设税、教育费附加等产品销售税金及附加，以及土地增值税等。企业缴纳的房产税、车船使用税、土地使用税、印花税等已经计入管理费，不再作税金单独扣除。企业缴纳的增值税因其属于价外税不在扣除之列。

（四）损失

损失是指企业在生产经营活动中发生的固定资产和存货的盘亏、毁损、报废损失，转让财产损失，呆账损失，坏账损失，自然灾害等不可抗力因素造成的损失以及其他损失。

（五）其他支出

其他支出是指企业经营活动过程中发生的，除成本、费用、税金和损失以外的其他有关合理支出。

企业发生的支出应区分为经营性支出和资本性支出。资本性支出不得在发生当期直接扣除，应按税收法律、行政法规的规定分期折旧、摊销或计入有关投资的成本。除税收法律、行政法规另有规定外，企业实际发生的成本、费用、税金、损失和其他支出，不得重复扣除。在确定企业的扣除项目时，企业的财务会计处理与税法规定不一致的，应依照税法规定予以调整，按税法规定允许扣除的金额，准予扣除。

## 三、扣除范围和标准

（一）工资、薪金

企业实际发放的合理的职工工资、薪金可以在税前扣除。合理的工资、薪金是指企业按照股东大会、董事会、薪酬委员会或相关管理机构制定的工资薪金制度规定实际发放给员工的工资薪金。

1. 工资、薪金

工资、薪金是指企业每一纳税年度支付给在本企业任职或者受雇的员工的所有现金形式或者非现金形式的劳动报酬，包括基本工资、奖金、津贴、补贴、年终加薪、加班工资，以及与员工任职或者受雇有关的其他支出。

2. 职工范畴

职工是指与企业订立劳动合同的所有人员，含全职、兼职和临时职工，也包括虽未与企业订立劳动合同但由企业正式任命的人员，如董事会成员、监事会成员等。在企业的计划和控制下，虽未与企业订立劳动合同或未由其正式任命，但为其提供与职工类似服务的人员，也纳入职工范畴，包括劳务用工合同人员等。职工不包括以下人员：应从职工福利费中列支工资薪金的医务室、职工浴室、理发室、幼儿园、托儿所人员；已领取养老保险金、失业救济金的离退休职工、下岗职工、待岗职工；已出售的住房或租金收入计入住房周转金的出租房的管理服务人员。

3. 股权激励

股权激励是指《上市公司股权激励管理办法》中规定的上市公司以本公司股票为标的，对其董事、监事、高级管理人员及其他员工进行的长期性激励。股权激励实行方式包括授予限制性股票、股票期权以及其他法律、法规规定的方式。

(1) 对股权激励计划实行后立即可以行权的，上市公司可以根据实际行权时该股票的公允价格与激励对象实际行权支付价格的差额和数量，计算确定作为当年上市公司工资、薪金支出，依照税法规定进行税前扣除。

(2) 对股权激励计划实行后需待一定服务年限或者达到规定业绩条件方可行权的，上市公司于等待期内会计上计算确认的相关成本费用，不得在对应年度计算缴纳企业所得税时扣除。在股权激励计划可行权后，上市公司方可根据该股票实际行权时的公允价格与当年激励对象实际行权支付价格的差额及数量，计算确定作为当年上市公司工资、薪金支出，依照税法规定进行税前扣除。

上述所指股票实际行权时的公允价格，以实际行权日该股票的收盘价格确定。

(二) 职工福利费、职工教育经费和工会经费

1. 职工福利费

企业实际发生的满足职工共同需要的集体生活、文化、体育等方面的职工福利费支出，不超过工资薪金总额14%的部分准予扣除。

2. 职工教育经费

企业发生的职工教育经费支出，在工资总额8%以内准予据实扣除。超过部分，准予在以后纳税年度结转扣除。

3. 工会经费

企业发生的工会经费支出，在工资总额2%以内准予据实扣除。

**例 12－1**　某企业年度实发工资、奖金1 000万元，福利经费、工会经费和职工教育经费200万元。

要求：计算年末该企业调整福利、工会和职工教育经费三项费用增加或减少的应纳税所得额。

调整三项费用增加应纳税所得额＝200－1 000×(14%＋2.5%＋2%)＝15(万元)

注：假定工资为合理工资支出。

(三) 社会保险费

1. 基本保险

企业依照国务院有关主管部门或者省级人民政府规定的范围和标准为职工缴纳的基本养老保险费、基本医疗保险费、失业保险费、工伤保险费、生育保险费等基本社会保险费和住房公积金，准予扣除。

2. 补充保险

企业为投资者或者职工支付的补充养老保险费、补充医疗保险费，在国务院财政、税务主管部门规定的范围和标准内，准予扣除。

3. 商业保险

除企业依照国家有关规定为特殊工种职工支付的人身安全保险费和国务院财政、

税务主管部门规定可以扣除的其他商业保险费外，企业为投资者或者职工支付的商业保险费，不得扣除。

（四）借款利息

企业经营期间发生的合理利息支出可以扣除。企业为购建资产发生的利息支出，在达到预定可使用状态前应计入资产成本。

（1）企业经营期间发生的合理的借款费用可以扣除。借款费用是企业为经营活动的需要承担的、与借入资金相关的利息费用，包括：长期、短期借款的利息；与债券相关的折价或溢价的摊销；安排借款时发生的辅助费用的摊销；与借入资金有关，作为利息费用调整额的外币借款产生的差额。企业发生的经营性借款费用，符合税法和条例对利息水平限定条件的，可以直接扣除。

① 非金融企业向金融企业借款的利息支出、金融企业的各项存款利息支出和同业拆借利息支出、企业经批准发行债券的利息支出准予扣除。

② 非金融企业向非金融企业借款的利息支出，不高于按照金融机构同类、同期贷款利率计算的数额以内的部分，准予扣除。

③ 关联企业借款利息。企业从其关联方接受的债权性投资与权益性投资的比例超过规定标准而发生的利息支出，不得在计算应纳税所得额时扣除，其接受关联方债权性投资与其权益性投资的比例，金融企业为5∶1，其他企业为2∶1。但是如果企业能够按照规定提供相关资料，并证明相关交易活动符合独立交易原则的，或者该企业的实际税负不高于境内关联方的，其实际支付给境内关联方的利息支出，在计算应纳税所得额时准予扣除。

④ 企业向自然人借款的利息支出。企业向股东或其他与企业有关联关系的自然人借款的利息支出，应根据《财政部国家税务总局关于企业关联方利息支出税前扣除标准有关税收政策问题的通知》中规定的条件，计算企业所得税扣除额。企业向上述规定以外的内部职工或其他人员借款的利息支出，其借款情况同时符合以下条件的，利息支出不超过按照金融企业同期同类贷款利率计算的数额的部分，准予扣除。条件一：企业与个人之间的借贷是真实、合法、有效的，并且不具有非法集资目的或其他违反法律、法规的行为；条件二：企业与个人之间签订了借款合同。

（2）企业为购置、建造和生产固定资产、无形资产和经过12个月以上的建造才能达到预定可销售状态的存货发生借款，在有关资产购建期间发生的合理的借款费用，应当作为资本性支出计入有关资产的成本。企业借款未指明用途的，其借款费用应按经营性活动和资本性支出占用资金的比例，合理计算应计入有关资产成本的借款费用和可直接扣除的借款费用。

（3）企业为对外投资而借入的资金发生的借款费用，应计入有关投资的成本，不得作为企业的经营性费用在税前扣除。

**例 12－2**　某企业年度在财务费用中发生以下几笔利息支出：一是因生产经营需要向金融机构借款 1 000 万元，借期为 1 年，年利息支出 80 万元，向非金融机构发生同期同类借款 1 200 万元，年利息支出 150 万元；二是因工程项目需要向金融机构借款 2 000 万元，借期为 3 年，年利息支出 200 万元，向非金融机构发生同期同类借款 2 500 万元，年利息支出 300 万元，工程已于当年 6 月 30 日完工。

要求：计算该企业利息支出增加或减少的应纳税所得额。

调整利息支出增加应纳税所得额＝(150－1 200×8%)＋200×50%＋(300－2 500×10%×50%)

＝329(万元)

注：金融机构生产经营借款利率＝80/1 000×100%＝8%

金融机构工程项目借款利率＝200/2 000×100%＝10%

（五）汇兑损益

企业在生产、经营期间发生的人民币以外的货币存、借，以及结算的往来款项增减变动时，由于汇率变动而与记账本位币折合发生的汇兑损失，准予扣除。企业在筹建期间发生的与购建固定资产无关的外币借款的汇兑损失，应作为长期待摊费用，按规定扣除。企业在生产经营期间发生的与购建固定资产无关的外币借款的汇兑损失，可以直接扣除。企业发生的与购建固定资产直接相关的外币借款的汇兑损失，应当计入固定资产成本。汇兑损失的计算以企业纳税年度终了之日的汇率为准。

（六）公益性捐赠支出

企业发生的公益性捐赠支出，在年度利润总额 12%以内的部分，准予在计算应纳税所得额时扣除。超过部分，可在以后 3 年内继续扣除。年度利润是指企业的年度会计利润。

1. 公益性捐赠支出对象

公益性捐赠是指企业通过公益性社会团体或者县级以上人民政府及其部门，用于《中华人民共和国公益事业捐赠法》规定的公益事业的捐赠。包括：第一，救助灾害、救济贫困、扶助残疾人等困难的社会群体和个人的活动；第二，教育、科学、文化、卫生、体育事业；第三，环境保护、社会公共设施建设；第四，促进社会发展和进步的其他社会公共和福利事业。

2. 公益性社会团体条件

公益性社会团体是指同时符合下列条件的基金会、慈善组织等社会团体：第一，依法登记，具有社团法人资格；第二，以发展公益事业为宗旨，且不以营利为目的；第三，全部资产及其增值为该法人所有；第四，收益和营运结余主要用于符合该法人设立目的的事业；第五，终止后的剩余财产不归属任何个人或者营利组织；第六，不经营与其设立目的无关的业务；第七，有健全的财务会计制度；第八，捐赠者不以任何形式参与社会团体财产的分配；第九，国务院财政、税务主管部门会同国务院民政部门等登记管理部门规定的其他条件。

（七）业务招待费

企业发生的与生产经营活动有关的业务招待费支出，由企业提供确定记录或单据，经核准后按照发生额的60%扣除，但最高不得超过当年销售（营业）收入的5‰，超过部分不能在税前扣除。从事股权投资业务的企业，从其被投资企业所分配股息、红利以及股权转让收入，可按规定比例计算扣除转让限额。

**例 12－3** 某企业年度产品销售收入7 100万元（不含增值税），同生产经营有关的业务招待费70万元在管理费中列支。

要求：计算年末该企业调整业务招待费增加或减少应纳税所得额。

业务招待费列支的最高限额＝7 100×5‰＝35.5（万元）

按实际发生额的60%计算的业务招待费＝70×60%＝42（万元）

调整业务招待费增加应纳税所得额＝70－35.5＝34.5（万元）

注：由于按实际发生额的60%计算的业务招待费大于最高限额，因此，按最高限额35.5万元在税前列支调整应税所得；如果按实际发生额的60%计算的业务招待费小于最高限额，则按实际发生额的60%，即42万元在税前列支调整应税所得。

（八）广告费

企业发生的符合条件的广告费和业务宣传费支出，除国务院财政、税务主管部门另有规定外，不超过当年销售（营业）收入15%的部分准予据实扣除，超过部分可以向以后纳税年度结转扣除。符合条件的广告支出，是指符合下列条件的广告支出：第一，广告是通过经工商部门批准的专门机构制作的；第二，广告是通过传播媒体刊登或播出的；第三，已实际支付费用，并已取得相应发票的；第四，企业向境外机构或个人支付的广告费，数额巨大的，必须由中介机构出具证明。

**例 12－4** 某企业年度产品销售收入7 100万元（不含增值税），在费用中支出广告费1 150万元。

要求：计算年末该企业调整广告费增加或减少应纳税所得额。

调整广告费增加应纳税所得额＝1 150－7 100×15%＝85（万元）

（九）固定资产租赁费

1. 经营性租赁

企业以经营租赁方式租入固定资产而发生的租赁费，可以根据受益时间据实均匀扣除。

2. 融资性租赁

企业以融资租赁方式租入固定资产发生的租赁费不得直接扣除，而应计入资产价值，以折旧的形式分期扣除。承租方支付的手续费，以及安装交付使用后支付的利息等，可在支付时直接扣除。融资租赁是指在实质上转移与一项资产所有权有关的全部风险和报酬的一种租赁，发布符合下列条件之一：第一，在租赁期满时，租赁资产的所有权转让给承租方；第二，租赁期为资产使用年限的大部分（占 75%或以上）；第三，租赁期内租赁最低付款额大于或基本等于租赁开始日资产的公允价值。

**例 12－5**　某生产企业年度生产成本、费用中发生的租赁费为 500 万元。其中经营性租赁发生的租赁费为 300 万元，租赁期为 1 年，从当年 4 月 1 日起计算；融资性租赁发生的租赁费为 200 万元。

要求：计算年末该企业调整租赁费增加或减少应纳税所得额。

调整租赁费增加应纳税所得额＝300×25%＋200＝275（万元）

（十）坏账损失和坏账准备金

金融企业依据规定计提的呆账准备，准予计算应纳税所得额时扣除。金融企业凡符合规定核销条件的呆账损失，首先应冲减已在税前扣除的呆账准备，不足冲减部分按照实际发生额在企业所得税前扣除。金融企业收回已核销的呆账损失时，应相应调增其应纳税所得额。金融企业呆账损失税前扣除的具体审核确认办法，由国务院财政、税务主管部门另行规定。金融企业以外的企业发生的坏账损失，原则上应按实际发生额据实扣除。

（十一）资产损失

企业在生产经营活动中发生的固定资产和存货的盘亏、毁损、报废损失，转让财产损失，呆账损失，坏账损失，自然灾害等不可抗力因素造成的损失以及其他损失，经主管税务机关审核后可以扣除。企业已作为支出或坏账损失处理的应收款项，在以后年度全部或部分收回时，应计入收回年度的应纳税所得额。

（十二）专项资金

企业依照法律、行政法规的有关规定提取的用于环境保护、生态恢复等方面的专项资金，准予扣除。上述专项资金提取后改变用途的，不得扣除。

（十三）劳动保护支出

企业实际发生的合理的劳动保护支出，可以扣除。劳动保护支出是指确因工作需要为雇员配备或提供工作服、手套、安全保护用品、防暑降温用品等所发生的支出。

（十四）转让财产的费用

企业转让财产发生的费用，准予扣除。

（十五）企业参加的财产保险

按照规定缴纳的保险费用，准予扣除。保险公司给予企业的无赔款优待，应计入该企业当年应纳税所得额。

（十六）商业罚款

企业按照合同规定支付的违约金、银行罚息、罚款和诉讼费可以扣除。

（十七）差旅费、会议费、董事会费

企业发生的与其经营活动有关的合理的差旅费、会议费、董事会费，能够提供证明其真实性的合法凭证的，可在税前扣除。

（十八）佣金

企业发生的佣金符合下列条件的，可计入销售费用：第一，有合法真实凭证；第二，支付的对象必须是独立的有权从事中介服务的企业或个人（支付对象不含本企业雇员）；第三，支付给个人的佣金，除另有规定者外，不得超过服务金额的5%。

## 四、不得扣除的项目

在计算应纳税所得额时，下列项目不得从收入总额中扣除：

(1) 向投资者支付的股息、红利等权益性投资收益款项，即企业向股权投资者支付的股息、红利、分配利润和其他形式的经济利益。

(2) 企业所得税税款，即企业按照税法规定纳税年度内预缴或补缴的企业所得税税款。

(3) 税收滞纳金，即企业违反税收法律、行政法规，被处以的滞纳金。

(4) 罚金、罚款和被没收财物的损失，即企业生产经营违反国家法律和规章，被有关部门处以罚款，以及被没收财物的损失。

(5) 赞助支出，即企业发生的各种非广告性质的赞助支出。

(6) 未经核定的准备金支出，即除国务院财政、税务主管部门核准可以提取准备金的金融企业以外，其他企业提取的各项存货跌价准备金、短期投资跌价准备金、长期投资减值准备金、风险准备基金（包括投资风险准备基金），以及国家税收法规规定可提取的准备金之外的任何形式的准备金。

(7) 自然灾害或意外事故损失有赔偿的部分，即企业参加保险之后，因遭受自然灾害或事故而由保险公司给予的赔偿。一般赔偿不计入所得，损失也不在税前扣除。

(8) 企业之间支付的管理费、企业内营业机构之间支付的租金和特许权使用费，以及非银行企业内营业机构之间支付的利息。但非居民企业在中国境内设立的机构、场所，就其中国境外总机构发生的与该机构、场所生产经营有关的费用，能够提供总机构出具的费用汇集范围、定额、分配依据和方法等证明文件，并合理分摊的，准予扣除。

(9) 与取得收入无关的其他各项支出，即除上述各项支出之外，国务院财政、税务主管部门规定的与企业取得收入无关的各项支出。

## 第五节 资产处理

资产是由于资本投资而形成的企业的各项资产，包括固定资产、生物资产、无形资产、长期待摊费用、投资资产、存货等。企业的各项资产，以历史成本为计税基础。历史成本是指企业取得该项资产时实际发生的支出。企业持有各项资产期间产生资产增值或损失，除已按税法规定确认损益外，不得调整有关资产的入账价值。对于资本性支出，以及无形资产受让、长期待摊费用，不允许作为成本、费用从企业的收入总额中作一次性扣除，而只能采取分次计提折旧或分次摊销的方式予以列支。

### 一、固定资产的税务处理

固定资产是指企业为生产产品、提供劳务、出租或者经营管理而持有的、使用时间超过 12 个月的非货币性资产，包括房屋、建筑物、机器、机械、运输工具以及其他与生产经营活动有关的设备、器具、工具等。

#### (一) 固定资产计税基础

固定资产按照以下方法确定计税基础：

(1) 外购的固定资产，以购买价款和支付的相关税费以及直接归属于使该资产达到预定用途发生的其他支出为计税基础。

(2) 自行建造的固定资产，以竣工决算前发生的支出为计税基础。

(3) 融资租入的固定资产，以租赁合同约定的付款总额和承租人在签订租赁合同过程中发生的相关费用为计税基础；租赁合同未约定付款总额的，以该资产的公允价值和承租人在签订租赁合同过程中发生的相关费用为计税基础。

(4) 盘盈的固定资产，以同类固定资产的重置完全价值为计税基础。

(5) 通过捐赠、投资、非货币性资产交换、债务重组等方式取得的固定资产，以该资产的公允价值和支付的相关税费为计税基础。

(6) 改建的固定资产，除已足额提取折旧的固定资产的改建支出以及租入固定资产的改建支出作为长期待摊费用外，以改建过程中发生的改建支出增加计税基础。

#### (二) 固定资产折旧范围

1. 可以提取折旧的固定资产

(1) 房屋、建筑物；

(2) 在用的机器设备、运输车辆、器具、工具；

(3) 季节性停用和修理停用的机器设备；

(4) 以经营租赁方式租出的固定资产和以融资租赁方式租入的固定资产。

2. 不得提取折旧的固定资产

(1) 房屋、建筑物以外未投入使用的固定资产；

(2) 以经营租赁方式租入的固定资产；

(3) 以融资租赁方式租出的固定资产；

(4) 已足额提取折旧仍继续使用的固定资产；

(5) 与经营活动无关的固定资产；

(6) 单独估价作为固定资产入账的土地；

(7) 其他不得计算折旧扣除的固定资产。

(三) 固定资产折旧方法

固定资产按照直线法计算的折旧准予扣除。企业应当自固定资产投入使用月份的次月起计算折旧；停止使用的固定资产，应当自停止使用月份的次月起停止计算折旧。企业应当根据固定资产的性质和使用情况，合理确定固定资产的预计净残值。固定资产的预计净残值一经确定，不得变更。除另有规定外，固定资产的折旧采用直线法。

(四) 计提折旧年限

企业固定资产折旧的最短年限如下：

(1) 房屋、建筑物为 20 年。房屋、建筑物是指经营活动使用和为生活、福利服务的房屋、建筑物及其他房屋等。

(2) 飞机、火车、轮船、机器、机械和其他生产设备为 10 年。

(3) 与生产、经营业务有关的器具、工具、家具等为 5 年。

(4) 飞机、火车、轮船以外的运输工具为 4 年。包括汽车、电车、拖拉机、摩托车(艇)、机帆船、帆船以及其他运输工具。

(5) 电子设备为 3 年。电子设备是指由集成电路、晶体管、电子管等电子元器件组成，应用电子技术(包括)软件发挥作用的设备，包括电子计算机以及由电子计算机控制的机器人、数控或者程控系统等。

(五) 加速折旧

企业的固定资产由于技术进步产品更新换代较快，以及常年处于强震动、高腐蚀状态，确需加速折旧的，可以缩短折旧年限或者采取加速折旧的方法。需缩短折旧年限或者采取加速折旧方法的固定资产，由企业提出申请，经主管税务机关批准后，可以采取缩短折旧年限或采取加速折旧的方法。采取缩短折旧年限方法的，最低折旧年限不得低于规定折旧年限的60%；采取加速折旧方法的，可以采取双倍余额递减法或者年数总和法。

(六)设备、器具扣除

为引导企业加大设备、器具投资力度，对于企业在2018年1月1日至2020年12月31日期间新购进的设备、器具，单位价值不超过500万元的，允许一次性计入当期成本费用，在计算应纳税所得额时扣除，不再分年度计算折旧。

## 二、无形资产的税务处理

无形资产是指企业为生产商品、提供劳务、出租给他人，或为管理目的而持有的、没有实物形态的非货币性长期资产，包括专利权、商标权、著作权、土地使用权、非专利技术、商誉等。在计算应纳税所得额时，企业按照规定计算的无形资产摊销费用，准予扣除。

(一) 无形资产的计税基础

无形资产按照以下方法确定计税基础：

(1) 外购的无形资产，以购买价款和支付的相关税费以及直接归属于使该资产达到预定用途发生的其他支出为计税基础。

(2) 自行开发的无形资产，以开发过程中该资产符合资本化条件后至达到预定用途前发生的支出为计税基础。

(3) 通过捐赠、投资、非货币性资产交换、债务重组等方式取得的无形资产，以该资产的公允价值和支付的相关税费为计税基础。

(二) 无形资产的摊销

在经营活动中，无形资产按规定计算的摊销额，可以在计算应纳税所得额时扣除。无形资产的摊销，应当采用直线法计算。作为投资或者受让的无形资产，在协议、合同中规定使用年限的，可以按照协议、合同规定使用年限分期摊销。没有约定年限的，摊销年限不得少于10年。外购商誉的支出不得摊销，但可在企业整体转让或者清算时，准予扣除。

## 三、长期待摊费用的税务处理

长期待摊费用是指不能全部计入当年损益，应当在以后年度内分期摊销的各项费用。在计算应纳税所得额时，企业发生的下列支出作为长期待摊费用，按照规定摊销的，准予扣除：

(一) 固定资产改扩建支出

固定资产的改建支出是指改变房屋或者建筑物结构、延长使用年限等发生的支出。固定资产改建支出分别按以下规定摊销：

（1）已足额提取折旧的固定资产的改建支出，按照固定资产预计尚可使用年限摊销。

（2）租入固定资产的改建支出，按照合同约定的剩余租赁期摊销。

（3）上述以外固定资产的改建延长固定资产使用年限的，应当适当延长折旧年限，并相应调整计算折旧。

（二）固定资产大修理支出

固定资产大修理支出是指符合以下条件的支出，按照固定资产尚可使用年限确定摊销期限：

（1）发生的支出达到固定资产的计税基础50%以上。

（2）发生修理后固定资产的使用寿命延长2年以上。

（三）其他应当作为长期待摊费用的支出

其他长期待摊费用自支出发生月份的次月起分期摊销，摊销年限不得低于3年。

## 四、存货的税务处理

存货是指企业在日常活动中持有以备出售的产成品或商品、处在生产过程中的在产品、在生产过程或提供劳务过程中耗用的材料和物料等。企业领用或者销售存货，按照规定计算的存货成本，可以在计算应纳税所得额时扣除。

（一）存货计价

（1）外购存货，按购买价款、相关税费、运输费、装卸费、保险费以及其他可归属于存货采购成本的费用计价。

（2）投资者投入的存货，按该存货的公允价值和应支付的相关税费计价。

（3）接受捐赠的存货，按该存货的公允价值和应支付的相关税费计价。

（4）非货币性资产交换取得的存货，按该存货的公允价值和应支付的相关税费计价。

（5）债务重组取得的存货，按该存货的公允价值和应支付的相关税费计价。

（6）生产性生物资产收获的农产品，按产出或采收过程中发生的材料费、人工费和应分摊的间接费用等必要支出计价。

（二）存货计价方法

企业可以在先进先出法、加权平均法和个别计价法中选用一种，确认存货的实际成本。计价方法一经选用，不得随意改变；确实需要改变计价方法的，应当在下一纳税年度开始前报主管税务机关批准。

### 五、非货币性资产税务处理

非货币性资产是指现金、银行存款、应收账款、应收票据以及准备持有至到期的债券投资等货币性资产以外的资产。居民企业以非货币性资产对外投资确认的非货币性资产转让所得，可在不超过5年的期限内，分期均匀计入相应年度的应纳税所得额，按规定计算缴纳企业所得税。企业以非货币性资产对外投资，应对非货币性资产进行评估，并按评估后的公允价值扣除计税基础后的余额，计算确认非货币性资产转让所得。

### 六、对外投资的税务处理

企业对外投资期间，投资资产的成本在计算应纳税所得额时不得扣除。

（一）投资资产

投资资产是指企业对外进行权益性投资和债权性投资所形成的资产。

（二）投资成本

投资成本以投资方实际支付的全部价款包括支付的税金和手续费等相关费用确定。

（1）以支付现金取得的投资，应当按照实际支付的购买价款作为初始投资成本。

（2）以发行权益性证券取得的投资，按该投资的公允价值和应支付的相关税费计价。

（3）投资者投入的投资，按该投资的公允价值和应支付的相关税费计价。

（4）接受捐赠的投资，按该投资的公允价值和应支付的相关税费计价。

（5）非货币性资产交换取得的投资，按该投资的公允价值和应支付的相关税费计价。

（6）债务重组取得的投资，按该投资的公允价值和应支付的相关税费计价。

（三）投资资产处理

企业对外投资的成本不得折旧或摊销，也不得作为投资当期费用直接扣除，但可以在转让、处置有关投资资产时，从取得的财产转让收入中减除，据以计算财产转让所得或损失。

## 第六节　重组税务

企业重组过程中，原则上应当在交易发生时确认有关资产的转让所得或者损失，相关资产应当按照交易价格重新确定计税基础，但符合条件的企业可以暂不确认有关资产的转让所得或者损失。

## 一、企业重组方式

企业重组是指企业在日常经营活动以外发生的法律结构或经济结构重大改变的交易，包括企业法律形式改变、债务重组、股权收购、资产收购、合并、分立等。

企业法律形式改变是指企业注册名称、住所以及企业组织形式等的简单改变。

债务重组是指在债务人发生财务困难的情况下，债权人按照其与债务人达成的书面协议或者法院裁定书，就其债务人的债务作出让步的事项。

股权收购是指一家企业（以下称为收购企业）购买另一家企业（以下称为被收购企业）的股权，以实现对被收购企业控制的交易。收购企业支付对价的形式包括股权支付、非股权支付或两者的组合。

资产收购是指一家企业（以下称为受让企业）购买另一家企业（以下称为转让企业）实质经营性资产的交易。受让企业支付对价的形式包括股权支付、非股权支付或两者的组合。

企业合并是指一家或多家企业（以下称为被合并企业）将其全部资产和负债转让给另一家现存或新设企业（以下称为合并企业），被合并企业股东换取合并企业的股权或非股权支付，实现两个或两个以上企业的依法合并。

企业分立是指一家企业（以下称为被分立企业）将部分或全部资产分离转让给现存或新设的企业（以下称为分立企业），被分立企业股东换取分立企业的股权或非股权支付，实现企业的依法分立。

## 二、重组的一般性税务处理

### （一）企业法律形式改变

企业由法人转变为个人独资企业、合伙企业等非法人组织，或将登记注册地转移至中华人民共和国境外（包括港澳台地区），应视同企业进行清算、分配，股东重新投资成立新企业。企业的全部资产以及股东投资的计税基础均应以公允价值为基础确定。

### （二）债务重组

（1）以非货币资产清偿债务，应当分解为转让相关非货币性资产、按非货币性资产公允价值清偿债务两项业务，确认相关资产的所得或损失。

（2）发生债权转股权的，应当分解为债务清偿和股权投资两项业务，确认有关债务清偿所得或损失。

（3）债务人应当按照支付的债务清偿额低于债务计税基础的差额，确认债务重组所得；债权人应当按照收到的债务清偿额低于债权计税基础的差额，确认债务重组损失。

(4) 债务人的相关所得税纳税事项原则上保持不变。

(三) 股权收购、资产收购重组交易

被收购方应确认股权、资产转让所得或损失；收购方取得股权或资产的计税基础应以公允价值为基础确定；被收购企业的相关所得税事项原则上保持不变。

(四) 企业合并

合并企业应按公允价值确定接受被合并企业各项资产和负债的计税基础；被合并企业及其股东都应按清算进行所得税处理；被合并企业的亏损不得在合并企业结转弥补。

(五) 企业分立

被分立企业对分立出去的资产应按公允价值确认资产转让所得或损失；分立企业应按公允价值确认接受资产的计税基础；被分立企业继续存在时，其股东取得的对价应视同被分立企业分配进行处理；被分立企业不再继续存在时，被分立企业及其股东都应按清算进行所得税处理；企业分立相关企业的亏损不得相互结转弥补。

## 三、重组的特殊性税务处理

对于符合条件的企业重组业务，可暂不确认资产转让所得或损失，作免税重组处理。

(一) 基本条件

(1) 具有合理的商业目的，且不以减少、免除或者推迟缴纳税款为主要目的。

(2) 被收购、合并或分立部分的资产或股权比例符合相关规定的比例。

(3) 企业重组后连续 12 个月内不改变重组资产原来的实质性经营活动。

(4) 重组交易对价中涉及股权支付金额符合相关规定比例。

(5) 企业重组中取得股权支付的原主要股东，在重组后连续 12 个月内，不得转让所取得的股权。

(二) 重组特殊性税务处理

1. 债务重组

确认的应纳税所得额占该企业当年应纳税所得额 50%以上，可以在 5 个纳税年度的期间内，均匀计入各年度的应纳税所得额。企业发生债权转股权业务，对债务清偿和股权投资两项业务暂不确认有关债务清偿所得或损失，股权投资的计税基础以原债权的计税基础确定。企业的其他相关所得税事项保持不变。

2. 股权收购

收购企业购买的股权不低于被收购企业全部股权的 50%，且收购企业在该股权收购发生时的股权支付金额不低于其交易支付总额的 85%，可按以下规定处理：被收购企业的股东取得收购企业股权的计税基础，以被收购股权的原有计税基础确定；收购企业取得被收购企业股权的计税基础，以被收购股权的原有计税基础确定；收购企业、被收购企业的原有各项资产和负债的计税基础和其他相关所得税事项保持不变。

3. 资产收购

受让企业收购的资产不低于转让企业全部资产的50%，且受让企业在该资产收购发生时的股权支付金额不低于其交易支付总额的85%，可按以下规定处理：转让企业取得受让企业股权的计税基础，以被转让资产的原有计税基础确定；受让企业取得转让企业资产的计税基础，以被转让资产的原有计税基础确定。

4. 企业合并

企业股东在该企业合并发生时取得的股权支付金额不低于其交易支付总额的85%，以及同一控制下且不需要支付对价的企业合并，可按以下规定处理：合并企业接受被合并企业资产和负债的计税基础，以被合并企业的原有计税基础确定；被合并企业合并前的相关所得税事项由合并企业承继；可由合并企业弥补的被合并企业亏损的限额＝被合并企业净资产公允价值×截至合并业务发生当年年末国家发行的最长期限的国债利率；被合并企业股东取得合并企业股权的计税基础，以其原持有的被合并企业股权的计税基础确定。

5. 企业分立

被分立企业所有股东按原持股比例取得分立企业的股权，分立企业和被分立企业均不改变原来的实质经营活动，且被分立企业股东在该企业分立发生时取得的股权支付金额不低于其交易支付总额的85%，可按以下规定处理：分立企业接受被分立企业资产和负债的计税基础，以被分立企业的原有计税基础确定；被分立企业已分立出去资产相应的所得税事项由分立企业承继；被分立企业未超过法定弥补期限的亏损额可按分立资产占全部资产的比例进行分配，由分立企业继续弥补；被分立企业的股东取得分立企业的股权，如需部分或全部放弃原持有的被分立企业的股权，新股的计税基础应以放弃旧股的计税基础确定。如不需放弃旧股，则其取得新股的计税基础可从以下两种方法中选择确定：直接将新股的计税基础确定为零；或者以被分立企业分立出去的净资产占被分立企业全部净资产的比例先调减原持有的旧股的计税基础，再将调减的计税基础平均分配到新股上。

（三）非股权支付税务处理

上述重组交易各方按规定对交易中股权支付暂不确认有关资产的转让所得或损失的，其非股权支付仍应在交易当期确认相应的资产转让所得或损失，并调整相应资产的计税基础。

$$\text{非股权支付对应的资产转让所得或损失}=(\text{被转让资产的公允价值}-\text{被转让资产的计税基础})\times\text{非股权支付金额}\div\text{被转让资产的公允价值}$$

（四）100％直接控制的居民企业之间资产重组税务处理

对100％直接控制的居民企业之间以及受同一或相同多家居民企业100％直接控制的居民企业之间按账面净值划转股权或资产，凡具有合理商业目的，不以减少、免除或者推迟缴纳税款为主要目的，股权或资产划转后连续12个月内不改变被划转股权或资产原来实质性经营活动，且划出方企业和划入方企业均未在会计上确认损益的，可以选择按以下规定进行特殊性税务处理：划出方企业和划入方企业均不确认所得；划入方企业取得被划转股权或资产的计税基础，以被划转股权或资产的原账面净值确定；划入方企业取得的被划转资产，应按其原账面净值计算折旧扣除。

（五）涉外重组特殊性税务处理

企业发生涉及中国境内与境外之间（包括中国港、澳、台地区）的股权和资产收购交易，还应同时符合下列条件，才可选择适用特殊性税务处理规定：

（1）非居民企业向其100％直接控股的另一非居民企业转让其拥有的居民企业股权，没有因此造成以后该项股权转让所得预提税负担变化，且转让方非居民企业向主管税务机关书面承诺在3年（含3年）内不转让其拥有受让方非居民企业的股权。

（2）非居民企业向与其具有100％直接控股关系的居民企业转让其拥有的另一居民企业股权。

（3）居民企业以其拥有的资产或股权向其100％直接控股的非居民企业进行投资。

## 第七节　应税所得

企业所得税的计税依据或税基，是企业的应纳税所得额，即每一纳税年度的收入总额减除不征税收入、免税收入和各项扣除后的数额，是在会计利润基础上经税务调整后计算而获得的。应纳税所得额由企业按每一纳税年度的收入总额减去准予扣除项目后的余额计算。其计算公式为：

**应纳税所得额＝收入总额－不征税收入－免税收入－准予扣除项目的金额**

### 一、按实计算应纳税所得额

企业按实计算应纳税所得额，一般是在依据财务会计制度计算会计利润基础上，按税法与财务会计制度差异进行调整计算得出。其计算公式为：

**应纳税所得额＝利润总额＋纳税调整增加额－纳税调整减少额＋境外应税所得弥补境内亏损－弥补以前年度亏损**

**利润总额＝营业收入－营业成本－营业税金及附加－销售费用－管理费用－财务费用－资产差值损失＋公允价值变动收益＋投资收益＋营业外收入－营业外支出**

在应纳税所得额的计算(见表 12－1)中,应税所得与会计利润差异通过纳税调整增加额和减少额进行调整。

**表 12－1　应纳税所得额计算表**

| 行次 | 类　别 | 项　　目 | 金　额 |
|---|---|---|---|
| 1 | 利润总额计算 | 一、营业收入 | |
| 2 | | 减:营业成本 | |
| 3 | | 附加税 | |
| 4 | | 销售费用 | |
| 5 | | 管理费用 | |
| 6 | | 财务费用 | |
| 7 | | 资产减值损失 | |
| 8 | | 加:公允价值变动收益 | |
| 9 | | 投资收益 | |
| 10 | | 二、营业利润(1－2－3－4－5－6－7＋8＋9) | |
| 11 | | 加:营业外收入 | |
| 12 | | 减:营业外支出 | |
| 13 | | 三、利润总额(10＋11－12) | |
| 14 | 应纳税所得额计算 | 减:境外所得 | |
| 15 | | 加:纳税调整增加额 | |
| 16 | | 减:纳税调整减少额 | |
| 17 | | 减:免税、减计收入、加计扣除 | |
| 18 | | 加:境外应税所得抵减境内亏损 | |
| 19 | | 四、纳税调整后所得(13－14＋15－16－17＋18) | |
| 20 | | 减:所得减免 | |
| 21 | | 减:抵扣应纳税所得额 | |
| 22 | | 减:弥补以前年度亏损 | |
| 23 | | 五、应纳税所得额(19－20－21－22) | |

## 二、税务机关核定所得额

企业不能提供完整、准确的收入及成本、费用凭证，不能正确计算应纳税所得额的，由税务机关核定其应纳税所得额。核定方法如下：

(1) 参照当地同类行业或者类似行业中经营规模和收入水平相近的企业的收入额和利润率核定。

(2) 按照成本加合理的费用和利润核定。

(3) 按照耗用的原材料、燃料、动力等推算或者测算核定。

(4) 按照其他合理的方法核定。

## 三、清算所得

依照法律法规、章程协议终止经营或应税重组中取消独立纳税人资格的企业，应按照国家有关规定进行清算，并就清算所得计算缴纳企业所得税，清算所得纳税后的剩余资产可向所有者分配。

(一) 清算所得

企业的全部资产可变现价值或交易价格减除资产的计税基础、清算费用、相关税费以及债务清偿损益等后的余额为清算所得。

(二) 剩余资产分配

企业全部资产的可变现价值减除清算费用，职工的工资、社会保险费用和法定补偿金，缴纳以往年度欠税、清算期间所得税，清偿公司债务后是企业可以向所有者分配的剩余资产。企业从被清算方分得的剩余资产，与被清算方累计为分配利润和累计盈余公积相当的部分，应确认为股息所得；剩余资产扣除股息所得后的余额，超过或低于企业投资成本的部分，应确认为企业的投资转让所得或损失。

## 四、亏损抵补

亏损抵补也称盈亏互抵。税法规定，企业发生年度亏损的，可以用下一纳税年度的所得弥补；下一纳税年度所得不足弥补的，可以逐年延续弥补，但延续弥补期最长不得超过 5 年。5 年内不论企业是盈利还是亏损，都作为弥补年限计算。但企业在汇总计算缴纳企业所得税时，其境外营业机构的亏损不得抵减境内营业机构的盈利。

**例 12－6** 某生产企业年度财务会计核算资料为：产品销售收入 7 100 万元(不含增值税)，产品销售成本 4 100 万元，各项费用 850 万元，营业外支出 150 万元，附加税 50.7 万元。根据税法规定，应对企业以下项目进行税务调整：

(1) 利息收入 30 万元没有作收入，其中到期国债利息收入 12 万元，存款利息收入 18 万元。

(2) 在生产成本和费用中支付工资、奖金 800 万元，福利经费、工会经费和职工教育经费 220 万元。

(3) 实际发生的业务招待费全部在费用中列支合计 50 万元；企业上年度应扣未扣，而在本年度扣除支出 25 万元。

(4) 发生一次性支付全年固定资产租赁费 30 万元，租赁期 1 年，从 7 月 1 日算起。

(5) 在营业外支出中列支的赞助费支出 50 万元；发生库存材料因保管不善导致意外损失 35.1 万元(含增值税)。

(6) 转让账面原值 30 万元、累计折旧 15 万元的机器设备，转让价 20 万元。

(7) 在营业外支出中列支的通过公共机构向农村义务教育捐赠 100 万元。

(8) 新产品研究开发费 150 万元。

要求：根据企业财务核算资料和税务调整资料，计算企业应纳税所得额。

(1) 会计利润＝7 100－4 100－850－150－50.7＝1 949.3(万元)

(2) 应纳税所得额调整：

① 调整存款利息收入增加应税所得 18 万元

② 调整三项费用增加应税所得＝220－800×(14%＋2%＋8%)＝28(万元)

③ 调整业务招待费增加应税所得＝50×40%＝20(万元)

调整企业在本年度列支的上年度应扣未扣支出增加应税所得 25 万元

④ 调整租赁费增加应税所得＝30×50%＝15(万元)

⑤ 调整赞助费支出增加应税所得 50 万元

调整库存材料意外损失减少应税所得 35.1 万元

⑥ 调整企业转让机器设备增加应税所得＝20－(30－15)＝5(万元)

⑦ 通过公共机构农村义务教育捐赠不超过利润总额的 12%可以全额扣除

⑧ 调整新产品研究开发费减少应税所得＝150×50%＝75(万元)

(3) 应纳税所得额＝1 949.3＋18＋28＋20＋25＋15＋50－35.1＋5－75＝2 000.2(万元)

## 第八节　优惠政策

为了体现国家政策，鼓励和扶持某些产业或企业的发展，企业所得税对重点扶持和鼓励发展的产业和项目作了以下减免税优惠规定。

## 一、减免税优惠政策

（一）免税优惠政策

企业下列收入为免税收入：

（1）国债利息收入。这是指企业持有国务院财政部门发行的国债取得的利息收入。

（2）符合条件的居民企业之间的股息、红利等权益性投资收益。这是指居民企业直接投资于其他居民企业取得的投资收益，不包括连续持有居民企业公开发行并上市流通的股票不足12个月取得的投资收益。

（3）在中国境内设立机构、场所的非居民企业从居民企业取得与该机构、场所有实际联系的股息、红利等权益性投资收益，不包括连续持有居民企业公开发行并上市流通的股票不足12个月取得的投资收益。

（4）符合条件的非营利组织的收入。非营利公益组织是指符合下列条件的组织：第一，依法履行非营利法人登记手续；第二，从事公益性或者非营利性活动；第三，取得的收入除用于与该组织有关的、合理的支出外，全部用于登记核定或者章程规定的公益性或者非营利性事业；第四，财产及其孳息不用于分配；第五，按照登记核定或者章程规定，该组织注销后的剩余财产用于公益性或者非营利性目的，或者由登记管理机关转赠给与该组织性质、宗旨相同的组织，并向社会公告；第六，投入者对投入该组织的财产不保留或者享有任何财产权利；第七，工作人员工资福利开支控制在规定的比例内，不变相分配该组织的财产。符合条件的非营利组织的收入，不包括非营利组织从事营利性活动取得的收入。

（5）国际金融组织贷款给中国政府、中国境内银行和居民企业取得的利息所得，外国银行按照优惠利率贷款给中国境内银行取得的利息所得。

（6）在中国境内未设立机构、场所，或者虽设立机构、场所，但与其机构、场所没有实际联系的非居民企业，投资于国家重点扶植的高新技术企业取得的股息、红利所得。

（二）减免税优惠政策

企业下列所得，可以免征或减征企业所得税：

（一）从事农、林、牧、渔业项目的所得

（1）企业从事下列项目的所得，免征企业所得税：第一，蔬菜、谷物、薯类、油料、豆类、棉花、麻类、糖料、水果、坚果的种植；第二，农作物新品种的选育；第三，中药材的种植；第四，林木的培育和种植；第五，牲畜、家禽的饲养；第六，林产品的采集；第七，灌溉、农产品初加工、兽医、农技推广、农机作业和维修等农、林、牧、渔服务业项目；第八，远洋捕捞。

(2) 企业从事下列项目的所得,减半征收企业所得税:第一,花卉、茶以及其他饮料作物和香料作物的种植;第二,海水养殖、内陆养殖。

(二) 从事国家重点扶持的公共基础设施项目投资经营的所得

企业投资《公共基础设施项目企业所得税优惠目录》规定的港口码头、机场、铁路、公路、城市公共交通、电力、水利等项目的投资经营所得,自项目取得第一笔生产经营收入所属纳税年度起,第一年至第三年免征企业所得税,第四年至第六年减半征收企业所得税。企业承包经营、承包建设和内部自建自用项目,不得享受企业所得税优惠。

(三) 从事符合条件的环境保护、节能节水项目的所得

企业从事包括公共污水处理、公共垃圾处理、沼气综合开发利用、节能减排技术改造、海水淡化等符合条件的环境保护、节能节水项目的所得,自项目取得第一笔生产经营收入所属纳税年度起,第一年至第三年免征企业所得税,第四年至第六年减半征收企业所得税。

(四) 符合条件的技术转让所得

居民企业从事符合条件的技术转让所得,一个纳税年度内,企业技术转让所得不超过500万元的部分,免征企业所得税;超过500万元的部分,减半征收企业所得税。

## 二、降低税率优惠政策

(1) 符合条件的小型微利企业,其所得减按50%计入应纳税所得额,按20%的税率征收企业所得税。小型微利企业是指同时符合以下条件的企业:

① 工业企业,年度应纳税所得额不超过30万元,从业人数不超过100人,资产总额不超过3 000万元;

② 其他企业,年度应纳税所得额不超过30万元,从业人数不超过80人,资产总额不超过1 000万元。

(2) 国家需要重点扶持的高新技术企业,减按15%的税率征收企业所得税。国家需要重点扶持的高新技术企业,是指拥有核心自主知识产权,并同时符合下列条件的企业:

① 产品(服务)属于《国家重点支持的高新技术领域》规定的范围;

② 研究开发费用占销售收入的比例不低于规定比例;

③ 高新技术产品(服务)收入占企业总收入的比例不低于规定比例;

④ 科技人员占企业职工总数的比例不低于规定比例;

⑤ 高新技术企业认定管理办法规定的其他条件。

(3) 非居民企业在中国境内未设立机构、场所,但从我国取得利息、股息、特许权

使用费和其他所得，或者虽设有机构、场所，但上述各项所得与其机构、场所没有实际联系的，减按10%税率征收企业所得税。

(4) 民族地区优惠政策。民族自治地方的自治机关对本民族自治地方的企业应缴纳的企业所得税中属于地方分享的部分，可以决定减征或者免征。自治州、自治县决定减征或者免征的，须报省、自治区、直辖市人民政府批准。民族自治地方是指按照《中华人民共和国民族区域自治法》规定设立的自治区、自治州、自治县。云南、贵州、青海省可以比照规定享受民族自治地方企业所得税优惠政策。国家限定发展行业的企业，民族自治地方不得予以减征或者免征企业所得税。

## 三、税前扣除优惠政策

企业下列支出，可以在计算应纳税所得额时加计扣除：

### (一) 开发新技术、新产品、新工艺发生的研究开发费用

企业为开发新技术、新产品、新工艺发生的研究开发费用，未形成无形资产的，允许在据实扣除的基础上，再按当年实际发生额的50%加计扣除。当年形成无形资产的，可以按无形资产原值的150%进行摊销，但无形资产原值中已在税前扣除的研发费用不得进行摊销。

新技术、新产品、新工艺是指国内尚未形成研究开发成果的技术、产品和工艺。企业的研究开发费用，包括新产品设计费、工艺规程制定费、设备调整费、原材料和半成品的试验费、技术图书资料费、未纳入国家计划的中间试验费、研究机构人员的工资、研究设备的折旧、与新产品的试制、技术研究有关的其他经费以及委托其他单位进行科研试制的费用。

### (二) 安置残疾人员及国家鼓励安置的其他就业人员所支付的工资

企业安置残疾人员的，在按照支付给残疾职工工资据实扣除的基础上，按照支付给残疾职工工资的100%加计扣除。企业安置国家鼓励安置的其他就业人员所支付的工资的加计扣除办法，由国务院另行规定。残疾职工是指民政福利部门鉴定证明的盲、聋、哑、肢体残疾人员。国家鼓励安置的其他就业人员是指劳动保障部门登记管理的未就业人员。

### (三) 创业投资企业的创业投资

创业投资企业采取股权投资方式投资于未上市的中小高新技术企业2年以上的，可以按照其投资额的70%，在股权持有满2年的当年，抵扣该创业投资企业的应纳税所得额；当年不足抵扣的，可以在以后纳税年度结转抵扣。

创业投资企业是指按规定经备案管理部门核实且工商登记为创业投资有限责任公司、创业投资股份有限公司的专业性创业投资公司。其基本条件为：第一，经营范

围符合规定。第二，实收资本不低于3 000万元人民币，或者首期实收资本不低于1 000万元人民币且全体投资者承诺在注册后的5年内补足不低于3 000万元人民币实收资本。第三，投资者不得超过200人，其中，以有限责任公司形式设立创业投资企业的，投资者人数不得超过50人。单个投资者对创业投资企业的投资不得低于100万元人民币。所有投资者应当以货币形式出资。第四，有至少3名具备2年以上创业投资或相关业务经验的高级管理人员承担投资管理责任。

（四）企业综合利用资源

企业以《资源综合利用企业所得税优惠目录》规定的资源作为主要原材料，生产国家非限制和禁止并符合国家和行业相关标准的产品取得的收入，减按90%计入收入总额。以上所称原材料占生产产品材料的比例不得低于《资源综合利用企业所得税优惠目录》规定的标准。

（五）环保、节能、安全设备投资

企业购置并实际使用《环境保护专用设备企业所得税优惠目录》《节能节水专用设备企业所得税优惠目录》和《安全生产专用设备企业所得税优惠目录》规定的环境保护、节能节水、安全生产等专用设备的，该专用设备投资额的10%可以从企业当年的应纳税额中抵免；当年不足抵免的，可以在以后5个纳税年度结转抵免。

享受企业所得税优惠的企业，应当实际购置并自身实际投入使用上述规定的专用设备；企业购置上述专用设备在5年内转让、出租的，应当停止享受企业所得税优惠，并补缴已经抵免的企业所得税税款。

企业同时从事适用不同企业所得税待遇的项目的，其优惠项目应当单独计算所得，并合理分摊企业的期间费用；没有单独计算的，不得享受企业所得税优惠。

## 四、特殊行业优惠

（一）软件产业和集成电路产业

鼓励软件产业和集成电路产业发展相应的企业所得税优惠政策自获利年度起计算优惠期，第一年至第二年免征企业所得税，第三年至第五年按照25%的法定税率减半征收企业所得税，并享受至期满为止。

（二）证券投资基金

对证券投资基金从证券市场中取得的收入，包括买卖股票、债券的差价收入，股权的股息、红利收入，债券的利点收入及其他收入，暂不征收企业所得税。对投资者从证券投资基金分配中取得的收入，暂不征收企业所得税。对证券投资基金管理人运用基金买卖股票、债券的差价收入，暂不征收企业所得税。

（三）节能服务公司

自2011年1月1日起，对符合条件的节能服务公司实施合同能源管理项目，符合企业所得税税法有关规定的，自项目取得第一笔生产经营收入所属纳税年度起，第一年至第三年免征企业所得税，第四年至第六年按照25%的法定税率减半征收企业所得税。

（四）电网企业电网新建项目

居民企业从事符合规定条件和标准的电网（输变电设施）的新建项目，可依法享受“三免三减半”的企业所得税优惠政策。基于企业电网新建项目的核算特点，暂以资产比例法计算，即以企业新增输变电固定资产原值占企业总输变电固定资产原值的比例，合理计算电网新建项目的应纳税所得额，并据此享受“三免三减半”的企业所得税优惠政策。

## 第九节　应纳税额

### 一、应纳税额计算

企业的应纳税所得额乘以适用税率，减除按税收优惠规定减免和抵免的税额后的余额，为应纳税额。企业所得税实行按年计征、分月（季）预缴、年终汇算清缴、多退少补的办法。其应纳企业所得税额的计算分为预缴所得税额计算和年终汇算清缴所得税额计算两部分。

**应纳税额＝应纳税所得额×适用税率－减免税额－抵免税额**

公式中的减免税额和抵免税额，是指依照企业所得税法和国务院的税收优惠规定减征、免征和抵免的应纳税额。

（一）按月（季）预缴所得税的计算方法

企业预缴所得税时，应当按纳税期限内应纳税所得额的实际数预缴；按实际数预缴有困难的，可按上一年度应纳税所得额的1/12或1/4预缴，或者经当地税务机关认可的其他方法分期预缴所得税。其计算公式为：

**应纳所得税额＝月（季）应纳税所得额×25%**

**＝上年应纳税所得额×1/12（或1/4）×25%**

（二）年终汇算清缴的所得税的计算方法

**全年应纳所得税额＝全年应纳税所得额×25%**

**多退少补所得税额＝全年应纳所得税额－月(季)已预缴所得税额**

企业所得税税款应以人民币为计算单位。若所得为外国货币的，应当按照国家外汇管理机关公布的外汇汇率折合人民币缴纳。

企业应纳税额的计算如表12－2所示。

**表12－2　企业应纳税额计算表**

| 类别 | 行次 | 项　　目 | 金　额 |
|---|---|---|---|
| 应纳税额计算 | 1 | 应纳税所得额 | |
| | 2 | 税率(25%) | |
| | 3 | 应纳所得税额(1×2) | |
| | 4 | 减：减免所得税额 | |
| | 5 | 减：抵免所得税额 | |
| | 6 | 应纳税额(3－4－5) | |
| | 7 | 加：境外所得应纳所得税额 | |
| | 8 | 减：境外所得抵免所得税额 | |
| | 9 | 实际应纳所得税额(6＋7－8) | |
| | 10 | 减：本年累计实际已预缴的所得税额 | |
| | 11 | 本年应补(退)的所得税额(9－10) | |

## 二、核定征税计算

为了加强企业所得税的征收管理，对部分中小企业采取核定征收办法。

### (一) 核定征税范围

企业不能提供完整、准确的收入及成本、费用凭证，不能正确计算应纳税所得额的，由税务机关核定其应纳税所得额。核定方法如下：

(1) 参照当地同类行业或者类似行业中经营规模和收入水平相近的企业的收入额和利润率核定。

(2) 按照成本加合理的费用和利润核定。

(3) 按照耗用的原材料、燃料、动力等推算或者测算核定。

(4) 按照其他合理的方法核定。

### (二) 核定征收办法

采取核定征收方式征收企业所得税包括定额征收、核定应税所得率征收和其他合理的征收方式。

定额征收是指税务机关按照一定的标准、程序和方法，直接核定企业年度应纳企业所得税税额，由企业按照规定申报纳税的一种征收方式。

核定应税所得率征收是指税务机关按照一定的标准、程序和方法，预先核定企业的应税所得率，由企业根据纳税年度内的收入总额或者成本费用等项目的实际发生额，按照预先核定的应税所得率计算缴纳企业所得税的一种征收方式。核定征收率为：农、林、牧、渔业，3%～10%；批发和零售业，4%～15%；制造业，5%～15%；交通运输业，7%～15%；建筑业，8%～20%；饮食业，8%～25%；娱乐业，15%～30%；其他行业，10%～30%。

（三）核定征收计算

对于采取核定征收方式计征企业所得税的企业，税务机关应当根据企业的行业特点、纳税情况、财务管理、会计核算、利润水平等因素，结合本地实际情况，按照公平、公正、公开的原则，分类逐户核定其应纳税额或者应税所得率。

采取定额征收方式征税的，税务机关要对企业的有关情况进行调查研究，分类排队，认真测算，并在此基础上，按年从高直接核定企业的应纳所得税额。

采取核定应税所得率征收方式征税的，应纳所得税税额的计算公式如下：

**应纳税额＝应纳税所得额×适用税率**

**应纳税所得额＝收入总额×应税所得率**

**＝成本费用支出额÷(1－应税所得率)×应税所得率**

企业经营多业的，无论其经营项目是否单独核算，均由税务机关根据其主营项目核定其适用某一行业的应税所得率。

## 三、税收抵免计算

企业来源于我国境外的所得，应按我国税法汇总计算缴纳企业所得税。境外所得在境外实际缴纳的所得税款，准予在汇总纳税时从其应纳税额中抵免。

（一）税收抵免范围

居民企业来源于中国境外的应税所得，居民企业从其直接或者间接控制的外国企业分得的来源于中国境外的股息、红利等权益性投资收益，非居民企业在中国境内设立机构、场所，取得发生在中国境外但与该机构、场所有实际联系的应税所得，均应按我国税法汇总计算缴纳企业所得税。企业来源于中国境外的所得依照中国境外税收法律以及相关规定应当缴纳并已经实际缴纳的企业所得税性质的税款，准予在汇总纳税时从其应纳税额中抵免。上述直接控制是指居民企业直接持有外国企业20%以上股份，间接控制是指居民企业以间接持股方式持有外国企业20%以上股份，具体认定办法由国务院财政、税务主管部门另行制定。

（二）税收抵免限额

抵免限额为该项所得依照企业所得税法规定计算的应纳税额。超过抵免限额的部分，可以在以后 5 个年度内，用每年度抵免限额抵免当年应抵税额后的余额进行抵补。企业对抵免限额可选择分国（地区）不分项计算，或不分国（地区）不分项汇总计算，一经选定，5 年内不得改变。分国（地区）不分项计算公式如下：

**抵免限额＝中国境内、境外所得依照企业所得税法和实施细则的规定计算的应纳税总额×来源于某国（地区）的应纳税所得额÷中国境内、境外应纳税所得总额**

（三）抵免不足处理

企业取得的来源于中国境外的所得，已经在中国境外缴纳的企业所得税性质的税额超过抵免限额的，其超过部分不得在本年度作为税额扣除，也不得列为费用支出，但可以从次年起连续 5 个纳税年度内，用税额扣除不超过限额的余额补扣。

（四）税收饶让抵免

境外所得享受减免税优惠的税收抵扣。境外所得享受减免税优惠的，对于同我国订有避免双重征税协议的国家可视同纳税给予抵免，即饶让抵免。对于同我国不订有避免双重征税协议的国家，应按实际纳税给予抵免。

企业在依照规定抵免税额时，应当提供境外税务机关填发的税款所属年度的纳税凭证，不得用其他年度的纳税凭证作为抵免税额的凭据。

**例 12－7**　某中国居民企业全年在中国境内企业取得应税所得 1 000 万元。同年在 A 国投资企业取得两项所得：一项是生产经营所得 800 万元，适用税率 20%；另一项是财产转让所得 500 万元，适用税率 30%。在 B 国取得股息所得 288 万元，适用税率 28%。

要求：计算该中国居民企业全年在中国应缴纳的企业所得税。

境内外所得汇总应纳企业所得税＝[1 000＋800＋500＋288/(1－28%)]×25%
＝675(万元)

A 国所得已纳所得税＝800×20%＋500×30%＝310(万元)

A 国所得最高抵免限额＝(800＋500)×25%＝325(万元)

B 国所得已纳所得税＝[288/(1－28%)]×28%＝112(万元)

B 国所得最高抵免限额＝[288/(1－28%)]×25%＝100(万元)

境内外所得抵免后应纳企业所得税＝675－310－100＝265(万元)

# 第十节 源泉扣缴

非居民企业在中国境内未设立机构、场所的，或者虽设立机构、场所但取得的所得与其所设机构、场所没有实际联系的，应当就其来源于中国境内所得，以支付人为扣缴义务人，实行源泉扣缴所得税。

## 一、应纳税所得额

非居民企业应纳税所得，应按照下列方法计算其应纳税所得额：

（1）股息、红利等权益性投资收益和利息、租金、特许权使用费所得，以收入全额为应纳税所得额。收入全额是指非居民企业向支付人收取的全部价款和价外费用。特许权使用费收入全额包括与专利权、非专利技术和其他特许权利有关的图纸资料费、技术服务费和人员培训费，以及其他有关费用。

（2）转让财产所得，以收入全额减除财产净值后的余额为应纳税所得额。财产净值是指财产转让方的财产原值减去折旧、摊销等后的价值。企业不能提供财产原值以及折旧、摊销额的有效凭证的，由主管税务机关根据具体情况估定其财产的原值。

（3）其他所得，参照前两项规定的方法计算应纳税所得额。

## 二、扣缴义务

企业所得税实行源泉扣缴，以支付人为扣缴义务人。税款由扣缴义务人在每次支付或者到期应支付时，从支付或者到期应支付的款项中扣缴。支付人是指依照有关法律规定或者合同约定对非居民企业直接负有支付相关款项义务的单位或者个人。支付包括现金支付、汇拨支付、转账支付和权益兑价支付等货币支付和非货币支付。到期应支付的款项是指支付人按照权责发生制原则应当计入相关成本、费用的应付款项。

### （一）指定扣缴

对非居民企业在中国境内取得工程作业和劳务所得应缴纳的所得税，税务机关可以指定工程价款或者劳务费的支付人为扣缴义务人。扣缴义务人包括：第一，预计工程作业或者提供劳务期限不足1个纳税年度，且有证据表明不履行纳税义务的；第二，没有办理税务登记或者临时税务登记，且未委托中国境内的代理人履行纳税义务的；第三，未按照规定期限办理企业所得税纳税申报或者预缴申报的。规定的扣缴义务人，由县级以上税务机关指定，并同时告知扣缴义务人所扣税款的计算依据、计算方法、扣缴期限和扣缴方式。

（二）扣缴管理

依照税法规定应当扣缴的所得税，扣缴义务人未依法扣缴或者无法履行扣缴义务的，由纳税人在所得发生地缴纳。纳税人未依法缴纳的，税务机关可以从该纳税人在中国境内其他收入项目的支付人应付的款项中，追缴该纳税人的应纳税款。所得发生地，是指依照税法规定的原则确定的所得发生地。在中国境内存在多处所得发生地的，由纳税人选择其中之一申报缴纳企业所得税。纳税人在中国境内其他收入，是指该纳税人在中国境内取得的其他各种来源的收入。

扣缴义务人每次代扣的税款，应当自代扣之日起 7 日内缴入国库，并向所在地的税务机关报送扣缴企业所得税报告表。税务机关在追缴该纳税人应纳税款时，应当将追缴理由、追缴数额、缴纳期限和缴纳方式等告知该纳税人。

## 第十一节 特别调整

### 一、关联交易特别纳税调整

企业与其关联方之间的业务往来，应按独立交易原则进行交易。如果发生不符合独立交易原则而减少企业或者其关联方应纳税收入或者所得额的，税务机关有权按照合理方法调整。

（一）关联企业业务往来

关联企业的关联方是指与企业在资金、经营、购销等方面，存在直接或者间接的拥有或者控制关系；直接或者间接地同为第三者所拥有或者控制；在利益上具有相关联的其他关系的公司、企业、其他经济组织和个人。

企业与其关联方之间的业务往来，包括商品购销、劳务提供、资金融通、转让财产和提供财产使用权等类型。企业与其关联方共同开发、受让无形资产，或者共同提供、接受劳务发生的成本，在计算应纳税所得额时应当按照独立交易原则进行分摊。独立交易原则是指没有关联关系的企业之间，按照公平市场交易和营业常规进行业务往来所遵循的原则。

（二）关联企业纳税调整

企业与其关联方之间的业务往来，不符合独立交易原则而减少其应纳税收入或所得额的，税务机关有权采用下列方法，调整其应纳税收入或所得额：

(1) 可比非受控价格法，即按照没有关联关系的企业间(或企业与个人间)进行相同或类似业务活动的价格进行调整的方法。

(2) 再销售价格法，即按照再销售给没有关联关系的第三方的价格所应取得的收入和利润水平进行调整的方法。

(3) 成本加成法,即按照成本加合理的费用和利润进行调整的方法。

(4) 交易净利润法,即按照没有关联关系的企业间(或企业与个人间)从事相同或类似业务活动所取得的净利润水平进行调整的方法。

(5) 利润分割法,即按照企业与其关联方的合并利润(或亏损)在各方之间采用合理标准进行分配的方法。

(6) 其他方法,即其他符合独立交易原则的调整方法。

税务机关采用上述所列方法时,应根据实际情况选择最适当的方法。

(三) 预约定价安排

1. 预约定价

预约定价是指企业在与其关联方之间的业务往来中,可以预先向主管税务机关申请约定所适用的定价原则和计算方法,在平等、自愿、守信原则基础上,与税务机关达成一定期间内事先确定关联交易定价并免除事后税务机关对定价调整的一项制度。

2. 预约定价安排

预约定价安排包括单边预约定价安排和双边预约定价安排或多边预约定价安排。单边预约定价安排是指一国的税务机关与单个企业之间签订的预约定价安排。双边预约定价安排或多边预约定价安排是指两国或多国的税务机关与在其境内从事活动的两个或多个企业之间签订的预约定价安排。双边(或多边)预约定价安排,应按照我国政府对外签订的避免双重征税协定的有关规定执行。

3. 预约定价程序

预约定价程序包括预备会谈、正式申请、审核与评估、磋商、签订安排和监控执行。涉及双边预约定价或多边预约定价的,应按照我国政府对外签订的避免双重征税的税收协定有关规定执行。

税务机关在进行关联业务调查时,企业及其关联方,以及与关联业务调查有关的其他企业,应当按照规定提供相关资料。

(四) 关联业务往来管理

1. 关联业务往来申报

企业向税务机关报送年度企业所得税纳税申报表时,应当就其与关联方之间的业务往来,附送年度关联业务往来报告表。企业应在准备关联业务往来申报之前对关联交易进行审核,未按照独立企业之间交易原则进行业务往来时,需自行调整。关联企业间业务往来年度报告表规定企业有义务准备、保管证实其关联交易符合独立企业之间交易原则的相关资料。

2. 关联业务往来调查

税务机关在进行关联业务调查时，企业及其关联方，以及与关联业务调查有关的其他企业，应当按照规定提供相关资料。资料包括：第一，与关联业务往来有关的价格、费用的制定标准、计算方法和说明等同期资料；第二，关联业务往来所涉及的财产、财产使用权、劳务等的再销售（转让）价格或者最终销售（转让）价格的相关资料；第三，与关联业务调查有关的其他企业应当提供的与被调查企业可比的产品价格、定价方式以及利润水平等资料；第四，其他与关联业务往来有关的资料。与关联业务调查有关的其他企业，是指与被调查企业在生产经营内容和方式上相类似的企业。企业应当在税务机关规定的期限内提供与关联业务往来有关的价格、费用的制定标准、计算方法和说明等资料。关联方以及与关联业务调查有关的其他企业应当在税务机关与其约定的期限内提供相关资料。

3. 应税所得额的税务核定

企业不提供与其关联方之间业务往来资料，或者提供虚假、不完整资料，未能真实反映其关联业务往来情况的，税务机关有权依法核定其应纳税所得额。税务机关依照企业所得税法规定核定企业的应纳税所得额时，可以采用下列方法：第一，参照同类或者类似企业的利润率水平核定；第二，按照企业成本加合理的费用和利润的方法核定；第三，按照关联企业集团整体利润的合理比例核定；第四，按照其他合理方法核定。企业对税务机关按照前款规定的方法核定的应纳税所得额有异议的，应当提供相关证据，经税务机关认定后，调整核定的应纳税所得额。

## 二、受控外国企业特别纳税调整

由居民企业或者由居民企业和中国居民控制的、设立在实际税负明显低于25%税率水平的国家（地区）的企业，并非由于合理的经营需要而对利润不作分配或者减少分配的，上述利润中应归属于该居民企业的部分，应当计入该居民企业的当期收入。

中国居民是指根据《中华人民共和国个人所得税法》的规定，就其从中国境内、境外取得的所得在中国缴纳个人所得税的个人。

控制包括：第一，居民企业或者中国居民直接或者间接单一持有外国企业10%以上有表决权股份，且由其共同持有该外国企业50%以上股份；第二，居民企业，或者居民企业和中国居民持股比例没有达到上述规定的标准，但在股份、资金、经营、购销等方面对该外国企业构成实质控制。

实际税负明显低于企业所得税法规定的税率水平，是指低于企业所得税法规定税率的50%，即低于12.5%。

## 三、利息支出特别纳税调整

企业从其关联方接受的债权性投资与权益性投资的比例超过规定标准而发生的利息支出，不得在计算应纳税所得额时扣除。

### （一）债权性投资和权益性投资

1. 债权性投资

债权性投资是指企业直接或者间接从关联方获得的，需要偿还本金和支付利息或者需要以其他具有支付利息性质的方式予以补偿的融资。企业间接从关联方获得的债权性投资，包括：关联方通过无关联第三方提供的债权性投资；无关联第三方提供的、由关联方担保且负有连带责任的债权性投资；其他间接从关联方获得的具有负债实质的债权性投资。

2. 权益性投资

权益性投资是指企业接受的不需要偿还本金和支付利息，投资人对企业净资产拥有所有权的投资。

### （二）不得扣除规定比例标准

规定标准是指根据不同行业融资特点所确定的债权性投资和权益性投资的比例。具体标准由国务院税务主管部门制定。

## 四、非合理商业目的安排特别纳税调整

企业实施其他不具有合理商业目的的安排而减少其应纳税收入或者所得额的，税务机关有权按照合理方法调整。非居民企业通过实施不具有合理商业目的的安排，间接转让中国居民企业股权等财产，规避企业所得税纳税义务的，应按照企业所得税法规定，重新定性该间接转让交易，确认为直接转让中国居民企业股权等财产。

1. 非合理商业目的安排

不具有合理商业目的是指违背立法意图，主要目的在于获得包括减少、免除、推迟缴纳税款和套取税收优惠等税收利益。安排是指人为规划的一个或一系列行动或交易，包括任何明确或者隐含的、实际执行或者意图执行的合同、协议、计划、谅解、承诺或保证等以及根据它们而付诸实施的所有行动和交易。

2. 非合理商业目的税务调整

主管税务机关根据安排的商业运营实质对安排重新定性并进行相应税务处理，取消企业通过安排已获得的或将获得的税收利益。

### 五、特别纳税调整管理

税务机关根据税收法律、行政法规的规定，对企业作出特别纳税调整的，应当对补征的税款，自税款所属纳税年度的次年6月1日起至补缴税款之日止的期间，按日加收利息。利息应当按照税款所属纳税年度中国人民银行公布的与补税期间同期的人民币贷款基准利率加5个百分点计算。加收的利息，不得在计算应纳税所得额时扣除。

企业与其关联方之间的业务往来，不符合独立交易原则，或者企业实施其他不具有合理商业目的安排的，税务机关有权在该业务发生的纳税年度起10年内，进行纳税调整。

## 第十二节 征收管理

### 一、纳税期限

企业所得税的纳税年度，自公历1月1日起至12月31日止。企业在一个纳税年度的中间开业，或者由于合并、关闭等原因，使该纳税年度的实际经营期不足12个月的，应当以其实际经营期为一个纳税年度。企业清算时，应当以清算期间作为一个纳税年度。但在具体纳税时采取按月或按季预缴、按年清算的办法。

（一）预缴

企业应当自月份或者季度终了后15天内，向其所在地主管税务机关报送预缴所得税申报表，并在规定的纳税期限内预缴所得税。企业在报送企业所得税纳税申报表时，应当按照规定附送财务会计报告和其他有关资料。企业预缴所得税时，应当按纳税期限的实际利润额预缴。按实际利润额预缴有困难的，可以按上一年度应纳税所得额的1/12或1/4，或者经当地税务机关认可的其他方法分期预缴所得税。预缴方法一经确定，不得随意改变。对于纳税的境外投资所得，可以在年终汇算时清缴。企业在纳税年度内，无论是盈利或亏损，均应按规定的期限办理纳税申报。

（二）汇算清缴

企业应当自年度终了之日起5个月内，向税务机关报送年度企业所得税纳税申报表，并汇算清缴，结清应缴应退税款。少缴的所得税税款，应在下一年度内补缴；多预缴的所得税税款，可在下一年度抵缴。企业在纳税年度内无论盈利或者亏损，都应当依照企业所得税法规定的期限，向税务机关报送预缴企业所得税纳税申报表、年度企业所得税纳税申报表、财务会计报告和税务机关规定应当报送的其他有关资料。

企业在年度中间终止经营活动的，应当自实际经营终止之日起60日内，向税务机关办理当期企业所得税汇算清缴。企业应当在办理注销登记前，就其清算所得向税务机关申报并依法缴纳企业所得税。

## 二、纳税地点

企业所得税对居民企业和非居民企业分别规定了不同的企业纳税地。

（一）居民企业纳税地

除税收法律、行政法规另有规定外，居民企业以企业登记注册地为纳税地点；但登记注册地在境外的，以实际管理机构所在地为纳税地点。

居民企业在中国境内设立不具有法人资格的营业机构的，应当汇总计算并缴纳企业所得税。

居民企业在中国境内设立不具有法人资格的营业机构的，应该在统一核算收入和扣除额的基础上计算应纳税所得额，并按照税法规定纳税地点适用的税率，汇总计算、缴纳企业所得税。不具有法人资格的营业机构，不单独计算、缴纳企业所得税。具体办法由国务院财政、税务主管部门另行制定。

（二）非居民企业纳税地

非居民企业在中国境内设立机构、场所，取得其所设机构、场所来源于中国境内的所得，以及发生在中国境外但与其所设机构、场所有实际联系的所得，以机构、场所所在地为纳税地点，缴纳企业所得税。非居民企业在中国境内设立两个或者两个以上机构、场所的，经税务机关审核批准，可以选择由其主要机构、场所汇总缴纳企业所得税。主要机构、场所是指具备下列条件的机构、场所：第一，对其他各机构、场所的经营业务负有监督管理责任；第二，设有完整的账簿、凭证，能够正确反映各机构、场所的收入、成本、费用和盈亏情况。

非居民企业在中国境内未设立机构、场所的，或者虽设立机构、场所但取得的所得与其所设机构、场所没有实际联系的，应当就其来源于中国境内的所得，以扣缴义务人所在地为纳税地点。非居民企业依照税法规定，汇总缴纳企业所得税的，应当由其选定的主要机构、场所提出申请，经当地税务机关审核后，依照下列规定报批：第一，汇总申报纳税所涉及的各机构、场所设在同一省、自治区、直辖市的，由省、自治区、直辖市税务机关批准；第二，汇总申报纳税所涉及的各机构、场所设在两个或者两个以上省、自治区、直辖市的，由国家税务总局批准。

非居民企业经批准汇总缴纳企业所得税后，需要增设、合并、迁移、关闭机构、场所或者停止机构、场所业务的，应当事先由负责汇总申报缴纳企业所得税的主要机构、场所向其所在地税务机关报告；需要变更汇总缴纳企业所得税的主要机构、场所的，依照前款规定办理。

非居民企业按照企业所得税规定汇总缴纳企业所得税的，汇总申报缴纳企业所得税所涉及的各营业机构适用不同税率纳税的，应当合理地分别计算各营业机构的应纳税所得额，按照不同的税率缴纳企业所得税。

各营业机构，有盈有亏，盈亏相抵后仍有利润的，应当按照盈利的营业机构所适用的税率纳税。发生亏损的营业机构，应当以该机构、场所以后年度的盈利弥补亏损，弥补亏损后仍有利润的，再按该营业机构适用的税率纳税；其弥补额应当按为该亏损营业机构抵亏的机构、场所所适用的税率纳税。

除国务院另有规定外，企业之间不得合并缴纳企业所得税。

## 三、跨省市总分机构纳税管理

### （一）分支机构纳税管理

跨省市总分机构企业所得税，实行“统一计算、分级管理、就地预缴、汇总清算、财政调库”的处理办法。

1. 统一计算

居民企业应统一计算包括各个不具有法人资格营业机构在内的企业全部应纳税所得额、应纳税额。总机构和分支机构适用税率不一致的，应分别计算应纳税所得额、应纳税额，分别按适用税率缴纳。

2. 分级管理

居民企业总机构、分支机构，分别由所在地主管税务机关属地进行监督和管理。居民企业总机构、分支机构的所在地主管税务机关都有监管的责任，居民企业总机构、分支机构都要办理税务登记并接受所在地主管税务机关的监管。

3. 就地预缴

居民企业总机构、分支机构，应按规定的比例分别就地按月或者按季向所在地主管税务机关申报、预缴企业所得税。实行就地预缴企业所得税办法的企业为总机构和具有主体生产经营职能的二级分支机构。三级及三级以下分支机构，其经营收入、职工工资和资产总额等统一计入二级机构测算。

4. 汇总清算

在年度终了后，总机构负责进行企业所得税的年度汇算清缴。总分机构企业根据统一计算的年度应纳税所得额、应纳税额，抵减总机构、分支机构当年已就地分期预缴的企业所得税款后，多退少补。

5. 财政调库

财政部定期将缴入中央总金库的跨省市总分机构企业所得税待分配收入，按照核定的系数调整至地方金库。

### （二）总分机构纳税计算

1. 各分支机构分摊预缴

**各分支机构分摊预缴额＝所有分支机构应分摊的预缴总额×该分支机构分摊比例**

其中：

**所有分支机构应分摊的预缴总额＝统一计算的企业当期应纳税额×50％**

**该分支机构分摊比例＝(该分支机构经营收入／各分支机构经营收入总额)×0.35＋该分支机构职工工资／各分支机构职工工资总额×0.35＋该分支机构资产总额／各分支机构资产总额之和×0.30**

2. 总机构统一计算

总分机构统一计算的当期应纳税额的地方分享部分，25％由总机构所在地分享，50％由各分支机构所在地分享，25％按一定比例在各地间进行分配。总机构将统一计算的企业当期应纳税额的25％，就地办理缴库，所缴纳税款收入由中央与总机构所在地按60∶40分享。总机构将统一计算的企业当期应纳税额的剩余25％，就地全额缴入中央国库，所缴纳税款收入60％为中央收入，40％由财政部按照各省市实际分享企业所得税占地方分享总额的比例定期向各省市分配。

## 本章小结

本章主要阐述企业所得税的基本政策和制度。企业所得税以在我国境内成立的企业和其他取得收入的组织为纳税人，分为居民企业和非居民企业。居民企业应当就其来源于中国境内、境外的所得缴纳企业所得税。非居民企业应当就其取得的来源于中国境内的所得征税。企业所得税以所得为课税对象。基本税率为25％比例税率。企业所得税以每一纳税年度的收入总额，减除不征税收入、免税收入、各项扣除以及允许弥补的以前年度亏损后的余额，为应纳税所得额。收入包括销售货物、提供劳务、转让财产所得、股息红利、利息、租金、特许权使用费、接受捐赠等收入。准予从收入总额中扣除的项目，是指与纳税人取得收入有关的成本、费用、税金和损失。在确定准予扣除项目时如果遇有税法规定与财务会计处理不一致时，应依照税法规定予以调整，涉及调整的项目主要有借款利息、职工工资、职工福利费、工会费和职工教育经费、捐赠支出、业务招待费、广告费、保险费用及新产品、新技术、新工艺研究开发费等。纳入税务处理范围的资产主要有固定资产、无形资产、存货等形式。纳税人发生年度亏损的，可以用以后纳税年度的所得弥补，弥补期最长不得超过5年。企业所得税对农业、公共基础设施、环境保护、非营利组织、高新技术产业、资源综合利用、安置就业人员，予以减免税或税前扣除。企业所得税实行按年计征、分月(季)预缴、年终汇算清缴、多退少补的办法。纳税人来源于中国境外的所得，在境外实际缴纳的所得税款，准予在汇总纳税时，从其应纳税额中抵免，但抵免限额不得超过其境外所得按我国企业所得税规定计算的应纳税额。企业所得税对企业关联交易、避税地避税、资本弱化、非商业目的交易行为影响税收的，税务机关有权进行特别纳税调整。

## 思考题

1. 企业所得税有哪些特点?
2. 新时期我国企业所得税作了哪些重要改革?
3. 我国居民企业是如何认定的?
4. 居民企业和非居民企业在纳税义务上有哪些主要区别?
5. 小型微利企业如何认定?
6. 不征税收入和免税收入有何区别?
7. 为什么要对财政补贴收入征税?
8. 税前扣除应遵循哪些主要原则?
9. 征收企业所得税时能扣除的税金有哪些?
10. 公益性捐赠主要用于哪些对象?
11. 公益性社会团体如何认定?
12. 基本保险、补充保险和商业保险在税前扣除上有哪些差异?
13. 企业会计所得和应纳税所得关系如何处理?
14. 利息支出在税务上应如何处理?
15. 业务招待费支出在税务上应如何处理?
16. 新产品、新技术、新工艺研究开发费在税务上应如何处理?
17. 经营性租赁和融资性租赁在成本列支上有何区别?
18. 固定资产的折旧范围应如何确定?
19. 什么情况下可以实行快速折旧?
20. 无形资产在税务上应如何处理?
21. 长期待摊费用在税务上应如何处理?
22. 存货在税务上应如何处理?
23. 关联企业之间让步条款的债务重组在纳税上如何处理?
24. 企业如何弥补亏损?
25. 清算企业对剩余资产分配时如何考虑纳税?
26. 企业对境外所得如何进行税收抵免?
27. 企业所得税有哪几类优惠规定?
28. 我国征收外商投资企业所得税如何过渡?
29. 企业所得税的纳税地点如何确定?
30. 关联企业如何认定?
31. 对关联企业转让定价如何调整?
32. 企业发生亏损如何弥补?
33. 国家重点扶植的高新技术企业享有哪些税收优惠?
34. 什么是预约定价安排?

## 练习题

1. 某企业第一季度有关损益类科目的余额如下：产品销售收入 1 400 万元，其他业务收入 200 万元，产品销售成本 840 万元，其他业务支出 120 万元，管理费用 90 万元，销售费用 30 万元，财务费用 40 万元，附加税 40 万元，营业外收入 60 万元，营业外支出 80 万元。

要求：计算该企业第一季度应缴纳的企业所得税。

2. 某企业全年利润总额为 6 400 万元，其中境外利润所得为 2 300 万元，该境外所得已在国外缴纳所得税 460 万元；境内利润所得为 4 100 万元；并从境内其他企业分得税后利润 1 700 万元，该所得已缴纳所得税 300 万元。

要求：计算该企业全年应缴纳的企业所得税。

3. 某生产企业年产品销售收入 7 000 万元，产品销售成本 3 000 万元，产品销售费用 820 万元，财务费用 270 万元，管理费用 940 万元(其中，业务招待费用 35 万元，新产品、新技术、新工艺研究开发费用 40 万元)；该企业当年购买并安装环保节能设备 200 万元。

要求：计算该企业应缴纳的企业所得税。

4. 某国有百货商场全年取得销售收入 8 000 万元，销售成本 4 500 万元，缴纳城市维护建设税和教育费附加 59.5 万元。当年购置货运面包车两辆共 42 万元，兑现到期国库券取得利息收入 20 万元，全年支付职工工资总额 250 万元，发生职工工会、教育、福利三项经费 60 万元，支付业务招待费 50 万元，另按规定列支有关费用 1 500 万元。

要求：计算该商场全年应缴纳的企业所得税。

5. 某百货商场会计编制年度损益表如下：商品销售收入 6 000 万元，商品销售成本 3 500 万元，商品销售费用 500 万元，城市维护建设税及教育费附加 30 万元，管理费用 370 万元，财务费用 400 万元，营业外收入 60 万元，营业外支出 260 万元，其他业务利润 300 万元，利润总额 1 300 万元，所得税 325 万元，净利润 975 万元。

经商场财务主管审核，发现以下几笔业务没有进行核算：

(1) 投资国债取得利息收入 125 万元。

(2) 年终从保险公司得到无赔款优待，现金 70 万元。

要求：根据以上资料，重新计算该企业全年应缴纳的企业所得税。

6. 某生产企业年度生产经营情况为：

(1) 取得产品销售收入总额 8 600 万元。

(2) 应扣除产品销售成本 5 400 万元。

(3) 发生产品销售费用 800 万元、管理费用 700 万元、财务费用 400 万元(其中含逾期归还银行贷款的罚息 30 万元)。

(4) 应缴纳的增值税 300 万元、其他销售税费 500 万元。

(5) 营业外支出 140 万元(其中含通过公共机构进行的公益性捐款 100 万元、缴纳税收滞纳金 40 万元)。

(6) 职工工会经费、职工福利费、职工教育经费支出 240 万元(实发工资总额 925 万元)。

要求：计算该企业年度应缴纳的企业所得税。

7. 某市制药公司为增值税一般纳税人，其全年生产经营资料如下：

（1）全年实现不含税销售额 9 000 万元，取得价外费用收入 45.2 万元；购进制药厂原材料，取得税务验证增值税专用发票，注明购货金额 2 400 万元、进项税额 408 万元。

（2）应扣除的销售产品成本 6 000 万元；发生销售费用 1 200 万元；发生财务费用 320 万元，其中：1 月 1 日与非金融机构签订借款合同，借款 2 000 万元，借期 1 年，支付利息费用 120 万元，同期银行贷款的年利息率为 5%；发生管理费用 1 008 万元，其中：含实际发生的业务招待费 60 万元，新产品开发费用 80 万元；全年实际发生的职工福利费、职工工会经费和职工教育经费 460 万元（实发工资总额 1 800 万元）。

（3）9 月 8 日通过教育部门向农村义务教育捐款 8 万元，10 月 1 日直接向某老年服务机构捐款 5 万元。

要求：计算该制药公司应缴纳的增值税、城市维护建设税、教育费附加和企业所得税。

8. 某市一化工企业为增值税一般纳税人，主要业务为以外购化妆品生产和销售成套化妆品。年度有关生产经营情况如下：

（1）期初库存外购已税化妆品 300 万元。本期外购已税化妆品取得税务验证增值税专用发票，支付价款 2 550 万元、增值税额 408 万元，已取得认证。

（2）生产领用外购化妆品 2 500 万元，其他生产费用 978 万元，生产成套化妆品 37 万件，每件成套化妆品单位成本 94 元。

（3）批发销售成套化妆品 25 万件，开具增值税专用发票，取得销售额 6 000 万元；零售成套化妆品 8 万件，开具普通发票，取得销售收入 2 260 万元。

（4）发生产品销售费用 820 万元、财务费用 270 万元、管理费用 940 万元（其中含业务招待费用 60 万元，新产品、新技术、新工艺研究开发费用 80 万元）。

化妆品、成套化妆品的消费税税率为 30%，教育费附加扣除率为 3%，“三新”研究开发费加计扣除 50%。

要求：

（1）分别计算该企业应缴纳的各种流转税。

（2）根据流转税计算城市维护建设税、教育费附加。

（3）计算该企业应缴纳的企业所得税。

9. 某中外合资经营企业的总机构设在中国境内，年度获取所得为 1 500 万元，其境外分支机构同年获得所得折合人民币为 800 万元，境外所得税税率为 20%。

要求：计算该企业总机构应在我国缴纳的企业所得税和地方所得税。

10. 某家用电器生产企业年度发生相关业务如下：

（1）在中国境内取得所得 800 万元。

（2）在 A、B 两国分别设立三个全资子公司，其中在 A 国设立了甲、乙两个公司，在 B 国设立了丙公司。甲公司应纳税所得额为 110 万美元，乙公司应纳税所得额为－30 万美元，丙公司应纳税所得额为 50 万美元。甲公司在 A 国按 30%的税率缴纳了所得税；丙公司在 B 国按 20%的税率缴纳了所得税。

该企业要求其全资子公司税后利润全部汇回；1 美元＝6.8 元人民币。

要求：根据上述资料，计算有关纳税事项：

(1) 计算该企业境内、外所得的应纳所得税额。

(2) 计算该企业从A国分回的境外所得应予抵免的税额。

(3) 计算该企业从B国分回的境外所得应予抵免的税额。

(4) 计算该企业实际应缴纳的企业所得税。

11. 位于市区的某制药公司年度主营业务收入5 500万元，其他业务收入400万元，营业外收入300万元，主营业务成本2 980万元，其他业务成本300万元，营业外支出210万元，附加税120万元，管理费用550万元，销售费用900万元，财务费用180万元。当年发生的部分具体业务如下：

(1) 实际发放职工工资1 200万元(其中残疾人员工资40万元)，发生职工福利费支出180万元，拨缴工会经费25万元并取得专用收据，发生职工教育经费支出20万元，以前年度累计结转至本年的职工教育经费未扣除额为5万元。另为投资者支付商业保险费10万元。

(2) 发生广告费支出800万元、非广告性质的赞助支出50万元。发生业务招待费支出60万元。

(3) 从事《国家重点支持的高新技术领域》规定项目的研究开发活动，对研发费用实行专账管理，发生研发费用支出100万元且未形成无形资产。

(4) 对外捐赠货币资金140万元(通过县级政府向贫困地区捐赠120万元，直接向某学校捐赠20万元)。

(5) 为治理污水排放，当年购置污水处理设备并投入使用，设备购置价为300万元(含增值税且已作进项税额抵扣)。处理公共污水，当年取得收入20万元，相应的成本费用支出为12万元。购进的污水处理设备为《环境保护专用设备企业所得税优惠目录》所列设备。

(6) 撤回对某公司的股权投资取得100万元，其中含原投资成本60万元，相当于被投资公司累计未分配利润和累计盈余公积按减少实收资本比例计算的部分10万元。

要求：根据上述资料，计算该制药公司年度应缴纳的企业所得税。

12. 一生产性中外合资经营企业全年有关生产经营情况如下：

(1) 取得产品销售净额4 000万元，取得不含税租金收入300万元。

(2) 应扣除的产品销售成本3 200万元，与租金收入有关的费用支出220万元。

(3) 应缴纳的产品增值税30万元、消费税75万元、租金增值税15万元。

(4) 4月1日向银行借款500万元用于建造厂房，借款期限1年，当年向银行支付了3个季度的借款利息22.5万元，该厂房于10月31日完工结算并投入使用。

(5) 发生管理费用350万元(其中含支付关联企业的管理费10万元，支付的业务招待费30万元)。

(6) 经批准以机器设备一台向其他企业投资，该设备账面原值50万元，已提取折旧24万元，投资时双方确认的投资价值为30万元。

(7) 转让人民币特种股票(B股)取得收入250万元，该股票原购进价210万元。

(8) 发生营业外支出30万元(其中含通过中国境内非营利团体向某贫困地区捐款15万元，直接向某灾区捐款15万元)。

(9) 营业外收入60万元。

(10) 从境外分支机构取得税后收益48万元，已在境外缴纳了20%的所得税。

(11) 该年第一至第三季度已预缴所得税70万元。

要求：根据该企业的生产经营情况，审核企业自行填列的年度所得税计算表(如下表所示)，将审查核定数填入“审查核定数”栏目中。

**年度所得税计算表**

单位：万元

| | 项　　目 | 自行填列数 | 审查核定数 |
|---|---|---|---|
| | 1. 本年产品销售收入净额 | 4 000 | |
| 成本费用扣除额 | 2. 本年产品销售成本 | 3 200 | |
| | 3. 本年产品销售税金 | 120 | |
| | 4. 本年期间费用 | 372.5 | |
| | 其中：交际应酬费 | 30 | |
| | 利息支出 | 22.5 | |
| | 特许权使用费 | | |
| | 5. 扣除合计(2+3+4) | 3 692.5 | |
| 应纳税所得额计算 | 6. 本年产品销售利润(1—5) | 307.5 | |
| | 7. 本年其他业务利润额 | 80 | |
| | 8. 投资收益 | 45 | |
| | 其中：境内投资收益 | | |
| | 境外投资收益 | 45 | |
| | 9. 营业外收支净额 | 10 | |
| | 10. 抵补以前年度亏损额 | 35 | |
| 应纳企业所得税额计算 | 11. 应纳税所得额(6+7+8+9—10) | 407.5 | |
| | 12. 税率 | 25% | |
| | 13. 应缴纳企业所得税额(11×12) | 101.875 | |
| | 14. 减免企业所得税 | | |
| 应补(退)所得税额计算 | 15. 实际应缴企业所得税额(13—14) | 101.875 | |
| | 16. 境外所得扣除税额 | 9 | |
| | 17. 全年已预缴所得税额 | 70 | |
| | 18. 应补所得税额(15—16—17) | 22.875 | |

13. 某居民企业主营业务收入 5 000 万元、营业外收入 80 万元，与收入配比的成本 4 100 万元，全年发生管理费用、销售费用和财务费用共计 700 万元，营业外支出 60 万元(其中符合规定的公益性捐赠支出 50 万元)，上年度经核定结转的亏损额 30 万元。

要求：计算该企业应缴纳的企业所得税。

14. 甲企业属于创业投资企业，上年度 1 月 1 日向乙企业(未上市的中小高新技术企业)投资 250 万元，股权持有到本年度 12 月 31 日。上年度税务机构核定的亏损额为 189 万元，甲企业本年度生产经营所得为 450 万元。

要求：计算甲企业本年度应纳税所得额。

15. 境外某公司在中国境内未设立机构、场所，取得境内甲公司支付的贷款利息收入 300 万元，取得境内乙公司支付的财产转让收入 80 万元，该项财产净值 60 万元。

要求：计算该境外公司在我国应缴纳的企业所得税。

16. 某居民企业生产经营应纳税所得额为 500 万元，适用 15%的企业所得税税率。该企业在 A 国设有甲分支机构（我国与 A 国已经缔结避免双重征税协定），甲分支机构应纳税所得额为 50 万元，甲分支机构适用 20%企业所得税税率，甲分支机构按规定在 A 国缴纳了企业所得税。

要求：计算该企业汇总在我国应缴纳的企业所得税。

17. 某小汽车生产企业为增值税一般纳税人，自行核算的相关数据为：全年取得产品销售收入总额 68 000 万元，应扣除的产品销售成本 54 800 万元，应扣除的附加税 250 万元，应扣除的销售费用 3 600 万元、管理费用 2 900 万元、财务费用 870 万元。另外，取得营业外收入 320 万元以及直接投资其他居民企业分回的股息收入 550 万元，发生营业外支出 1 050 万元，全年实现会计利润 5 400 万元，应缴纳企业所得税 1 350 万元。

经聘请的会计师事务所对该年度的经营情况进行审核，发现以下相关问题：

(1) 管理费用中含有业务招待费 280 万元、新技术研究开发费用 120 万元。

(2) 营业外支出中含该企业通过省教育厅向某山区中小学捐款 800 万元。

(3) 成本费用中含实际发生的工资费用 3 000 万元、职工福利费 480 万元、职工工会经费 90 万元、职工教育经费 70 万元。

要求：根据上述资料，计算该企业应税所得调整额和应纳税调整额。

18. 某居民企业为增值税一般纳税人，主要生产销售彩色电视机，假定有关经营业务如下：

(1) 销售取得不含税收入 8 800 万元，与彩电配比的销售成本 5 000 万元。

(2) 销售费用 1 650 万元，其中广告费 1 400 万元。

(3) 管理费用 850 万元，其中业务招待费 90 万元。

(4) 财务费用 80 万元，其中含向非金融企业借款 500 万元所支付的年利息 40 万元（当年金融企业贷款的年利率为 5.8%）。

(5) 计入成本、费用中的实发工资 540 万元；发生的工会经费 15 万元、职工福利费 82 万元、职工教育经费 18 万元。

(6) 营业外支出 300 万元，其中包括通过公益性社会团体向贫困山区的捐款 150 万元。

上述销售费用、管理费用和财务费用不涉及转让费用；取得的相关票据均通过主管税务机关认证。

要求：根据上述资料，计算该企业应缴纳的企业所得税。

19. 某白酒厂为居民企业，主要生产销售白酒，年度有关生产经营情况为：

(1) 销售自产白酒 1 200 标准箱给某大型商场，向购买方开具了增值税专用发票，注明销售额 3 000 万元。销售自产白酒 8 标准箱给使用单位和消费者个人，开具普通发票，取得销售收入 226 万元。

(2) 当年应纳增值税 300 万元，应纳消费税 960 万元，应缴纳城市维护建设税和教育费附加 126 万元。

(3) 当年白酒销售成本共计为1 000万元;财务费用100万元。

(4) 发生管理费用200万元(含业务招待费40万元)。

(5) 销售费用500万元(含广告费300万元,上年度未抵扣广告费200万元)。

(6) 计入成本、费用的实发工资800万元,拨缴工会经费30万元并取得专用收据,实际支出职工福利费130万元、职工教育经费30万元。

(7) 营业外支出100万元,其中被工商部门行政罚款60万元,通过民政部门向贫困地区捐赠100万元。

要求:计算该企业应缴纳的企业所得税。

20. 某摩托车生产企业为增值税一般纳税人,发生以下业务:

(1) 全年生产两轮摩托车200 000辆,每辆生产成本0.28万元、市场不含税销售价0.46万元,全年销售两轮摩托车190 000辆,销售取得不含税销售收入87 400万元。

(2) 全年生产三轮摩托车30 000辆,每辆生产成本0.22万元、市场不含税销售价0.36万元,全年销售三轮摩托车28 000辆,取得不含税销售收入10 080万元。

(3) 全年外购原材料均取得增值税专用发票,支付材料价款共计35 000万元、增值税进项税额5 950万元,支付运输公司的运输费用700万元,取得运输公司开具的公路内河运输发票。

(4) 全年发生管理费用11 000万元,其中含业务招待费用900万元,新技术研究开发费用800万元、销售费用7 600万元、财务费用2 100万元。

(5) 全年发生营业外支出3 600万元。

(6) 取得直接投资境内居民企业分配的股息收入130万元,已知境内被投资企业适用的企业所得税税率为15%;取得到期的国债利息收入90万元(假定当年国家发行的最长期限的国债年利率为6%);取得直接投资境外公司分配的股息收入170万元,已知该股息收入在境外承担的总税负为15%。

摩托车消费税税率为10%。

要求:计算该摩托车生产企业应缴纳的消费税、增值税、附加税和企业所得税。

21. 某保险公司总机构设在我国某大城市,除在该大城市设立具有独立经营职能的投资分支机构(该投资分支机构的经营收入、职工工资和资产总额与管理职能部门能分开核算)外,还分别在我国A、B两省省城设有从事保险业务的二级分支机构。该保险公司实行以实际利润额按季预缴分摊企业所得税的办法,根据本年度第一季度报表得知,公司第一季度取得利润8 000万元。上年度投资分支机构和A、B两省的二级分支机构有关资料如下表所示:

**上年度营业收入、职工工资和资产总额**　　单位:万元

| 二级机构及合计 \ 相关项目及金额 | 营业收入 | 职工工资 | 资产总额 |
|---|---|---|---|
| 投资分支机构 | 20 000 | 200 | 11 000 |
| A省分支机构 | 40 000 | 500 | 15 000 |
| B省分支机构 | 56 000 | 640 | 26 000 |
| 合计金额 | 116 000 | 1 340 | 52 000 |

要求:计算各级机构预缴企业所得税。

22. 某居民企业本年度实际支出的工资、薪金总额为150万元，福利费本期发生20万元，拨缴的工会经费3万元，已经取得工会拨缴收据，实际发生职工教育经费4.50万元。

要求：计算该企业上年度应调整的应纳税所得额。

23. 某工业企业全年销售收入为1 000万元，转让无形资产所有权收入100万元，提供加工劳务收入150万元，变卖固定资产收入30万元，视同销售收入100万元，当年发生业务招待费10万元。

要求：计算该企业当年所得税税前可以扣除的业务招待费用。

24. 某企业注册资本为3 000万元，当年按同期金融机构贷款利率从其关联方借款6 800万元，发生借款利息680万元，关联方实际税负低于该企业。

要求：计算该企业准予扣除的利息金额。

25. 某企业全年销售收入为2 000万元。当年实际发生业务招待费20万元。

要求：计算该企业当年可在所得税税前列支的业务招待费金额。

26. 某高新技术企业因扩大生产规模新建厂房，由于自有资金不足，2×19年1月1日向银行借入长期借款1笔，金额3 000万元，贷款年利率是4.5%，2×19年4月1日该厂房开始建设，当年12月31日房屋竣工结算并交付使用。

要求：计算2×19年度该企业可以在税前直接扣除的该项借款费用。

27. 某市生产企业为增值税一般纳税人，当年取得产品不含税销售收入6 000万元，当年发生产品销售成本2 600万元、销售费用1 200万元、管理费用480万元、财务费用60万元，取得投资收益120万元；发生营业外支出150万元；销售税金为160万元，其中含增值税120万元。

当年发生部分业务如下所示：

(1) 计入成本、费用中的实发工资总额1 000万元，拨缴职工工会经费25万元，发生职工福利费150万元，发生职工教育经费30万元。

(2) 销售费用中含当年发生的广告支出1 050万元。

(3) 管理费用中含当年发生的业务招待费25万元。

(4) 营业外支出中含通过公益性社会团体向贫困山区捐款100万元，因管理不善造成资产损失15万元，直接捐赠给扶贫帮扶对象5万元，支付税收滞纳金6万元。

(5) 当年向境内关联方借款750万元，年利率7%(金融企业同期贷款利率为6%)，实际支付利息52.5万元。关联企业在该企业的权益性投资为250万元，该企业不能证明此项交易符合独立原则，也不能证明实际税负不高于关联企业。

(6) 当年撤回对境内某公司的股权投资取得85万元，其中原始投资成本50万元，相当于被投资企业累计未分配利润和累计盈余公积按减少实收资本的比例计算的部分为15万元。

(7) 当年12月购入机器设备一台并投入使用，不含税价款为350万元，采用直线法进行摊销，预计使用年限为10年，净残值率为5%，企业选择一次性扣除。

(8) 该企业分别在A、B两国设有分公司(我国与A、B两国已经缔结避免双重征税协定)。在A国分公司的应纳税所得额为50万元，A国税率为20%；在B国分公司的应纳税所得额为30万元，B国税率为30%。两个分公司在A、B两国分别缴纳了10万元和9万元的企业所得税，该企业选择分国抵免方法。

要求：根据上述资料，按下列顺序计算回答问题，如有计算，须计算出合计数。

(1) 计算企业的会计利润总额。

(2) 计算业务(1)应调整的应纳税所得额。

(3) 计算业务(2)应调整的应纳税所得额。

(4) 计算业务(3)应调整的应纳税所得额。

(5) 计算业务(4)应调整的应纳税所得额。

(6) 计算业务(5)应调整的应纳税所得额。

(7) 计算业务(6)应调整的应纳税所得额。

(8) 计算业务(7)应调整的应纳税所得额,并说明理由。

(9) 计算企业境内所得的应纳税所得额。

(10) 计算企业境外所得在我国应补缴的企业所得税额。

(11) 计算企业年终汇算清缴实际缴纳的企业所得税。

28. 2×19 年初,甲居民企业以实物资产 1 600 万元直接投资于乙居民企业,取得乙企业 40%的股权。2×19 年 12 月,甲企业撤回对乙企业的全部投资,取得资产总计 2 600 万元,投资撤回时乙企业累计未分配利润为 1 000 万元,累计盈余公积 150 万元。

要求:计算甲企业撤回投资应缴纳的企业所得税。

29. 某高新技术企业取得技术转让收入 900 万元,其中成本 100 万元。

要求:计算该企业应缴纳的企业所得税。

30. 某居民企业 2×19 年 6 月购置并投入使用环境保护专用设备(属于企业所得税优惠目录的范围),取得增值税专用发票注明的金额 300 万元、税额 39 万元,2×19 年该企业应纳税所得额为 168 万元。

要求:计算该企业当年应缴纳的企业所得税。

31. 甲生产企业 8 月与乙公司达成债务重组协议,甲企业以自产的产品抵偿所欠乙公司一年前发生的债务 280 万元,该产品生产成本 180 万元、市场价值 220 万元。另外,甲企业库存产品因管理不善发生非正常损失,账面成本为 15 万元,其中原材料成本 10 万元(对应进项税额已经抵扣),经税务机关批准,该损失可以税前扣除。

要求:计算甲企业关于这两项业务应缴纳的企业所得税。

32. 摩托车生产企业合并一家小型股份公司,股份公司全部资产公允价值为 5 700 万元,全部负债为 3 200 万元,未超过弥补年限的亏损额为 620 万元。合并时,摩托车生产企业给股份公司的股权支付额为 2 300 万元,银行存款为 200 万元。该合并业务符合企业重组特殊性税务处理的条件且选择实行此方法。截至当年年末,国家发行的最长期限的国债利率为 6%。

要求:计算合并企业可弥补的被合并企业亏损限额。

33. 某居民企业全年实现会计利润总额 120 万元,在当年生产经营活动中发生了对目标脱贫地区的捐赠支出 20 万元,购买了价值 30 万元的环境保护专用设备,取得了增值税专用发票。假设当年无其他纳税调整项目。

要求:计算该企业当年应缴纳的企业所得税。

34. 某制造企业为增值税一般纳税人,自 2×18 年起被认定为高新技术企业,其 2×19 年生产经营情况如下:

(1) 当年销售货物实现销售收入 8 000 万元,对应成本为 5 100 万元。

(2) 12 月购入专门用于研发的新设备,取得增值税普通发票上注明的金额为 600 万元,当月投入使用，会计上作为固定资产核算并按照5年计提折旧。

(3) 通过其他业务收入核算转让5年以上非独占许可使用权收入700万元，与之相应的成本及税费为100万元。

(4) 当年发生管理费用800万元，其中含新产品研究开发费用300万元(已独立核算管理)、业务招待费80万元。

(5) 当年发生销售费用1 800万元，其中含广告费1 500万元。

(6) 当年发生财务费用200万元。

(7) 取得国债利息收入150万元，企业债券利息收入180万元。

(8) 全年计入成本、费用的实发合理工资总额400万元(含残疾职工工资50万元)，实际发生职工福利费120万元、职工教育经费33万元，拨缴工会经费18万元。

(9) 当年发生营业外支出共计130万元，其中违约金5万元、税收滞纳金7万元、补缴高管个人所得税15万元。

(10) 当年税金及附加科目共列支200万元。

其他相关资料：各扣除项目均已取得有效凭证，相关优惠已办理必要手续。

要求：根据上述资料，按照下列顺序计算回答问题，如有计算，须计算出合计数。

(1) 判断12月购进新设备的成本能否一次性税前列支并说明理由。

(2) 计算该企业当年的会计利润。

(3) 计算业务(3)中转让非独占许可使用权应纳税所得额调整金额。

(4) 计算业务(4)中研究开发费用及业务招待费应纳税所得额调整金额。

(5) 计算业务(5)中广告费应纳税所得额调整金额。

(6) 计算业务(7)中利息收入应纳税所得额调整金额。

(7) 计算业务(8)中工资、职工福利费、工会经费、职工教育经费应纳税所得额调整金额。

(8) 计算业务(9)涉及的应纳税所得额调整金额。

(9) 计算当年该企业的企业所得税应纳税所得额。

(10) 计算当年该企业应缴纳的企业所得税。

# 第十三章　个人所得税

在我国实行市场经济条件下，个人所得税在促进公平收入分配方面发挥着积极作用，是我国近年来发展最快、涉及面最广、利益影响最大、最有增长潜力的税种。个人所得税主要研究分析个人所得税纳税人、征收范围、税率结构特点，个人所得税应税收入项目、费用扣除标准、应纳税额计算方法，个人所得税减免税、税收抵免、申报缴纳等问题。

## 第一节　概　论

### 一、个人所得税及其特点

个人所得税是以个人(自然人)取得的各项应税所得为对象征收的一种税。个人所得税是世界各国普遍征收的一个税种。我国现行的个人所得税主要有以下特点：

(一) 分类综合征收

世界各国的个人所得税制大体可分为三种类型：分类所得税制、综合所得税制和混合所得税制。这三种税制各有所长，各国可根据本国具体情况选择、运用。我国现行个人所得税采用的是分类综合并存的混合所得税制，即将个人取得的各种所得划分为9类，分别适用不同的费用减除标准、税率结构和计税方法。同时，又对工薪所得、劳务所得、稿酬所得和特许权使用费所得实行综合征税。分类综合混合课征制度，既可以广泛采用源泉扣缴办法，加强源泉控管，简化纳税手续，方便征纳双方，又对大多数个人经常性收入综合课征，有利于量能负担，税收公平，体现国家政策。

(二) 累进比例并用

分类所得税制一般采用比例税率，综合所得税制通常采用累进税率。比例税率计算简便，便于实行源泉扣缴；累进税率可以合理调节收入调节分配，体现公平。我国现行个人所得税根据各类个人所得的不同性质和特点，将这两种形式的税率运用于个人所得税制。其中，对工资、薪金所得，劳务所得，稿酬所得和特许权使用费等综合所得，个体工商户生产、经营所得，采用累进税率，实行量能负担。对财产转让所得，财产租赁所得，股息、利息、红利所得，偶然所得和其他所得，实行按次计算个人所得税，采用比例税率，实行等比负担。

（三）定额定率扣除

我国个人所得税对纳税人的各项所得，视情况不同分别采用定额扣除和定率扣除办法：对本国居民取得的工资、薪金所得，劳务所得，稿酬所得和特许权使用费等综合所得，基本费用月定额扣除 5 000 元，年定额扣除 60 000 元，专项扣除视个人具体情况而定；对其他所得，采取定额扣除 800 元或定率 20％扣除费用的办法。

（四）按年按次计算

我国现行个人所得税对工薪所得实行按年计算，即个人应按年将个人取得的工资、薪金所得，劳务所得，特许权使用费所得和稿酬所得，合并计算缴纳个人综合所得税。对财产转让所得，财产租赁所得，股息、利息、红利所得，偶然所得，实行按次计算个人分类所得税。

（五）课源申报结合

我国个人所得税法规定，对纳税人的应纳税额分别采取由支付单位源泉扣缴和纳税人自行申报两种方法。对凡是可以在应税所得的支付环节扣缴个人所得税的，均由扣缴义务人履行代扣代缴义务。对工资、薪金所得，劳务所得，稿酬所得和特许权使用费等综合所得，在支付单位代扣代缴基础上，实行年度终了由个人自行申报清算纳税。对于没有扣缴义务人的，以及个人在两处以上取得工资、薪金所得的，由纳税人自行申报纳税。此外，对其他不便于扣缴税款的，亦规定由纳税人自行申报纳税。

## 二、个人所得税制的演变

我国个人所得税制的演变，大致经历了 20 世纪 50 年代设置个人所得税税种、80 年代建立个人所得税制、90 年代个人所得税制改革和 21 世纪个人所得税深化改革发展四个阶段。

（一）20 世纪 50 年代设置个人所得税税种

1950 年 1 月，政务院颁布《税政实施要则》，其中列有“薪给报酬所得税”和“存款利息所得税”。薪给报酬所得税和存款利息所得税都是个人所得税的组成部分。前者是对个人工资、薪金、劳务报酬所得征收，由于种种原因，80 年代以前一直未能开征。后者是对在中国境内取得利息的单位和个人征收，其征税范围包括存款利息所得，公债、公司债及其他有价证券之利息所得，股东、职工对本业户垫款的利息所得。利息所得税按 5％单一比例征收，自 1950 年 12 月政务院公布《利息所得税暂行条例》至 1959 年因政府降低存款利率而停征利息所得税，前后不足 10 年的征税史。

（二）20世纪80年代建立个人所得税制

20世纪70年代末，我国实行了对内改革、对外开放。随着我国对外经济、文化、技术等各方面交流的扩大，来华外籍人员日益增加，而且收入较高。按照国际惯例，外籍人员在一国取得收入，都必须向收入取得国政府履行纳税义务。为维护我国合法权益，1980年9月10日，第五届全国人民代表大会第三次会议通过并公布了《中华人民共和国个人所得税法》，同年12月14日财政部公布了《中华人民共和国个人所得税法施行细则》，至此，个人所得税制度方始在我国建立。1986年9月，针对我国经济体制改革后国内个人收入发生很大变化的情况，国务院发布《中华人民共和国个人收入调节税暂行条例》，规定仅适用于本国居民，而个人所得税仅适用于从我国取得个人所得的外籍人员和其他个人形成，这样就形成对内、对外两套个人所得税制。

（三）20世纪90年代个人所得税制改革

20世纪80年代个人所得税制的建立，虽然顺应了当时改革和开放的客观需要，但随着社会主义市场经济体制的建立，内、外有别的个人所得税征税制度不符合公平税负的治税思想，客观上要求进一步改革和完善个人所得税制，以形成合理的收入分配机制。改革主要内容为：

1. 合并税种

20世纪80年代，我国对个人所得开征的税种除个人所得税、个人收入调节税外，严格地说，还包括1986年开征的城乡个体工商业户所得税。1993年10月31日，第八届全国人民代表大会常委会第四次会议通过了《关于修改中华人民共和国个人所得税法的决定》的修正案，规定不分内、外，所有我国居民和有来源于我国所得的非居民，均应依法缴纳个人所得税。同时，取消了个人收入调节税和城乡个体工商业户所得税。

2. 扩大征税范围

与原有的个人所得税制比较，改革后的个人所得税不仅将个人因进行股票、债券、土地使用权、房产转让交易所形成的资本利得纳入征税范围，而且把个人从事工商事业(包括承包、承租经营)取得的所得也纳入了征税范围。

3. 调整税率结构

原有的个人所得税采用5％～45％的七级超额累进税率，而个人收入调节税采用20％～60％的五级超倍累进税率，边际税率偏高，累进速度偏快。改革后的个人所得税最高边际税率已降低为45％，工薪所得适用的税率结构增加为九档。

（四）21世纪个人所得税深化改革发展

21世纪，我国个人所得税制在以下几方面进行了制度改革和政策调整：

1. 提高起征点

为适应社会经济发展、人民生活水平提高和制度改革对费用扣除标准的要求，2006 年我国将个人所得税起征点由 800 元提高到 1 600 元，2008 年提高到 2 000 元，2011 年进一步提高到 3 500 元。2018 年，个人所得税起征点进一步提高到 5 000 元/月或 60 000 元/年。

2. 分类综合征税

我国个人所得税长期实行分类征税，收入项目多的纳税人费用扣除多，缴税少，而收入项目少的同等收入纳税人费用扣除少，缴税多，难以体现税收公平，因而有必要将分类征税改为综合征税。但考虑到现实条件，长期没有推进。直至 2019 年，国家才对个人所得税实行分类综合改革，对工资、薪金所得，劳务所得，稿酬所得和特许权使用费等综合所得实行合并计算，综合征税。

3. 实施专项扣除

在基本扣除基础上实施的专项附加扣除是指个人所得税法规定的子女教育、继续教育、大病医疗、住房贷款利息或者住房租金、赡养老人等 6 项，以居民个人一个纳税年度的应纳税所得额为限额，一个纳税年度扣除不完的，不结转以后年度扣除。

4. 调整税率结构

现行个人所得税税率从 5%至 45%分为五档，不但边际税率偏高，增加了税收的反激励效应，而且税率档次偏多，使税收制度变得复杂。应降低过高的边际税率，减少税率档次。未来有必要进一步调整个人所得税适用税率，优化个人所得税税率结构。

5. 强化税收征管

主要是改进征收方法，实行纳税人和所得支付单位“双重纳税申报”制度，以便税务机关进行交叉稽核并尽快建立居民个人收入和财产申报、登记制度以及居民储蓄存款“实名制”，并大力推行个人收入支付的“票据化”，实行银行与税务部门计算机联网，以利于税源的控管。

## 第二节　基本制度

### 一、纳税人

个人所得税的纳税人是指在税法上负有纳税义务的个人，包括自然人个人以及从事生产经营但不具有法人资格的个体工商户、独资合伙企业。纳税人可分为居民纳税人和非居民纳税人。

### （一）居民纳税人与非居民纳税人判定标准

个人所得税的纳税人可以泛指取得所得的自然人，包括居民纳税人和非居民纳税人。我国对居民纳税人和非居民纳税人的划分，采用了国际上常用的住所标准和居住时间标准。个人只要符合或达到其中任何一个标准，就可以被认定为我国居民。

1. 住所标准

住所标准是以个人在一国境内拥有的住所确定其居民身份的判定标准。住所通常指公民长期生活和活动的主要场所。我国税法将在中国境内有住所的个人界定为因户籍、家庭、经济利益关系而在中国境内习惯性居住的个人。所谓习惯性居住，是在税收上判断居民和非居民的一个法律意义上的标准，不是指实际居住或在某一特定时期内的居住地。例如，个人因学习、工作、探亲、旅游等而在中国境外居住的，当其在境外居住的原因消除之后，则必须回到中国境内居住，那么，即使该人并未居住在中国境内，仍应将其判定为在我国习惯性居住。

2. 居住时间标准

居住时间标准是以个人在一国境内居住的时间长短来确定其居民身份的判定标准。我国规定的时间是一个纳税年度内在中国境内住满 183 天，即以居住满 183 天为时间标准，达到这个标准的个人即为我国居民，否则为非居民。在中国境内居住累计满 183 天的任一年度中：一次性离境不超过 30 天的作为临时离境，不扣减日数，连续计算；一次性离境超过 30 天的作为离境，其在中国境内居住累计满 183 天的年度的连续年限重新起算。

### （二）居民纳税人和非居民纳税人纳税义务

1. 居民纳税人纳税义务

在中国境内有住所，或者虽然无住所，但在一个纳税年度内在中国境内居住满 183 天的个人为我国居民的个人，应就其来源于中国境内和境外的所得，向我国政府履行全面纳税义务，依法缴纳个人所得税。

为了便于人员的国际交流，本着从宽、从简的原则，对于在中国境内无住所，但居住累计满 183 天的年度连续不满 6 年的，经向主管税务机关备案，其来源于中国境外且由境外单位或者个人支付的所得，免予缴纳个人所得税，仅就其在中国境内工作期间取得的由中国境内企业或个人雇主支付和由中国境外企业或个人雇主支付的所得缴纳个人所得税。对于其来源于中国境外的各种所得，经主管税务机关批准，可以只就由中国境内公司、企业以及其他经济组织或个人支付的部分缴纳个人所得税。

对于居住满 6 年的个人，从第六年起，应就来源于中国境内外的全部所得缴纳个人所得税。所谓个人在中国境内居住满 6 年，是指个人在中国境内连续居住 6 年，并在 6 年中的每一个纳税年度内均居住满 183 天。

2. 非居民纳税人纳税义务

根据两个判定标准被确定为非我国居民的个人，即在中国境内无住所又不居住，或者无住所而在中国境内居住又不满 183 天的个人，属于我国非居民纳税人，只就其来源于中国境内所得向我国政府履行有限纳税义务，依法缴纳个人所得税。非居民纳税人情况比较复杂，涉及的所得来源及其支付形式也比较多。我国税法根据国际惯例，对于非居民纳税人的纳税义务作了具体规定。

(1)对于在中国境内无住所，在一个纳税年度内在中国境内连续或累计工作超过 90 天但又不满 183 天的个人，其实际在中国境内工作期间取得的由中国境内企业或个人雇主支付和由境外企业或个人雇主支付的所得，均应缴纳个人所得税。

(2)对于在中国境内无住所，但一个纳税年度内在中国境内连续或累计居住不超过 90 天的个人，其来源于中国境内所得，由境外雇主支付并且不由该雇主在中国境内的机构、场所负担的部分，免予缴纳个人所得税，仅就其实际在中国境内工作期间由中国境内企业或个人雇主支付或者由中国境内机构负担的所得纳税。

对于上述涉及的境外雇主支付并且不是由中国境内机构负担工资、薪金所得的个人，如事先可预定在一个纳税年度中连续或累计居住超过 90 天的，其每月应纳税额按期申报缴纳。如事先不能预定的，可以待达到 90 天后的次月 7 日内，就以前月份应纳的税款一并申报缴纳。

（三）扣缴义务人

我国个人所得税实行代扣代缴和个人申报纳税相结合的征收管理制度。个人所得税采取代扣代缴办法，有利于从源头控制税源，保证税收收入，简化征纳手续，加强个人所得税管理。税法规定，凡支付应纳税所得的单位或个人，都是个人所得税的扣缴义务人。扣缴义务人在向纳税人支付各项应纳税所得(个体工商业户生产、经营所得除外)时，必须履行代扣代缴税款的义务。

## 二、所得来源地的确定

从中国境内和境外取得的所得，分别是指来源于中国境内所得和来源于中国境外所得。下列所得，不论支付地点是否在中国境内，均为来源于中国境内的所得：

(1) 因任职、受雇、履约等在中国境内提供劳务取得的所得。对劳务取得的所得征税，由劳务活动所在地政府对该项所得行使征税权。

(2) 将财产出租给承租人在中国境内使用而取得的所得。

(3) 许可各种特许权在中国境内使用而取得的所得。

(4) 转让中国境内的不动产等财产或者在中国境内转让其他财产取得的所得。

(5) 从中国境内企业、事业单位、其他组织以及居民个人取得的利息、股息、红利所得。

（6）在中国境内从事生产、经营活动而取得的生产经营所得。

（7）在中国境内参加各种竞赛活动取得的奖金所得，购买中国境内有关部门和单位发行的彩票取得的中奖所得。

（8）在中国境内以图书、报刊方式出版、发表作品而取得的稿酬所得。

（9）任职或受雇单位在中国境内，在境内、境外同时取得的工资、薪金所得。若纳税人任职或受雇单位在中国境外，则其在境内、境外同时取得的工资、薪金所得应为来源于中国境外的所得。

## 三、适用税率

个人所得税分别不同个人所得项目，规定了超额累进税率和比例税率两种形式。

（1）工资、薪金所得，劳务所得，稿酬所得和特许权使用费等综合所得，适用3%～45%的七级超额累进税率（见表13-1）。

**表13-1 工资、薪金所得税税率表**

| 级数 | 全年应纳税所得额 | 税率(%) | 速算扣除数 |
|---|---|---|---|
| 1 | 不超过36 000元 | 3 | 0 |
| 2 | 36 000～144 000元 | 10 | 2 520 |
| 3 | 144 000～300 000元 | 20 | 16 920 |
| 4 | 300 000～420 000元 | 25 | 31 920 |
| 5 | 420 000～660 000元 | 30 | 52 920 |
| 6 | 660 000～960 000元 | 35 | 85 920 |
| 7 | 960 000元以上部分 | 45 | 181 920 |

（2）个体工商户、独资和合伙企业的生产经营所得和对企事业单位的承包、承租经营所得，适用5%～35%的五级超额累进税率（见表13-2）。

**表13-2 个体工商户、独资和合伙企业所得税税率**

| 级数 | 全年应纳税所得额 | 税率(%) | 速算扣除数 |
|---|---|---|---|
| 1 | 不超过30 000元 | 5 | 0 |
| 2 | 30 000～90 000元 | 10 | 1 500 |
| 3 | 90 000～300 000元 | 20 | 10 500 |
| 4 | 300 000～500 000元 | 30 | 40 500 |
| 5 | 500 000元以上部分 | 35 | 65 500 |

(3) 财产租赁所得、财产转让所得、利息、股息、红利所得、偶然所得和其他所得，适用 20%的比例税率。

## 第三节　应税收入

个人所得税的征税对象是个人取得的应税所得。《中华人民共和国个人所得税法》列举征税的个人所得共 9 项。个人所得的形式，包括现金、实物、有价证券和其他形式的经济利益；所得为实物的，应当按照取得的凭证上所注明的价格计算应纳税所得额，无凭证的实物或者凭证上所注明的价格明显偏低的，参照市场价格核定应纳税所得额；所得为有价证券的，根据票面价格和市场价格核定应纳税所得额；所得为其他形式的经济利益的，参照市场价格核定应纳税所得额。

### 一、工资、薪金所得

工资、薪金所得是指个人因任职或者受雇取得的工资、薪金、奖金、年终加薪、劳动分红、津贴、补贴以及与任职或者受雇有关的其他所得。一般来说，工资、薪金所得属于非独立个人劳动所得。所谓非独立个人劳动，是指个人所从事的是由他人指定、安排并接受管理的劳动，工作或服务于公司、工厂、行政、事业单位的人员(私营企业主除外)均为非独立劳动者。

根据我国目前个人收入的构成情况，规定对于一些不属于工资、薪金性质的补贴、津贴或者不属于纳税人本人工资、薪金所得项目的收入，不予征税。这些项目包括：独生子女补贴；执行公务员工资制度未纳入基本工资总额的补贴、津贴差额和家属成员的副食品补贴；托儿补助费；差旅费津贴、误餐补助。

### 二、劳务报酬所得

劳务报酬所得是指个人从事劳务取得的所得，包括从事设计、装潢、安装、制图、化验、测试、医疗、法律、会计、咨询、讲学、翻译、审稿、书画、雕刻、影视、录音、录像、演出、表演、广告、展览、技术服务、介绍服务、经纪服务、代办服务以及其他劳务取得的所得。个人担任董事职务所取得的董事费收入，属于劳务报酬性质，按劳务报酬所得项目征税。上述各项所得一般属于个人独立从事自由职业取得的所得或属于独立个人劳动所得。是否存在雇佣与被雇佣关系，是判断一种收入是属于劳务报酬所得，还是属于工资、薪金所得的重要标准。

## 三、稿酬所得

稿酬所得是指个人因其作品以图书、报刊等形式出版、发表而取得的所得。这里所说的作品,包括文学作品、书画作品、摄影作品以及其他作品。作者去世后,财产继承人取得的遗作稿酬,亦应征收个人所得税。稿酬所得具有特许权使用费、劳务报酬等的性质。

## 四、特许权使用费所得

特许权使用费所得是指个人提供专利权、商标权、著作权、非专利技术以及其他特许权的使用权取得的所得;提供著作权的使用权取得的所得,不包括稿酬所得。

居民个人取得上述一至四项的工薪所得、劳务所得、稿酬所得和特许权使用费所得为综合所得,按纳税年度合并计算个人所得税;非居民个人取得上述工薪所得、劳务所得、稿酬所得和特许权使用费所得,按月或者按次分项计算个人所得税。纳税人取得上述四项以外的所得,依照规定分别计算个人所得税。

## 五、经营所得

(1) 个体工商户从事生产、经营活动取得的所得,个人独资企业投资人、合伙企业的个人合伙人来源于境内注册的个人独资企业、合伙企业生产、经营的所得。

个体工商户、独资和合伙企业或个人专营种植业、养殖业、饲养业、捕捞业,其经营项目属于农业税(包括农业特产税,下同)、牧业税征税范围并已征收了农业税、牧业税的,不再征收个人所得税;不属于农业税、牧业税征税范围的,应对其所得计征个人所得税。兼营上述四业并且四业的所得单独核算的,比照上述原则办理。对属于征收个人所得税的,应与其他行业的生产、经营合并计征个人所得税;对于四业的所得不能单独核算的,应就其全部所得计征个人所得税。

(2) 个人依法从事办学、医疗、咨询以及其他有偿服务活动取得的所得。

(3) 个人从事其他生产、经营活动取得的所得。

(4) 个人对企事业单位的承包、承租经营所得。

个人对企事业单位的承包、承租经营所得是指个人对企事业单位承包经营、承租经营以及转包、转租取得的所得,包括个人按月或者按次取得的工资、薪金性质的所得。个人对企事业单位的承包、承租经营形式较多,分配方式也不尽相同,大体上可以分为两类:

一类是个人对企事业单位承包、承租经营后,工商登记改变为个体工商户。这类承包、承租经营所得,实际上属于个体工商业户的生产、经营所得,应按个体工商户的生产、经营所得项目征收个人所得税，不再征收企业所得税。

另一类是个人对企事业单位承包、承租经营后，工商登记仍为企业的，不论其分配方式如何，均应先按照企业所得税的有关规定缴纳企业所得税。承包、承租经营者按照合同（协议）规定取得的所得，依照个人所得税法的有关规定缴纳个人所得税。

外商投资企业采取发包、出租经营且经营人为个人的，对经营人从外商投资企业分享的收益或取得的所得，亦按照个人对企事业单位的承包、承租经营所得征税。

### 六、利息、股息、红利所得

利息、股息、红利所得是指个人拥有债权、股权等而取得的利息、股息、红利所得。其中，利息一般是指存款、贷款和债券的利息。股息、红利是指个人拥有股权取得的公司、企业分红。其中，按照一定的比率派发的每股息金，称为股息；根据公司、企业应分配的、超过股息部分的利润，按股派发的红股，称为红利。

### 七、财产租赁所得

财产租赁所得是指个人出租不动产、机器设备、车船以及其他财产取得的所得。

### 八、财产转让所得

财产转让所得是指个人转让有价证券、股权、合伙企业中的财产份额、不动产、机器设备、车船以及其他财产取得的所得。

### 九、偶然所得

偶然所得是指个人得奖、中奖、中彩以及其他偶然性质的所得。其中，得奖是指参加各种有奖竞赛活动，取得名次获得的奖金；中奖、中彩是指参加各种有奖活动，如有奖销售、有奖储蓄或购买彩票，经过规定程序，抽中、摇中号码而取得的奖金。

个人为单位或他人提供担保获得收入，按照“偶然所得”项目计算缴纳个人所得税。

房屋产权所有人将房屋产权无偿赠与他人的，受赠人因无偿受赠房屋取得的受赠收入，按照“偶然所得”项目计算缴纳个人所得税。符合以下情形的，对当事双方不征收个人所得税：一是房屋产权所有人将房屋产权无偿赠与配偶、父母、子女、祖父母、外祖父母、孙子女、外孙子女、兄弟姐妹；二是房屋产权所有人将房屋产权无偿赠与对其承担直接抚养或者赡养义务的抚养人或者赡养人；三是房屋产权所有人死亡，法定继承人、遗嘱继承人或者受遗赠人依法取得房屋产权。

企业在业务宣传、广告等活动中，随机向本单位以外的个人赠送礼品（包括网络红包，下同），以及企业在年会、座谈会、庆典以及其他活动中向本单位以外的个人赠送礼品，个人取得的礼品收入，按照“偶然所得”项目计算缴纳个人所得税，但企业赠送的具有价格折扣或折让性质的消费券、代金券、抵用券、优惠券等礼品除外。

### 十、其他所得

上述10项个人应税所得是根据所得的不同性质划分的。除了10项个人应税所得外，对于今后可能出现的需要征税的新项目，以及个人取得的难以界定应税项目的个人所得，由国务院财政部门确定征收个人所得税。

个人取得上述五至十项的收入按次计算的，分别按照下列方法确定：第一，劳务报酬所得、稿酬所得、特许权使用费所得属于一次性收入的，以取得该项收入为一次；属于同一项目连续性收入的，以一个月内取得的收入为一次。第二，是财产租赁所得以一个月内取得的收入为一次。第三，利息、股息、红利所得以支付利息、股息、红利时取得的收入为一次。第四，偶然所得以每次取得该项收入为一次。

## 第四节 费用扣除

### 一、个人收入费用扣除

#### （一）居民综合所得费用扣除

居民个人工资、薪金所得，劳务所得，稿酬所得和特许权使用费等综合所得，以每一纳税年度的收入额减除费用6万元以及专项扣除、专项附加扣除和依法确定的其他扣除后的余额，为应纳税所得额。其他扣除包括个人缴付符合国家规定的企业年金、职业年金，个人购买符合国家规定的商业健康保险、税收递延型商业养老保险的支出，以及国务院规定可以扣除的其他项目。专项扣除、专项附加扣除和依法确定的其他扣除，以居民个人一个纳税年度的应纳税所得额为限额；一个纳税年度扣除不完的，不结转以后年度扣除。

#### （二）非居民个人费用扣除

非居民个人工资、薪金所得，以每月收入额减除费用5 000元后的余额为应纳税所得额；劳务报酬所得、稿酬所得、特许权使用费所得，以每次收入额为应纳税所得额。

#### （三）劳务所得费用扣除

对于劳务报酬所得，在取得所得预缴个人所得税时，可按每次所得定额扣除800元或定率扣除20%作为费用扣除，按扣除费用后的余额计算个人所得税。一次性收入不高于4 000元的，按每次所得定额扣除800元；一次性收入高于4 000元的，按每次所得定率扣除20%作为费用扣除。

（四）稿酬所得费用扣除

对于稿酬所得，在取得所得预缴个人所得税时，可按每次所得定率扣除30%作为费用扣除，即按所得70%计算纳税。这主要是考虑作者写作或制作一件作品往往需要投入较长的时间和较多的精力，有必要给予适当的税收照顾，以体现对稿酬这种知识性勤劳所得的特殊政策。

（五）经营所得费用扣除

经营所得以每一纳税年度的收入总额减除成本、费用以及损失后的余额，为应纳税所得额。成本、费用是指生产、经营活动中发生的各项直接支出和分配计入成本的间接费用，以及销售费用、管理费用、财务费用；所称损失，是指生产、经营活动中发生的固定资产和存货的盘亏、毁损、报废损失，转让财产损失，坏账损失，自然灾害等不可抗力因素造成的损失以及其他损失。取得经营所得的个人，没有综合所得的，计算其每一纳税年度的应纳税所得额时，应当减除费用6万元、专项扣除、专项附加扣除以及依法确定的其他扣除。专项附加扣除在办理汇算清缴时减除。

（六）财产租赁所得费用扣除

财产租赁每次收入不超过4 000元的，减除费用800元；每次收入在4 000元以上的，减除20%的费用，其余额为应纳税所得额。

（七）财产转让所得费用扣除

对于财产转让所得，以转让财产的收入额减除财产原值和合理费用后的余额，为应纳税所得额。合理费用是指卖出财产时按照规定支付的有关税费。对于有价证券，财产原值为买入价以及买入时按照规定交纳的有关费用；对于建筑物，财产原值为建造费或者购进价格以及其他有关费用；对于土地使用权，财产原值为取得土地使用权所支付的金额、开发土地的费用以及其他有关费用；对于机器设备、车船，财产原值为购进价格、运输费、安装费以及其他有关费用。纳税人未提供完整、准确的财产原值凭证，不能按照上述方法确定财产原值的，由主管税务机关核定财产原值。

（八）利息、股息、红利所得和偶然所得费用扣除

利息、股息、红利所得以每次收入额为应纳税所得额，没有费用扣除。

## 二、居民综合所得专项扣除

专项扣除、专项附加扣除和依法确定的其他扣除，以居民个人一个纳税年度的应纳税所得额为限额；一个纳税年度扣除不完的，不结转以后年度扣除。个人所得税专项附加扣除，是指个人所得税法规定的子女教育、继续教育、大病医疗、住房贷款利息或者住房租金、赡养老人等6项专项附加扣除。

(一) 专项扣除范围和标准

个人所得税专项附加扣除遵循公平合理、利于民生、简便易行的原则，根据教育、医疗、住房、养老等民生支出变化情况，适时调整专项附加扣除范围和标准。

1. 子女教育

纳税人的子女接受全日制学历教育的相关支出，按照每个子女每月 1 000 元的标准定额扣除。学历教育包括义务教育(小学、初中教育)、高中阶段教育(普通高中、中等职业、技工教育)、高等教育(大学专科、大学本科、硕士研究生、博士研究生教育)。年满 3 岁至小学入学前处于学前教育阶段的子女，按上述规定执行。父母可以选择由其中一方按扣除标准的 100%扣除，也可以选择由双方分别按扣除标准的 50%扣除，具体扣除方式在一个纳税年度内不能变更。纳税人子女在中国境外接受教育的，纳税人应当留存境外学校录取通知书、留学签证等相关教育的证明资料备查。

2. 继续教育

纳税人在中国境内接受学历(学位)继续教育的支出，在学历(学位)教育期间按照每月 400 元定额扣除。同一学历(学位)继续教育的扣除期限不能超过 48 个月。纳税人接受技能人员职业资格继续教育、专业技术人员职业资格继续教育的支出，在取得相关证书的当年，按照 3 600 元定额扣除。个人接受本科及以下学历(学位)继续教育，符合规定扣除条件的，可以选择由其父母扣除，也可以选择由本人扣除。纳税人接受技能人员职业资格继续教育、专业技术人员职业资格继续教育的，应当留存相关证书等资料备查。

3. 大病医疗

在一个纳税年度内，纳税人发生的与基本医保相关的医药费用支出，扣除医保报销后个人负担(指医保目录范围内的自付部分)累计超过 15 000 元的部分，由纳税人在办理年度汇算清缴时，在 80 000 元限额内据实扣除。纳税人发生的医药费用支出可以选择由本人或者其配偶扣除；未成年子女发生的医药费用支出可以选择由其父母一方扣除。纳税人及其配偶、未成年子女发生的医药费用支出，按规定分别计算扣除额。纳税人应当留存医药服务收费及医保报销相关票据原件(或者复印件)等资料备查。医疗保障部门应当向患者提供在医疗保障信息系统记录的本人年度医药费用信息查询服务。

4. 住房贷款利息

纳税人本人或者配偶单独或者共同使用商业银行或者住房公积金个人住房贷款为本人或者其配偶购买中国境内住房，发生的首套住房贷款利息支出，在实际发生贷款利息的年度，按照每月 1 000 元的标准定额扣除，扣除期限最长不超过 240 个月。纳税人只能享受一次首套住房贷款的利息扣除。首套住房贷款是指购买住房享受首套住房贷款利率的住房贷款。经夫妻双方约定，可以选择由其中一方扣除，具体扣除方式在一个纳税年度内不能变更。夫妻双方婚前分别购买住房发生的首套住房贷款，其贷款利息支出，婚后可以选择其中一套购买的住房，由购买方按扣除标准的100%扣除，也可以由夫妻双方对各自购买的住房分别按扣除标准的50%扣除，具体扣除方式在一个纳税年度内不能变更。纳税人应当留存住房贷款合同、贷款还款支出凭证备查。

5. 住房租金

纳税人在主要工作城市没有自有住房而发生的住房租金支出，可以按照以下标准定额扣除：直辖市、省会（首府）城市、计划单列市以及国务院确定的其他城市，扣除标准为每月1 500元；除以上所列城市以外，市辖区户籍人口超过100万的城市，扣除标准为每月1 100元；市辖区户籍人口不超过100万的城市，扣除标准为每月800元。纳税人的配偶在纳税人的主要工作城市有自有住房的，视同纳税人在主要工作城市有自有住房。市辖区户籍人口以国家统计局公布的数据为准。

主要工作城市是指纳税人任职受雇的直辖市、计划单列市、副省级城市、地级市（地区、州、盟）全部行政区域范围；纳税人无任职受雇单位的，为受理其综合所得汇算清缴的税务机关所在城市。

夫妻双方主要工作城市相同的，只能由一方扣除住房租金支出。住房租金支出由签订租赁住房合同的承租人扣除。纳税人及其配偶在一个纳税年度内不能同时分别享受住房贷款利息和住房租金专项附加扣除。纳税人应当留存住房租赁合同、协议等有关资料备查。

6. 赡养老人

纳税人赡养一位及以上被赡养人的赡养支出，统一按照以下标准定额扣除：纳税人为独生子女的，按照每月2 000元的标准定额扣除；纳税人为非独生子女的，由其与兄弟姐妹分摊每月2 000元的扣除额度，每人分摊的额度不能超过每月1 000元。可以由赡养人均摊或者约定分摊，也可以由被赡养人指定分摊。约定或者指定分摊的须签订书面分摊协议，指定分摊优先于约定分摊。具体分摊方式和额度在一个纳税年度内不能变更。被赡养人是指年满60岁的父母，以及子女均已去世的年满60岁的祖父母、外祖父母。

纳税人首次享受专项附加扣除，应当将专项附加扣除相关信息提交扣缴义务人或者税务机关，扣缴义务人应当及时将相关信息报送税务机关，纳税人对所提交信息的真实性、准确性、完整性负责。专项附加扣除信息发生变化的，纳税人应当及时向扣缴义务人或者税务机关提供相关信息。所称专项附加扣除相关信息，包括纳税人本人、配偶、子女、被赡养人等个人身份信息，以及国务院税务主管部门规定的其他与专项附加扣除相关的信息。纳税人需要留存备查的相关资料应当留存5年。

（二）专项扣除保障

（1）纳税人首次享受专项附加扣除，应当将专项附加扣除相关信息提交扣缴义务人或者税务机关，扣缴义务人应当及时将相关信息报送税务机关，纳税人对所提交信息的真实性、准确性、完整性负责。专项附加扣除信息发生变化的，纳税人应当及时向扣缴义务人或者税务机关提供相关信息。上述所称专项附加扣除相关信息，包括纳税人本人、配偶、子女、被赡养人等个人身份信息，以及国务院税务主管部门规定的其他与专项附加扣除相关的信息。纳税人需要留存备查的相关资料应当留存5年。

（2）有关部门和单位有责任和义务向税务部门提供或者协助核实以下与专项附加扣除有关的信息：

① 公安部门有关户籍人口基本信息、户成员关系信息、出入境证件信息、相关出国人员信息、户籍人口死亡标识等信息；

② 卫生健康部门有关出生医学证明信息、独生子女信息；

③ 民政部门、外交部门、法院有关婚姻状况信息；

④ 教育部门有关学生学籍信息（包括学历继续教育学生学籍、考籍信息）、在相关部门备案的境外教育机构资质信息；

⑤ 人力资源社会保障等部门有关技工院校学生学籍信息、技能人员职业资格继续教育信息、专业技术人员职业资格继续教育信息；

⑥ 住房城乡建设部门有关房屋（含公租房）租赁信息、住房公积金管理机构有关住房公积金贷款还款支出信息；

⑦ 自然资源部门有关不动产登记信息；

⑧ 中国人民银行、金融监督管理部门有关住房商业贷款还款支出信息；

⑨ 医疗保障部门有关在医疗保障信息系统记录的个人负担的医药费用信息；

⑩ 国务院税务主管部门确定需要提供的其他涉税信息。

上述数据信息的格式、标准、共享方式，由国务院税务主管部门及各省、自治区、直辖市和计划单列市税务局商有关部门确定。有关部门和单位拥有专项附加扣除涉税信息，但未按规定要求向税务部门提供的，拥有涉税信息的部门或者单位的主要负责人及相关人员承担相应责任。扣缴义务人发现纳税人提供的信息与实际情况不符的，可以要求纳税人修改。纳税人拒绝修改的，扣缴义务人应当报告税务机关，税务机关应当及时处理。税务机关核查专项附加扣除情况时，纳税人任职受雇单位所在地、经常居住地、户籍所在地的公安派出所、居民委员会或者村民委员会等有关单位和个人应当协助核查。

### 三、费用扣除的其他规定

(1) 个人将其所得通过中国境内的公益性社会组织、国家机关向教育、扶贫、济困等公益慈善事业的捐赠，捐赠额未超过纳税义务人申报的应纳税所得额 30%的部分，可以从其应纳税所得额中扣除。中国境内的公益性社会组织、国家机关向农村义务教育的捐赠，准予在缴纳个人所得税前的所得额中全额扣除。农村义务教育的范围，是政府和社会力量举办的农村乡镇(不含县和县级市政府所在地的镇)、村的小学和初中以及属于这一阶段的特殊教育学校。纳税人对农村义务教育与高中在一起的学校的捐赠，也享受此项所得税前扣除。

(2) 个人的所得(不含偶然所得和经国务院财政部门确定征税的其他所得)用于资助非关联的科研机构和高等学校研究开发新产品、新技术、新工艺所发生的研究开发经费，经主管税务机关确定，可以全额在下月(工资、薪金所得)或下次(按次计征的所得)或当年(按年计征的所得)计征个人所得税时，从应纳税所得额中扣除，不足抵扣的，不得结转抵扣。

## 第五节　应纳税额

个人所得税的计税依据是纳税人取得的应纳税所得额。应纳税所得额是个人取得的每项收入所得减去税法规定的扣除项目或扣除金额之后的余额。应纳税所得额乘上适用税率即为应纳税额。

### 一、居民综合所得应纳税额计算

居民个人的综合所得，以每一纳税年度的收入额减除费用 6 万元以及专项扣除、专项附加扣除和依法确定的其他扣除后的余额，为应纳税所得额，依据适用税率计算个人综合所得税。

(一) 工资、薪金所得应纳税额计算

1. 工资、薪金所得应纳税额计算

工资、薪金所得以个人年收入额减除基本扣除和专项扣除后的余额，按个人所得税适用税率计算征税。其计算公式为：

**应纳税所得额＝工资、薪金收入－基本扣除－专项扣除**

**应纳税额＝应纳税所得额×适用税率－速算扣除数**

**例 13－1**　某职工个人 1—12 月每月分别取得工资所得 37 500 元，月基本扣除费用 5 000 元，专项扣除费用 2 000 元。

要求：分别计算该职工个人 1、2、3 月应预缴个人所得税以及全年应纳个人所得税。

1 月应纳个人所得税：

应纳税所得额＝37 500－5 000－2 000＝30 500(元)

应纳个人所得税＝30 500×3％＝915(元)

2 月应纳个人所得税：

应纳税所得额＝37 500×2－(5 000＋2 000)×2＝61 000(元)

应纳个人所得税＝61 000×10％－2 520－915＝2 665(元)

3 月应纳个人所得税：

应纳税所得额＝37 500×3－(5 000＋2 000)×3＝91 500(元)

应纳个人所得税＝91 500×10％－2 520－915－2 665＝3 050(元)

全年应纳个人所得税：

应纳税所得额＝37 500×12－(5 000＋2 000)×12＝366 000(元)

应纳个人所得税＝366 000×25％－31 920＝59 580(元)

2. 年终奖金应纳税额计算

居民个人取得全年一次性奖金应并入当年综合所得计算个人所得税，在 2021 年 12 月 31 日前，允许选择不并入当年综合所得，以全年一次性奖金收入除以 12 个月得到的数额，按照按月换算后的综合所得税率表，确定适用税率和速算扣除数，单独计算纳税。

计算公式为：

**应纳税额＝全年一次性奖金收入×适用税率－速算扣除数**

**例 13－2** 某员工获得全年工资、薪金所得 450 000 元，基本费用扣除 60 000 元，专项费用扣除 24 000 元，年终奖 75 000 元。

要求：分别按并入综合所得和不并入综合所得，计算全年应纳个人所得税。

(1)年终奖并入个人综合所得计算个人所得税：

应纳税所得额＝450 000＋75 000－60 000－24 000＝441 000(元)

应纳个人所得税＝441 000×30％－52 920＝79 380(元)

(2)年终奖不并入个人综合所得计算个人所得税：

工资应纳税所得额＝450 000－60 000－24 000＝366 000(元)

工资应纳个人所得税＝366 000×25％－31 920＝59 580(元)

年终奖应纳个人所得税＝75 000×10％－210＝7 290(元)

全年应纳个人所得税＝59 580＋7 290＝66 870(元)

年终奖不并入个人综合所得与并入个人综合所得相比，少缴个人所得税 12 510 元(79 380－66 870)。

注：10％税率和 210 元速算扣除数是以年终奖除以 12 个月得出的月平均奖金，根据对应的月个人所得税税率表适用税率和速算扣除数确定的。

（二）劳务报酬所得应纳税额计算

1. 应纳税所得额

劳务报酬所得以个人每次取得的收入，定额或定率减除规定费用后的余额为应纳税所得额。每次收入不超过 4 000 元的，定额减除费用 800 元；每次收入在 4 000 元以上的，定率减除 20％的费用。劳务报酬所得因其一般具有不固定、不经常性，不便于按月计算。因此，凡属于一次性收入的，以取得该项收入为一次，按次确定应纳税所得额；凡属于同一项目连续性收入的，以一个月内取得的收入为一次，据以确定应纳税所得额。如果个人兼有不同的劳务报酬所得，应当分别按不同的项目所得定额或定率减除费用。

（二）应纳税额计算

劳务报酬所得适用 20％的比例税率，其应纳税额的计算公式为：

**应纳税所得额＝每次收入总额－800 元**

或　　**＝每次收入总额×(1－20％)**

**应纳税额＝应纳税所得额×适用税率**

如果纳税人的每次应税劳务报酬所得超过 20 000 元，应实行加成征税。其中，20 000～50 000 元的加五成，50 000 元以上的加十成。

**例 13－3**　某居民个人 8 月取得以下所得：从 A 单位一次性取得工程设计劳务所得 40 000 元；从 B 单位取得连续 4 次讲学所得，每次 5 000 元。

要求：计算该个人应预缴个人劳务所得税。

工程设计劳务所得税＝40 000×(1－20％)×30％－2 000＝7 600(元)

讲学劳务所得税＝5 000×4×(1－20％)×20％＝3 200(元)

（三）稿酬所得应纳税额计算

1. 应纳税所得额

稿酬所得以个人每次取得的收入，定额或定率减除规定费用后的余额为应纳税所得额。每次收入不超过 4 000 元的，定额减除费用 800 元；每次收入在 4 000 元以上的，定率减除 20％的费用。费用扣除计算方法与劳务报酬相同。所谓每次取得的收入，是指以每次出版、发表作品取得的收入为一次，确定应纳税所得额。在实际生活中，稿酬的支付或取得形式是多种多样的，比较复杂。为了便于合理确定不同形式、不同情况、不同条件下稿酬的税收负担，国家税务总局另有具体规定。

2. 应纳税额计算

稿酬所得适用 20%的比例税率，并按规定对应纳税额减征 30%，即实际缴纳税额是应纳税额的 70%，其计算公式为：

**应纳税额＝应纳税所得额×适用税率**

**实际缴纳税额＝应纳税额×(1－30%)**

**例 13－4** 某居民个人 10 月取得以下稿酬所得：文学作品出版稿酬所得 20 000 元，同时取得该作品在报刊连载两次稿酬所得每次 5 000 元。

要求：计算该个人应预缴个人稿酬所得税。

出版稿酬所得税＝20 000×(1－20%)×20%×70%＝2 240(元)

连载稿酬所得税＝5 000×2×(1－20%)×20%×70%＝1 120(元)

(四) 特许权使用费所得应纳税额计算

1. 应纳税所得额

特许权使用费所得以个人每次取得的收入，定额或定率减除规定费用后的余额为应纳税所得额。每次收入不超过 4 000 元的，定额减除费用 800 元；每次收入在 4 000 元以上的，定率减除 20%的费用。费用扣除计算方法与劳务报酬相同。其中，每次收入是指一项特许权的一次许可使用所取得的收入。对个人从事技术转让中所支付的中介费，若能提供有效合法的凭证，允许从其所得中扣除。

2. 应纳税额计算

特许权使用费所得适用 20%的比例税率，其应纳税额的计算公式为：

**应纳税额＝应纳税所得额×适用税率**

(五)综合所得税计算

居民个人取得劳务报酬所得、稿酬所得、特许权使用费所得，应当在年终汇算清缴个人所得税。将个人上述四项所得合并计算个人所得税，对于上述四项所得税已缴纳税款可予以抵扣。

**例 13－5** 某居民个人获得全年工薪所得 450 000 元，基本扣除 60 000 元，专项扣除 24 000 元，年终奖 75 000 元，已分别代扣代缴全年应纳个人所得税 59 580 元和 7 290 元。8 月从 A 单位一次性取得工程设计劳务所得 40 000 元，从 B 单位取得连续四次讲学所得每次 5 000 元，已分别代扣代缴个人所得税 7 600 元和 3 200 元。10 月取得文学作品出版稿酬所得 20 000 元，报刊连载稿酬所得两次，每次 5 000 元，已分别代扣代缴个人所得税 2 240 元和 1 120 元。

要求：计算该个人全年应纳个人综合所得税，以及应补缴或退还个人所得税(该个人年终奖选择单独计算)。

全年综合所得税应纳税所得额

＝450 000－60 000－24 000＋40 000×(1－20％)＋5 000×4×(1－20％)

＋20 000×(1－20％)×70％＋5 000×2×(1－20％)×70％

＝450 000－60 000－24 000＋32 000＋16 000＋11 200＋5 600

＝430 800(元)

全年应纳个人综合所得税＝430 800×30％－52 920＋7 290＝83 610(元)

全年已预缴代扣个人所得税＝59 580＋7 290＋7 600＋3 200＋2 240＋1 120

＝81 030(元)

全年汇算清缴应补缴个人所得税＝83 610－81 030＝2 580(元)

(六)在中国境内无住所的个人取得的工资薪金所得应纳税额计算

对在中国境内无住所的个人(包括居民纳税人和非居民纳税人)由于在中国境内的公司、企业、经济组织(以下简称中国境内企业)或外国企业在中国境内设立的机构、场所以及税收协定所说的常设机构(以下简称中国境内机构)担任职务，或者由于受雇或履行合同而在中国境内从事工作所取得的工资、薪金所得，应按以下规定纳税：

1. 工资、薪金所得来源地的确定

个人实际在中国境内工作期间取得的工资、薪金，无论是由中国境内还是境外企业或个人雇主支付的，均属来源于中国境内的所得；个人实际在中国境外工作期间取得的工资、薪金，不论是由中国境内还是境外企业或个人雇主支付的，均属于来源于中国境外的所得。

2. 无住所非居民纳税人取得的工资、薪金所得的计税方法

在中国境内无住所，在一个纳税年度中在中国境内居住又不满 183 天的个人为非居民纳税人，仅就其中国境内所得征税。但在一个纳税年度中在中国境内连续或累计居住不超过 90 天的个人，由中国境外雇主支付并且不是由该雇主的中国境内机构负担的工资、薪金，虽然属于中国境内所得，但可免于申报缴纳个人所得税，仅就其实际在中国境内工作期间由中国境内企业或个人雇主支付或者由中国境内机构负担的工资、薪金所得申报纳税。

在中国境内无住所，在一个纳税年度中在中国境内居住满 183 天的个人为居民纳税人，应对其中国境内和境外所得征税。但对于在中国境内居住满 183 天而不满 6 年的个人，其在中国境内工作期间取得的由中国境内企业或个人雇主支付和由中国境外企业或个人雇主支付的工资、薪金，均应申报缴纳个人所得税；其在临时离境工作期间的工资、薪金所得，仅就其中国境内企业或个人雇主支付的部分申报纳税。

**例 13－6** 某美国公司雇员派往我国合资企业工作，每月美国公司支付给该雇员的工资、薪金所得折合人民币 30 000 元，我国合资企业每月支付给该雇员工资

20 000 元。

要求：

(1) 如果该雇员一个纳税年度在中国工作仅 2 个月，计算该雇员在我国应纳个人所得税。

(2) 如果该雇员一个纳税年度在中国工作 4 个月，计算该雇员在我国应纳个人所得税。

(3) 如果该雇员一个纳税年度在中国工作 12 个月，但其间回国述职休假离开中国 2 个月，假定外籍雇员每年可基本扣除 60 000 元，没有其他扣除，计算该雇员在我国应纳个人所得税。

(1) 应纳个人所得税＝0。该外籍个人仅按 2 个月中国境内支付合计 40 000 元所得征税，2 个月收入小于 60 000 元基本费用扣除不征税。

(2) 应纳个人所得税＝[(20 000＋30 000)×4－60 000]×10%－2 520
＝11 480(元)

(3) 应纳个人所得税＝[(20 000＋30 000)×10＋20 000×2－60 000]×30%－52 920
＝91 080(元)

## 二、个体工商户生产、经营所得应纳税额计算

(一) 应纳税所得额

对于实行查账征收的个体工商业户，其生产、经营所得或应纳税所得额是每一纳税年度的收入总额减除成本、费用以及损失后的余额。这是采用会计核算办法归集或计算得出的应纳税所得额。计算公式为：

**应纳税所得额＝收入总额－(成本＋费用＋损失＋准予扣除的税金)**

1. 收入总额

个体工商户的收入总额是指个体户从事生产、经营以及与生产、经营有关的活动所取得的各项收入，包括商品(产品)销售收入、营运收入、劳务服务收入、工程价款收入、财产出租或转让收入、利息收入、其他收入和营业外收入。

2. 准予扣除的项目

在计算应纳税所得额时，准予从收入总额中扣除的项目包括成本、费用、损失和准予扣除的税金。

(1) 工资。个体工商户业主的费用扣除标准和从业人员的工资扣除标准，由各省、自治区、直辖市地方税务局根据当地的实际情况确定。业主的工资不能扣除。

(2) 利息。纳税人在生产、经营期间借款的利息支出，不超过按照中国人民银行

规定的同类、同期贷款利率计算的数额的部分，可以扣除。

（3）低值易耗品。纳税人购入低值易耗品的支出，原则上应当一次摊销；一次性购入价值较大的，应当分期摊销，分期摊销的价值标准和期限由各省、自治区、直辖市地方税务局根据当地的实际情况确定。

（4）保险费。纳税人发生的与生产、经营有关的财产保险、运输保险和从业人员的养老、医疗以及其他保险费用支出，可以按照国家的有关规定计算扣除。

（5）修理费用。纳税人发生的与生产、经营有关的修理费用，可以据实扣除；修理费用发生不均衡或者数额较大的，应当分期扣除，分期扣除的标准和期限由各省、自治区、直辖市地方税务局根据当地的实际情况确定。

（6）业务招待费。纳税人发生的与生产、经营有关的业务招待费，应当提供合法凭证，经过税务机关审核以后，可以在其收入总额的5‰以内据实扣除。

（7）“三新”研究开发费。纳税人研究开发新产品、新技术、新工艺所发生的开发费用，为研究开发新产品、新技术而购置单台价值在5万元以下的测试仪器和试验性装置的购置费，可以据实扣除。

（8）生产经营费用。纳税人在生产、经营过程中与家庭生活混用的费用，由税务机关核定分摊比例，据以计算其中属于生产、经营过程中发生的费用，并予以扣除。

（9）税金。纳税人按照规定缴纳的消费税、营业税、城市维护建设税、资源税、城镇土地使用税、土地增值税、房产税、车船使用税、印花税、耕地占用税和教育费附加可以扣除；按照规定缴纳的工商管理费、个体劳动者协会会费和摊位费可以据实扣除；缴纳的其他规费如何扣除，由各省、自治区、直辖市地方税务局根据当地的实际情况确定。

（10）坏账。纳税人发生的与生产、经营有关的无法收回的账款，应当提供有效证明，经过税务机关审核以后，可以据实扣除（如果以后收回，则应当按照收入处理）。

（11）资产盘亏及毁损。纳税人在生产、经营过程中发生的固定资产和流动资产盘亏及毁损净损失，应当提供清查盘存资料，经过税务机关审核以后，可以在当期扣除。

（12）汇兑损益。纳税人在生产、经营过程中发生的以外币结算的往来款项增减变动的时候，由于汇率变动而发生折合人民币的差额，作为汇兑损益，计入当期所得，或者在当期扣除。

3. 不准扣除的项目

纳税人的下列支出不能扣除：资本性支出，被没收的财物、支付的罚款，缴纳的个人所得税和各种税收的滞纳金、罚款和罚金，赞助支出（国家另有规定者除外），自然灾害或者意外事故损失有赔偿的部分，分配给投资者的股利，用于个人和家庭的支出，与生产、经营无关的其他支出,国家税务总局规定不能扣除的其他支出。

4. 资产的税务处理

(1) 固定资产的税务处理。纳税人在生产、经营过程中使用的使用期限超过1年,且单位价值在1 000元以上的房屋、建筑物、机器、设备、运输工具和其他与生产、经营有关的设备、器具、工具等,为固定资产。固定资产的税务处理涉及以下几个方面的问题:

①固定资产的计价方法。购入的固定资产,应当按照实际支付的全部价款计价;自行建造的固定资产,应当按照建造过程中实际发生的全部支出计价;作为投资的固定资产,应当按照评估确认或者合同(协议)约定的价值计价;在原有固定资产基础上改建、扩建的固定资产,应当按照账面原价减去改建、扩建工程中发生的变价收入加上改建、扩建增加的支出计价;盘盈的固定资产,应当按照同类固定资产的重估完全价值计价;融资租入的固定资产,应当按照租赁合同(协议)确定的租赁费加运杂费等计价。

②固定资产的折旧范围。可以计提折旧的固定资产包括:房屋、建筑物,在用机械设备和仪器仪表,工具、器具,季节性停用和修理停用的设备,以经营方式租出和以融资租赁方式租入的固定资产。不能计提折旧的固定资产包括:没有使用、不需要使用的固定资产(不包括房屋、建筑物),以经营方式租入的固定资产(但是租赁费可以据实扣除),已经提足折旧、继续使用的固定资产。

③固定资产的折旧年限。固定资产折旧应当在不短于下列规定的年限以内,经过税务机关审核以后执行:房屋、建筑物,20年;轮船、机器、机械和其他生产设备,10年;电子设备、运输工具(不包括轮船)和与生产、经营有关的器具、工具、家具等,5年。由于特殊原因,需要缩短折旧年限的,纳税人可以提出申请,报所在省(自治区、直辖市)地方税务局审批。

④固定资产的折旧方式。在计提折旧以前应当估计残值,从固定资产原价中减除。残值按照固定资产原价的5%确定。固定资产折旧按照平均年限法或者工作量法计算提取,计算公式与企业所得税同。

(2) 无形资产的税务处理。

①无形资产的计价方法。购入的无形资产,应当按照合同(协议)规定的合理价格计价;作为投资的无形资产,应当按照实际支付的价款计价;接受捐赠的无形资产,应当按照所附单据或者参照同类无形资产的市场价格计价。非专利技术和商誉的计价应当经过法定评估机构评估后确认。

②无形资产的摊销年限。纳税人在生产、经营过程中使用的无形资产,从开始使用之日起,在有效使用期以内分期均额扣除。作为投资或者受让的无形资产,在法律、合同(协议)中规定了使用年限的,按照规定的使用年限分期扣除;没有规定使用年限

或者自行开发的无形资产，扣除期限不能少于10年。

(3) 递延资产的税务处理。纳税人自申请营业执照之日起至开始生产、经营之日止所发生的符合规定的费用，可以作为开办费，自开始生产、经营之日起，在不短于5年的期限以内分期均额摊销。

5. 亏损弥补

纳税人本纳税年度发生经营亏损，经过税务机关审核以后，可以用下一纳税年度的经营所得弥补；下一纳税年度的经营所得不足弥补的，可以逐年延续弥补，但是最多不能超过5年。

(二) 应纳税额计算

个体工商户的生产、经营所得适用五级超额累进税率，以其应纳税所得额按适用税率计算应纳税额。其计算公式为：

**全年应纳税所得额＝年度生产、经营收入总额－成本、费用、税金、损失**

**全年应纳税额＝全年应纳税所得额×适用税率－速算扣除数**

纳税人在多处取得生产、经营收入的，应当将其从各处取得的收入合并计算缴纳个人所得税。如果纳税人没有提供完整、准确的纳税资料，不能正确地计算其应纳税所得额，则税务机关可以核定其应纳税所得额。从事生产、经营活动，未提供完整、准确的纳税资料，不能正确计算应纳税所得额的，由主管税务机关核定应纳税所得额或者应纳税额。

## 三、个人独资、合伙企业所得应纳税额计算

(一) 应纳税所得额

个人独资企业和合伙企业投资者的生产、经营所得，比照个体工商户的生产、经营所得征收个人所得税。个人独资企业和合伙企业(以下简称企业)投资者的生产、经营所得是指企业每一纳税年度的收入总额减除成本、费用、损失以后的余额。收入总额是指企业从事生产、经营和与生产、经营有关活动取得的各项收入，包括商品(产品)销售收入、营运收入、劳务服务收入、工程价款收入、财产出租或者转让收入、利息收入、其他业务收入和营业外收入。

(二) 应纳税额计算

个人独资企业以投资者为纳税人，以企业的全部生产、经营所得为应纳税所得额。合伙企业以每一个合伙人为纳税人，按照企业的全部生产、经营所得和合伙协议约定的分配比例确定应纳税所得额；合伙协议没有约定分配比例的，以全部生产、经营所得和合伙人数量平均计算每个合伙人的应纳税所得额。对个人独资企业和合伙企业实行查账征税和核定征税两种方法。

1. 查账征税方法

实行查账征税办法的个人独资企业和合伙企业，其生产、经营所得比照个体工商户所得税计税办法确定，但是下列项目除外：

(1) 投资者的费用。投资者的费用由各省、自治区、直辖市地方税务局参照个人所得税法规定的工资、薪金所得的费用扣除标准确定。投资者的工资不得在税前扣除。投资者兴办两个以上企业的，根据税法规定准予扣除的个人费用，由投资者选择在其中一个企业的生产、经营所得中扣除。

(2) 从业人员的工资支出。从业人员的工资支出按照规定的标准在税前扣除，具体标准由各省、自治区、直辖市地方税务局参照企业所得税计税工资标准确定。

(3) 投资者及其家庭支出。投资者及其家庭发生的生活费用不允许在税前扣除。投资者及其家庭发生的生活费用与企业生产、经营费用难以划分的，全部视为投资者及其家庭发生的生活费用，不允许在税前扣除。企业生产、经营和投资者及其家庭生活共用的固定资产难以划分的，由税务机关根据企业的生产、经营类型和规模等具体情况，核定准予在税前扣除的折旧费用的数额或者比例。

(4) 工会经费、职工福利费、职工教育经费。工会经费、职工福利费、职工教育经费分别在其计税工资总额的2%、14%、8%以内据实扣除。

(5) 广告费和业务宣传费。企业每一纳税年度发生的广告和业务宣传费用不超过当年销售(营业)收入15%的部分，可以据实扣除；超过部分可以无限期向以后纳税年度结转。

(6) 业务招待费。企业每一纳税年度发生的与其生产、经营业务直接相关的业务招待费，在以下规定的范围以内可以据实扣除：全年销售(营业)收入净额不超过1 500万元的，不能超过销售(营业)收入净额的5‰；全年销售(营业)收入净额超过1 500万元的部分，不能超过该部分收入的3‰。

(7) 准备金。企业计提的各种准备金不得扣除。

2. 核定征税方法

(1) 核定征税适用范围。有下列情形之一的，税务机关应当采取核定征收方式征收个人所得税：

① 企业依照国家有关规定应当设置账簿而没有设置账簿的。

② 企业虽然设置账簿，但是账目混乱或者成本资料、收入凭证、费用凭证残缺不全，难以查账的。

③ 纳税人发生纳税义务，没有按照规定的期限办理纳税申报，经税务机关责令限期申报逾期仍不申报的。

(2) 核定征税计算方法。核定征税方法包括定额征收、核定应税所得率征收以及其他合理的征收方式。实行核定应税所得率征收方式的，应纳所得税税额的计算公式如下：

**应纳税额＝应纳税所得额×适用税率－速算扣除数**

**应纳税所得额＝收入总额×应税所得率**

或 **＝成本、费用支出额/(1－应税所得率)×应税所得率**

应税所得率的规定是：工业、商业、交通运输业，5％～20％；建筑业、房地产开发业，7％～20％；饮食服务业，7％～25％；娱乐业，20％～40％；其他行业，10％～20％。

企业经营多业的，无论其经营项目是否单独核算，均应当根据其主营项目确定适用的应税所得率。实行核定征税的投资者，不能享受个人所得税的优惠政策。

**例 13－7** 某二人合伙企业年商品销售收入 500 万元，销售成本 330 万元，销售费用 45 万元，附加税金 10 万元，劳务外支出 5 万元。

要求：

(1) 按查账征收方式计算该合伙企业主应纳个人所得税。

(2) 如果该合伙企业成本费用支出不实，实行按收入核定征税，应税所得率为 20％，计算该合伙企业主应纳个人所得税。

(1)查账征收：

应纳税所得额＝500－330－45－10－5＝110(万元)

应纳所得税＝(110÷2×35％－6.55)×2＝25.4(万元)

(2)核定征收：

应纳税所得额＝500×20％＝100(万元)

应纳所得税＝(100÷2×30％－4.05)×2＝21.90(万元)

核定征收比按实征收少纳税 1.662 5 万元(23.562 5－21.90)。

(三) 应纳税额的征收管理

1. 适用税率确定

投资者兴办两个或两个以上企业的(包括参与兴办，下同)，年度终了时，应当汇总从所有企业取得的应纳税所得额，据此确定适用税率并计算缴纳应纳所得税税款。

2. 亏损弥补

企业本纳税年度发生亏损的，可以用本企业下一纳税年度的生产、经营所得弥补；下一纳税年度的生产、经营所得不足弥补的，可以逐年延续弥补，但是最长不得超过 5 年。实行查账征税方式的个人独资企业和合伙企业改为核定征税方式以后，在查账征税方式下认定的年度经营亏损未弥补完的部分，不得继续弥补。投资者兴办两个以上企业的，企业发生的年度亏损不能跨企业弥补。

3. 清算所得征税

企业进行清算的时候,投资者应当在注销工商登记以前向税务机关结清有关税务事宜。企业的清算所得(指企业清算时的全部资产或者财产的公允价值扣除各项清算费用、损失、负债、以前年度留存的利润以后超过实缴资本的部分)应当视为年度生产、经营所得,由投资者依法缴纳个人所得税。

4. 利息、股息、红利征税

个人独资企业和合伙企业对外投资分回的利息或者股息、红利,不并入企业的收入,而应单独作为投资者个人取得的利息、股息、红利所得计算缴纳个人所得税。以合伙企业名义对外投资分回利息或者股息、红利的,应当按照合伙企业投资者计算应纳税所得额的规定确定各个投资者的利息、股息、红利所得,分别计算缴纳个人所得税。

5. 纳税年度确定

企业在纳税年度的中间开业,或者由于合并、关闭等原因,使该纳税年度经营期不足 12 个月的,应当以其实际经营期为一个纳税年度。

## 四、对企事业单位承包、承租经营所得应纳税额计算

(一) 应纳税所得额

对企事业单位承包经营、承租经营所得是以每一纳税年度的收入总额减除必要费用后的余额为应纳税所得额。其中,收入总额是指纳税人按照承包经营、承租经营合同规定分得的经营利润和工资、薪金性质的所得。个人的承包、承租经营所得,既有工资、薪金性质,又含生产、经营性质,但考虑到个人按承包、承租经营合同规定分到的是经营利润,涉及的生产、经营成本费用已经扣除,所以税法规定,减除必要费用是指按月减除 5 000 元。其计算公式为:

**应纳税所得额=个人承包、承租经营收入总额−5 000 元×12**

(二) 应纳税额的计算

承包人、承租人按照合同(协议)的规定,只向发包方、出租方交纳一定的费用,企业经营成果归承包人、承租人所有的,按照个体工商户所得缴纳个人所得税。如果承包人、承租人对企业的经营成果没有所有权,只是按照合同(协议)的规定取得一定的收入,则应当按照工资、薪金所得缴纳个人所得税。对企事业单位承包经营、承租经营所得,以其应纳税所得额按适用税率计算应纳税额。

实际工作中,纳税人可能会在一年内分次取得承包、承租经营所得。如遇这种情况,应在每次分得承包、承租经营所得后,先预缴税款,年终汇算清缴,多退少补。

实行承包、承租经营的纳税人,应以每一纳税年度的承包、承租经营所得计算纳

税。如果纳税人在一个纳税年度内承包、承租经营不足12个月的，以其实际承包、承租经营的月份数为一个纳税年度计算纳税。计算公式为：

**应纳税所得额＝该年度承包、承租经营收入额－5 000元**
**×该年度实际承包、承租经营月份数**

**应纳税额＝应纳税所得额×适用税率－速算扣除数**

## 八、利息、股息、红利所得应纳税额计算

（一）应纳税所得额

利息、股息、红利所得以个人每次取得的收入额为应纳税所得额，不得从收入额中扣除任何费用。其中，每次收入是指支付单位或个人每次支付利息、股息、红利时个人所取得的收入。对于股份制企业在分配股息、红利时以股票形式向股东个人支付应得的股息、红利（即派发红股），应以派发红股的股票票面金额为收入额，计算征收个人所得税。

（二）应纳税额计算

利息、股息、红利所得适用20％的比例税率。其应纳税额的计算公式为：

**应纳税额＝应纳税所得额（每次收入额）×适用税率**

## 九、财产租赁所得应纳税额计算

（一）应纳税所得额

财产租赁所得一般以个人每次取得的收入，定额或定率减除规定费用后的余额为应纳税所得额。每次收入不超过4 000元的，定额减除费用800元；每次收入在4 000元以上的，定率减除20％的费用。财产租赁所得以一个月内取得的收入为一次。

在确定财产租赁的应纳税所得额时，纳税人在出租财产过程中缴纳的税金和教育费附加，可持完税（缴款）凭证，从其财产租赁收入中扣除。准予扣除的项目除了规定费用和有关税、费外，还包括能够提供有效、准确的凭证，证明由纳税人负担的该出租财产实际开支的修缮费用。允许扣除的修缮费用，以每次800元为限。一次扣除不完的，准予在下一次继续扣除，直到扣完为止。

应纳税所得额的计算公式为：

每次（月）收入不超过4 000元的：

**应纳税所得额＝每次（月）收入额－准予扣除项目－修缮费用（800元为限）－800**

每次（月）收入超过4 000元的：

**应纳税所得额＝［每次（月）收入额－准予扣除项目－修缮费用（800元为限）］×（1－20％）**

（二）应纳税额计算

财产租赁所得适用20%的比例税率。其应纳税额的计算公式为：

**应纳税额＝应纳税所得额×适用税率**

## 十、财产转让所得应纳税额计算

（一）应纳税所得额

财产转让所得以个人每次转让财产取得的收入额减除财产原值和合理费用后的余额为应纳税所得额。其中，每次是指以一件财产的所有权一次转让取得的收入为一次。

财产转让所得中允许减除的财产原值是指：

(1) 有价证券。其原值为买入价以及买入时按规定交纳的有关费用。

(2) 建筑物。其原值为建造费或者购进价格以及其他有关费用。

(3) 土地使用权。其原值为取得土地使用权所支付的金额、开发土地的费用以及其他有关费用。

(4) 机器设备、车船。其原值为购进价格、运输费、安装费以及其他有关费用。

(5) 其他财产。其原值参照以上方法确定。

如果纳税人未提供完整、准确的财产原值凭证，不能正确计算财产原值的，由主管税务机关核定其财产原值。财产转让所得中允许减除的合理费用，是指卖出财产时按照规定支付的有关费用。财产转让所得应纳税所得额的计算公式为：

**应纳税所得额＝每次收入额－财产原值－合理费用**

（二）应纳税额计算

财产转让所得适用20%的比例税率。其应纳税额的计算公式为：

**应纳税额＝应纳税所得额×适用税率**

个人转让不动产的，税务机关应当根据不动产登记等相关信息核验应缴的个人所得税，登记机构办理转移登记时，应当查验与该不动产转让相关的个人所得税的完税凭证。个人转让股权办理变更登记的，市场主体登记机关应当查验与该股权交易相关的个人所得税的完税凭证。

## 十一、偶然所得应纳税额计算

（一）应纳税所得额

偶然所得以个人每次取得的收入额为应纳税所得额，不扣除任何费用。除有特殊规定外，每次收入额就是应纳税所得额，以每次取得该项收入为一次。

（二）应纳税额计算

偶然所得适用 20%的比例税率。其应纳税额的计算公式为：

**应纳税额＝应纳税所得额(每次收入额)×适用税率**

## 十二、个人所得税的特殊计税方法

正确、合理地确定和计算应纳税所得额及应纳所得税额，是一个比较复杂的问题。除了上述 11 种应税项目的计税方法以外，税法还对计税过程中涉及的一些带普遍性的问题和特殊问题，单独规定有专门的计税方法。

（一）扣除捐赠款的计税方法

税法规定，个人将其所得对教育事业和其他公益事业捐赠的部分，允许从应纳税所得额中扣除。上述捐赠是指个人将其所得通过中国境内的社会团体、国家机关向教育和其他社会公益事业以及遭受严重自然灾害地区、贫困地区的捐赠。捐赠额的扣除以不超过纳税人申报应纳税所得额的 30%为限。有关计算公式为：

**捐赠限额＝应纳税所得额×30%**

当实际捐赠额≤捐赠限额时，允许扣除的捐赠额为实际捐赠额；当实际捐赠额≥捐赠限额时，允许扣除的捐赠额为捐赠限额。

**应纳税额＝(应纳税所得额－允许扣除的捐赠额)×适用税率－速算扣除数**

（二）境外缴纳税额抵免的计税方法

在中国境内有住所，或者虽无住所，但在中国境内居住满 183 天以上的个人，从中国境内和境外取得的所得，都应缴纳个人所得税。由于纳税人的境外所得一般均已缴纳或负担了有关国家的所得税额，因而为了避免发生国家间对同一所得的重复征税，同时维护我国的税收权益，税法规定，纳税人从中国境外取得的所得，准予其在应纳税额中扣除已在境外实缴的个人所得税税款，但扣除额不得超过该纳税人境外所得依照我国税法规定计算的应纳税额。也就是说，纳税人境外所得依照我国税法规定计算的应纳税额，是居民个人抵免已在境外缴纳的综合所得、经营所得以及其他所得的所得税税额的限额(以下简称抵免限额)。除国务院财政、税务主管部门另有规定外，来源于中国境外一个国家(地区)的综合所得抵免限额、经营所得抵免限额以及其他所得抵免限额之和，为来源于该国家(地区)所得的抵免限额。具体规定及计税方法如下：

(1) 居民个人从中国境内和境外取得的综合所得、经营所得，应当分别合并计算应纳税额；从中国境内和境外取得的其他所得，应当分别单独计算应纳税额。

(2) 居民个人从境外取得所得应按我国税法计算个人所得税，但境外所得在境外实际已缴纳的所得税可予以抵免。准予抵免的最高限额不能超过境外所得按我国税法计算的所得税。

(3) 我国个人所得税的抵免限额采用分国限额法，即分别来自不同国家或地区和不同应税项目，依照税法规定的费用减除标准和适用税率计算抵免限额。

(4) 居民个人在中国境外一个国家(地区)实际已经缴纳的个人所得税税额，低于来源于该国家(地区)所得的抵免限额的，应当在中国缴纳差额部分的税款；超过来源于该国家(地区)所得的抵免限额的，其超过部分不得在本纳税年度的应纳税额中抵免，但是可以在以后纳税年度来源于该国家(地区)所得的抵免限额的余额中补扣。补扣期限最长不得超过 5 年。

(5) 境外缴纳税款的抵免必须由纳税人提出申请，应当提供境外税务机关出具的税款所属年度的有关纳税凭证。

(三) 两人以上共同取得同一项目收入的计税方法

两个或两个以上的个人共同取得同一项目收入的，如编著一本书，参加同一场演出等，应当对每个人取得的收入分别按照税法规定减除费用后计算纳税，即实行先分、后扣、再税的办法。

(四) 税务机关纳税调整

有下列情形之一的，税务机关有权按照合理方法进行纳税调整，需要补征税款的，应当补征税款，并依法加收利息：

(1) 个人与其关联方之间的业务往来不符合独立交易原则而减少本人或者其关联方应纳税额，且无正当理由。

(2) 居民个人控制的，或者居民个人和居民企业共同控制的设立在实际税负明显偏低的国家(地区)的企业，无合理经营需要，对应当归属于居民个人的利润不作分配或者减少分配。

(3) 个人实施其他不具有合理商业目的的安排而获取不当税收利益。

## 第六节　优惠政策

为了鼓励科学发明，支持社会福利、慈善事业和照顾某些纳税人的实际困难，个人所得税法对有关所得项目有免税、减税的优惠规定。

### 一、免税项目

个人所得税法规定，对下列各项个人所得，免征个人所得税：

(1) 省级人民政府、国务院部委和中国人民解放军军以上单位，以及外国组织、国际组织颁发的科学、教育、技术、文化、卫生、体育、环境保护等方面的奖金。

（2）国债和国家发行的金融债券利息。其中，国债利息是指个人持有的我国财政部发行的债券而取得的利息；国家发行的金融债券利息是指个人持有经国务院批准发行的金融债券而取得的利息所得。

（3）按照国家统一规定发给的补贴、津贴。它是指按照国务院规定发给的政府特殊津贴、院士津贴，以及国务院规定免纳个人所得税的其他补贴、津贴。

（4）福利费、抚恤金、救济金。其中，福利费是指根据国家有关规定，从企业、事业单位、国家机关、社会组织提留的福利费或者从工会经费中支付给个人的生活补助费；救济费是指各级人民政府民政部门支付给个人的生活困难补助费。

（5）企业和个人按照省级以上人民政府规定的比例提取并缴付的住房公积金、医疗保险金、基本养老保险金、失业保险金。超过规定比例缴付的部分计征个人所得税。个人领取原提存的住房公积金、医疗保险金、基本养老保险金时，免予征收个人所得税。

（6）个人取得的教育储蓄存款利息所得以及国务院财政部门确定的其他专项储蓄存款或者储蓄性专项基金存款的利息所得。

（7）保险赔款。

（8）军人的转业费、复员费、退役金。

（9）按照国家统一规定发给干部、职工的安家费、退职费、退休工资、离休工资、离休生活补助费。其中，退职费是指符合《国务院关于工人退休、退职的暂行办法》规定的退职条件并按该办法规定的退职费标准所领取的退职费。

（10）依照我国有关法律规定应予免税的各国驻华使馆、领事馆的外交代表、领事官员和其他人员的所得。

（11）我国政府参加的国际公约、签订的协议中规定免税的所得。

（12）经国务院财政部门批准免税的所得。

（13）生育妇女按照县级以上人民政府根据国家有关规定制定的生育保险办法，取得的生育津贴、生育医疗费或其他属于生育保险性质的津贴、补贴。

（14）工伤职工及其近亲属按照《工伤保险条例》规定取得的工伤保险待遇。

（15）个人投资者转让创新企业存托凭证取得的差价所得。为支持实施创新驱动发展战略，创新企业境内发行存托凭证的，自试点开始之日起，对个人投资者转让创新企业存托凭证取得的差价所得，3 年内暂免征收个人所得税。自试点开始之日起，对个人投资者持有创新企业存托凭证取得的股息红利所得，3 年内实施股息红利差别化个人所得税政策，由创新企业在其境内的存托机构代扣代缴税款，并向存托机构所在地税务机关办理全员全额明细申报。对于个人投资者取得的股息红利在境外已缴纳的税款，可按照个人所得税法以及双边税收协定（安排）的相关规定予以抵免。

## 二、减税项目

有下列情形之一的，可以减征个人所得税，具体幅度和期限由省、自治区、直辖市人民政府规定，并报同级人民代表大会常务委员会备案：

(1) 残疾、孤老人员和烈属的所得。

(2) 因严重自然灾害造成重大损失的。

(3) 残疾人员投资兴办或者参与投资兴办个人独资企业和合伙企业的，残疾人员取得的生产、经营所得，符合本省(自治区、直辖市)人民政府规定的减征个人所得税条件的，经本人申请，税务机关审核批准，可以按照本省(自治区、直辖市)人民政府规定减征的范围和幅度减征个人所得税。

(4) 个人按照《财政部 税务总局 人力资源社会保障部 中国银行保险监督管理委员会 证监会关于开展个人税收递延型商业养老保险试点的通知》(财税〔2018〕22 号)的规定，领取的税收递延型商业养老保险的养老金收入，其中 25%部分予以免税，其余 75%部分按照 10%的比例税率计算缴纳个人所得税，税款计入"工资、薪金所得"项目，由保险机构代扣代缴后，在个人购买税延养老保险的机构所在地办理全员全额扣缴申报。

## 三、暂免征税项目

根据《财政部、国家税务总局关于个人所得税若干政策问题的通知》的规定，对下列所得暂免征收个人所得税：

(1) 外籍个人以非现金形式或实报实销形式取得的住房补贴、伙食补贴、搬迁费、洗衣费。

(2) 外籍个人按合理标准取得的境内、境外出差补贴。

(3) 外籍个人取得的探亲费、语言训练费、子女教育费等，经当地税务机关审核批准为合理的部分。

(4) 外籍个人从外商投资企业取得的股息、红利所得。

(5) 符合下列条件之一的外籍专家取得的工资、薪金所得：根据世界银行专项贷款协议由世界银行直接派往我国工作的外国专家；联合国组织直接派往我国工作的专家；为联合国援助项目来华工作的专家；援助国派往我国专为该国援助项目工作的专家；根据两国政府签订的文化交流项目来华工作两年以内的文教专家，其工作、薪金所得由该国负担的；根据我国大专院校国际交流项目来华工作两年以内的文教专家，其工作、薪金所得由该国负担的；通过民间科研协定来华工作的专家，其工作、薪金所得由该国政府机构负担的。

(6) 股票、证券投资基金转让所得。

(7) 个人举报、协查各种违法、犯罪行为而获得的奖金。

(8) 个人代理代扣代缴税款手续，按规定取得的扣缴手续费。

(9) 达到离休、退休年龄，但确因工作需要，适当延长离休、退休年龄的高级专家(指享受国家发放的政府特殊津贴的专家、学者)，其在延长离休、退休期间的工作、薪金所得。

(10) 企业按照国家有关法律规定宣告破产，企业职工从该破产企业取得的一次性安置收入。

(11) 保险营销员佣金中的展业成本(营销费)。保险营销员佣金中的劳务报酬部分，扣除实际缴纳的营业税及附加后，依照税法有关规定计算征收个人所得税。

(12) 个人转让自用达 5 年以上并且是唯一的家庭生活用房取得的所得。

(13) 股权分置改革中非流通股股东通过对价方式向流通股股东支付的股份、现金等收入。

(14) 被拆迁人按照国家有关城镇房屋拆迁管理办法规定的标准取得的拆迁补偿款。

(15)个人持股期限达到一定要求的情况下取得的股息、红利。个人从公开发行和转让市场取得的上市公司股票，持股期限在 1 个月以内(含 1 个月)的，其股息、红利所得全额计入应纳税所得额；持股期限在 1 个月以上至 1 年(含 1 年)的，暂减按 50%计入应纳税所得额；持股期限超过 1 年的，暂减按 25%计入应纳税所得额。按上述标准计算的应纳税所得额统一适用 20%的税率计征个人所得税。

## 第七节　征收管理

我国个人所得税以取得所得的个人为纳税人，以支付所得的单位或者个人为扣缴义务人。纳税人有中国公民身份证号码的，以中国公民身份证号码为纳税人识别号；纳税人没有中国公民身份证号码的，由税务机关赋予其纳税人识别号。扣缴义务人扣缴税款时，纳税人应当向扣缴义务人提供纳税人识别号。我国现行个人所得税有采取源泉扣缴税款和自行申报纳税两种纳税方法。

### 一、源泉扣缴税款

#### (一) 扣缴义务人

税法规定，个人所得税以取得应税所得的个人为纳税义务人，以支付所得的单位或者个人为扣缴义务人，包括企业（公司）、事业单位、机关、社会团体、军队、驻华机构（不包括外国驻华使领馆和联合国及其他依法享有外交特权和豁免的国际组织驻华机构）、个体户等单位或个人。按照税法规定代扣代缴个人所得税，是扣缴义务人的法定义务，必须依法履行。扣缴义务人应当按照国家规定办理全员全额扣缴申报，并向纳税人提供其个人所得和已扣缴税款等信息。纳税人可以委托扣缴义务人或者其他单位和个人办理汇算清缴。

（二）应扣缴税款的所得项目

扣缴义务人在向个人支付下列所得时，应代扣代缴个人所得税。这些所得项目是：工资、薪金所得；劳务报酬所得；稿酬所得；特许权使用费所得；对企事业单位的承包经营、承租经营所得；利息、股息、红利所得；财产租赁所得；财产转让所得；偶然所得；以及经国务院财政部门确定征税的其他所得。

（三）扣缴义务人的法定义务

扣缴义务人在向个人支付应纳税所得（包括现金支付、汇拨支付、转账支付和以有价证券、实物以及其他形式支付）时，不论纳税人是否属于本单位人员，均应代扣代缴其应纳的个人所得税税款。扣缴义务人依法履行代扣代缴税款义务，纳税人不得拒绝。如果纳税人拒绝履行纳税义务，扣缴义务人应当及时报告税务机关处理，并暂时停止支付其应纳税所得额。否则，纳税人应缴纳的税款由扣缴义务人补缴。同时，扣缴义务人还要就应扣未扣、应收未收的税款缴纳滞纳金或罚款。应补缴的税款按下列公式计算：

**应纳税所得额＝(支付的收入额－费用扣除标准－速算扣除数)/(1－税率)**

**应纳税额＝应纳税所得额×适用税率－速算扣除数**

扣缴义务人在扣缴税款时，必须向纳税人开具税务机关统一印制的代扣代收税款凭证，并详细注明纳税人姓名、工作单位、家庭住址和身份证或护照号码（无上述证件的，可用其他能有效证明身份的证件）等个人情况。对工资、薪金所得和股息、利息、红利所得等，因纳税人众多，不便一一开具代扣代收税款凭证的，经主管税务机关同意，可不开具代扣代收税款凭证，但应通过一定的形式告知纳税人已扣缴税款。

扣缴义务人应当按照纳税人提供的信息计算办理扣缴申报，不得擅自更改纳税人提供的信息。纳税人发现扣缴义务人提供或者扣缴申报的个人信息、所得、扣缴税款等与实际情况不符的，有权要求扣缴义务人修改。扣缴义务人拒绝修改的，纳税人应当报告税务机关，税务机关应当及时处理。纳税人为持有完税依据而向扣缴义务人索取代扣代收税款凭证的，扣缴义务人不得拒绝。扣缴义务人向纳税人提供非正式扣税凭证的，后者可以拒收。

扣缴义务人应设立代扣代缴税款账簿，正确反映个人所得税的扣缴情况，并如实填写《扣缴个人所得税报告表》及其他有关资料。扣缴义务人每月扣缴的税款，应当在次月7日内缴入国库，并向主管税务机关报送《扣缴个人所得税报告表》、代扣代收凭证和包括每一纳税人姓名、单位、职务、收入、税款等内容的支付个人收入明细表，以及税务机关要求报送的其他有关资料。扣缴义务人违反以上规定不报送或者报送虚假纳税资料的，一经查实，其未在支付个人收入明细表中反映的向个人支付的款项，在计算扣缴义务人应纳税所得额时，不得作为成本费用扣除。

（四）法律责任

扣缴义务人的法人代表（或单位主要负责人）、财会部门的负责人及具体办理代扣代缴税款的有关人员，共同对依法履行代扣代缴义务负法律责任。根据税法规定，扣缴义务人为纳税人隐瞒应纳税所得，不扣或少扣缴税款的，按偷税处理；以暴力、威胁方式拒不履行扣缴义务的，按抗税处理。

（五）代扣代缴税款的手续费

税务机关应根据扣缴义务人所扣缴的税款，付给2%的手续费，由扣缴义务人用于代扣代缴费用开支和奖励代扣代缴工作做得较好的办税人员。

## 二、自行申报纳税

（一）申报纳税的所得项目

税法规定，凡有下列情形之一的，纳税人应当依法办理纳税申报：

(1) 取得综合所得需要办理汇算清缴，包括：从两处以上取得综合所得，且综合所得年收入额减除专项扣除的余额超过6万元；取得劳务报酬所得、稿酬所得、特许权使用费所得中一项或者多项所得，且综合所得年收入额减除专项扣除的余额超过6万元。

(2) 纳税年度内预缴税额低于应纳税额。

(3) 取得应税所得没有扣缴义务人；或取得应税所得，扣缴义务人未扣缴税款。

(4) 取得境外所得。

(5) 因移居境外注销中国户籍。

(6) 非居民个人在中国境内从两处以上取得工资、薪金所得。

(7) 纳税人申请退税。

(8) 国务院规定的其他情形。

（二）申报纳税地点

居民个人取得工资、薪金所得时，可以向扣缴义务人提供专项附加扣除有关信息，由扣缴义务人扣缴税款时减除专项附加扣除。纳税人同时从两处以上取得工资、薪金所得，并由扣缴义务人减除专项附加扣除的，对同一专项附加扣除项目，在一个纳税年度内只能选择从一处取得的所得中减除。居民个人取得劳务报酬所得、稿酬所得、特许权使用费所得,应当在汇算清缴时向税务机关提供有关信息,减除专项附加扣除。申报纳税人申请退税,应当提供其在中国境内开设的银行账户,并在汇算清缴地就地办理税款退库。

(三)申报纳税期限

除特殊情况外,纳税人应在取得应纳税所得的次月7日内向主管税务机关申报所得并缴纳税款。具体规定如下:

(1)居民个人取得综合所得,按年计算个人所得税;有扣缴义务人的,由扣缴义务人按月或者按次预扣预缴税款;需要办理汇算清缴的,应当在取得所得的次年3月1日至6月30日内办理汇算清缴。扣缴义务人在代扣税款的次月15日内,向主管税务机关报送其支付所得的所有个人的有关信息、支付所得数额、扣除事项和数额、扣缴税款的具体数额和总额以及其他相关涉税信息资料。预扣预缴办法由国务院税务主管部门制定。居民个人向扣缴义务人提供专项附加扣除信息的,扣缴义务人按月预扣预缴税款时应当按照规定予以扣除,不得拒绝。非居民个人取得工资、薪金所得,劳务报酬所得,稿酬所得和特许权使用费所得,有扣缴义务人的,由扣缴义务人按月或者按次代扣代缴税款,不办理汇算清缴。

(2)纳税人取得经营所得,按年计算个人所得税,由纳税人在月度或者季度终了后15日内向税务机关报送纳税申报表,并预缴税款;在取得所得的次年3月31日前办理汇算清缴。纳税人取得利息、股息、红利所得,财产租赁所得,财产转让所得和偶然所得,按月或者按次计算个人所得税,有扣缴义务人的,由扣缴义务人按月或者按次代扣代缴税款。

(3)纳税人取得应税所得没有扣缴义务人的,应当在取得所得的次月15日内向税务机关报送纳税申报表,并缴纳税款。纳税人取得应税所得,扣缴义务人未扣缴税款的,纳税人应当在取得所得的次年6月30日前,缴纳税款;税务机关通知限期缴纳的,纳税人应当按照期限缴纳税款。居民个人从中国境外取得所得的,应当在取得所得的次年3月1日至6月30日内申报纳税。非居民个人在中国境内从两处以上取得工资、薪金所得的,应当在取得所得的次月15日内申报纳税。纳税人因移居境外注销中国户籍的,应当在注销中国户籍前办理税款清算。

(4)扣缴义务人每月或者每次预扣、代扣的税款,应当在次月15日内缴入国库,并向税务机关报送扣缴个人所得税申报表。纳税人办理汇算清缴退税或者扣缴义务人为纳税人办理汇算清缴退税的,税务机关审核后,按照国库管理的有关规定办理退税。

（四）计算货币

所得为人民币以外货币的，按照办理纳税申报或者扣缴申报的上一月最后一日人民币汇率中间价，折合成人民币计算应纳税所得额。年度终了后办理汇算清缴的，对已经按月、按季或者按次预缴税款的人民币以外货币所得，不再重新折算；对应当补缴税款的所得部分，按照上一纳税年度最后一日人民币汇率中间价，折合成人民币计算应纳税所得额。

## 三、年度汇算清缴

为保护纳税人合法权益，落实好专项附加扣除政策，建立个人所得税综合所得汇算清缴制度。

（一）年度汇算内容

依据个人所得税法规定，年度终了后，居民个人需要汇总年度取得的工资、薪金，劳务报酬，稿酬，特许权使用费四项所得的收入额，减除费用 6 万元以及专项扣除、专项附加扣除和依法确定的其他扣除后，适用综合所得个人所得税税率并减去速算扣除数，计算本年度最终应纳税额，再减去年度已预缴税额，得出本年度应退或者应补税额，向税务机关申报并办理退税或补税。计算公式如下：

**年度汇算应退或应补税额＝[（综合所得收入额－60 000 元－“三险一金”等专项扣除－子女教育等专项附加扣除－依法确定的其他扣除）×适用税率－速算扣除数]－年度已预缴税额**

（二）需办理年度汇算纳税人

依据税法规定，符合下列情形之一的，纳税人需要办理年度汇算：

(1) 年度已预缴税额大于年度应纳税额且申请退税的，包括：年度综合所得收入额不足 6 万元但已预缴个人所得税；年度中间劳务报酬、稿酬、特许权使用费适用的预扣预缴率高于综合所得年适用税率；预缴税款时，未扣除或未足额扣除减除费用、专项扣除、专项附加扣除、依法确定的其他扣除，以及未享受或未足额享受综合所得税收优惠等情形。

(2) 年度综合所得收入超过 12 万元且需要补税金额在 400 元以上的，包括：取得两处及以上综合所得，合并后适用税率提高导致已预缴税款小于年度应纳税额等情形。

符合下列情形之一的，纳税人不需要办理年度汇算：纳税人需要补税但综合所得年收入不超过 12 万元的；纳税人年度汇算需补税金额不超过 400 元的；纳税人已预缴税额与年度应纳税额一致或不申请年度汇算退税的。

（三）税前扣除和补充扣除

下列未扣除或未足额扣除的税前扣除项目，纳税人可在年度汇算期间办理扣除或补充扣除：

（1）纳税人及其配偶、未成年子女在年度发生的、符合条件的大病医疗支出；

（2）纳税人在年度未申请享受或者未足额享受的子女教育、继续教育、住房贷款利息或住房租金、赡养老人专项附加扣除，以及专项扣除、依法确定的其他扣除；

（3）纳税人在年度发生的符合条件的公益性捐赠支出。

（三）办理时间和方式

纳税人办理年度汇算的时间为下一年度 3 月 1 日至 6 月 30 日。在中国境内无住所的纳税人在此期限前离境的，可以在离境前办理年度汇算。纳税人可自主选择下列办理方式：

（1）自行办理年度汇算。

（2）通过取得工资、薪金或连续性取得劳务报酬所得的扣缴义务人代为办理。

（3）委托涉税专业服务机构或其他单位及个人（以下称受托人）代为办理，受托人须与纳税人签订授权书并妥善留存。

（四）办理渠道

按照方便就近原则，纳税人自行办理或受托人为纳税人代为办理年度汇算的，向纳税人任职受雇单位所在地的主管税务机关申报；有两处及以上任职受雇单位的，可自主选择向其中一处单位所在地的主管税务机关申报。纳税人没有任职受雇单位的，向其户籍所在地或者经常居住地的主管税务机关申报。扣缴义务人在年度汇算期内为纳税人办理年度汇算的，向扣缴义务人的主管税务机关申报。

纳税人可优先通过网上税务局（包括个人所得税手机 APP）办理年度汇算，税务机关将按规定为纳税人提供申报表预填服务；不方便通过上述方式办理的，也可以通过邮寄方式或到办税服务厅办理。

（五）退税、补税

纳税人申请年度汇算退税，应当提供其在中国境内开设的符合条件的银行账户。税务机关按规定审核后，按照国库管理有关规定，接受年度汇算申报的税务机关所在地（即汇算清缴地）就地办理税款退库。纳税人未提供本人有效银行账户，或者提供的信息资料有误的，税务机关将通知纳税人更正，纳税人按要求更正后依法办理退税。

为使纳税人尽早获取退税，纳税人年度综合所得收入额不超过 6 万元且已预缴个人所得税的，税务机关在网上税务局（包括个人所得税手机 APP）提供便捷退税功能，纳税人可以在下一年度 3 月 1 日至 5 月 31 日期间，通过简易申报表办理年度汇算退税。纳税人办理年度汇算补税的，可以通过网上银行、POS 机刷卡、银行柜台、非银行支付机构等转账方式缴纳。

## 四、个人所得税管理

为了进一步加强和规范税务机关对个人所得税的征收管理，促进个人所得税征管的科学化、精细化，不断提高征管效率和质量，国家制定了个人所得税管理办法。主要措施为：

（一）个人收入档案管理制度

税务机关的管理部门区别不同类型纳税人，并按以下内容建立相应的基础信息档案：

（1）雇员纳税人的档案内容包括：姓名、身份证照类型、身份证照号码、学历、职业、职务、电子邮箱地址、有效联系电话、有效通信地址、邮政编码、户籍所在地、扣缴义务人编码、是否重点纳税人。

（2）非雇员纳税人的档案内容包括：姓名、身份证照类型、身份证照号码、电子邮箱地址、有效联系电话、有效通信地址（工作单位或家庭地址）、邮政编码、工作单位名称、扣缴义务人编码、是否重点纳税人。

（3）股东、投资者的档案内容包括：姓名、国籍、身份证照类型、身份证照号码、有效通信地址、邮政编码、户籍所在地、有效联系电话、电子邮箱地址、公司股本（投资）总额、个人股本（投资）额、扣缴义务人编码、是否重点纳税人。

（4）个人独资、合伙企业投资者，个体工商户，企事业单位的承包、承租经营人的档案内容包括：姓名、身份证照类型、身份证照号码、个体工商户（或个人独资企业，合伙企业，承包、承租企事业单位）名称、经济类型、行业、经营地址、邮政编码、有效联系电话、税务登记证号码、电子邮箱地址、所得税征收方式（核定、查账）、主管税务机关、是否重点纳税人。

（5）外籍人员的档案内容包括：纳税人编码、姓名、性别、出生地、出生年月、境外地址、国籍或地区、身份证照类型、身份证照号码、居留许可号码、劳动就业证号码、职业、境内职务、境外职务、入境时间、任职期限、预计在华时间、预计离境时间，境内任职单位名称及税务登记证号码、地址、邮政编码、联系电话，其他任职单位名称及税务登记证号码，境内受聘或签约单位名称及税务登记证号码、地址、邮政编码、联系电话，境外派遣单位名称、地址，支付地，是否重点纳税人。

（二）代扣代缴明细账制度

（1）税务机关应按照税法及相关法律、法规的有关规定，督促扣缴义务人按规定设立代扣代缴税款账簿，正确反映个人所得税的扣缴情况。

（2）扣缴义务人申报的纳税资料，税务机关应严格审查核实。已实行信息化管理的，可以将《支付个人收入明细表》并入《扣缴个人所得税报告表》。《扣缴个人所得税报告表》填写实际缴纳了个人所得税的纳税人的情况；《支付个人收入明细表》填写支付了应税收入，但未达到纳税标准的纳税人的情况。

(3) 税务机关应对每个扣缴义务人建立档案，其内容包括：扣缴义务人编码、扣缴义务人名称、税务(注册)登记证号码、电话号码、电子邮件地址、行业、经济类型、单位地址、邮政编码、法定代表人(单位负责人)和财务主管人员姓名及联系电话、税务登记机关、登记证照类型、发照日期、主管税务机关、应纳税所得额(按所得项目归类汇总)、免税收入、应纳税额(按所得项目归类汇总)、纳税人数、已纳税额、应补(退)税额、减免税额、滞纳金、罚款、完税凭证号等。

### (三) 双向申报制度

对税法及其实施条例，以及相关法律、法规规定纳税人必须自行申报的，税务机关应要求其自行向主管税务机关进行纳税申报。

### (四) 与社会各部门配合的协税制度

税务机关应重点加强与以下部门的协调配合：公安、检察、法院、工商、银行、文化体育、财政、劳动、房管、交通、审计、外汇管理等部门。税务机关通过加强与有关部门的协调配合，着重掌握纳税人的相关收入信息，逐步实现与有关部门的相关信息共享或定期交换。

### (五) 信息化建设

按照一体化建设的要求，个人所得税与其他税种具有共性的部分，由核心业务系统统一开发软件，个人所得税中具有个性的部分单独开发软件。根据个人所得税特点，总局先行开发个人所得税代扣代缴(扣缴义务人端)和基础信息管理(税务端)两个子系统。

代扣代缴(扣缴义务人端)系统的要求是：为扣缴义务人提供方便快捷的报税工具；可以从扣缴义务人现有的财务等软件中导入相关信息；自动计算税款，自动生成各种报表；支持多元化的申报方式；方便扣缴义务人统计、查询、打印；提供《代扣代收税款凭证》打印功能；便于税务机关接受扣缴义务人的明细扣缴申报，准确、全面地掌握有关基础数据资料。

基础信息管理系统(税务端)的要求是：建立个人收入纳税一户式档案，用于汇集扣缴义务人、纳税人的基础信息、收入及纳税信息资料；传递个人两处以上取得的收入及纳税信息给征管环节；从一户式档案中筛选高收入个人、高收入行业、重点纳税人、重点扣缴义务人，并实施重点管理；通过对纳税人收入、纳税相关信息进行汇总比对，判定纳税人申报情况的真实性；通过设定各类统计指标、口径和运用统计结果，为加强个人所得税管理和完善政策提供决策支持；建立与各部门的数据应用接口，为其他税费征收提供信息;按规定打印《中华人民共和国个人所得税完税证明》,为纳税人提供完税依据。

(六) 高收入者的重点管理

(1) 税务机关应将下列人员纳入重点纳税人范围:金融、保险、证券、电力、电信、石油、石化、烟草、民航、铁道、房地产、学校、医院、城市供水供气、出版社、公路管理、外商投资企业和外国企业、高新技术企业、中介机构、体育俱乐部等高收入行业人员;民营经济投资者、影视明星、歌星、体育明星、模特等高收入个人;临时来华演出人员。税务机关应选择一定数量的个人作为重点纳税人,实施重点管理。

(2) 税务机关应强化对个体工商户、个人独资企业和合伙企业投资者以及独立从事劳务活动的个人的个人所得税征管。

(七) 税源的源泉管理

税务机关应严格税务登记管理制度,认真开展漏征漏管户的清理工作,摸清底数。

(八) 全员全额管理

凡取得应税收入的个人,无论收入额是否达到个人所得税的纳税标准,均应就其取得的全部收入,通过代扣代缴和个人申报,全部纳入税务机关管理。

有关部门依法将纳税人、扣缴义务人遵守本法的情况纳入信用信息系统,并实施联合激励或者惩戒。

## 本章小结

本章主要阐述个人所得税的基本政策和制度。个人所得税是对个人所取得的所得征收的一种税,具有分类综合征收、累进税率与比例税率并用、代扣代缴和个人申报结合征收缴纳的特点。个人所得税的应税所得项目主要为个人工资、薪金所得,劳务报酬所得,稿酬所得,特许权使用费所得,经营所得,利息、股息、红利所得,财产租赁所得,财产转让所得,偶然所得和其他所得9项。个人所得税的纳税人是指在中国境内有住所,或者虽无住所但在中国境内居住满183天的居民纳税人,以及无住所又不居住或居住不满183天但有从中国境内取得所得的非居民纳税人。其中,居民纳税人应就其在中国境内所得和境外所得征税,而非居民纳税人仅就其在中国境内所得征税。个人所得税分别不同个人所得项目,规定了超额累进税率和比例税率两种税率形式。其中,对于个人工资、薪金所得,劳务报酬所得,稿酬所得,特许权使用费所得等综合所得,以及个体工商户生产、经营所得,独资、合伙企业经营所得,个人承包、承租所得等经营所得适用累进税率,其他所得适用比例税率。个人所得税的计税依据是纳税人取得的应纳税所得额。应纳税所得额是个人取得的每项收入减去税法规定的扣除项目或扣除金额之后的余额。扣除项目对于不同所得分别实行定额扣除、比例扣除、按实扣除和不允许扣除四种方式。其中,对工资、薪金所得,劳务报酬所得,稿酬所得,特许权使用费所得等综合所得,实行基本扣除加专项扣除方式;对劳务报酬所得,稿酬所得,特许权使用费所得,在基本扣除基础上还可能分别按800元定额或20%比例扣除。对个体工商户的生产经营所得，独资、合伙企业经营所得，财产转让所得，实行按实扣除；对利息、股息、红利所得，偶然所得，不允许扣除。计算个人所得税应纳税额时，对工资、薪金所得实行按月预缴，对劳务报酬所得、稿酬所得、特许权使用费所得按次预缴，并在年终汇算清缴计算。对个体工商户的生产、经营所得按年计算，对其他所得按次计算。对于居民个人境外所得，应按我国税法计算纳税，但在计算缴纳税额时对于在境外已经缴纳的所得税允许抵免。个人所得税缴纳实行源泉扣缴和自行申报纳税相结合的方式。

## 思考题

1. 个人所得税有哪些特点？
2. 居民纳税人和非居民纳税人如何划分？
3. 中国境内所得和境外所得如何确定？
4. 哪些收入项目实行综合征税？
5. 工资、薪金所得来源地如何确定？
6. 各应纳税所得项目的税率是如何规定的？
7. 个人综合所得费用扣除标准是如何规定的？
8. 稿酬所得如何征税？
9. 劳务报酬所得如何征税？
10. 什么情况下对个人所得采取减征和加成征税？
11. 对合伙企业的合伙人如何计算征税？
12. 个人经营两家以上企业应如何计算缴税？
13. 境外缴纳税额抵免如何计算？
14. 扣缴义务人的法定义务和法律责任有哪些？
15. 综合所得如何实施自行申报纳税？
16. 年终汇算清缴与预缴之间有差额的如何处理？

## 练习题

1. 有A和B两家独资企业，A企业全年所得30万元，B企业全年所得40万元。

要求：计算该个人应缴个人所得税税额。

2. 某从事交通运输的个人独资企业全年营业收入350万元，营业成本150万元，营业费用50万元。税务部门认为该企业成本费用支出不实，实行按收入核定征税，应税所得率为10%。

要求：计算该独资企业应纳个人所得税税额。

3. 某个人独资企业自行申报取得产品销售收入300万元，购买国库券利息收入2万元；本年应结转的产品销售成本150万元；发生管理费用80万元，其中家庭生活费10万元；发生营业外支出30万元；应缴纳的增值税20万元、城市维护建设税1.4万元、教育费附加0.6万元。

要求：计算该个人独资企业应纳个人所得税税额。

4. 孙某年度收入情况如下：

(1) 全年工资、薪金所得 360 000 元，基本费用扣除 60 000 元，无专项扣除。

(2) 出版中篇小说一部，取得稿酬 50 000 元，后因小说加印和报刊连载，分别取得出版社稿酬 10 000 元和报社稿酬 3 800 元。

(3) 受托对一电影剧本进行审核，取得审稿收入 15 000 元。

(4) 临时担任会议翻译，取得收入 3 000 元。

(5) 在 A 国讲学取得收入 30 000 元，已在收入来源国扣缴个人所得税 5 000 元。

要求：计算孙某应预缴个人所得税税额。

5. 王某 8 月收入情况如下：

(1) 雇佣单位每月支付工资、薪金 15 000 元。

(2) 派遣单位每月支付工资、薪金 8 000 元。

(3) 一次取得特许权使用费收入折合人民币 24 000 元。

(4) 从国内另一单位一次取得工程设计费 30 000 元。

该个人专项扣除每月 3 000 元。

要求：计算李某全年预计预缴个人所得税、综合所得应缴个人所得税，以及应补缴或应退个人所得税税额。

6. 有一中国公民，每月从中国境内取得工资、薪金收入 20 000 元，一次性取得稿酬收入 15 000 元，该个人每月专项扣除 2 000 元；还从 A 国取得特许权使用费收入 18 000 元，从 B 国取得债券利息收入 13 000 元。该纳税人已按 A 国、B 国税法规定分别缴纳了个人所得税 1 800 元和 1 300 元。

要求：计算该纳税人应预缴或代扣代缴个人所得税，以及全年汇算清缴应补缴或应退个人所得税。

7. 周先生收入情况如下：

(1) 每月工资奖金 20 000 元。

(2) 担任兼职律师取得收入每月 10 000 元。

(3) 取得稿酬所得 15 000 元。

(4) 出售自有自用 6 年的家庭唯一住房，扣除当初购买公房的价格和售房时按规定支付的有关税费后，取得净收入 50 万元。

核定每月专项扣除 2 500 元。

要求：按上述条件分项计算周先生全年应缴纳个人所得税和汇算清缴应补缴个人所得税。

8. 张先生系某市一公司职员(中国公民)，收入情况如下：

(1) 每月取得工资收入 18 000 元，其核定专项扣除每月 2 000 元。

(2) 3 月取得特许权使用费所得 50 000 元。

(3) 4 月取得从上市公司分配的股息、红利所得 20 000 元。

要求：根据上述资料，计算有关纳税事项：

(1) 计算工资应缴纳的个人所得税。

(2) 计算特许权使用费应缴纳的个人所得税。

(3) 计算股息、红利应缴纳的个人所得税。

(4) 计算全年应纳综合所得税及汇算清缴应补缴或应退个人所得税。

9. 某教授8月因其编著的小说出版，获得稿酬8500元，9月又在另外一个出版社出版取得稿酬3 700元。

要求：计算该教授应扣缴个人所得税。

10. 某个人独资企业年度发生直接成本150万元、其他费用20万元，收入总额不能准确核算。假定该个人独资企业适用的应税所得率为15%。

要求：计算该个人独资企业应缴纳个人所得税。

11. 王某持有某上市公司的股票10 000股。该上市公司年度的利润方案为每10股送3股，并于2019年6月实施。该股票的面值为每股1元。

要求：计算上市公司应扣缴王某的个人所得税。

12. 公民李某为一企业员工，1月取得以下收入：

(1) 每月工资12 000元，年终奖64 000元，核定每月专项扣除2 000元，年终奖单独核算纳税。

(2) 小说出版，出版社向李某支付稿酬30 000元。

(3) 通过拍卖行将一幅珍藏多年的名人字画拍卖，取得收入80 000元，不能提供财产原值凭证。

要求：计算该居民个人应预缴和汇算清缴个人所得税。

13. 居住在市区的中国居民李某，为一中外合资企业的职员，取得以下所得：

(1) 每月取得合资企业支付的工资、薪金25 000元，核定专项扣除每月3 000元。

(2) 2月，为某企业提供技术服务取得报酬24 000元。

(3) 3月，从A国取得特许权使用费折合人民币15 000元，已按A国税法规定缴纳个人所得税折合人民币1 500元并取得完税凭证。

(4) 4月1日—6月30日，前往B国参加培训，利用业余时间为当地三所中文学校授课，取得课酬折合人民币各10 000元，未扣缴税款。

(5) 7月，与同事杰克(外籍)合作出版了一本中外文化差异的书籍，共获得稿酬50 000元，李某与杰克事先约定按6 ∶ 4比例分配稿酬。

(6) 11月，以每份218元的价格转让2010年的企业债券500份，发生相关税费870元，债券申购价每份200元，申购时共支付相关税费350元；转让A股股票取得所得24 000元。

要求：根据上述资料计算李某应预缴和预扣税额、汇算清缴税额及补税或退税额。

14. 中国公民王某收入情况如下：

(1) 在国内另一家公司担任市级管理人员，每月工资、薪金所得35 000元，每月核定专项扣除2 000元。

(2) 3月，取得国内B上市公司分配的红利18 000元。

(3) 5月，赴国外进行技术交流期间，在甲国演讲取得收入折合人民币12 000元，在乙国取得专利转让收入折合人民币60 000元，分别按照收入来源国的税法规定缴纳了个人所得税折合人民币1 800元和9 000元。

(4) 5月，在业余时间为一家民营企业开发了一项技术，取得收入4 000元。

(5) 6月，与一家培训机构签订了半年的劳务合同，合同规定从7月起每周六为该培训中心授课1次，每次报酬为1 200元。6月，为培训中心授课4次。

要求：根据以上资料，计算王某应预缴预扣个人所得税、汇算清缴个人所得税以及应补缴或应退个人所得税。

15. 中国公民李某取得工程设计收入 20 000 元，从中拿出 5 000 元直接捐赠给了农村义务教育。

要求：计算李某就该笔收入应预缴的个人所得税。

16. 中国公民李某 2019 年 12 月工资 4 200 元，12 月除取得当月工资以外，还取得全年一次性奖金 10 000 元。全年一次性奖金选择不并入综合所得计算个人所得税。

要求：计算李某 2019 年 12 月全年一次性奖金应缴纳的个人所得税。

17. 李某于 2019 年 9 月将市区自有住房出租，月不含税租金 1 600 元，年租金 19 200 元，租期 1 年，租金每月收取。不考虑其他相关税费。

要求：计算李某 2019 年应纳个人所得税。

18. 张先生为自由职业者，2019 年 5 月取得如下所得：从境内 A 上市公司取得股息所得 16 000 元，持股满 6 个月，从境内 B 非上市公司取得股息所得 7 000 元，取得国债利息收入 5 000 元。

要求：计算张先生上述所得应缴纳的个人所得税。

19. 中国公民赵某出版作品集取得稿酬所得 20 000 元。

要求：计算赵某稿酬所得年末应并入综合所得的收入额。

20. 李某在出版社工作。2019 年 1 月，李某取得工资、薪金 80 000 元。李某是独生子女，父母年满 60 周岁。

要求：计算李某 1 月应预扣预缴的个人所得税。

21. 2019 年 2 月，王先生利用业余时间为某企业提供劳务，取得企业支付的报酬 5 000 元；同时在自己的工作单位取得工资、薪金 9 800 元，可扣除的“三险一金”890 元，本月的工资以及社保情况与 1 月相同。王先生在省会城市租房，每月房屋租金支出 1 000 元，父母均满 60 岁，王先生单身且为独生子女。

要求：计算 2 月两家企业合计应预扣预缴王先生的个人所得税。

22. 刘某 2019 年取得特许权使用费收入两次，分别为 2 000 元、5 000 元。

要求：计算刘某两次特许权使用费所得应预扣预缴的个人所得税。

23. 某中国公民 2019 年在 A 国提供一项专利技术使用权取得特许权使用费所得 35 000 元，在 A 国已纳税款 6 000 元；同时在 B 国取得稿酬收入 15 000 元，在 B 国已纳税款 2 000 元。其 2019 年未取得上述所得之外的其他综合所得。

要求：计算该中国公民就上述两项所得在我国应补缴的税款。

24. 中国居民纳税人张某自 2015 年起任国内某上市公司高级工程师，2019 年取得的部分收入如下：

(1) 每月领取工资 17 500 元，个人负担“三险一金”2 800 元，申报专项附加扣除时，作为独生子的张某向单位报送的专项附加扣除信息如下：3 周岁在上幼儿园的女儿一名；年满 60 周岁的父亲一名；夫妻约定女儿教育全额由张某扣除。

(2) 公司于 2017 年实行股票期权计划。2017 年 1 月 11 日，张先生获得公司授予的股票期权 10 000 份（该期权不可公开交易），授予价格为每份 6 元。当日公司股票的收盘价为 7.68 元。公司规定的股票期权行权期限是 2019 年 2 月 10 日至 9 月 10 日。张某于 2019 年 2 月 13 日对 4 000 份股票期权实施行权，当日公司股票的收盘价为 9.6 元。

(3) 5 月取得财政部发行国债的利息 1 200 元，取得 2018 年某省发行的地方政府债券的利息 560 元，取得某国内上市公司发行的公司债券利息 750 元。

(4) 7 月 9 日张某对剩余的股票期权全部实施行权，当日股票收盘价 10.8 元。

要求：根据上述资料，按照下列序号计算回答问题，均需计算合计数。

(1) 计算 1 月张某取得工资收入应预扣预缴的个人所得税。

(2) 计算 2 月张某实施股票期权行权应缴纳的个人所得税。

(3) 计算 5 月张某取得的各项利息收入应缴纳的个人所得税。

(4) 计算 7 月张某实施股票期权行权应缴纳的个人所得税。

# 第十四章　资源税

资源税是对各种自然资源开发、使用所征收的一种特别税类。自然资源一般是指天然存在的自然物质资源，包括土地资源、矿藏资源、水流资源、森林资源、草原资源、野生生物资源、海洋资源及阳光、空气、风能等资源。我国现行的资源税包括资源税、土地使用税和耕地占用税。其中，资源税是对矿产资源征税，而土地使用税和耕地占用税是对土地资源征税。资源税主要研究资源税、土地使用税和耕地占用税的纳税人、征税对象、税率结构、应纳税额计算及征收管理等问题。

## 第一节　概论

### 一、资源税及其特点

广义资源税包括资源税、土地使用税和耕地占用税，是对在中国境内开采应税矿产品、占用国家土地，以及把农业耕地转为非农业使用所征收的一类税。我国现行资源税有以下特点：

(1) 对特定资源产品征税。我国现行资源税只限于矿产品、盐和土地资源征税。随着价格体系的改革，征税范围会进一步扩大，但不会对所有自然资源开发进行征税。

(2) 对资源的绝对收益和级差收益征税。资源税的征收是普遍征收与级差调节相结合，既对应税资源产品实行普遍征税，相当于对资源产品的绝对收益征税，也对不同资源实行差别税率，相当于对资源产品的级差收益征税。

(3) 实行从量差别幅度定额税。资源税按应税产品的数量和规定的单位税额计算征税。本着不同资源条件差异以及利润水平区别征税的原则，分别实行差别较大的定额税率。

### 二、资源税的发展演变

1984 年以前，我国对盐资源单独征收盐税。1984 年，国务院首次颁布开征资源税，征税范围包括原油、天然气、煤炭、金属矿产品和非金属矿产品，但在实施过程中，实际征税范围局限于部分石油、煤炭、天然气及铁矿石的开采，对其他矿产品的开采尚未征税。1994 年，《中华人民共和国资源税暂行条例》开始实施，将原资源税与盐税两个税种合并，扩大了资源税的征税范围。资源税征收对象增加为原油、天然气、煤炭、其他非金属矿原矿、黑色金属矿原矿、有色金属矿原矿和盐，资源税税负水平适当提高。总体来看，资源税仍只囿于矿藏品，对大部分非矿藏品资源都没有征税。

2016 年 5 月 10 日，财政部、国家税务总局联合对外发文《关于全面推进资源税改革的通知》，宣布自 2016 年 7 月 1 日起，我国全面推进资源税改革。根据通知要求，我国将开展水资源税改革试点工作，并率先在河北试点，采取水资源费改税方式，将地表水和地下水纳入征税范围，实行从量定额计征。自 2017 年 12 月 1 日起，水资源税扩大到北京、天津、山西、内蒙古、河南、山东、四川、陕西和宁夏等地区。其他自然资源也将逐步纳入征收范围。2019 年 8 月 26 日，全国人大常委会通过了《中华人民共和国资源税法》，自 2020 年 9 月 1 日起施行。

1984 年以前，我国没有单独的土地使用税，只有城市房地产税，包括房产和土地两个部分，分别对房产和土地征税。1984 年，国家设置了城镇土地使用税，对城镇和工矿区使用土地的单位和个人按占用的土地面积征收。1988 年 9 月 27 日，国务院发布了《中华人民共和国城镇土地使用税暂行条例》；2006 年 12 月 31 日，国务院对《中华人民共和国城镇土地使用税暂行条例》第一次修订；2011 年 1 月 8 日，国务院对《中华人民共和国城镇土地使用税暂行条例》第二次修订；2013 年 12 月 7 日，国务院对《中华人民共和国城镇土地使用税暂行条例》第三次修订。征收土地使用税的作用：一是促进土地资源的合理配置和节约使用，提高土地使用效益；二是调节不同地区因土地资源的差异而形成的级差收入；三是为企业和个人之间竞争创造公平的环境。

我国历史上没有耕地占用税。随着我国城市化进程的加快，耕地逐步减少。为了合理利用土地资源、加强土地管理、保护农业耕地，1987 年 4 月 1 日，国务院发布《中华人民共和国耕地占用税暂行条例》，即日起施行。2018 年 12 月 29 日，全国人大常委会通过了《中华人民共和国耕地占用税法》，自 2019 年 9 月 1 日起施行。征收耕地占用税的目的在于限制非农业建设占用耕地，建立发展农业专项资金，促进农业生产的全面协调发展。耕地占用税具有特定性、一次性、限制性和开发性等不同于其他税收的特点。

## 三、资源税的作用

（1）以税代费，促进资源的合理开发和利用。资源税属于受益税，它的基本特征体现在按是否受益、受益大小来决定是否征税、征税多少。有偿使用使资源具有价格或收费的特征，有利于资源开发和使用企业加强资源成本核算，改善资源经营管理，合理开发和利用有限资源。

(2) 调节资源级差收入,促进企业平等竞争。资源税不但对资源开发和使用中的绝对收益征税,使资源有偿使用,而且按资源的级差收益实行差别税率,使资源条件不同的开发企业和使用企业在税后取得相近的收益。通过资源税调节企业级差收益,促进企业平等竞争。

(3) 加强土地管理,保护土地资源。在我国,由于农业耕地面积十分有限,通过耕地占用税来调节耕地占用者的经济利益,可以在一定程度上促使少占或尽量不占农用耕地,控制耕地占用数量,促进合理调整农村结构,促进落实国家土地管理政策。

## 第二节 资源税

### 一、纳税人

(一) 纳税人

凡在中国境内开采应税资源的单位和个人都是资源税的纳税义务人,其中水资源税纳税人为直接取用地表水、地下水的单位和个人。境内是指实际税收管理行政范围内,不包括进口。单位是指国有企业、集体企业、私营企业、股份制企业、其他企业和行政单位、事业单位、军事单位、社会团体及其他单位;个人是指个体经营者和其他个人;其他单位和其他个人包括外商投资企业、外国企业和外籍个人。

(二) 扣缴义务人

为了加强资源税的征收管理,适应某些未税矿产品税源小、零散、不定期开采、容易漏税、不易控管等情况,由税务机关确定独立矿山、联合企业、收购未税矿产品的单位为扣缴义务人,在收购时代扣代缴税款。独立矿山是指只有采矿或只有采矿和选矿,独立核算,自负盈亏的单位,其销售的原矿和精矿主要用于对外销售。联合企业是指采矿、选矿、冶炼(或加工)连续生产的企业,或采矿、冶炼(或加工)连续生产的企业,其采矿单位一般是该企业的二级或二级以下核算单位。在现行盐的产销体制下,盐的纳税环节确定在出场(厂)环节,由生产者缴纳,有些地区由运销或公收单位统一销售的,则盐的运销或公收单位为扣缴人,代扣代缴盐的资源税。

### 二、征收范围

资源税的征收范围,就理论上来讲应当包括一切开发和利用的国有资源。但考虑到我国普遍开征资源税还缺乏条件,所以资源税征收的范围只包括矿产品、盐等。具体的征收范围包括:

（一）能源矿产

（1）原油。原油是指开采的天然原油（含稠油、高凝油、稀油），不包括人造石油。凝析油视同原油征税，但不包括以油母页岩等为原料经加工炼制的原油。

（2）天然气。天然气是指专门开采和与原油同时开采的天然气，暂不包括煤矿生产的天然气。

（3）煤炭。应税产品包括原煤和以未税原煤加工的洗选煤。

（4）铀、钍、油页岩、油砂、天然沥青、石煤。

（5）地热。

（二）金属矿产

金属矿包括黑色金属矿和有色金属矿。

1. 黑色金属矿

黑色金属矿是指纳税人开采后自用、销售的，用于直接入炉冶炼，或作为主产品先入选精矿、制造人工矿，最终入炉冶炼的金属矿石原矿，包括铁矿石、锰矿石、铬矿石等。

2. 有色金属矿

有色金属矿包括铜矿石、铅锌矿石、铝土矿、钨矿石、锡矿石、锑矿石、钼矿石、镍矿石、黄金矿（岩金矿、砂金矿）、其他有色金属原矿。

（三）非金属矿

非金属矿是指上述产品和井矿盐以外的非金属原矿，包括宝石、宝石级金刚石、玉石、膨润土、石墨、石英砂、萤石、重晶石、毒重石、蛭石、长石、氟石、滑石、白云石、硅灰石、凹凸棒石黏土、高岭土、耐火黏土、云母、大理石、花岗石、石灰石、菱镁矿、天然碱、石膏、硅线石、工业用金刚石、石棉、硫铁矿、自然硫、磷铁矿等。

（四）水气矿产

水气矿产包括二氧化碳气、硫化氢气、氧气、氡气、矿泉水。

（五）盐

盐包括固体盐、液体盐，具体又包括海盐原盐、湖盐原盐、井矿盐、卤水（用于生产碱和其他产品的原料）等。

（六）水

水资源税的征税对象为地表水和地下水。地表水是陆地表面上动态水和静态水的总称，包括江、河、湖泊（含水库）、雪山融水等水资源。地下水是埋藏在地表以下各种形式的水资源。鉴于取用水资源涉及面广、情况复杂，为确保改革平稳有序实施，先在河北省开展水资源税试点。河北省开征水资源税试点工作，采取水资源费改税方式，将地表水和地下水纳入征税范围，实行从量定额计征，对高耗水行业、超计划用水以及在地下水超采地区取用地下水，适当提高税额标准，正常生产生活用水维持原有负担水平不变。

（七）自然资源

鉴于森林、草场、滩涂等资源在各地区的市场开发利用情况不尽相同，对其全面开征资源税条件尚不成熟，不在全国范围统一规定对森林、草场、滩涂等资源征税。各省、自治区、直辖市（以下统称省级）人民政府可以结合本地实际，根据森林、草场、滩涂等资源开发利用情况提出征收资源税的具体方案建议，报国务院批准后实施。

未列举名称的其他非金属矿原矿和其他有色金属矿原矿，由省、自治区、直辖市人民政府决定征收或暂缓征收资源税，并报财政部和国家税务总局备案。

## 三、税率

资源税采用从价比例和从量定额办法征收。根据不同的资源产品及资源条件的差异和相关产品流转税负担的变化，按照调节资源级差收入的要求，区别不同的应税产品品种和主要开采者，确定高低不同的适用税率和税额。2016 年 7 月 1 日，我国实行资源税改革，资源税征收方式由从量定额征收改为从价比例征收和从量定额征收两种方式。从价比例征收分为比例税率和幅度税率两种。比例税率有 4%、6%、6.5%、8%和 20%五种，全国统一。幅度税率在 1%～20%之间。从量定额征收的定额税率为幅度税额，地区实行差别税率或税额。

“资源税税目税率幅度表”中列举名称的资源品目，由省级人民政府在规定的税率幅度内提出具体适用税率建议，报财政部、国家税务总局确定核准。水资源税实行从量定额地区差别税，地下水高于地表水，严重超采地区高于非严重超采地区，超计划取用水高于计划取用水。

## 四、应纳税额计算

（一）计税依据

对“资源税税目税率幅度表”中列举名称的资源品目和未列举名称的其他金属矿实行从价计征，计税依据由原矿销售量调整为销售额。对经营分散、多为现金交易且难以控管的黏土、砂石，按照便利征管原则，仍实行从量定额计征。对“资源税税目税率幅度表”中未列举名称的其他非金属矿产品，按照从价计征为主、从量计征为辅的原则，由省级人民政府确定计征方式。

资源税在应税产品的销售或自用环节计算缴纳。以自采原矿加工精矿产品的，在原矿移送使用时不缴纳资源税，在精矿销售或自用时缴纳资源税。

纳税人以自采原矿加工金锭的，在金锭销售或自用时缴纳资源税。纳税人销售自采原矿或者自采原矿加工的金精矿、粗金，在原矿或者金精矿、粗金销售时缴纳资源税，在移送使用时不缴纳资源税。

以应税产品投资、分配、抵债、赠与、以物易物等，视同销售，依照有关规定计算缴纳资源税。

纳税人用已纳资源税的应税产品进一步加工应税产品销售的，不再缴纳资源税。纳税人以未税产品和已税产品混合销售或者混合加工为应税产品销售的，应当准确核算已税产品的购进金额，在计算加工后的应税产品销售额时，准予扣减已税产品的购进金额；未分别核算的，一并计算缴纳资源税。

（二）应纳税额计算

资源税的应纳税额，按照从价定率或者从量定额的办法，分别以应税产品的销售额乘以纳税人具体适用的比例税率或者以应税产品的销售数量乘以纳税人具体适用的定额税率计算。

1. 实行从价定率征收

在从价定率办法下，资源税的应纳税额根据应税产品的销售额和规定的适用税率计算应纳税额。具体计算公式为：

**应纳税额＝销售额×适用税率**

销售额是指纳税人销售应税产品向购买方收取的全部价款和价外费用，不包括增值税销项税额和运杂费用。运杂费用是指应税产品从坑口或洗选（加工）地到车站、码头或购买方指定地点的运输费用、建设基金以及随运销产生的装卸、仓储、港杂费用。运杂费用应与销售额分别核算，凡未取得相应凭据或不能与销售额分别核算的，应当一并计征资源税。

**例 14－1** 某油田 3 月销售原油 20 000 吨，开具增值税专用发票取得销售额 10 000 万元、增值税额 1 700 万元，按照“资源税税目税率幅度表”的规定，其适用的税率为 6％。

要求：计算该油田 3 月应缴纳的资源税。

应纳税额＝10 000×6％＝600（万元）

为公平原矿与精矿之间的税负，对同一种应税产品，征税对象为精矿的，纳税人销售原矿时，应将原矿销售额换算为精矿销售额缴纳资源税；征税对象为原矿的，纳税人销售自采原矿加工的精矿，应将精矿销售额折算为原矿销售额缴纳资源税。换算比或折算率原则上应通过原矿售价、精矿售价和选矿比计算，也可通过原矿销售额、加工环节平均成本和利润计算。

2. 实行从量定额征收

在从量定额办法下，资源税的应纳税额按生产销售或自产自用应税产品的课税数量和规定的单位税额计算。应纳税额计算公式为：

**应纳税额＝单位税额×课税数量**

扣缴义务人代扣代缴资源税的计算方法为：

**应代扣代缴的税额＝单位税额×收购的未税矿产品数量**

水资源税实行从量计征。应纳税额计算公式为：

**应纳税额＝取水口所在地税额标准×实际取用水量**

## 五、减免税

下列情况可减征或者免征资源税：

(1) 开采原油过程中用于加热、修井的原油免征资源税。

(2) 煤炭开采企业因安全生产需要抽采的煤成(层)气免征资源税。

(3) 稠油、高凝油和高含硫天然气资源税减征40%；三次采油资源税减征30%；对低丰度油气田资源税暂减征20%。

(4) 对衰竭期煤矿开采的煤炭，资源税减征30%。

## 六、征收管理

(一) 资源税的纳税义务发生时间及纳税期限

1. 纳税义务发生时间

资源税纳税人销售应税产品，其纳税义务发生时间为收讫销售款或者取得销售款凭证的当天；自用应税产品，其纳税义务发生时间为移送使用的当天。具体规定如下：

(1) 纳税人采取分期收款结算方式销售应税产品，其纳税义务发生时间为销售合同规定的收款日期当天。

(2) 纳税人采取预收货款结算方式销售应税产品，其纳税义务发生时间为发出应税产品的当天。

(3) 纳税人采取其他结算方式销售应税产品，其纳税义务发生时间为收讫价款或者取得索取价款凭证的当天。

2. 纳税期限

资源税的纳税期限由主管税务机关根据纳税人或者扣缴人应纳税额的大小分别

核定为1日、3日、5日、10日、15日或者1个月。以1个月为一期的纳税人或者扣缴人，自期满后10日内申报纳税；以1日、3日、5日、10日、15日为一期的纳税人或者扣缴人，自期满后5日内预缴税款，于次月1日起10日内申报纳税并结清上月应纳税款。

（二）资源税的纳税地点

纳税人应纳的资源税，向应税产品的开采或生产所在地税务机关缴纳。纳税人在本省、自治区、直辖市范围开采或者生产应税产品，其纳税地点需要调整的，由省级地方税务机关决定。具体实施时，跨省开采的矿山或油（气）田（独立矿山或独立油、气田、联合企业），其下属生产单位与核算单位不在同一省、自治区、直辖市的，对其开采的矿产品，一律在采掘地纳税，其应纳税款由独立核算、自负盈亏的单位（如独立矿山或独立油、气田、联合企业），按照采掘地各矿井的实际销售量（或自用量）及适用的单位税额计算，定期划拨。

税法将资源税纳税地点规定在采掘地，照顾到了采掘地的利益，有利于调动采掘地爱矿、护矿、支持生产的积极性，解决或者缩小了财政体制的“分灶吃饭”与资源税纳税地点不一致的矛盾，同时又考虑到了各省的实际情况。税法规定，纳税人在本省、自治区、直辖市范围内开采或者生产应税产品，其纳税地点需要调整的，由省、自治区、直辖市人民政府确定。

## 第三节　土地使用税

城镇土地使用税是以国有土地为征税对象，对在中国境内拥有土地使用权的单位和个人，就其使用的土地面积按规定税额征收的一种税。

### 一、征税范围和纳税人

（一）征税范围

城镇土地使用税的征税范围为城市、县城、建制镇和工矿区。其中，城市是指经国务院批准设立的市，其征税范围包括市区和郊区；县城是指县人民政府所在地，其征税范围为县人民政府所在地的城镇；建制镇是指经省、自治区、直辖市人民政府批准设立的，符合国务院规定的建镇制标准的镇，其征税范围为镇人民政府所在地；工矿区是指工商业比较发达、人口比较集中的大中型工矿企业所在地。工矿区的设立必须经省、自治区、直辖市人民政府批准。

由于城市、县城、建制镇和工矿区内的不同地方，其自然条件和经济繁荣程度各不相同，税法很难对全国城镇的具体征税范围作出统一规定。因此，国家税务总局在《关于土地使用税若干具体问题的解释和暂行规定》中确定：城市、县城、建制镇、工矿区的具体征税范围，由各省、自治区、直辖市人民政府划定。

（二）纳税人

凡在城市、县城、建制镇、工矿区范围内使用土地的单位和个人，为城镇土地使用税的纳税义务人。这里所称的“单位”，包括国有企业、集体企业、私营企业、股份制企业、外商投资企业、外国企业以及其他企业和事业单位、社会团体、国家机关、军队以及其他单位；这里所称的“个人”，包括个体工商户以及其他个人。

（1）城镇土地使用税由拥有土地使用权的单位或个人缴纳。

（2）土地使用权未确定或权属纠纷未解决的，由实际使用人纳税。

（3）土地使用权共有的，由共有各方分别纳税。

## 二、税率

城镇土地使用税实行分级幅度税额。每平方米土地年税额规定如下：

（1）大城市，1.5～30 元。

（2）中等城市，1.2～24 元。

（3）小城市，0.9～18 元。

（4）县城、建制镇、工矿区，0.6～12 元。

上述大、中、小城市是以公安部门登记在册的非农业正式户口人数为依据，按照国务院颁布的《城市规划条例》规定的标准划分的，其中，市区及郊区非农业人口在 50 万以上的，称为大城市；市区及郊区非农业人口在 20 万～50 万的，称为中等城市；市区及郊区非农业人口在 20 万以下的，称为小城市。

根据《中华人民共和国城镇土地使用税暂行条例》规定，省、自治区、直辖市人民政府应当在法定税额幅度内，根据市政建设状况、经济繁荣程度等条件，确定所辖地区的适用税额幅度。市、县人民政府应当根据实际情况，将本地区土地划分为若干等级，在省、自治区、直辖市人民政府确定的税额幅度内，制定适用税额标准，报省、自治区、直辖市人民政府批准执行。

经省、自治区、直辖市人民政府批准，经济落后地区的土地使用税适用税额标准可以适当降低，但降低额不得超过规定的最低税额的 30%。经济发达地区土地使用税的适用税额标准可以适当提高，但须报经财政部批准。

## 三、应纳税额的计算

（一）计税依据

城镇土地使用税以纳税人实际占用的土地面积为计税依据。纳税人实际占用的土地面积，是指由省、自治区、直辖市人民政府确定的单位组织测定的土地面积。尚未组织测量，但纳税人持有政府部门核发的土地使用证书的，以证书确认的土地面积为准；尚未核发土地使用证书的，应由纳税人据实申报土地面积。

（二）应纳税额的计算方法

城镇土地使用税的应纳税额依据纳税人实际占用的土地面积和适用单位税额计算。其计算公式如下：

**应纳税额＝计税土地面积×适用税额**

如果土地使用权由几方共有的，由共有各方按照各自实际使用的土地面积占总面积的比例，分别计算缴纳土地使用税。

**例 14－2** 某市一商场坐落在该市繁华地段，企业土地使用证书记载占用土地的面积为 3 600 平方米，经确定属一等地段；该商场另设两个统一核算的分店，均坐落在市区三等地段，共占地 7 800 平方米；一座仓库位于市郊，属五等地段，占地面积为 1 100 平方米；另外，该商场自办托儿所占地面积 2 600 平方米，属三等地段。适用税额为：一等地段年税额每平方米 20 元，三等地段年税额每平方米 10 元，五等地段年税额每平方米 5 元。

要求：计算该商场当年应缴纳的城镇土地使用税。

商场占地应纳税额＝3 600×20＝72 000(元)

分店占地应纳税额＝7 800×10＝78 000(元)

仓库占地应纳税额＝1 100×5＝5 500(元)

商场自办托儿所按税法规定免税。

## 四、减免税

城镇土地使用税的免税项目有：

(1) 国家机关、人民团体、军队自用的土地。其中，人民团体是指经国务院授权的政府部门批准设立或登记备案并由国家拨付行政事业费的各种社会团体。国家机关、人民团体、军队自用的土地，是指这些单位本身的办公用地和公务用地。

(2) 由国家财政部门拨付事业经费的单位自用的土地。其中，由国家财政部门拨付事业经费的单位，是指由国家财政部门拨付经费、实行全额预算管理或差额预算管理的事业单位。不包括实行自收自支、自负盈亏的事业单位。事业单位自用的土地，是指这些单位本身的业务用地。企业办的学校、医院、托儿所、幼儿园，其用地能与企业其他用地明确区分的，可以比照由国家财政部门拨付事业经费的单位自用的土地，免征土地使用税。

(3) 宗教寺庙、公园、名胜古迹自用的土地。其中,宗教寺庙自用的土地,是指举行宗教仪式等的用地和寺庙内的宗教人员生活用地。公园、名胜古迹自用的土地,是指供公共参观游览的用地及其管理单位的办公用地。公园、名胜古迹中附设的营业单位,如影剧院、饮食部、茶社、照相馆等使用的土地,应征收土地使用税。

(4) 市政街道、广场、绿化地带等公共用地。但是非社会性的公共用地,如企业内的广场、道路、绿化等占用的土地不能免税。

(5) 直接用于农、林、牧、渔业的生产用地。指直接从事种植、养殖、饲养的专业用地。农副产品加工厂占地和从事农、林、牧、渔业生产单位的生活、办公用地不包括在内。

(6) 政府部门和企业、事业单位、社会团体、个人投资兴办的福利性、非营利性老年服务机构自用的土地。

(7) 以开山填海整治的土地和改造的废弃土地,从使用的月份起免缴土地使用税5～10年。

(8) 非营利性医疗机构、疾病控制机构、妇幼保健机构等医疗、卫生机构自用的土地,可以免征城镇土地使用税。营利性医疗机构取得的收入直接用于改善医疗卫生条件的,自其取得执业登记之日起3年以内,自用的土地也可以免征城镇土地使用税。

(9) 国家规定可以免征城镇土地使用税的能源、交通用地(主要涉及煤炭、石油、天然气、电力、铁路、民航、港口等类企业)和其他用地,可以暂免征收城镇土地使用税。

此外,个人所有的居住房屋及院落用地,房产管理部门在房租调整改革前已经租的居民住房用地,免税单位职工家属的宿舍用地,民政部门举办的安置残疾人占一定比例的福利工厂用地、集体和个人举办的各类学校、医院、托儿所、幼儿园用地等的征免税,由省、自治区、直辖市税务局确定。

## 五、征税管理

### (一) 纳税期限

城镇土地使用税按年计算,分期缴纳。缴纳期限由省、自治区、直辖市人民政府确定。各省、自治区、直辖市税务机关结合当地情况,一般分别确定按月、季或半年等不同的期限缴纳。

### (二) 纳税申报

纳税人应依照当地税务机关规定的期限,填写《城镇土地使用税纳税申报表》,将其占用土地的权属、位置、用途、面积和税务机关规定的其他内容,据实向当地税务机关办理纳税申报登记,并提供有关的证明文件资料。纳税人新征用的土地,必须于批准新征用之日起30日内申报登记。纳税人如有住址变更、土地使用权属转换等情况,从转移之日起,按规定期限办理申报变更登记。

（三）纳税地点

城镇土地使用税的纳税地点为土地所在地,由土地所在地的税务机关负责征收。纳税人使用的土地不属于同一市(县)管辖范围内的,由纳税人分别向土地所在地的税务机关申报缴纳。在同一省(自治区、直辖市)管辖范围内,纳税人跨地区使用的土地,由各省、自治区、直辖市税务局确定纳税地点。

## 第四节　耕地占用税

耕地占用税是以占用耕地的行为为征税对象,向占用耕地建房和从事非农业建设的单位和个人征收的一种税。

### 一、征税范围

耕地占用税的征税对象是一切用于建房和从事其他非农业建设的耕地,包括国家所有和集体所有的耕地。

所谓耕地,一般是指种植农作物的土地(包括菜地、园地)。其中,园地包括苗圃、花圃、茶园、果园、桑园和其他种植经济林木的土地。

占用鱼塘及其他农用土地建房或从事其他非农业建设,视同占用耕地,必须依法征收耕地占用税。其中,占用“其他农用土地”,如占用已开发从事种植、养殖的滩涂、草场、水面和林地等从事非农业建设,是否征税,由省、自治区、直辖市本着有利保护农用土地资源和保护生态平衡的原则,结合具体情况加以确定。

此外,土地被占用前3年内曾用于种植农作物的,也被视为耕地,应按规定征收耕地占用税。

### 二、纳税人

凡是占用耕地建房或者从事非农业建设的单位或者个人,为耕地占用税的纳税人。这里所称的“单位”,包括国有企业、集体企业、私营企业、股份制企业、外商投资企业、外国企业以及其他企业和事业单位、社会团体、国家机关、部队以及其他单位;这里所称的“个人”,包括个体工商户以及其他个人。

## 三、税率

耕地占用税实行定额税率，从量征收。定额税率设计的方法是，以县为单位，按人均耕地面积的多少，确定占用每平方米耕地的适用税额。中央统一规定单位幅度税额，各地区适用税额由省级人民政府在中央统一规定的幅度内核定。中央统一规定的幅度税额为：

(1) 人均耕地不超过1亩的地区(以县级行政区域为单位，下同)，每平方米为10～50元。

(2) 人均耕地超过1亩但不超过2亩的地区，每平方米为8～40元。

(3) 人均耕地超过2亩但不超过3亩的地区，每平方米为6～30元。

(4) 人均耕地超过3亩的地区，每平方米为5～25元。

国务院财政、税务主管部门根据人均耕地面积和经济发展情况确定各省、自治区、直辖市的平均税额。各地适用税额，由省、自治区、直辖市人民政府在规定的税额幅度内，根据本地区情况核定。经济特区、经济技术开发区和经济发达且人均耕地特别少的地区，适用税额可以适当提高。占用基本农田的，适用税额应当在规定的当地适用税额的基础上提高50%。

## 四、应纳税额的计算

### (一) 耕地占用税的计税依据

耕地占用税以实际占用耕地面积为计税依据。计算单位为平方米。

### (二) 应纳税额的计算

耕地占用税应纳税额的计算公式为：

**应纳税额＝实际占用耕地面积×适用税额**

## 五、减免税

### (一) 法定免税

下列情形免征耕地占用税：

(1) 军事设施占用耕地。

(2) 学校、幼儿园、养老院、医院占用耕地。

### (二) 法定减税

(1) 铁路线路、公路线路、飞机场跑道、停机坪、港口、航道占用耕地，减按每平方米2元的税额征收耕地占用税。

（2）农村居民占用耕地新建住宅，按照当地适用税额减半征收耕地占用税。

（3）农村烈士家属、残疾军人、鳏寡孤独以及革命老根据地、少数民族聚居区和边远贫困山区生活困难的农村居民，在规定用地标准以内新建住宅缴纳耕地占用税确有困难的，经所在地乡（镇）人民政府审核，报经县级人民政府批准后，可以免征或者减征耕地占用税。

免征或者减征耕地占用税后，纳税人改变原占地用途，不再属于免征或者减征耕地占用税情形的，应当按照当地适用税额补缴耕地占用税。

## 六、征收管理

耕地占用税由各地财政部门负责征收。土地管理部门在批准单位、个人占用耕地后，应及时通知同级财政部门。

获准占用耕地的单位和个人，应持县以上土地管理部门批准占用耕地的文件向财政机关申报纳税。纳税人应自批准之日起 30 日内缴纳耕地占用税。逾期不缴者，自逾期之日起，按日加收 5‰的滞纳金。

土地管理部门凭完税凭证和征用耕地批准文件，划拨用地。

## 本章小结

资源税是对各种自然资源开发、使用所征收的一种特别税类。我国现行资源税可分为资源税、土地使用税和耕地占用税。具有对特定资源产品征税、对资源的绝对收益和级差收益征税、实行从量差别幅度定额税的特点。资源税的作用在于：以税代费，促进资源的合理开发和利用；调节资源级差收入，促进企业平等竞争；加强土地管理，保护土地资源。资源税是对在中国境内开采资源税条例规定的矿产品和生产盐等特定资源开发的单位和个人，就其资源绝对收益和级差收益征收的一种税。资源税的征收范围包括原油、天然气、煤炭、金属矿、非金属矿、盐等资源。资源税的纳税人为在中国境内开采应税矿产品或者生产盐的单位和个人。资源税采用从价比例办法征税，税率为地区差别幅度税，计税依据为生产销售或自产自用应税产品的销售额。城镇土地使用税是以国有土地为征税对象，对在中国境内拥有土地使用权的单位和个人，就其使用的土地面积按规定税额征收的一种税。耕地占用税是以占用耕地的行为为征税对象，向占用耕地建房和从事非农业建设的单位和个人征收的一种税。

## 思考题

1. 资源税有哪些特点？
2. 资源税有哪些作用？
3. 资源税的纳税人是如何确定的？

4. 资源税的征收范围是如何规定的？
5. 资源税的税率有哪些特点？
6. 土地使用税的征税范围如何确定？
7. 土地使用税的税率如何确定？
8. 耕地占用税的征税范围如何确定？
9. 耕地使用税的税率如何确定？

## 练习题

1. 某油田 10 月生产原油 8 万吨，其中销售 6 万吨（每吨 4 000 元，取得销售额 24 000 万元），用于自办油厂加工 1 万吨，待销售 1 万吨。原油的资源税税率为 5%。

要求：计算该油田 10 月应缴纳的资源税。

2. 某纳税人本期以自产液体盐 5 万吨和外购液体盐 1 万吨（每吨已缴纳资源税 15 元）加工固体盐 1.2 万吨对外销售，取得销售收入 600 万元。已知固体盐的资源税税率为 13%。

要求：计算该纳税人本期应缴纳的资源税。

3. 某钨矿企业 10 月共开采钨矿石原矿 80 000 吨，直接对外销售钨矿石原矿 40 000吨，每吨售价 5 000 元。以部分钨矿石原矿入选精矿 9 000 吨，对外销售 5 000 吨，每吨售价 1 万元。钨矿石适用资源税税率 5%。该采矿企业可享受减征 30%的优惠。

要求：计算该企业 10 月应缴纳的资源税。

4. 某石化企业为增值税一般纳税人，4 月发生以下业务：

（1）从国外某石油公司进口原油 50 000 吨，支付不含税价款折合人民币 9 000 万元，其中包含包装费及保险费折合人民币 10 万元。

（2）开采原油 1 000 吨，并将开采的原油对外销售 6 000吨，取得含税销售额 2 260 万元，同时向购买方收取延期付款利息 2.26 万元、包装费 1.13 万元，另外支付运输费用 7.02 万元。

（3）将开采的原油 1 000 吨通过关联公司对外销售，关联公司的对外含税售价为 0.39 万元/吨。

（4）用开采的原油 2 000 吨加工生产汽油 1 300 吨。

原油的资源税税率为 10%。

要求：根据上述资料，计算该企业 4 月应缴纳的资源税。

5. 某石化生产企业为增值税一般纳税人，6 月生产经营业务如下：

（1）开采原油 50 万吨；对外销售原油 8 万吨并取得不含税销售收入 9 600 万元，用开采的同类原油 30 万吨加工生产成汽油 7.2 万吨用于销售。

（2）进口原油 40 万吨，用于加工生产成汽油 11.6 万吨；进口原油共支付买价 72 000 万元、运抵我国海关入境前的运输费 320 万元、装卸费用 60 万元、保险费 110 万元。

（3）购置炼油机器设备 10 台，取得增值税进项税额 44.2 万元；支付运输费用 4 万元并取得增值税专用发票。

（4）批发销售汽油 16 万吨，开具增值税专用发票取得不含税销售收入 100 200 万元。

（5）直接零售给消费者个人汽油 2.8 万吨，开具普通发票取得含税销售收入 22 600 万元。

其他相关资料：假定原油的资源税税率为8%，关税税率为2%，1吨汽油的体积为1 388升，消费税税率为1.5元/升。上述相关票据均已经过比对认证。

要求：根据上述相关资料，计算该企业应纳相关各税。

6. 位于北京市的某水资源开采企业为增值税一般纳税人。该企业拥有先进的污水处理技术。4月，该企业取用污水处理再生水，实际取用水量为5 000立方米，再生水量为3 000立方米。当地水资源税适用税额标准为每立方米1.6元。

要求：计算该企业取用污水处理再生水应缴纳的资源税。

7. 某市肉制品加工企业占地60 000平方米，其中办公占地5 000平方米，生猪养殖基地占地28 000平方米，肉制品加工车间占地16 000平方米，企业内部道路及绿化占地11 000平方米。企业所在地城镇土地使用税单位税额为每平方米8元。

要求：计算该企业全年应缴纳的城镇土地使用税。

8. 某市一家公司实际占地23 000平方米。由于经营规模扩大，年初该公司又受让了一块尚未办理土地使用证的土地3 000平方米，公司按其当年开发使用的2 000平方米土地面积进行申报纳税，以上土地均适用每平方米10元的城镇土地使用税税率。

要求：计算该公司全年应缴纳的城镇土地使用税。

9. 某企业共计拥有土地65 000平方米，其中子弟学校占地3 000平方米、幼儿园占地1 200平方米、企业内部绿化占地2 000平方米。该企业所在地城镇土地使用税单位税额为每平方米14元。

要求：计算该企业全年应缴纳的城镇土地使用税。

10. 某企业实际占地面积共计30 000平方米，其中2 000平方米为厂区以外的绿化区，企业内学校和医院共占地3 500平方米，另外该企业出租面积800平方米的土地使用权，借1 000平方米土地给部队作训练场地。该企业所在地城镇土地使用税单位税额为每平方米8元。

要求：计算该企业全年应缴纳的城镇土地使用税。

11. 甲企业生产经营用地分布于某市的三个地域。第一块土地的土地使用权属于某免税单位，面积6 000平方米；第二块土地的土地使用权属于甲企业，面积30 000平方米，其中企业办学校5 000平方米、医院3 000平方米；第三块土地的土地使用权属于甲企业与乙企业共同拥有，面积10 000平方米，实际使用面积各50%。假定甲企业所在地城镇土地使用税单位税额为每平方米8元。

要求：计算甲企业全年应缴纳的城镇土地使用税。

12. 某盐场占地300 000平方米，其中办公楼占地20 000平方米，盐场内部绿化占地50 000平方米，盐厂附属医院占地10 000平方米，盐滩占地120 000平方米，盐场附属盐矿的矿井用地100 000平方米。盐场所在地城镇土地使用税单位税额为每平方米1元。

要求：计算该盐场全年应缴纳的城镇土地使用税。

13. 某公司与军队共同拥有某幢建筑物的土地使用权。该建筑物占地面积为3 000平方米，建筑面积为20 000平方米，公司与军队的占用比例为4∶1，公司所在市城镇土地使用税单位税额为每平方米5元。

要求：计算该公司全年应缴纳的城镇土地使用税。

# 第十五章　财产税

我国实行以公有制为主体的经济体制，财产主要属于国家或集体所有，财产制度的特点决定了我国财产税征税范围面较窄，规模相对较小。本章主要研究分析房产税、契税、车船税的纳税人、征税对象、税率结构、计算缴纳等问题。

## 第一节　概论

### 一、财产税及其特点

财产税是对财产所有人、占用人或使用人所拥有或支配的应税财产，就其数量或价值依法征收的一种税。在现代各国税收结构中财产税并不占主导地位，但由于它能起到其他税种难以达到的独特调节作用，而被大多数国家所采用，特别是被许多国家的地方政府所掌握，并成为地方财政收入的重要来源。财产税同其他税比较具有以下特点。

（一）财产税是一种存量税

按课税对象是否流动为标志，可将税分为流量税和存量税。流量税是对货币资金流征税，流量税的最大特点是课税对象的流动性，计算应纳税额时往往与一定的时段相联系，流转税和所得税都是流量税。存量税是对货币资金积累征税，即历年的货币资金积累，存量税的最大特点是课税对象的非流动性，计算应纳税额往往同某一时点相联系。财产税是存量税，是对某一时点的财产征税。

（二）财产税主要选择不动产征税

财产可分为不动产和动产，动产又可分为有形动产和无形动产。不动产通常指土地、房屋等。有形动产一般包括有形收益财产和有形消费财产，前者如营业设备、商品存货等，后者如汽车等各种耐用消费品，有形动产还包括一些具有贮藏价值的财产，如古玩、珍宝、金银等。无形动产主要是指具有价值并可以据此取得收益的各种无形资产，如专有技术、专利权、股票、债券、银行存款、应收款项等。虽然财产税可选择的财产范围很广，但现实中的财产税主要选择不动产征税，主要是政府可通过不动产登记来控制不动产,征税的可操作性较强。而不动产以外的财产一般难以掌握,征税的可操作性较差。

(三)财产税一般作为地方财政收入

与商品税和所得税相比,财产税的课税对象是固定的,而不是流动的。一般来说,不会因对不动产征税而引起财产的区域间流动,因而适宜作为地方税,而不宜全国统一。即使是全国统一的财产税制度,一般也由地方政府掌握,并列作其固定的收入来源。地方政府也有较大的管理权限,如可以根据本地区的实际情况确定是否开征或停征,以及开征范围、税率高低和征收管理的方法等。因此,财产税具有较强的地域性特点。

(四)财产税征收管理比较复杂

由于财产的价值随着时间的推移是变动的,因此,在对财产征税时必须对其应税财产进行估价,不仅工作量繁重,而且计税基数也很难准确确定。对于现金、有价证券、银行存款等无形动产和一部分贵重财产,虽然价值评估相对容易,因为存在着组织严密的市场以供股票、债券、抵押及其他“票面”资产的交易,而且其价格信息每天都可得到,但存在极易隐匿虚报,从而造成逃税、漏税的问题。而对于不动产,虽然财产登记制度使得对财产的掌握控制较为容易,但由于不动产评估是一个专业性极强的工作,需要在掌握不动产年收益、有效寿命、折现率等参数基础上进行估计,作出准确的估价相当困难。这就使得财产税征收管理复杂,成本较高。

## 二、财产税的分类

财产种类和形式的多样化使财产税具有多种形式,我们也可以从不同角度对财产税进行归类。按课税财产的不同范围,可分为一般财产税和特别财产税。一般财产税,也称综合财产税,是对纳税人拥有或支配的多种财产综合课征的税收;特别财产税,又称个别财产税,是就纳税人拥有或支配的某些特定财产(如土地、房屋等),分别课征的税收。按应税财产的不同运动形态,可分为静态财产税和动态财产税。前者是指以一定时点的纳税人所拥有或支配的财产占用额为课税对象的税收;后者是以财产所有权或使用权等其他权益发生转移时,以财产或财产权益的转移价值或增值额为课税对象的税收。现实的财产税主要有一般财产税、选择性财产税和财产转移税三种类型。

(一)一般财产税

一般财产税是指对纳税人的各类财产普遍征收的一种税。财产主要由以下三部分构成:纳税人拥有的全部房地产,即土地及其增值;纳税人拥有的全部有形动产,包括汽车、家具、衣服和珠宝之类的所有动产;纳税人拥有的全部无形动产,包括股票、债券、现金及其他反映对公司和政府持有资产的债权的“票面”资产。一般财产税又可进一步分为总财产税和净财产税。总财产税是对上述财产总额征税，而净财产税是在财产总额基础上扣除纳税人的所有债务（如抵押和贷款）。净财产税与总财产税比较，净财产税可以避免对财产重复征税，相对比较合理。从财产税的发展历史来看，最初的财产税只是对土地财产征税，随着商品经济的发展、个人收入的提高、社会财富的积累增加，财产税的征税范围逐步扩大到对全部财产，包括土地、其他不动产和动产等征税。

（二）选择性财产税

选择性财产税是指对纳税人的部分财产个别征收的一种税，主要是对不动产征税。虽然一般财产税具有征税范围广、征税面宽、税基大、体现横向公平的特点，但也存在可操作性差、实施困难的问题。选择占个人财产最大比重的不动产征税，既能发挥财产税的功能，又具有可操作性。选择性财产税可分为全国统一的财产税和地区差别的财产税，两种税可能会产生不同的影响。

1. 全国统一的不动产税

如果在全国范围内以同一税率对不动产征税，具有与一般财产税相同的效应，即降低投资和储蓄的收益，纳税人会选择以消费替代投资，或以人力资本投资替代实物资本投资。

2. 地区差别的不动产税

如果各地区以不同税率对不动产征税，不动产税不但产生降低投资和储蓄的收益，纳税人会选择以消费替代投资，或以人力资本投资替代实物资本投资的替代效应，还会导致投资在各地区之间的流动。在其他条件相同的情况下，投资会从财产税税率高于全国平均税率的地区流向税率低于全国平均水平的地区，使资本在地区之间重新配置。

（三）财产转移税

财产转移税是财产所有权发生转移时所征收的一种财产税，主要有遗产税、继承税及赠与税。

1. 遗产税

遗产税是以财产所有人死亡后遗留的财产为课税对象课征的一种税。遗产税在对遗产的处理上是“先税后分”，即先就被继承人死亡时遗留的财产净值课税，再把税后财产分配给法定继承人或受遗赠人。在税率设计上采用累进税率，且不考虑被继承人和继承人关系的亲疏程度以及继承人的负担能力等因素。遗产税是以遗产总额为课税对象，实际上是对死者征税，因而对纳税人来说是一种无痛苦税，并且由于人死亡后总是要料理后事的，诸如办理丧葬、注销户口等事宜，税务机关可借助这些来控制税源,因而具有税源可靠,税收及时,税制简单,征管便利,征税成本低等优点。但遗产税也有缺点,主要是没有考虑被继承人和继承人之间的关系及各个继承人本身的情况,税负分配不太合理,较难体现公平原则。

2. 继承税

继承税是就继承人所继承或分得的遗产份额课征的一种税。继承税在对遗产的处理上表现为"先分后税",即先按国家有关继承法分配遗产,然后就各继承人分得的遗产课税。在税率的设计上也采取累进税率,但要考虑被继承人和继承人关系的亲疏程度以及继承人的负担能力等因素。继承税以继承人分得的遗产作为课税对象,不管遗产总额有多少,只看继承人实际分得的遗产数量。其优点是税负确定考虑了被继承人和继承人之间关系的亲疏程度及继承人的实际情况,比较公平合理。但由于是"先分后税",对纳税人来说是到了手的钱又要往外掏,存在着纳税痛苦,增加了偷税漏税的危险度;对税务机关来说,难以控制税源,且纳税计算及征管都较复杂,征收成本也较高。

3. 赠与税

赠与税制模式有两种:一是总赠与税制,二是分赠与税制。总赠与税制以财产赠与人为纳税人,分赠与税制以财产受赠人为纳税人。两种税制模式虽然纳税人不同,但课税对象实质是相同的,即以赠与他人的财产额为课税对象,且两种模式也都采用累进税率。赠与税是遗产税的辅助税种。

### 三、我国财产税制度演变

我国现行财产税制度包括房产税、城市房地产税、契税以及正在酝酿、准备实施的遗产税。

我国财产税制度的建设,经历了一个缓慢的发展过程。政务院在1950年颁布的《全国税政实施要则》中曾列举有遗产税、房产税、地产税。同年4月,政务院又公布了《契税暂行条例》,至此,初步形成了我国的财产税体系。1951年,房产税与地产税合并,统称为城市房地产税。1982年公布的《中华人民共和国宪法》明确规定:"城市土地属国家所有,农村和城市郊区的土地除由法律规定属于国家所有以外,属于集体所有"。从而使地产税的税种名称已名不符实,实际上也已不征地产税。1984年工商税制改革时,把城市房地产税分为房产税和城镇土地使用税,分别适用于国内企业和个人。同时保留该税种,规定仅适用于涉外企业和个人。

遗产税自1950年颁布以后因条件不成熟一直没有开征。20世纪80年代以来,随着我国改革开放政策的贯彻实施,国民经济迅速发展,人民生活水平显著提高。特别是一部分人先富了起来,从而使我国已基本具备了开征遗产税的条件。目前,遗产税正在讨论研究之中。

房地产税是我国目前正在研究探讨的一个税种。所谓房地产税，就是对不动产所有人在不动产持有环节征收的一种财产税。在我国现行税收体系中，与持有不动产有关的税种主要是房产税和土地使用税。目前，这两个税主要是对单位持有不动产征收，而对个人持有不动产不征收。而房地产税的改革实质是将现行房产税和土地使用税合并，由企业征税扩大到个人，由按账面价值征税改为评估价格征税。由于房地产税是一个新的税种，涉及面比较广，将加重个人持有不动产的税收负担，并要对征税的不动产作出评估，因此，需要在充分论证基础上，合理设计税制。2011 年，上海和重庆推出房地产税试点改革，对部分个人房产征收相当于房地产税的房产税。2013 年，中共第十八届三中全会提出加快房地产税立法并适时推进改革。房地产税的全面推行仍处于探讨中。

## 第二节　房产税

房产税是以房屋为征税对象，按房屋的计税余值或租金收入，向产权所有人征收的一种财产税。现行房产税于 1986 年 9 月开征，在 1994 年税制改革时作了扩大征收范围、改变计税依据、调整税率结构的修正。

### 一、征税范围

所谓房产，是以房屋形态表现的财产。房屋则是指有屋面和围护结构（有墙或两边有柱），能够遮风避雨，可供人们在其中生产、工作、学习、娱乐、居住或储藏物资的场所。《房产税暂行条例》规定，房产税在城市、县城、建制镇和工矿区征收。其中，城市是指经国务院批准设立的市。城市的征税范围为市区、郊区和市辖县县城，不包括农村；县城是指未设立建制镇的县人民政府所在地；建制镇是指经省、自治区、直辖市人民政府批准设立的建制镇，建制镇的征税范围为镇人民政府所在地，不包括所辖的行政村；工矿区是指工商业比较发达，人口比较集中，符合国务院规定的建制镇标准，但尚未设立建制镇的大中型工矿企业所在地，开征房产税的工矿区须经省、自治区、直辖市人民政府批准。

### 二、纳税人

房产税以在征税范围内的房屋产权所有人为纳税人，其中：

(1) 产权属国家所有的，由经营管理单位纳税；产权属集体和个人所有的，由集体单位和个人纳税。

(2) 产权出典的，由承典人纳税。所谓产权出典，是指产权所有人将房屋、生产资料等的产权，在一定期限内典给他人使用，而取得资金的一种融资业务。这种业务大多发生于出典人急需用款，但又想保留产权回赎权的情况。承典人向出典人交付一定的典价之后，在质典期内即获抵押物品的支配权，并可转典。产权的典价一般要低于卖价。出典在规定期间内须归还典价的本金和利息，方可赎回出典房屋等的产权。由于在房屋出典期间，产权所有人已无权支配房屋，因此，税法规定由对房屋具有支配权的承典人为纳税人。

(3) 产权所有人、承典人不在房屋所在地的，由房产代管人或者使用人纳税。

(4) 产权未确定及租典纠纷未解决的，亦由房产代管人或者使用人纳税。所谓租典纠纷，是指产权所有人在房产出典和租赁关系上，与承典人、租赁人发生各种争议，特别是权利和义务的争议悬而未决的。此外还有一些产权归属不清的问题，也都属于租典纠纷。对租典纠纷尚未解决的房产，规定由代管人或使用人为纳税人，主要目的在于加强征收管理，保证房产税及时入库。

## 三、计税依据和税率

### (一) 计税依据

房产税采用从价计税。计税依据分为按房产余值计税和按租金收入计税两种。

1. 按房产余值计税

对经营自用的房屋，以房产余值作为计税依据。所谓房产余值，是指依照房产原值一次减除10%～30%的损耗价值以后的余额。其中，房产原值是指纳税人按照会计制度规定，在账簿"固定资产"科目中记载的房屋原价。房产原值应包含地价，包括为取得土地使用权支付的价款，开发土地发生的成本、费用等。因此，凡按会计制度规定在账簿中记载有房屋原价的，应以房屋原价按规定减除一定比例后作为房产余值计征房产税；没有记载房屋原价的，按照上述原则，并参照同类房屋，确定房产原值，计征房产税。在确定房产余值时，房产原值的具体减除比例，由省、自治区、直辖市人民政府在税法规定的减除幅度内自行确定。

(1) 房产原值应包括与房屋不可分割的各种附属设备或一般不单独计算价值的配套设施。纳税人对原有房屋进行改建、扩建的，要相应增加房屋的原值。

(2) 对投资联营的房产，在计征房产税时应予以区别对待。对于以房产投资联营，投资者参与投资利润分红，共担风险的，按房产余值作为计税依据计征房产税；对以房产投资，收取固定收入，不承担联营风险的，实际是以联营名义取得房产租金，应按租金收入计缴房产税。

(3) 对融资租赁房屋的情况，由于租赁费包括购进房屋的价款、手续费、借款利息等，与一般房屋出租的租金内涵不同，且租赁期满后，当承租方偿还最后一笔租赁费时，房屋产权要转移到承租方。这实际是一种变相的分期付款购买固定资产的形式，所以在计征房产税时应以房产余值计算征收。

2. 按租金收入计税

对于出租的房屋，以租金收入为计税依据。房产的租金收入，是房屋产权所有人出租房产使用权所得的报酬，包括货币收入和实物收入。对以劳务或其他形式作为报酬抵付房租收入的，应根据当地同类房产的租金水平，确定一个标准租金额，依率计征。

(二) 税率

房产税采用比例税率。依据房产余值计税的，年税率为 1.2%；依据租金收入计税的，税率为 12%。

## 四、应纳税额

从价计征房产税的应纳税额计算公式为：

**应纳税额＝房产原值×(1－原值减除率)×适用税率**

从租计征房产税的应纳税额计算公式为：

**应纳税额＝租金收入×适用税率**

**例 15-1**　某国有企业在其所在城市市区有三幢房屋，其中两幢用于本企业生产经营，房产账面原值共为 400 万元，年中对这两幢房屋进行了装修，花费了 50 万元，另一幢房屋账面原值共为 180 万元，租给某私营企业年租金收入为 20 万元。

要求：计算该企业应纳房产税额(允许按房产原值一次扣除 30%)。

自用房产应纳房产税额＝[(400＋50)×(1－30%)]×1.2%＝3.78(万元)

租金收入应纳房产税额＝20×12%＝2.4(万元)

## 五、减免税

《房产税暂行条例》规定的免税项目主要有：

(1) 国家机关、人民团体、军队自用的房产，免征房产税。其中，人民团体是指经国务院授权的政府部门批准设立或登记备案的各种社会团体，如从事广泛群众性社会活动的团体，从事文学艺术、美术、音乐、戏剧的文艺工作团体，从事某种专门学术研究的团体，从事社会公益事业的社会公益团体，等等。自用的房产是指这些单位本身原办公用房和公务用房。

（2）国家财政部门拨付事业经费的单位的自用房产，免征房产税。事业单位自用的房产，是指这些单位本身的业务用房。实行差额预算管理的事业单位，虽然有一定的收入，但收入不够本身经费开支的部分，还要由国家财政部门拨付经费补助，因此，对实行差额预算管理的事业单位，也属于是由国家财政部门拨付事业经费的单位，对其本身自用的房产免征房产税（企业所办的各类学校、托儿所、幼儿园自用的房产可以比照）。

（3）宗教寺庙、公园、名胜古迹自用的房产，免征房产税。其中，宗教寺庙自用的房产，是指举行宗教仪式等的房屋和宗教人员使用的生活用房屋。公园、名胜古迹自用的房产，是指供公共参观游览的房屋及其管理单位的办公用房屋。公园、名胜古迹中附设的营业单位，如影剧院、饮食部、茶社、照相馆等所使用的房产及出租的房产，应征收房产税。

（4）非营利性医疗机构、疾病控制机构、妇幼保健机构等医疗、卫生机构自用的房产，可以免征房产税。营利性医疗机构取得的收入直接用于改善医疗卫生条件的，自其取得执业登记之日起3年以内，自用的房产也可以免征房产税。

（5）个人拥有的非营业用房产，免征房产税。对个人所有的非营业用房产给予免税，主要是为了照顾我国城镇居民目前住房的实际状况，鼓励个人建房、购房，改善住房条件，配合城市住房制度的改革。但是，对个人所有的营业用房或出租等非自用的房产，应按照规定征收房产税。

（6）经过有关部门鉴定停止使用的毁损房屋和危险房屋，免征房产税。

（7）政府部门和企事业单位、社会团体、个人投资兴办的福利性、非营利性老年服务机构自用的房产，可以免征房产税。

（8）微利企业和亏损企业的房产，可以定期免征房产税。

（9）在基建工地建造的为工地服务的各种临时性房屋，在施工期间可以免征房产税。

（10）房屋大修停用半年以上的，在大修期间可以免征房产税。

（11）企业停产、撤销以后，其房产闲置不用的，可以暂免征收房产税。

（12）按照政府规定价格出租的公有住房和廉租住房，暂免征收房产税；个人按照市场价格出租的居民住房，暂减按4%的税率征收房产税。

（13）经过财政部批准免征房产税的其他房产。

除了上述规定以外，纳税人缴纳房产税确有困难的，可以由所在省（自治区、直辖市）人民政府确定，定期减税或者免税。纳税单位与免税单位共同使用的房屋，按照各自使用的部分划分，分别缴纳或者免纳房产税。免税单位出租的房产和非本单位业务用的生产、经营用房产，应当缴纳房产税。

### 六、征收管理

(一) 纳税申报

房产税的纳税申报,是房屋产权所有人或纳税人缴纳房产税必须履行的法定手续。纳税义务人应根据税法要求,将现有房屋的坐落地点、结构、面积、原值、出租收入等情况,据实向当地税务机关办理纳税申报,并按规定纳税。如果纳税人住址发生变更、产权发生转移,以及出现新建、改建、扩建、拆除房屋等情况,而引起房产原值发生变化或者租金收入变化的,都要按规定及时向税务机关办理变更登记,以便税务机关及时掌握纳税人的房产变动情况。

(二) 纳税期限

房产税实行按年征收,分期缴纳。纳税期限由省、自治区、直辖市人民政府规定。各地一般规定按季或按半年征收一次。纳税人自建的房屋,自建成之次月起征收房产税。纳税人委托施工企业建设的房屋,从办理验收手续之次月起征收房产税。纳税人在办理验收手续以前已经使用或者出租、出借的新建房屋,应当按照规定征收房产税。

(三) 纳税地点

房产税在房产所在地缴纳。房产不在同一地方的纳税人,应按房产的坐落地点分别向房产所在地的税务机关缴纳。

## 第三节　契　税

契税是对土地、房屋权属发生转移时,按照订立的契约向产权承受人征收的一种税。我国的契税最早于 1950 年 4 月颁布实施,以后曾随土地房屋权属转移情况的变动作过修改调整。1997 年 4 月 23 日,国务院审议通过《中华人民共和国契税条例》,规定从同年 10 月 1 日起施行。2020 年 8 月 11 日,全国人大常委会表决通过《中华人民共和国契税法》,规定于 2021 年 9 月 1 日起施行。

### 一、征税范围

(一) 一般情况

契税的征税对象是发生土地使用权和房屋所有权权属转移的土地和房屋。其具体征税范围包括:

(1) 土地使用权出让。

(2) 土地使用权转让,包括出售、赠与和交换。

(3) 房屋买卖。这是指以货币为媒介或以获取其他经济利益为目的,出卖者向购买者让渡房产所有权的交易行为。以下几种特殊情况,视同买卖房屋:

① 以房产抵债或实物交换房屋。经当地政府和有关部门批准,以房产抵债和实物交换房屋,均视同房屋买卖,应由产权承受人按房屋现值缴纳契税。

② 以房产作投资或作股权转让。这种交易亦属房屋产权转移,应根据国家房地产管理的有关规定,办理房屋产权交易和产权变更登记手续,视同房屋买卖,由产权承受方按买契税率缴纳契税。以自有房产作股投入本人独资经营的企业,免纳契税。因为以自有的房地产投入本人独资经营的企业,产权所有人和使用权使用人未发生变化,无须办理房屋产权变更登记手续,也无须办理契税手续。

③ 以获奖方式承受土地、房屋权属。

④ 以预购方式或者预付集资建房款方式承受土地、房屋权属。

(4) 房屋赠与。这是指房屋产权所有人将房屋无偿转让给他人所有。其中,将自己的房屋转交给他人的法人和自然人,称作房屋赠与人;接受他人房屋的法人和自然人,称为受赠人。房屋赠与的前提是:产权无纠纷,赠与人和受赠人双方自愿。由于房屋是不动产,价值较大,故法律要求赠与房屋应有书面合同(契约),并到房地产管理机关或农村基层政权机关办理登记过户手续,才能生效。如果房屋赠与行为涉及涉外关系,还需公证处证明和外事部门认证,才能有效。房屋的受赠人要按规定缴纳契税。

(5) 房屋交换。这是指房屋住户、用户、所有人为了生活工作方便,相互之间交换房屋的使用权或所有权的行为。行为的主体有公民、房地产管理机关,以及企事业单位、机关团体。交换的标的性质有公房(包括直管房和自管房)、私房;标的种类有住宅、店面及办公用房等。行为的内容包括:第一,房屋使用权交换。经房屋所有人同意,使用者可以通过变更租赁合同,办理过户手续,交换房屋使用权,对此不征收契税。第二,房屋所有权交换。交换双方应订立交换契约,办理房屋产权变更手续和契税手续。房屋产权相互交换,双方交换价值相等,免纳契税,办理免征契税手续。其价值不相等的,按超出部分缴纳契税。

(6) 土地、房屋继承。法定继承人继承土地、房屋权属,不征契税。非法定继承人根据遗嘱承受死者生前土地、房屋权属为赠与,应征契税。

## 二、纳税人

在中华人民共和国境内转移土地、房屋权属,承受的单位和个人为契税的纳税人。契税的纳税人包括企事业单位、国家机关、军事单位、社会团体、个体经营者和其他个人,包括我国公民和外籍人员。

## 三、税率

契税实行幅度比例税率，税率幅度为3%～5%。具体执行税率，由省、自治区、直辖市人民政府在规定的幅度内，根据本地区的实际情况确定。

## 四、计税依据

契税的计税依据按照土地、房屋交易的不同情况确定：

(1) 国有土地使用权出让、土地使用权出售和房屋买卖。以上三类权属转让的计税依据为交易的成交价格。

(2) 土地使用权赠与和房屋赠与。土地使用权赠与和房屋赠与的计税依据由征收机关参照土地使用权出售、房屋买卖的市场价格核定。这是因为土地使用权赠与、房屋赠与属于特殊的转移形式，无货币支付，在计征税额时只能参照市场上同类土地、房屋价格计算应纳税额。

(3) 土地使用权交换和房屋交换。土地使用权交换和房屋交换的计税依据是所交换的土地使用权、房屋的价格差额。对于成交价格明显低于市场价格且无正当理由的，或者所交换的土地使用权、房屋的价格差额明显不合理且无正当理由的，由征收机关参照市场价格核定。其目的是为了防止纳税人隐瞒、虚报成交价格。

## 五、应纳税额

应纳税额的计算公式为：

**应纳税额＝计税依据×税率**

**例15-2**　某外商投资企业2×20年接受某国有企业以房产投资入股，房产市场价值为1 000万元，该企业还于2×20年以自有房产与另一企业交换一处房产，支付差价款3 000万元，同年政府有关部门批准向该企业出让土地一块，该企业缴纳土地出让金1 500万元。该地契税税率为3%。

要求：计算该企业2×20年应缴纳的契税。

应缴契税＝1 000×3%＋3 000×3%＋1 500×3%＝165(万元)

## 六、减免税

(一) 一般减免

(1) 国家机关、事业单位、社会团体、军事单位承受土地、房屋用于办公、教学、医疗、科研和军事设施的，免征契税。企事业单位、社会团体、其他社会组织和公民个人经过有关主管部门批准，利用非国家财政性教育经费面向社会举办的教育机构，承受土地、房屋用于教学的，可以比照上述规定。

(2) 因不可抗力丧失住房而重新购买住房的，酌情准予减征或者免征契税。

(3) 因不可抗力灭失住房而重新购买住房的，可以酌情减征或者免征契税。

(4) 承受荒山、荒沟、荒丘、荒滩土地使用权，用于农业、林业、牧业、渔业生产的，可以免征契税。

(5) 按照我国有关法律和我国缔结、参加的国际条约、协定的规定应当免税的各国驻华使馆、领事馆，联合国驻华机构，外交代表、领事官员和其他人员，在中国境内承受土地、房屋权属的，经过外交部确认，可以免征契税。

(6) 土地、房屋被县级以上人民政府征用、占用以后，重新承受土地、房屋权属的，是否可以免征或者减征契税，由各省、自治区、直辖市人民政府确定。

(7) 财政部规定的其他减征、免征契税的项目。

税法规定，凡经批准减征、免征契税的纳税人，改变有关土地、房屋的用途，不再属于减免税的范围，应当补缴已经减征、免征的税款。其纳税义务发生时间为改变有关土地、房屋权属的当天。

(二) 特殊减免

针对企业改制重组中涉及的契税政策，按以下特殊减免规定处理：

(1) 公司改制。非公司制企业，按照《中华人民共和国公司法》的规定，整体改建为有限责任公司(含国有独资公司)或股份有限公司，或者有限责任公司整体改建为股份有限公司的，对改建后的公司承受原企业土地、房屋权属，免征契税。非公司制国有独资企业或国有独资有限责任公司，以其部分资产与他人组建新公司，且该国有独资企业(公司)在新设公司中所占股份超过50%的，对新设公司承受该国有独资企业(公司)的土地、房屋权属，免征契税。

(2) 股权重组。在股权转让中，单位、个人承受企业股权，企业土地、房屋权属不发生转移，不征收契税。国有、集体企业实施“企业股份合作制改造”，由职工买断企业产权，或向其职工转让部分产权，或者通过其职工投资增资扩股；将原企业改造为股份合作制企业的，对改造后的股份合作制企业承受原企业的土地、房屋权属，免征契税。

(3) 企业合并。两个或两个以上的企业，依据法律规定、合同约定，合并改建为一个企业，对其合并后的企业承受原合并各方的土地、房屋权属，免征契税。

(4) 企业分立。企业依照法律规定、合同约定分设为两个或两个以上投资主体相同的企业，对派生方、新设方承受原企业土地、房屋权属，不征收契税。

(5) 企业出售。国有、集体企业出售，被出售企业法人予以注销，并且买受人妥善安置原企业30%以上职工的，对其承受所购企业的土地、房屋权属，减半征收契税；全部安置原企业职工的，免征契税。

(6) 企业破产。企业依照有关法律、法规的规定实施关闭、破产后，债权人(包括关闭、破产企业职工)承受关闭、破产企业土地、房屋权属以抵偿债务的，免征契税；对非债权人承受关闭、破产企业土地、房屋权属，妥善安置原企业30%以上职工的，减半征收契税；全部安置原企业职工的，免征契税。

(7) 其他。经国务院批准实施债权转股权的企业，对债权转股权后新设立的公司承受原企业的土地、房屋权属，免征契税。政府主管部门对国有资产进行行政性调整和划转过程中发生的土地、房屋权属转移，不征收契税。企业改制重组过程中，同一投资主体内部所属企业之间土地、房屋权属的无偿划转，不征收契税。

## 七、征收管理

### (一) 纳税义务时间

契税的纳税义务发生时间是纳税人签订土地、房屋权属转移合同的当天，或者纳税人取得其他具有土地、房屋权属转移合同性质凭证的当天。

### (二) 纳税期限

纳税人应当自纳税义务发生之日起10日内，向土地、房屋所在地的契税征收机关办理纳税申报，并在契税征收机关核定的期限内缴纳税款。

### (三) 纳税地点

契税的纳税地点是土地、房屋所在地的契税征收机关。

### (四) 征收管理

纳税人办理纳税事宜后，征收机关应向纳税人开具契税完税凭证。纳税人持契税完税凭证和其他规定的文件材料，依法向土地管理部门、房产管理部门办理有关土地、房屋的权属变更登记手续。土地管理部门和房产管理部门应向契税征收机关提供有关资料，并协助契税征收机关依法征收契税。征收机关直接征收契税确有困难的地区，经上一级征收机关批准，可以委托当地房屋管理部门、土地管理部门或者其他有关单位代征。

纳税人应当持契税完税凭证和其他规定的文件、材料，依法向土地管理部门、房产管理部门办理有关土地、房屋权属变更登记手续。

符合免征、减征契税规定的纳税人，应当在签订土地、房屋权属转移合同以后10日内，向土地、房屋所在地的契税征收机关申请办理有关免税、减税手续。

## 第四节 车船税

车船税是以车船为征税对象,向拥有车船的单位和个人征收的一种税。现行车船税法的基本规范,是2011年2月25日由中华人民共和国第十一届全国人民代表大会常务委员会第十九次会议通过的《中华人民共和国车船税法》(以下简称《车船税法》),自2012年1月1日起施行。

### 一、征税范围

车船税的征税范围是指在中华人民共和国境内属于《车船税法》所附"车船税税目税额表"规定的车辆、船舶。车辆、船舶是指依法应当在车船管理部门登记的机动车辆和船舶,以及依法不需要在车船管理部门登记、在单位内部场所行驶或者作业的机动车辆和船舶。

### 二、纳税人

车船税的纳税义务人是在中华人民共和国境内的车辆、船舶的所有人或者管理人。所有人和管理人包括单位和个人。单位是指依照中国法律、行政法规规定,在中国境内成立的行政机关、企事业单位、社会团体以及其他组织。

### 三、税率

车船税实行定额税率。定额税率也称为固定税额,是税率的一种特殊形式。定额税率计算简便,适宜从量计征的税种。车船税确定税额总的原则是:非机动车船的税负轻于机动车船;人力车的税负轻于畜力车;小吨位船舶的税负轻于大船舶。由于车辆与船舶的行驶情况不同,车船税的税额也有所不同,具体依照《车船税法》所附"车船税税目税额表"(参见表15-1)执行。

(1) 车辆的具体适用税额由省、自治区、直辖市人民政府依照《车船税法》所附"车船税税目税额表"规定的税额幅度和国务院的规定确定。

(2) 船舶的具体适用税额由国务院在《车船税法》所附"车船税税目税额表"规定的税额幅度内确定。

① 机动船舶具体适用税额为:净吨位小于或者等于200吨的,每吨3元;200～2 000吨的,每吨4元;2 000～10 000吨的,每吨5元;10 000吨及以上的,每吨6元。拖船按照发动机功率每1千瓦折合净吨位0.67吨计算征收车船税。

② 游艇具体适用税额为：艇身长度不超过10米的，每米600元；10～18米的，每米900元；18～30米的，每米1 300元；超过30米的，每米2 000元；辅助动力帆艇，每米600元。游艇艇身长度是指游艇的总长。

**表15-1 车船税税目税额表**

| 目录 | | 计税单位 | 年基准税额(元) | 备注 |
|---|---|---|---|---|
| 乘用车按发动机气缸容量(排气量分档) | 1.0升(含)以下 | 每辆 | 60～360 | 核定载客人数9人(含)以下 |
| | 1.0～1.6升(含)的 | | 300～540 | |
| | 1.6～2.0升(含)的 | | 360～660 | |
| | 2.0～2.5升(含)的 | | 660～1 200 | |
| | 2.5～3.0升(含)的 | | 1 200～2 400 | |
| | 3.0～4.0升(含)的 | | 2 400～3 600 | |
| | 4.0升以上 | | 3 600～5 400 | |
| 商用车 | 客车 | 每辆 | 480～1 440 | 核定载客人数9人(包括电车)以上 |
| | 货车 | 整备质量每吨 | 16～120 | 包括半挂牵引车、挂车、客货两用汽车、三轮汽车和低速载货汽车等。挂车按照货车税额的50%计算 |
| 其他车辆 | 专用作业车 | 整备质量每吨 | 16～120 | 不包括拖拉机 |
| | 轮式专用机械车 | 整备质量每吨 | 16～120 | |
| 摩托车 | | 每辆 | 36～180 | |
| 船舶 | 机动船舶 | 净吨位每吨 | 3～6 | 拖船、非机动驳船分别按照机动船舶税额50%计算；游艇税额另行规定 |
| | 游艇 | 艇身长度每米 | 600～2 000 | |

《车船税法》及其实施条例涉及的整备质量、净吨位、艇身长度等计税单位，有尾数的一律按照含尾数的计税单位据实计算车船税应纳税额。计算得出的应纳税额小数点后超过两位的，可四舍五入保留两位小数。

乘用车以车辆登记管理部门核发的机动车登记证书或者行驶证书所载的排气量毫升数确定税额区间。车船税法和实施条例所涉及的排气量、整备质量、核定载客人数、净吨位、功率(千瓦或马力)、艇身长度，以车船登记管理部门核发的车船登记证书或者行驶证相应项目所载数据为准。

依法不需要办理登记、依法应当登记而未办理登记或者不能提供车船登记证书、行驶证的，以车船出厂合格证明或者进口凭证相应项目标注的技术参数、所载数据为准;不能提供车船出厂合格证明或者进口凭证的,由主管税务机关参照国家相关标准核定,没有国家相关标准的参照同类车船核定。

## 四、应纳税额计算

纳税人按照纳税地点所在的省、自治区、直辖市人民政府确定的具体适用税额缴纳车船税。车船税由地方税务机关负责征收。购置的新车船,购置当年的应纳税额自纳税义务发生当月起按月计算。计算公式为:

**应纳税额=(年应纳税额÷12)×应纳税月份数**

**例 15-3**　运输公司拥有载货汽车 15 辆(货车整备质量全部为 10 吨)、乘人大客车 20 辆、小客车 10 辆。载货汽车每吨年税额 80 元,乘人大客车每辆年税额 800 元,小客车每辆年税额 700 元。

要求:计算该公司应纳车船税。

载货汽车应纳税额=15×10×80=12 000(元)

乘人汽车应纳税额=20×800+10×700=23 000(元)

全年应纳车船税额=12 000+23 000=35 000(元)

## 五、税收优惠

(一) 法定减免

(1) 捕捞、养殖渔船,免征车船税。捕捞、养殖渔船是指在渔业船舶登记管理部门登记为捕捞船或者养殖船的船舶。

(2) 军队、武装警察部队专用的车船,免征车船税。军队、武装警察部队专用的车船是指按照规定在军队、武装警察部队车船管理部门登记,并领取军队、武警牌照的车船。警用车船是指公安机关、国家安全机关、监狱、劳动教养管理机关和人民法院、人民检察院领取警用牌照的车辆和执行警务的专用船舶。

(3) 依照法律规定应当予以免税的外国驻华使领馆、国际组织驻华代表机构及其有关人员的车船。

(4) 对节约能源的车辆,减半征收车船税;对使用新能源的车辆,免征车船税;对受严重自然灾害影响纳税困难以及有其他特殊原因确需减税、免税的,可以减征或者免征车船税。使用新能源的车辆包括纯电动汽车、燃料电池汽车和混合动力汽车。纯电动汽车、燃料电池汽车不属于车船税征收范围,其他混合动力汽车按照同类车辆适用税额减半征税。

(5) 省、自治区、直辖市人民政府根据当地实际情况,可以对公共交通车船,农村居民拥有并主要在农村地区使用的摩托车、三轮汽车和低速载货汽车定期减征或者免征车船税。

（二）特定减免

经批准临时入境的外国车船和香港特别行政区、澳门特别行政区、台湾地区的车船，不征收车船税。

按照规定缴纳船舶吨税的机动船舶，自车船税法实施之日起5年内免征车船税。依法不需要在车船登记管理部门登记的机场、港口、铁路站场内部行驶或作业的车船，自车船税法实施之日起5年内免征车船税。

## 六、征收管理

（一）纳税期限

车船税纳税义务发生时间为取得车船所有权者或管理权的当月，以购买车船的发票或其他证明文件所载日期的当月为准。

（二）纳税地点

车船税的纳税地点为车船的登记地或者车船税扣缴义务人所在地。依法不需要办理登记的车船，车船税的纳税地点为车船的所有人或者管理人所在地。扣缴义务人代收代缴车船税的，纳税地点为扣缴义务人所在地。纳税人自行申报缴纳车船税的，纳税地点为车船登记地的主管税务机关所在地。依法不需要办理登记的车船，纳税地点为车船所有人或者管理人主管税务机关所在地。

（三）纳税申报

纳税年度为公历1月1日至12月31日。车船税按年申报缴纳。具体申报纳税期限由省、自治区、直辖市人民政府规定。税务机关可以在车船管理部门、车船检验机构的办公场所集中办理车船税征收事宜。公安机关交通管理部门在办理车辆相关登记和定期检验手续时，对未提交自上次检验后各年度依法纳税或者免税证明的，不予登记，不予发放检验合格标志。海事部门、船舶检验机构在办理船舶登记和定期检验手续时，对未提交依法纳税或者免税证明，且拒绝扣缴义务人代收代缴车船税的纳税人，不予登记，不予发放检验合格标志。

对于依法不需要购买机动车交通事故责任强制保险的车辆，纳税人应当向主管税务机关申报缴纳车船税。

纳税人在首次购买机动车交通事故责任强制保险时缴纳车船税或者自行申报缴纳车船税的，应当提供购车发票及反映排气量、整备质量、核定载客人数等与纳税相关的信息及其相应凭证。

从事机动车第三者责任强制保险业务的保险机构为机动车车船税的扣缴义务人，

应当在收取保险费时依法代收车船税，并出具代收税款凭证。

（四）其他管理规定

在一个纳税年度内，已完税的车船被盗抢、报废、灭失的，纳税人可以凭有关管理机关出具的证明和完税证明，向纳税所在地的主管地方税务机关申请退还自被盗抢、报废、灭失月份起至该纳税年度终了期间的税款。

已办理退税的被盗抢车船，失而复得的，纳税人应当从公安机关出具相关证明的当月起计算缴纳车船税。

纳税人在购买机动车交通事故责任强制保险时，由扣缴义务人代收代缴车船税的，凭注明已收税款信息的机动车交通事故责任强制保险单，车辆登记地的主管税务机关不再征收该纳税年度的车船税。再次征收的，车辆登记地主管税务机关应予退还。

## 本章小结

财产税是对财产所有人、占用人或使用人所拥有或支配的应税财产，就其数量或价值依法征收的一种税。财产税是一种存量税，主要选择不动产征税，一般作为地方财政收入。财产税可分为一般财产税、选择性财产税和财产转移税三种类型。我国现行财产税主要有房产税、契税、车船使用税和船舶吨税四种。房产税是以房屋为征税对象，按房屋的计税余值或租金收入，向产权所有人征收的一种财产税。我国房产税的征税范围仅限于城市、县城、建制镇和工矿区房屋。房产税对经营自用的房屋，以房产原值一次减除10%～30%的损耗价值以后的余额为计税依据，按1.2%征税。对于出租的房屋，以租金收入为计税依据，按12%征税。契税是以所有权发生转移、变动的不动产为征税对象，向产权承受人征收的一种财产税。契税的征税对象是发生土地使用权和房屋所有权权属转移的土地和房屋，其中，对国有土地使用权出让、土地使用权出售和房屋买卖的计税依据为交易的成交价格。对土地使用权赠与和房屋赠与的计税依据由征收机关参照土地使用权出售、房屋买卖的市场价格核定。对土地使用权、房屋交换的计税依据按所交换的土地使用权、房屋的价格差额核定。契税实行幅度税率，税率幅度为3%～5%。车船税是以车船为征税对象，向拥有并使用车船的单位和个人征收的一种税。车船税的征税对象是行驶于公共道路的车辆和航行于国内河流、湖泊或领海口岸的船舶。车船税的税额又可分为车辆税额和船舶税额。

## 思考题

1. 财产税如何进行分类？
2. 一般财产税有哪些特点？
3. 财产转移税有哪些特点？
4. 房产税的纳税人是如何规定的？
5. 房产税的计税依据是如何规定的？

6. 契税的特点和政策原则是什么？
7. 契税的征税项目有哪些？
8. 契税的计税依据是如何规定的？
9. 车船税的征税对象是如何规定的？
10. 车船税的税额设计是如何规定的？

## 练习题

1. 某公司拥有商住楼一栋，房产原值 2 000 万元。其中，一半作本公司经营用房，另一半出租给其他单位使用，年租金收入 95 万元。

要求：计算应纳房产税额(房产原值一次扣除率为 20%)。

2. 某企业有原值为 2 500 万元的房产，1 月 1 日将其中的 30%用于对外投资联营，投资期限 10 年，每年固定利润分红 50 万元，不承担投资风险。已知当地政府规定的扣除比例为 20%。

要求：计算该企业应纳房产税。

3. 某企业上半年共有房产原值 4 000 万元，7 月 1 日起企业将原值 200 万元、占地面积 400 平方米的一栋仓库出租给某商场存放货物，租期 1 年，每月租金收入 1.5 万元。8 月 10 日对委托施工单位建设的生产车间办理验收手续，由在建工程转入固定资产原值 500 万元。房产税计算余值的扣除比例为 20%。

要求：计算该企业应纳房产税。

4. 某供热企业 2×20 年拥有的生产用房原值 5 000 万元，全年取得供热总收入 2 500万元，其中直接向居民供热的收入 800 万元。企业所在省规定计算房产余值的扣除比例为 30%。

要求：计算该企业 2×20 年应缴纳的房产税。

5. 某公司 2×19 年购进一处房产，2×20 年 5 月 1 日用于投资联营(收取固定收入，不承担联营风险)，投资期 3 年，当年取得固定收入 160 万元。该房产原值 3 000 万元，当地政府规定的减除幅度为 30%。

要求：计算该公司 2×20 年应缴纳的房产税。

6. 某企业有房产原值 1 200 万元，2×20 年 6 月 1 日将其中的 40%用于对外投资，不承担投资风险，投资期限为 3 年，当年取得固定利润分红 24 万元。已知当地政府规定的扣除比例为 20%。

要求：计算该企业 2×20 年应缴纳的房产税。

7. 某企业 1 月将新建办公楼底楼全部出租给某餐饮公司，租期 5 年，每年不含税租金 200 万元，当月一次性收取两年的租金 400 万元，以后年度的租金按规定提前一年收取。

要求：计算该企业当年应缴纳的房产税。

8. 居民李某购置了一套价值 130 万元的新住房，同时对原有的两套住房处理如下：一套出售给居民刘某，成交价格 80 万元；另一套市场价格 80 万元的住房与居民杨某进行等价交换。假定当地省政府规定的契税税率为 4%。

要求：计算李某购房当年应缴纳的契税。

9. 居民甲 2×20 年购置了一套价值 100 万元的新住房，同时对原有的两套住房处理如下：一套出售给居民乙，成交价格 50 万元；另一套市场价格 80 万元的住房与居民丙进行等价交换。假定当地省政府规定的契税税率为4%。

要求：计算居民甲2×20年应缴纳的契税。

10. 华联商厦有一客货两用汽车，为顾客送货，可乘坐4人，载货净位2吨。当地省政府规定，4人座客车年税额为400元/辆，载货汽车为80元/吨。

要求：计算该车应缴纳的车船税。

11. 某小型运输公司拥有并使用以下车辆：从事运输用吨位为2吨的拖拉机挂车5辆；5吨载货卡车10辆；吨位为4吨的汽车挂车5辆。当地政府规定，载货汽车的车辆税额为80元/吨。

要求：计算该公司当年应缴纳的车船税。

12. 某航运公司2×20年拥有机动船4艘，每艘净吨位为3 000吨；拖船1艘，发动机功率为1 800马力。其所在省车船税计税标准为净吨位2 000吨以下的，每吨4元；2001～10 000吨的，每吨5元。

要求：计算该航运公司2017年应缴纳的车船税。

13. 某渔业公司2×20年拥有捕捞船5艘，每艘净吨位20.6吨；非机动驳船2艘，每艘净吨位10吨；机动补给船1艘，净吨位15.2吨；机动运输船10艘，每艘净吨位7.5吨。当地船舶适用年税额为每吨3元。

要求：计算该公司当年应缴纳的车船税。

14. 某小型运输公司拥有并使用以下车辆：

(1) 整备质量4.3吨的载货卡车10辆，省级人民政府规定年税额每吨50元。

(2) 18座的小型客车2辆，省级人民政府规定年税额每辆530元。

要求:计算该公司当年应缴纳的车船税。

15. 某企业在4月购入整备质量6吨的挂车3辆；同年11月，年初购进的1辆小轿车被盗，取得了公安机关证明。当地载货汽车车船税年税额为每吨60元，小轿车适用的车船税年税额为每辆300元。

要求:计算该企业当年实际应缴纳的车船税。

16. 甲企业年度发生部分经营业务如下：

(1) 1月取得国有土地4 000平方米，签订了土地使用权出让合同，记载的出让金额为4 000万元，并约定当月交付；然后委托施工企业建造仓库，工程4月份竣工，5月办妥了验收手续。该仓库在甲企业账簿“固定资产”科目中记载的原值为9 500万元。

(2) 3月因生产规模扩大，购置了乙企业的仓库1栋，产权转移书据上注明的交易价格为1 200万元，在企业“固定资产”科目上记载的原值为1 250万元，取得了房屋权属证书。

其他相关资料：已知当地省政府规定的房产税计算余值的扣除比例为30%，契税税率4%，城镇土地使用税税率20元/平方米，产权交易印花税税率0.5‰。

要求：根据上述资料，计算该企业当年应缴纳的契税、印花税、房产税、城镇土地使用税。

# 第十六章　行为目的税

严格地说，按照课税对象的性质划分，无外乎流转税、所得税和财产税三大类。但是，在各国税收体系中，除了一些典型的流转税、所得税和财产税税种外，还有一些居于次要地位、属于专门对特定行为和目的所课征的税种。按照课税对象的性质划分，这些税种也可以分别归入流转税类、所得税类和财产税类，但其中某些税种的课税对象由于兼有多种性质，导致税种性质的混合性，很难明确归入哪一类，因此，也可将这些税作为行为目的税进行研究分析。

## 第一节　概　论

### 一、行为目的税的性质

行为目的税是政府为特定的社会经济政策目的和意图而设计征收的税种。从理论上来讲，行为目的税应有时效性，即在一定时期内开征，当政府的政策意图和目的完成后应停征。但实际上，一个税种一旦开征，往往就长期延续下去。我国现行行为目的课税有城市维护建设税、印花税、车辆购置税、土地增值税等税种。行为目的税开征大致有以下三种情况。

（一）出于特定社会目的课征并有指定用途的税收

这类税的名称繁多，主要体现保护国家有限资源、保障人民生活安定的精神，其收入大多是用于社会公共设施。如日本地方税体系中的狩猎税，一方面体现“寓限于征”的精神，另一方面将其税收收入用于保护鸟兽等野生动物方面的开支。在日本，属于这类税收的税种还包括：汽车购置税、电力开发促进税、挥发油税、城市规划税等。在我国现行税收体系中，城市维护建设税就属于这类税收。另外，在名称上不称为“税”的“教育费附加”也属同样性质。

（二）出于特定经济目的而课征的税收

这类税的立法意图在于用税收调节和控制宏观经济结构，体现国家的经济政策。如我国税收体系中曾实行过的固定资产投资方向调节税、奖金税、工资调节税、烧油特别税、特别消费税等，分别体现出国家的产业导向政策、资源开发利用政策、收入分配政策和消费政策等。

（三）出于财政目的而课征的税收

有些税收的开征，主要是为国家财政提供收入来源，而不着眼于社会的或经济的目的。如各国普遍开征的印花税，主要为政府筹集财政资金。

## 二、行为目的税的特点

（一）税种多，税源分散

基于各种社会的、经济的和财政目的的行为目的税，大多选择某些特定的征税对象和特定的调节范围或区域，并常常通过单设税种的方法来达到某种特定目的，因而造成税种繁多的情况。而且，从调节的区域或立法的层次来看，这些税种既有中央政府直接掌管的，又有地方政府控管的，这又同时造成税源分散的状况，从而增加了征收管理的困难，导致征收成本的上升。

（二）政策性强，调节范围明确

行为目的税通常具有明确的调节范围，体现国家特定的政策意图，具有难以代替的优点。正是由于行为目的税具有特定的调节目的和明显的政策意图，才使大多数国家的税制具有多税种、多层次、多环节征收的复合税制的特点。当然，过多的税种，容易给人们造成“税负过重”的感觉，因此，行为目的税的开征，必须十分谨慎，以避免不必要的社会抵触情绪，真正达到国家的政策意图。

（三）税负直接，难以转嫁

行为目的税一般都由纳税人缴纳，具有纳税人与负税人相一致、税负难以转嫁的特点。正是由于这个特点，才使行为目的税能够较好地达到其开征目的。

（四）变化多，稳定性差

正是由于大多数行为目的税税种具有特定的调节目的和明确的政策意图，因此，当客观社会政治经济条件发生变化时，就可能需要对税种进行修改、实行停征或缓征，也可能新设税种。因此，行为目的税不仅在整个税收体系中居于次要地位，而且极易发生变化，缺乏稳定性。

我国现行行为目的税主要有城市维护建设税、印花税、车辆购置税和土地增值税等税种。

# 第二节 城市维护建设税

城市维护建设税是对从事生产、经营取得收入的单位和个人，以实际缴纳的增值税、消费税和营业税为计税依据征收，税款专项用于城市、县城、乡镇维护建设方面的一种税。城市维护建设税于1985年1月1日开征。2020年8月11日，全国人大常委会通过了《中华人民共和国城市维护建设税法》，规定自2021年9月1日起实施。

### 一、纳税人

凡在我国境内从事生产、经营，缴纳增值税、消费税和营业税的单位和个人都是城市维护建设税的纳税人。具体包括国有企业、集体企业、股份制企业、私营企业、外商投资企业和外国企业、其他企事业单位及个体经营者和其他个人。

### 二、征税对象

城市维护建设税是以附加税的形式出现，其计税依据为纳税人实际缴纳的增值税、消费税、营业税。对进口产品由海关代征的增值税、消费税、营业税不作城市维护建设税计税依据征收城市维护建设税。对纳税人因违反增值税、消费税、营业税有关税法而加收的滞纳金或罚款，不作城市维护建设税的计税依据，不征城市维护建设税。但对纳税人因偷漏税而被查补或处罚的增值税、消费税、营业税，应作为城市维护建设税计税依据征收城市维护建设税。如果纳税人减征或免征增值税、消费税、营业税，同时也就减征或免征了城市维护建设税。但对出口产品实行出口退还增值税、消费税的，不退出口产品已缴纳的城市维护建设税。

### 三、税率

城市维护建设税采用地区差别比例税率。纳税人所在地为市区的，税率为7%；纳税人所在地为县城、建制镇的，税率为5%；纳税人所在地为市区、县城、建制镇以外地区的，税率为1%。

城市维护建设税的税率一般按纳税人所在地确定，但对于由受托方代征代扣增值税、消费税、营业税的单位和个人，其代征代扣的城市维护建设税按受托方所在地适用税率缴纳。流动经营无固定纳税地点的单位和个人，在经营地缴纳增值税、消费税、营业税的，其城市维护建设税的缴纳按经营地适用税率。

### 四、应纳税额

城市维护建设税应纳税款的计算公式为：

**应纳城市维护建设税＝纳税人实际缴纳增值税、消费税、营业税×适用税率**

**例16-1**　设在某市的某化妆品生产经营企业6月产品销售缴纳消费税300万

元，增值税100万元，提供美容服务缴纳增值税20万元，产品出口退还增值税30万元，进口设备在海关缴纳增值税15万元，进口原材料在海关缴纳增值税25万元，同期税务部门检查发现该企业少缴增值税10万元，对其处以补缴税款，2倍罚款，城市维护建设税处罚与增值税同。

要求：计算该企业应纳城市维护建设税和城市维护建设税罚款。

应纳城市维护建设税＝(300＋100＋20＋10)×7%＝30.1(万元)

城市维护建设税罚款＝10×7%×2＝1.4(万元)

### 五、征收管理

城市维护建设税的纳税义务发生时间和纳税期限的规定与现行增值税、消费税、营业税相同，具体可由主管税务机关根据纳税人的情况分别确定。如果不能按照固定的纳税期限纳税的，可以按次纳税。

城市维护建设税的纳税地一般为纳税人缴纳增值税、消费税、营业税的所在地。代征代扣增值税、消费税、营业税的单位和个人，城市维护建设税的纳税地在代征代扣地。如此规定可以避免地方财政收入分配不合理的现象，体现税负与受益相一致的原则。

## 第三节　印花税

印花税是对经济活动和经济交往中书立、领受的凭证征收的一种税。我国曾于1950年公布《印花税暂行条例》，经1953年和1956年两次修订后，缩小了征收范围。1958年税制改革时，并入工商统一税。1988年8月6日，国务院发布了《中华人民共和国印花税暂行条例》，同年10月1日起恢复征收印花税。

### 一、纳税人

印花税的纳税人是指在中华人民共和国境内书立、领受应税凭证的单位和个人。单位是指在中国境内书立应税凭证的国内各类企业、事业、机关、团体、部队以及中外合资企业、中外合作企业、外资企业、外国公司企业和其他经济组织及其在华机构等单位；个人是指在中国境内书立应税凭证的我国公民和外国公民。根据书立、领受应税凭证的不同，印花税的纳税人可分别称为：

(1) 立合同人。立同合人是指合同的当事人。当事人是指对凭证有直接权利关系的单位和个人，但不包括保人、证人、鉴定人。合同包括购销、加工承揽、建设工程承包、财产租赁、货物运输、仓储保管、借款、财产保险、技术合同或具有合同性质的凭证。

(2) 立据人。产权转移书据的纳税人是立据人。

(3) 立账簿人。营业账簿的纳税人是立账簿人。立账簿人是指设立并使用营业账簿的单位和个人。

(4) 领受人。权利、许可证照的纳税人是领受人。领受人是指领取或接受该项凭证的单位和个人。

(5) 使用人。在国外书立、领受,但在国内使用的应税凭证纳税人是使用人。

(6) 电子应税凭证签订人。以电子形式签订的各类应税凭证当事人。

对合同、书据等凭证,凡属两方或两方以上当事人共同书立的凭证,其当事人各方都是印花税的纳税人,各就其所持凭证所载的金额依率纳税。

## 二、征收对象

### (一) 征收对象

印花税属行为课税,其征收对象为在中国境内书立、领受应税凭证的行为。应税凭证的具体范围包括:

(1) 各类经济技术合同,具体包括以下各类合同等及具有合同性质的凭证(包括具有合同效力的协议、契约、合约、单据、确认书及其他各种名称的凭证):

① 购销合同,包括供应、预购、采购、购销结合及协作、调剂、补偿、贸易等合同。

② 加工承揽合同,包括加工、定做、修缮、修理、印刷、广告、测绘、测试等合同。

③ 建设工程勘察设计合同,包括勘察、设计合同。

④ 建设安装工程承包合同,包括建筑、安装工程承包合同。

⑤ 财产租赁合同,包括租赁房屋、船舶、飞机、机动车辆、机械、器具、设备等合同,还包括企业、个人出租门店、柜台等签订的合同。

⑥ 货物运输合同,包括民用航空、铁路运输、海上运输、公路运输和联运合同。

⑦ 仓储保管合同,包括仓储、保管合同。

⑧ 借款合同,即银行及其他金融组织与借款人所签订的合同。

⑨ 财产保险合同,包括财产、责任、保证、信用保险合同。

⑩ 技术合同,包括技术开发、转让、咨询、服务等合同。

(2) 产权转移书据,即单位和个人产权的买卖、继承、赠与、交换、分割等所立的书据,包括财产所有权和版权、商标专用权、专利权、专有技术使用权等转移书据。

(3) 营业账簿,即单位和个人从事生产经营活动所设立的账册,按其反映内容的不同,可分为记载资金的账簿和其他账簿。记载资金的账簿是指反映生产经营单位资本金增减变化的账簿。其他账簿是指上述账簿以外的有关其他生产经营活动内容的账簿,包括日记账簿和各种明细分类账簿。

(4) 权利、许可证照,包括政府部门发给的房屋产权证、工商营业执照、商标注册证、专利证、土地使用证。

(5) 股份转让书据,包括上市股票和企业内部发行的股票买卖、继承、赠与等转让书据。

(二) 计税依据

由于印花税分别采用从价计征和从量计征两种办法,因此,印花税计税依据的确定有两种情况:

(1) 采用从价计征的,其计税依据为应税凭证上记载的金额。适用此种方法确定计税依据的应税凭证有各类经济技术合同、产权转移书据、股份转让书据和营业账簿中的资金账簿。

(2) 采用从量计征的,其计税依据为应税凭证的数量。适用此种方法确定计税依据的应税凭证有权利、许可证照和营业账簿中的其他账簿。

## 三、税率

印花税共设有 13 个税目,分别是购销合同、加工承揽合同、建设工程勘察设计合同、建筑安装工程承包合同、财产租赁合同、货物运输合同、仓储保管合同、借款合同、财产保险合同、技术合同、产权转移书据、营业账簿、权利许可证照。由于对证券交易行为目前尚未开征专门的税种,因此对证券交易过程中发生的股权、债券书据转移目前暂时列入印花税中开征印花税,归属产权转移书据之中。

印花税采用比例税率和定额税率两种税率形式。按比例税率征收的各类凭证,一般都载有金额,税率分为 6 个档次,其中,股份转让书据适用 3‰税率;财产租赁合同、仓储保管合同、财产保险合同适用 1‰税率;加工承揽合同、建设工程勘察设计合同、货物运输合同、产权转移书据、营业账簿中的资金账簿适用 5‰税率;购销合同、建筑安装工程承包合同、技术合同适用 3‰税率;借款合同适用 0.5‰税率;营业账簿中的其他账簿、权利许可证照适用定额税,每件 5 元。印花税税目税率如表 16-1 所示。

**表 16-1 印花税税目税率表**

| 税　目 | 计税依据 | 税　率 | 纳税人 |
|---|---|---|---|
| 1. 购销合同 | 购销金额 | 0.3‰ | 立合同人 |
| 2. 加工承揽合同 | 加工承揽收入 | 0.5‰ | 立合同人 |
| 3. 建设工程勘察设计合同 | 收取费用 | 0.5‰ | 立合同人 |
| 4. 建筑安装工程承包合同 | 承包金额 | 0.3‰ | 立合同人 |

（续表）

| 税　　目 | 计税依据 | 税　率 | 纳税人 |
| --- | --- | --- | --- |
| 5. 财产租赁合同 | 租赁金额 | 1‰ | 立合同人 |
| 6. 货物运输合同 | 运输费用 | 0.5‰ | 立合同人 |
| 7. 仓储保管合同 | 仓储保管费用 | 1‰ | 立合同人 |
| 8. 借款合同 | 借款金额 | 0.05‰ | 立合同人 |
| 9. 财产保险合同 | 保险费收入 | 1‰ | 立合同人 |
| 10. 技术合同 | 合同所载金额 | 0.3‰ | 立合同人 |
| 11. 产权转移书据 | 书据所载金额 | 0.5‰ | 立据人 |
| 12. 股权转让书据 | 股权转让金额 | 1‰ | 立据人(出让方) |
| 13. 资金账簿 | 实收资本和资本公积 | 0.5‰ | 立账簿人 |
| 14. 其他账簿 | 件 | 5 元 | 立账簿人 |
| 15. 权利许可证照 | 件 | 5 元 | 领受人 |

同一凭证因载有两个或两个以上经济事项而适用不同税目税率，如分别记载金额的，应分别计算应纳税额，相加后按合计税额贴花；如未分别记载金额的，按税率高的计税贴花。

## 四、政策优惠

(1) 已缴纳印花税凭证的副本或抄本。以副本或者抄本视同正本使用的，应另贴印花，不予免税。

(2) 财产所有人将财产捐赠给政府、抚养老伤残的社会福利单位以及学校书立的凭证。

(3) 国家指定的收购部门与村民委员会、农民个人签订的农副产品收购合同。

(4) 无息、贴息贷款合同。

(5) 外国政府或国际金融组织向我国政府及国家金融机构提供优惠贷款所书立的合同。

(6) 房地产管理部门与个人签订的用于生活居住的租赁合同。

(7) 农牧业保险合同。

(8) 军事物资运输、抢险救灾物资运输、新建铁路的工程临管线运输等特殊货运凭证。

(9) 企业改制中发生的产权转移、合同免税。对于资金账簿，仅对其新增的资金部分征税。

## 五、应纳税额

按照比例税率计算税额缴纳印花税的，其应纳税额的计算公式为：

**应纳税额＝计税金额×适用税率**

（一）计税依据的一般规定

上述计税金额是指计税依据，具体来说分为以下几种情况：

（1）购销合同的计税依据为合同记载的购销金额。

（2）加工承揽合同的计税依据是加工或承揽收入的金额。具体规定如下：

① 对于由受托方提供原材料的加工、定做合同，凡在合同中分别记载加工和原材料金额的，应分别按加工承揽和购销合同计税。如未分别记载的，全部按加工合同计税。

② 对于由委托方提供原材料的加工、定做合同，受托方按加工费和辅助材料费合计金额依据加工承揽合同计税。

（3）建设工程勘探设计合同的计税依据是收取的费用。

（4）建筑安装工程承包合同的计税依据为承包金额。

（5）财产租赁合同的计税依据为租赁金额。

（6）货物运输合同的计税依据为取得的运输费金额（即运费收入），不包括装卸费和保险费。

（7）仓储保管合同的计税依据为收取的仓储保管费用。

（8）借款合同的计税依据为借款金额。

（9）财产保险合同的计税依据为支付（收取）的保险费金额。

（10）技术合同的计税依据为合同所载的价款、报酬或使用费。为了鼓励技术研究开发，对技术开发合同，只就合同所载的报酬金额计税。

（11）产权转移书据的计税依据为所载金额。

（12）营业账簿税目中记载资金的账簿的计税依据为“实收资本”与“资本公积”两项的合计金额。实收资本包括现金、实物、无形资产和材料物资。现金按实际收到或存入纳税人开户银行的金额确定；实物是指房屋、机器等，按评估确认的价值或者合同、协议约定的价格确定；无形资产和材料物资按评估确认的价值确定。资本公积包括接受捐赠、法定财产重估增值、资本折算差额、资本溢价等。如果是实物捐赠，则按同类资产的市场价格或有关凭据确定。其他账簿的计税依据为应税凭证件数。

（13）权利、许可证照的计税依据为应税凭证件数。

印花税最低税额是 1 角。按规定计算出的应纳税额不足 1 角的凭证，免贴印花税；应纳税额在 1 角以上的，按照四舍五入的规则，其尾数不满 5 分的不计，满 5 分的按 1 角计算贴花。财产租赁合同税额不足 1 元的，按 1 元贴花。

（二）计税依据的特殊规定

（1）同一凭证载有两个或两个以上经济事项而适用不同税目税率，如分别记载金额的，应分别计算应纳税额，相加后按合同计税额贴花；如未分别记载金额的，按税率高的计税贴花。

（2）按金额比例贴花的应税凭证，未标明金额的，应按照凭证所载数量及国家牌价计算金额；没有国家牌价的，按市场价格计算金额，然后按规定税率计算应纳税额。

（3）应税凭证所载金额为外国货币的，应按照凭证书立当日国家外汇牌价折合成人民币，然后计算应纳税额。

（4）有些合同在签订时无法确定计税金额，可在签订时先按 5 元定额贴花，以后结算时再按实际金额计税。

（5）不论合同是否兑现，均应贴花。对已履行并贴花的合同，所载金额与合同履行后实际结算金额不一致的，只要双方未修改合同金额，一般不再办理完税手续。

（6）采取以货易货方式签订的合同，应按合同所载购销合计金额计税贴花；合同未列明金额的，应按合同所载购销数量依照国家牌价或市场价格计算应纳税额。

（7）施工单位将承包的建设项目分包或转包给其他施工单位所签订的分包或转包合同，应按新的分包或转包合同所载金额计算应纳税额。

（8）对国内各种形式的货物联运，凡起运地统一结算全程运费的，应以全程运费作为计税中各方缴纳印花税。对国际货运，凡由我国运输企业运输的，不论在中国境内、境外起运或中转分程运输，我国运输企业所持的一份运费结算凭证，均按本程运费计算应纳税额；托运方所持的一份运输结算凭证，按全程运费计算应纳税额。由外国运输企业运输进出口货物的，外国运输企业所持的一份运费结算凭证免纳印花税；托运方所持的一份运费结算凭证亦缴纳印花税。国际货运运费结算凭证在国外办理的，应在凭证转回中国境内时按规定缴纳印花税。

**例 16－2**　某企业 2×17 年发生以下应税项目：（1）与 A 公司签订一项易货合同，约定以原材料 50 万元换取 40 万元产成品；（2）接受 B 公司委托加工商品，原材料由 B 公司提供，价值 50 万元，辅助材料由本企业提供，价值 10 万元，加工费 20 万元，加工合同中分开记载，合计金额 80 万元；（3）与 C 企业签订一份建筑工程合同，金额 1 000 万元，施工期间将价值 100 万元的工程转包给 D 企业，签订转包合同；（4）国外某金融机构向该企业提供优惠贷款，书立合同注明金额1 000万元。

要求：计算该企业当年应纳印花税。

(1) 应纳印花税＝(500 000＋400 000)×0.3‰＝270(元)

(2) 应纳印花税＝(100 000＋200 000)×0.5‰＝150(元)

(3) 应纳印花税＝(10 000 000＋1 000 000)×0.3‰＝3 300(元)

(4) 应纳印花税＝10 000 000×0.05‰＝500(元)

## 六、征收管理

(一) 印花税的缴纳方法

印花税实行由纳税人根据规定自行计算应纳税额，购买并一次贴足印花税票的缴纳办法。

印花税票为有价证券，其票面金额以人民币为单位，分为1角、2角、5角、1元、2元、5元、10元、50元和100元9种。纳税人应首先向印花税票的代售单位或个人购买印花税票。

印花税票应当粘贴在应纳税凭证上，并由纳税人在每枚税票的骑缝处盖戳注销或者画销。应纳税凭证粘贴印花税票后应即注销。纳税人有印章的，应加盖印章注销；纳税人没有印章的，可用钢笔(圆珠笔)画几条横线注销。注销标记与骑缝处相交。骑缝处是指粘贴的印花税票与凭证及印花税票之间的交接处。已贴用的印花税票不得重用。

产权转移书据由立据人贴花，如未贴或者少贴印花，书据的持有人负责补贴印花。所立书据以合同方式签订的，应由持有书据的各方分别按全额贴花。同一凭证，由两方或两方以上当事人签订并各执一份的，应当由各方就所执一份的各自金额贴花。已贴花的凭证，修改后所载金额增加的，其增加部分应当补贴印花税票。

为简化贴花手续，一份凭证应纳税额超过500元的，纳税人应向税务机关申请填写缴款书或者完税证，将其中一联粘贴在凭证上或者由税务机关在凭证上加注完税标记代替贴花。同一类应纳税凭证，贴花次数频繁的，应向当地税务机关申请按期汇总缴纳印花税。汇总缴纳的期限由当地税务机关确定，但最长期限不得超过1个月。凡汇总缴纳印花税的凭证，应加注税务机关指定的汇缴戳记，编号并装订成册后，将已贴花或者缴款书的一联粘附册后，盖章注销，保存备查。凡多贴印花税票者，不得申请退税或者抵用。

(二) 印花税的处罚规定

(1) 对应纳税凭证未贴花或少贴花的，除责令补贴印花税票外，可处以应补贴印花税金额3倍至5倍的罚款。

(2) 对应纳税凭证粘贴了印花税票而没有注销或没有画销的，可处以未注销或画销印花税票金额的1倍至3倍的罚款。

(3) 已贴用的印花税票揭下重用的，可处以重用印花税票金额 5 倍或者 2 000 元以上 10 000 元以下的罚款。

(4) 汇总缴纳印花税的单位，超过税务机关核定的纳税期限，未缴或者少缴印花税款的，税务机关除令其限期补缴税款外，并从滞纳之日起，按日加收 5‰的滞纳金。

(5) 纳税人未按税法规定保管纳税凭证，可酌情处以 5 000 元以下的罚款。

(6) 伪造印花税票的，属犯罪行为，由司法机关追究刑事责任。

## 第四节 车辆购置税

车辆购置税是对购置的车辆征收的一种税收。《中华人民共和国车辆购置税征收管理办法》于 2000 年 10 月 22 日发布，从 2001 年 1 月 1 日起施行。2018 年 12 月 29 日，全国人大常委会通过了《中华人民共和国车辆购置税法》，于 2019 年 7 月 1 日起实施。车辆购置税由国家税务局负责征收管理(目前暂由交通部门所属的原车辆购置附加费稽征机构代征)，所得收入归中央政府所有，专门用于交通事业建设。

### 一、纳税人和征税范围

(一) 纳税人

车辆购置税的纳税人包括在中国境内购置规定的车辆(以下简称应税车辆)的国有企业、集体企业、私营企业、股份制企业、外商投资企业、外国企业、其他企事业单位、社会团体、国家机关、部队、其他单位、个体工商户和其他个人。

(二) 征税范围

车辆购置税的征收范围包括汽车、摩托车、电车、挂车、农用运输车。车辆购置税征收范围的调整，由国务院决定并公布。

上述车辆购置，包括纳税人购买、进口、自产、受赠、获奖或者以其他方式取得并自用应税车辆的行为。

### 二、计税方法

车辆购置税按照规定的应税车辆计税价格和适用税率计算应纳税额。应纳税额的计算公式为：

**应纳税额＝计税价格×适用税率**

(一) 计税依据

车辆购置税的计税价格根据不同情况,按照下列规定确定:

(1) 纳税人购买自用的应税车辆的计税价格,为纳税人购买应税车辆的时候支付给销售者的全部价款和价外费用(包括销售方在车价以外向购买方收取的手续费、基金、违约金、包装费、运输费、保管费、代收款项、代垫款项和其他收费),但是不包括增值税税款。

(2) 纳税人进口自用应税车辆的计税价格的计算公式为:

**计税价格=关税完税价格+关税+消费税**

(3) 纳税人自产、受赠、获奖或者以其他方式取得并自用的应税车辆的计税价格,由主管税务机关参照国家税务总局规定的最低计税价格确定。

(4) 最低计税价格的确定。国家税务总局参照应税车辆的市场平均交易价格,规定不同类型应税车辆的最低计税价格。

① 已经缴纳车辆购置税并办理了登记注册手续的车辆,其发动机或者底盘发生更换的,其最低计税价格按照同类型新车最低计税价格的70%计算。

② 对于国家税务总局没有核定最低计税价格的车辆,代征机构可以比照已经核定最低计税价格的同类型车辆先行征税,并按照规定的程序,由省级车辆购置附加费征管部门将有关信息报交通部车辆购置附加费征收管理办公室,该办公室提出初步意见报国家税务总局,由国家税务总局审定以后发布执行。

③ 纳税人购买或者进口自用应税车辆,申报的计税价格低于同类型应税车辆的最低计税价格,又无正当理由的,按照最低计税价格计算征收车辆购置税。

纳税人以外汇结算应税车辆价款的,按照申报纳税之日中国人民银行公布的人民币对外国货币的基准汇价(或者按照有关规定套算得出的汇价)折合成人民币,然后计算缴纳车辆购置税。

(二) 税率

车辆购置税的税率为10%。车辆购置税税率的调整,由国务院决定并公布。

**例16-3**　某企业购买1辆价格为20万元的轿车和1辆价格为30万元的货车(上述价格均为不含增值税的价格)。

要求:计算该企业应纳车辆购置税税额。

应纳税额=(20+30)×10%=5(万元)

车辆购置税实行一次征收制度。购置已征车辆购置税的车辆,不再征收车辆购置税。

## 三、政策优惠

（一）减免税

下列项目可以免征车辆购置税：

（1）外国驻华使馆和外交代表、外国驻华领事馆和领事官员、国际组织驻华机构及其官员自用的车辆。

（2）中国人民解放军和中国人民武装警察部队列入军队武器装备订货计划的车辆。

（3）设有固定装置的非运输车辆（如挖掘机、平地机、叉车、装载车、起重机、推土机等）。

（4）防汛专用车、森林消防专用车。

（5）回国服务的在外留学人员用现汇购买自用的国产小汽车（限1辆）。

（6）长期来华定居专家进口自用的小汽车（限1辆）。

（7）自2016年1月1日起至2020年12月31日止，对城市公交企业购置的公共汽电车辆免征车辆购置税。

车辆购置税的其他免税、减税项目由国务院规定。

免征、减征车辆购置税的车辆由于转让、改变用途等原因不再属于免税、减税范围的，应当在办理车辆过户手续以前或者办理变更车辆登记注册手续以前缴纳车辆购置税。上述应税车辆的最低计税价格按以下公式计算：

**最低计税价格＝同类型新车最低计税价格×（1－已使用年限/规定使用年限）×100%**

在以上公式中，国产车辆的规定使用年限按照10年计算，进口车辆的规定使用年限按照15年计算。超过规定使用年限的车辆，不再征收车辆购置税。

（二）退税

纳税人已经缴纳车辆购置税，在办理车辆登记注册手续以前由于下列原因需要办理退还车辆购置税的，由纳税人申请，原征收机构审查以后办理退税手续：

（1）公安机关车辆管理机构不予办理车辆登记注册手续的，凭公安机关车辆管理机构出具的证明办理退税手续。

（2）由于质量等原因退回所购车辆的，凭经销商的退货证明办理退税手续。

已经办理了车辆登记注册手续的车辆，不论出于何种原因，均不能退还已缴纳的车辆购置税。

### 四、征收管理

（一）纳税地点

纳税人购置应税车辆，应当向车辆登记注册地的税务机关申报缴纳车辆购置税。购置不需要办理车辆登记注册手续的应税车辆，应当向纳税人所在地的税务机关申报纳税。

（二）纳税时间

纳税人购买自用应税车辆的，应当自购买之日起60日以内申报缴纳车辆购置税；进口自用应税车辆的，应当自进口之日起60日以内申报纳税；自产、受赠、获奖或者以其他方式取得并自用应税车辆的，应当自取得之日起60日以内申报纳税。车辆购置税税款应当一次缴清。

（三）征税管理

纳税人应当在向公安机关车辆管理机构办理车辆登记注册以前缴纳车辆购置税。纳税人应当持税务机关出具的车辆购置税完税证明或者免税证明，向公安机关车辆管理机构办理车辆登记注册手续。没有上述完税证明或者免税证明的，公安机关车辆管理机构不得办理车辆登记注册手续。

税务机关发现纳税人没有按照规定缴纳车辆购置税的，有权责令其补缴；纳税人拒绝缴纳的，税务机关可以通知公安机关车辆管理机构暂扣纳税人的车辆牌照。

## 第五节　土地增值税

土地增值税是对有偿转让国有土地使用权及地上建筑物和其他附着物产权，取得增值收入的单位和个人征收的一种税。随着我国房地产市场的不断发展，在房地产开发过程中土地因其稀缺性特征而增值潜力逐渐凸显。为了增强国家对房地产开发和房地产市场的调控力度，抑制炒买炒卖土地投机获取暴利的行为，规范国家参与土地增值收益的分配方式，增加国家财政收入，在1993年12月我国颁布了《中华人民共和国土地增值税暂行条例》，并规定从1994年1月起施行。

### 一、征税范围

土地增值税的课税对象是有偿转让国有土地使用权及地上建筑物和其他附着物产权所取得的增值额。这一概念所界定的征税范围有以下三层含义：

(1) 土地增值税只对转让国有土地使用权的行为课税，转让非国有土地和出让国有土地的行为均不征税。按我国宪法和土地管理法规定，城市的土地属于国家所有。农村和城市郊区的土地除由法律规定属于国家所有的以外，属于集体所有。企业、单位和个人对国有土地只拥有使用权，而无所有权。土地增值税只对企业、单位和个人等经济主体转让国有土地使用权的行为课税。对属于集体所有的土地，按现行规定需先由国家征用后才能转让。未经国家征用的集体土地不得转让，亦不征税。在补办土地征用或出让手续，将集体所有的土地变为国家所有之后，才可纳入土地增值税的征税范围。

（2）土地增值税既对转让土地使用权课税，也对转让地上建筑物和其他附着物的产权征税。具体征税范围包括：

① 转让国有土地使用权。是指土地使用者通过出让方式，向政府缴纳了土地出让金，有偿受让土地使用权后，仅对土地进行了通水、通电、通路和平整地面等土地开发，而未进行房产开发。即所谓"将生地变熟地"，然后将空地直接出售的行为。

② 取得国有土地使用权并进行房屋开发建造后，出售地上建筑物和其他附着物的产权。虽然这种行为通常被称作卖房，但按照有关法规的规定，房屋开发单位在出售房屋产权的同时，土地使用权也随之发生转让。在这种情况下，转让土地使用权和地上建筑物及其他附着物产权的行为，都应纳入土地增值税的征税范围。因此，纳入土地增值税课征范围的增值额，是纳税人转让房地产所取得的全部增值额，而不仅仅是土地使用权转让的收入。

③ 原有房地产的买卖。是指房屋所有人将已经建成并已投入使用的房地产（包括正在使用的旧房及已经使用过的新房）的房屋产权和土地使用权一并转让给其他单位和个人的行为。这种行为按照国家有关房地产法规，应当向有关部门办理房产产权和土地使用权的转移变更手续。原土地使用权属于无偿划拨的，还应到土地管理部门补缴土地出让金。由于转让原有房地产既发生了房屋产权和土地使用权的转让，又取得了收入，所以应当纳入土地增值税的征税范围。

（3）土地增值税只对有偿转让的房地产征税，对以继承、赠与等方式无偿转让的房地产，则不予征税。具体来说，不征土地增值税的房地产赠与行为包括以下两种情况：

① 房产所有人、土地使用权所有人将房屋产权、土地使用权赠与直系亲属或承担直接赡养义务的人。

② 房产所有人、土地使用权所有人通过中国境内非营利的社会团体、国家机关将房屋产权、土地使用权赠与教育、民政和其他社会福利、公益事业的行为。其中，社会团体是指中国青少年发展基金会、希望工程基金会、宋庆龄基金会、减灾委员会、中国红十字会、中国残疾人联合会、全国老年基金会、老区促进会以及经民政部门批准成立的其他非营利的公益性组织。

## 二、税率

土地增值税采用四级超率累进税率。其中,最低税率为30%,最高税率为60%,如表16-2所示。

表16-2 土地增值税税率表

| 级　次 | 增值额与扣除项目金额的比率(%) | 税率(%) | 速算扣除系数(%) |
|---|---|---|---|
| 1 | 不超过50%的部分 | 30 | 0 |
| 2 | 超过50%～100%的部分 | 40 | 5 |
| 3 | 超过100%～200%的部分 | 50 | 15 |
| 4 | 超过200%的部分 | 60 | 35 |

## 三、计税依据

土地增值税的计税依据是纳税人转让房地产所取得的增值额。转让房地产的增值额,是纳税人转让房地产的收入减除税法规定的扣除项目金额后的余额。由于我国目前房地产市场不健全,土地、房屋的评估工作刚刚起步,如何计算或评估增值额尚处于探索阶段,因此,对土地增值额的计算与确定,税法规定采用"扣除计算法"和"价格评估法"两种方法。

### (一) 扣除计算法

所谓扣除计算法,是以纳税人转让房地产所取得的不含增值税收入,减除税法规定的扣除项目金额后的余额为税基,按适用税率计算应纳税额的一种方法。显然,土地增值额的大小,取决于转让房地产的收入额和扣除项目金额两个因素。对这两个因素的内涵、范围和确定方法等,税法作了较为明确的规定。

1. 收入额的确定

纳税人转让房地产所取得的不含增值税收入,是指包括货币收入、实物收入和其他收入在内的全部价款及有关的经济利益,不允许从中减除任何成本费用。对取得的实物收入,要按收入的市场价格折算成货币收入;对取得的无形资产收入,要进行专门的评估,在确定其价值后折算成货币收入。

2. 扣除项目及其金额

在确定房地产转让的增值额和计算应纳土地增值税时,允许从房地产转让收入总额中扣除的项目及其金额,可分为以下六类:

(1) 取得土地使用权所支付的金额。这是指纳税人为取得土地使用权支付的地价款和按国家统一规定缴纳的有关费用之和。其中,"取得土地使用权所支付的金额"

可以有三种形式：以出让方式取得土地使用权的，为支付的土地出让金；以行政划拨方式取得土地使用权的，为转让土地使用权时按规定补缴的出让金；以转让方式取得土地使用权的，为支付的地价款。

(2) 开发土地和新建房及配套设施的成本(简称房地产开发成本)。这是指纳税人开发房地产项目实际发生的成本，这些成本允许按实际发生数扣除。主要包括：第一，土地征用及拆迁补偿费，包括土地征用费、耕地占用税、劳动力安置费及有关地上、地下附着物拆迁补偿的净支出、安置动迁用房支出等。第二，前期工程费，包括规划、设计、项目可行性研究和水文、地质、勘察、测绘、“三通一平”等支出。第三，建筑安装工程费，是指以出包方式支付给承包单位的建筑安装工程费，以自营方式发生的建筑工程安装费。第四，基础设施费，包括开发小区内的道路、供水、供电、供气、排污、排洪、通信、照明、环卫、绿化等工程发生的支出。第五，公共配套设施费，包括不能有偿转让的开发小区内公共配套设施发生的支出。第六，开发间接费用，是指直接组织、管理开发项目所发生的费用，包括工资、职工福利费、折旧费、修理费、办公费、水电费、劳动保护费、周转房摊销等。

(3) 开发土地和新建房及配套设施的费用(简称房地产开发费用)。这是指与房地产开发项目有关的销售费用、管理费用、财务费用。根据新会计制度的规定，与房地产开发有关的费用直接计入当年损益，不按房地产项目进行归集或分摊。对于利息支出以外的其他房地产开发费用，按取得土地使用权支付的金额和房地产开发成本金额之和，在5%以内计算扣除。对于利息支出，分两种情况确定扣除：第一，凡能按转让房地产项目计算分摊利息并提供金融机构证明的，允许据实扣除，但最高不能超过按商业银行同期贷款利率计算的金额。超过贷款期限的利息和加罚的利息均不允许扣除。第二，凡不能按转让房地产项目计算分摊利息支出或不能提供金融机构证明的，利息支出不得单独计算，而应并入房地产开发费用中一并计算扣除。在这种情况下，房地产开发费用的计算方法是，按取得土地使用权支付的金额和房地产开发成本金额之和，在10%以内计算扣除。

(4) 旧房及建筑物的评估价格。税法规定，转让旧房的，应按旧房及建筑物的评估价格、取得土地使用权所支付的地价款和按国家统一规定缴纳的有关费用以及在转让环节缴纳的税金作为扣除项目金额计征土地增值税。其中，旧房及建筑物的评估价格是指转让已使用过的房屋及建筑物时，由政府批准设立的房地产评估机构评定的重置成本价乘以成新折扣率后的价格。评估价格须经当地税务机关确认。

(5) 与转让房地产有关的税金。这是指在转让房地产时缴纳的印花税、城市维护建设税，教育费附加也可视同税金扣除。其中，允许扣除的印花税，是指在转让房地产时缴纳的印花税。房地产开发企业按照《施工、房地产开发企业财务制度》的有关规定，其缴纳的印花税列入管理费用，已相应作了扣除。房地产开发企业以外的其他纳税人在计算土地增值税时，允许扣除在转让房地产环节缴纳的印花税。对于个人购入房地产再转让的，其在购入环节缴纳的契税，由于已经包含在旧房及建筑物的评估价格之中，因此，计征土地增值税时，不另作为与转让房地产有关的税金予以扣除。

(6) 财政部确定的其他扣除项目。其中规定的一项重要扣除项目是，对从事房地产开发的纳税人允许按取得土地使用权时所支付的金额和房地产开发成本之和，加计20%的扣除。

（二）价格评估法

价格评估法，是以转让房地产或扣除项目的评估价格为依据，计算土地增值额的一种方法。所谓评估价格，是指由政府批准设立的房地产评估机构根据相同地段、同类房地产进行综合评定的价格。这种评估价格亦须经当地税务机关确认。税法规定，纳税人有下列情况之一的，需要对房地产进行评估，并以房地产的评估价格来确定转让房地产收入、扣除项目的金额：

1. 出售旧房及建筑物

新房和旧房界定的标准是，新房是指建成后未使用的房产，凡是使用一定时间或达到一定磨损程度的房产均属旧房。其中，使用时间和磨损程度的标准由各省、自治区、直辖市财政厅(局)和地方税务局具体规定。根据税法规定，出售旧房及建筑物的，应按评估价格计算扣除项目的金额。

2. 隐瞒、虚报房地产成交价格

隐瞒、虚报房地产成交价格的情况主要有两种：一是指纳税人不报转让房地产的成交价格，即根本不申报；二是指纳税人有意低报转让土地使用权、地上建筑物及其附着物价款的行为，即少申报。

3. 提供扣除项目金额不实

提供扣除项目金额不实，是指纳税人在纳税申报时，不据实提供扣除项目金额，而是虚增被转让房地产扣除项目的内容或金额，使税务机关无法从纳税人方面了解计征土地增值税所需的正确的扣除项目金额，以实现通过虚增成本，达到偷税的目的。

4. 转让房地产的成交价格低于房地产评估价格且无正当理由

转让房地产的成交价格低于房地产评估价格且无正当理由，是指纳税人申报的转让房地产的成交价低于房地产评估机构通过市场比较法进行房地产评估时所确定的正常市场交易价，对此，纳税人又不能提供有效凭据或无正当理由进行解释的行为。对这种情况，应按评估的市场交易价确定其实际成交价，并以此作为转让房地产的收入计算征收土地增值税。

## 四、应纳税额

土地增值税以转让房地产的增值额为税基,依据超率累进税率计算应纳税额。其计算原理与超额累进税率基本相同。计算的基本原理和方法是:首先以出售房地产的不含增值税总收入减除扣除项目金额,求得增值额;再以增值额同扣除项目相比,其比值即为土地增值率;然后,根据土地增值率的高低确定适用税率,用增值额和适用税率相乘,求得应纳税额。

(一) 应纳税额计算公式

1. 一般纳税人

**应纳税额＝增值额×适用税率－速算扣除数(或扣除项目金额×速算扣除系数)**

**增值额＝含税收入－增值税销项税－扣除项目金额**

**增值税销项税＝(含税收入－土地出让金)/(1＋10%)×10%**

**扣除项目金额＝(土地出让金＋开发成本)×(1＋20%)＋开发费用＋相关税金**

**开发费用＝(土地出让金＋开发成本)×5%＋利息支出**

或　**＝(土地出让金＋开发成本)×10%**

2. 简易征税纳税人

**应纳税额＝含税收入/(1＋5%)×5%**

(二) 应纳税额计算方法

土地增值税可根据上述计税原理,分四步计算应纳税额。

(1) 汇集扣除项目金额。

(2) 计算增值额。

(3) 计算增值率。

**增值率＝增值额/扣除项目金额**

(4) 依据增值率确定适用税率。

(5) 依据适用税率计算应纳税额。

**应纳税额＝增值额×适用税率－扣除项目金额×速算扣除系数**

**例 16－4**　某房地产开发公司出售一幢写字楼,收入总额为 13 000 万元。开发该写字楼有关支出如下:支付地价款及各种费用 2 000 万元;房地产开发成本 3 600 万元;财务费用中的利息支出为 500 万元(可按转让项目计算分摊并提供金融机构证明),但其中有 50 万元属于加罚的利息;转让环节缴纳的有关附加税费为 55 万元;该单位所在地政府规定的其他房地产开发费用计算扣除比例为5%。

要求：计算该公司应纳土地增值税。

允许扣除的项目金额＝(2 000＋3 600)×(1＋5%＋20%)＋(500－50)＋55
＝7 505(万元)

增值额＝13 000－(13 000－2 000)/(1＋10%)×10%－7 505＝4 495(万元)

增值率＝4 495÷7 505＝59.89%

应纳税额＝4 495×40%－7 505×5%＝1 422.75(万元)

（三）出售旧房应纳税额的计算方法

出售旧房及建筑物，首先按评估价格及有关因素计算、确定扣除项目金额，再根据上述方法计算应纳税额。具体计算步骤是：

(1) 计算评估价格。其公式为：

**评估价格＝重置成本价×成新度折扣率**

(2) 汇集扣除项目金额。

(3) 计算增值率。

(4) 依据增值率确定适用税率。

(5) 依据适用税率计算应纳税额。

**应纳税额＝增值额×适用税率－扣除项目金额×速算扣除系数**

（四）按价格评估法计算应纳税额的方法

土地增值税是按出售房地产的收入减除规定的扣除项目金额来确定增值额，并据以计算应纳税额的，因此，需要纳税人提供有关收入和扣除项目的准确资料。如果纳税人不能提供扣除项目金额或提供不实的，以及纳税人隐瞒、虚报转让房地产的成交价或成交价低于评估价的，税务机关有权按照房地产的评估价格，确定扣除项目金额或转让房地产收入，计算应纳的土地增值税税额。

（五）特殊售房方式应纳税额的计算方法

房地产业经营方式较为特殊，征收管理难度也比较大。其中，最突出的是纳税人成片受让土地使用权后分期分批开发、转让房地产，以及纳税人采取预售方式出售商品房。为了加强土地增值税的征收管理，堵塞漏洞，保证税收及时足额入库，土地增值税实施细则规定，土地增值税以纳税人房地产成本核算的最基本核算项目或核算对象为单位计算。依据这项原则，对上述两种经营方式采取了先按比例征收，然后清算的办法，具体方法如下：

(1) 纳税人成片受让土地使用权后，分期分批开发、转让房地产的，对允许扣除项目的金额可按转让土地使用权的面积占总面积的比例计算分摊。若按此办法难以计算或明显不合理的，也可按建筑面积或税务机关确认的其他方式计算分摊。按转让土地使用权的面积占总面积的比例，计算分摊扣除项目金额的公式为：

**扣除项目金额＝扣除项目总金额×（转让土地使用权面积或建筑面积／受让土地使用权的总面积）**

（2）纳税人采取预售方式出售商品房的，在计算缴纳土地增值税时，可以按买卖双方签订预售合同所载金额计算出应纳土地增值税数额，再根据每笔预收款占总售价款的比例，计算分摊每次所需缴纳的土地增值税税额，在每次预收款时计征。

## 五、政策优惠

对房地产转让征收土地增值税，涉及面广，政策性强。为了促进房地产开发结构的调整，改善城镇居民的居住条件，并有利于城市改造规划的实施，土地增值税暂行条例及其他有关法规规定的减免税项目有：

（1）建造普通标准住宅出售，其增值率未超过20％的，予以免税。增值额超过扣除项目金额之和20％的，应就其全部增值额按规定计税。普通标准住宅是指按所在地一般民用住宅标准建造的居住用住宅。

（2）因国家建设需要而被政府征用、收回的房地产免税。这类房地产是指因城市市政规划、国家建设的需要拆迁，而被政府征用、收回的房地产。由于上述原因，纳税人自行转让房地产的，亦给予免税。

## 六、征收管理

### （一）纳税申报

（1）在转让房地产合同签订之日起7日内向房地产所在地主管税务机关办理纳税申报。同时向税务机关提交房屋及建筑物产权、土地使用权证书，土地转让、房产买卖合同、会计报表和有关资料。按照税务机关核定的税额及规定的期限，到指定银行缴纳土地增值税。

（2）如果纳税人经常取得房地产转让收入而难以在每次转让以后申报缴纳土地增值税，经过税务机关批准，可以定期申报纳税，具体期限由税务机关根据实际情况确定。

（3）纳税人在项目全部竣工结算以前转让房地产取得的收入，由于各种原因无法据实计算土地增值税的，可以按照所在省（自治区、直辖市）地方税务局的规定预征税款，待项目全部竣工、办理结算以后清算，多退少补。凡当地税务机关规定不预征土地增值税的，也应在取得收入时先到税务机关登记或备案。

（二）纳税地点

土地增值税的纳税人应向房地产所在地主管税务机关办理纳税申报，并在税务机关核定的期限内缴纳土地增值税。这里所说的“房地产所在地”，是指房地产的坐落地。纳税人转让的房地产坐落在两个或两个以上地区的，应按房地产所在地分别申报纳税。在实际工作中，纳税地点的确定又可分为以下两种情况：

1. 纳税人是法人

当转让的房地产坐落地与其机构所在地或经营所在地一致时，在办理税务登记的原管辖税务机关申报纳税即可；如果转让的房地产坐落地与其机构所在地或经营所在地不一致，则应在房地产坐落地所管辖的税务机关申报纳税。

2. 纳税人是自然人

当转让的房地产坐落地与其居住所在地一致时，则在住所所在地税务机关申报纳税；当转让的房地产坐落地与其居住所在地不一致时，在办理过户手续所在地的税务机关申报纳税。

（三）征收缴纳

土地增值税由税务机关负责征收。土地管理部门、房产管理部门应当向税务机关提供有关房屋及建筑物产权、土地使用权、房地产评估价格、土地出让金额数及权属变更等方面的资料。如果纳税人没有按照规定缴纳土地增值税，土地管理部门和房产管理部门不能办理有关权属变更登记。

（四）纳税清算

现行土地增值税大多采取预征办法，即依据房地产预售额按1%～2%实行预征。同时，要求在房地产开发销售完成后实行清算。2006年底，国家税务总局发布了《关于房地产开发企业土地增值税清算管理有关问题的通知》，要求各地自2007年2月1日起执行，依据通知的规定并结合当地实际情况制定具体清算管理办法。

1. 清算单位

土地增值税以国家有关部门审批的房地产开发项目为单位进行清算，对于分期开发的项目，以分期项目为单位清算。开发项目中同时包含普通住宅和非普通住宅的，应分别计算增值额。

2. 清算条件

符合下列情形之一的，纳税人应进行土地增值税的清算：第一，房地产开发项目全部竣工、完成销售的；第二，整体转让未竣工决算房地产开发项目的；第三，直接转让土地使用权的。

符合下列情形之一的，主管税务机关可要求纳税人进行土地增值税清算：第一，已竣工验收的房地产开发项目，已转让的房地产建筑面积占整个项目可售建筑面积的比例在 85%以上,或该比例虽未超过 85%,但剩余的可售建筑面积已经出租或自用的;第二,取得销售(预售)许可证满 3 年仍未销售完毕的;第三,纳税人申请注销税务登记但未办理土地增值税清算手续的。

3. 清算报送资料

符合纳税人应进行土地增值税清算的条件的,纳税人须在满足清算条件之日起 90 日内到主管税务机关办理清算手续;符合主管税务机关要求纳税人进行土地增值税清算的条件的,纳税人须在主管税务机关限定的期限内办理清算手续。纳税人办理土地增值税清算应报送以下资料:第一,房地产开发企业清算土地增值税书面申请、土地增值税纳税申报表;第二,项目竣工决算报表、取得土地使用权所支付的地价款凭证、国有土地使用权出让合同、银行贷款利息结算通知单、项目工程合同结算单、商品房购销合同统计表等与转让房地产的收入、成本和费用有关的证明资料;第三,主管税务机关要求报送的其他与土地增值税清算有关的证明资料等。纳税人委托税务中介机构审核鉴证的清算项目,还应报送中介机构出具的《土地增值税清算税款鉴证报告》。

4. 审核鉴证

税务中介机构受托对清算项目审核鉴证时,应按税务机关规定的格式对审核鉴证情况出具鉴证报告。对符合要求的鉴证报告,税务机关可以采信。税务机关要对从事土地增值税清算鉴证工作的税务中介机构在准入条件、工作程序、鉴证内容、法律责任等方面提出明确要求,并做好必要的指导和管理工作。

## 第六节　环境保护税

环境保护税是向污染源征收的一个税种,是把环境污染、生态破坏的社会成本内化到生产成本和市场价格中,再通过市场机制来分配环境资源的一种经济手段。2016 年 12 月 25 日,全国人大常委会通过了《中华人民共和国环境保护税法》,于 2018 年 1 月 1 日起实施。我国环境保护税是以中华人民共和国领域和中华人民共和国管辖的其他海域,直接向环境排放应税污染物的企事业单位和其他生产经营者为环境保护税的纳税人征收的一种税。征收目的在于保护和改善环境,减少污染物排放,推进生态文明建设。

### 一、纳税人

在中华人民共和国领域和中华人民共和国管辖的其他海域,直接向环境排放应税污染物的企事业单位和其他生产经营者为环境保护税的纳税人，应当依照法律规定缴纳环境保护税。

## 二、征税范围

环境保护税课税对象是应税污染物，具体指“环境保护税税目税额表”“应税污染物和当量值表”规定的大气污染物、水污染物、固体废物和噪声。

（一）不征税对象

具有下列情形之一的，不属于直接向环境排放污染物，不缴纳相应污染物的环境保护税：

（1）企事业单位和其他生产经营者向依法设立的污水集中处理、生活垃圾集中处理场所排放应税污染物的。

（2）企事业单位和其他生产经营者在符合国家和地方环境保护标准的设施、场所贮存或者处置固体废物的。

（二）征税对象

（1）依法设立的城乡污水集中处理、生活垃圾集中处理场所超过国家和地方规定的排放标准向环境排放应税污染物的，应当缴纳环境保护税。

（2）企事业单位和其他生产经营者贮存或者处置固体废物不符合国家和地方环境保护标准的，应当缴纳环境保护税。

## 三、税率

环境保护税的税目、税额，依照《中华人民共和国环境保护税法》所附“环境保护税税目税额表”执行，应税大气污染物和水污染物的具体适用税额的确定和调整，由省、自治区、直辖市人民政府统筹考虑本地区环境承载能力、污染物排放现状和经济社会生态发展目标要求，在《中华人民共和国环境保护税法》所附“环境保护税税目税额表”现行排污收费标准规定的下限基础上，增设上限，即不超过最低标准的10倍，报同级人民代表大会常务委员会决定，并报全国人民代表大会常务委员会和国务院备案。鼓励地方政府按照各自情况上调收取标准。

## 四、计税依据

按环境保护税的计税依据为：

（1）应税大气污染物按照污染物排放量折合的污染当量数确定。

（2）应税水污染物按照污染物排放量折合的污染当量数确定。

（3）应税固体废物按照固体废物的排放量确定。

（4）应税噪声按照超过国家规定标准的分贝数确定。

应税大气污染物、水污染物的污染当量数，以该污染物的排放量除以该污染物的污染当量值计算。每一排放口或者没有排放口的应税大气污染物，按照污染当量数从大到小排序，对前三项污染物征收环境保护税。每一排放口的应税水污染物，区分第一类水污染物和其他类水污染物，按照污染当量数从大到小排序，对第一类水污染物按照前五项征收环境保护税，对其他类水污染物按照前三项征收环境保护税。省、自治区、直辖市人民政府根据本地区污染物减排的特殊需要，可以增加同一排放口征收环境保护税的应税污染物项目数，报同级人民代表大会常务委员会决定，并报全国人民代表大会常务委员会和国务院备案。

应税大气污染物、水污染物、固体废物的排放量和噪声的分贝数，按照下列方法和顺序计算：

（1）纳税人安装使用符合国家规定和监测规范的污染物自动监测设备的，按照污染物自动监测数据计算。

（2）纳税人未安装使用污染物自动监测设备的，按照监测机构出具的符合国家有关规定和监测规范的监测数据计算。

（3）因排放污染物种类多等原因不具备监测条件的，按照国务院环境保护主管部门规定的排污系数、物料衡算方法计算。

（4）不能按照本条第一项至第三项规定的方法计算的，按照省、自治区、直辖市人民政府环境保护主管部门规定的抽样测算的方法核定计算。

## 五、应纳税额计算

（1）应税大气污染物的应纳税额为污染当量数乘以具体适用税额，大气污染物税额为每污染当量 1.2～12 元。

（2）应税水污染物的应纳税额为污染当量数乘以具体适用税额，水污染物税额为每污染当量 1.4～14 元。

（3）应税固体废物的应纳税额为固体废物排放量乘以具体适用税额，固体废物按不同种类，税额为每吨 5～1 000 元。

（4）应税噪声的应纳税额为超过国家规定标准的分贝数对应的具体适用税额，噪声按超标分贝数，税额为每月 350～11 200 元。

环境保护税税目税额表参见表 16－3。

**表 16－3　环境保护税税目税额表**

<table>
<tr><th colspan="2">税　　目</th><th>计税单位</th><th>税　额</th><th>备　　注</th></tr>
<tr><td colspan="2">大气污染物</td><td>每污染当量</td><td>1.2～12 元</td><td></td></tr>
<tr><td colspan="2">水污染物</td><td>每污染当量</td><td>1.4～14 元</td><td></td></tr>
<tr><td rowspan="4">固体废物</td><td>煤矸石</td><td>每吨</td><td>5 元</td><td rowspan="4"></td></tr>
<tr><td>尾矿</td><td>每吨</td><td>15 元</td></tr>
<tr><td>危险废物</td><td>每吨</td><td>1 000 元</td></tr>
<tr><td>冶炼渣、粉煤灰、炉渣、其他固体废物(含半固态、液态废物)</td><td>每吨</td><td>25 元</td></tr>
<tr><td rowspan="6">噪声</td><td rowspan="6">工业噪声</td><td>超标 1～3 分贝</td><td>每月 350 元</td><td rowspan="6">(1) 一个单位边界上有多处噪声超标,根据最高一处超标声级计算应纳税额;当沿边界长度超过 100 米有两处以上噪声超标,按照两个单位计算应纳税额。<br>(2) 一个单位有不同地点作业场所的,应当分别计算应纳税额,合并计征。<br>(3) 昼、夜均超标的环境噪声,昼、夜分别计算应纳税额,累计计征。<br>(4) 声源一个月内超标不足 15 天的,减半计算应纳税额。<br>(5) 夜间频繁突发和夜间偶然突发厂界超标噪声,按等效声级和峰值噪声两种指标中超标分贝值高的一项计算应纳税额。</td></tr>
<tr><td>超标 4～6 分贝</td><td>每月 700 元</td></tr>
<tr><td>超标 7～9 分贝</td><td>每月 1 400 元</td></tr>
<tr><td>超标 10～12 分贝</td><td>每月 2 800 元</td></tr>
<tr><td>超标 13～15 分贝</td><td>每月 5 600 元</td></tr>
<tr><td>超标 16 分贝以上</td><td>每月 11 200 元</td></tr>
</table>

## 六、税收减免

### (一) 暂予免征环境保护税的情形

(1) 农业生产(不包括规模化养殖)排放应税污染物的。

(2) 机动车、铁路机车、非道路移动机械、船舶和航空器等流动污染源排放应税污染物的。

(3) 依法设立的城乡污水集中处理、生活垃圾集中处理场所排放相应应税污染物,不超过国家和地方规定的排放标准的。

(4) 纳税人综合利用的固体废物,符合国家和地方环境保护标准的。

(5) 国务院批准免税的其他情形。免税规定,由国务院报全国人民代表大会常务委员会备案。

### (二) 减税规定

纳税人排放应税大气污染物或者水污染物的浓度值低于规定标准 50%的,减半征收环境保护税。环境税则设一档减排税收减免，纳税人排放应税大气污染物或者水污染物的浓度值低于规定标准30%的，减按75%征收环境保护税。

## 七、征收管理

环境保护税由税务机关依照《中华人民共和国税收征收管理法》和《中华人民共和国环境保护税法》的规定征收管理。

环境保护主管部门依照《中华人民共和国环境保护税法》和有关环境保护法律、法规的规定负责对污染物的监测管理。

县级以上地方人民政府应当建立税务机关、环境保护主管部门和其他相关单位分工协作工作机制，加强环境保护税征收管理，保障税款及时足额入库。

环境保护主管部门和税务机关应当建立涉税信息共享平台和工作配合机制。环境保护主管部门应当将排污单位的排污许可、污染物排放数据、环境违法和受行政处罚情况等环境保护相关信息定期交送税务机关。税务机关应当将纳税人的纳税申报、税款入库、减免税额、欠缴税款以及风险疑点等环境保护税涉税信息定期交送环境保护主管部门。

纳税义务发生时间为纳税人排放应税污染物的当日。纳税人应当向应税污染物排放地的税务机关申报缴纳环境保护税。环境保护税按月计算，按季申报缴纳。不能按固定期限计算缴纳的，可以按次申报缴纳。纳税人申报缴纳时，应当向税务机关报送所排放应税污染物的种类、数量，大气污染物、水污染物的浓度值，以及税务机关根据实际需要要求纳税人报送的其他纳税资料。纳税人按季申报缴纳的，应当自季度终了之日起15日内，向税务机关办理纳税申报并缴纳税款。纳税人按次申报缴纳的，应当自纳税义务发生之日起15日内，向税务机关办理纳税申报并缴纳税款。纳税人应当依法如实办理纳税申报，对申报的真实性和完整性承担责任。

税务机关应当将纳税人的纳税申报数据资料与环境保护主管部门交送的相关数据资料进行比对。税务机关发现纳税人的纳税申报数据资料异常或者纳税人未按照规定期限办理纳税申报的，可以提请环境保护主管部门进行复核，环境保护主管部门应当自收到税务机关的数据资料之日起15日内向税务机关出具复核意见。税务机关应当按照环境保护主管部门复核的数据资料调整纳税人的应纳税额。

依照规定核定计算污染物排放量的，由税务机关会同环境保护主管部门核定污染物排放种类、数量和应纳税额。

纳税人从事海洋工程向中华人民共和国管辖海域排放应税大气污染物、水污染物或者固体废物，申报缴纳环境保护税的具体办法，由国务院税务主管部门会同国务院海洋主管部门规定。

## 本章小结

行为目的税是政府为特定的社会经济政策目的和意图而设计征收的税种。我国现行的行为目的课税有城市维护建设税、印花税、车辆购置税、土地增值税等税种。行为目的税开征大致出于特定社会目的、特定经济目的、特定财政目的而课征。行为目的税具有税种多、税源分散；政策性强、调节范围明确；税负直接、难以转嫁；变化大、稳定性差等特点。城市维护建设税是对从事生产、经营取得收入的单位和个人，以实际缴纳的增值税、消费税和营业税为计税依据征收，税款专项用于城市、县城、乡镇维护建设方面的一种税。城市维护建设税对城市、县城、建制镇，以及其他地区实行地区差别税税率。印花税是对经济活动和经济交往中书立、领受的凭证征收的一种税。印花税的纳税人为立合同人、立账簿人、立据人、领受人和使用人以及成交过户交割单持有人。印花税对各类经济技术合同、产权转移书据、营业账簿中的资金账簿、股份转让书据采用从价比例税率征税。对于营业账簿中的其他账簿、权利许可证照采用从量定额征税。车辆购置税是对购置的车辆征收的一种税收，征收范围包括汽车、摩托车、电车、挂车、农用运输车。车辆购置税的计税价格一般为纳税人购买应税车辆的时候支付给销售者的全部价款和价外费用，税率为10%。土地增值税是对有偿转让国有土地使用权及地上建筑物和其他附着物产权、取得增值收入的单位和个人征收的一种税。土地增值税的课税对象是有偿转让国有土地使用权及地上建筑物和其他附着物产权所取得的增值额。土地增值税采用四级超率累进税率，最低税率为30%，最高税率为60%。土地增值税的计税依据是纳税人转让房地产所取得的增值额。

## 思考题

1. 行为目的税有哪些主要特点？
2. 城市维护建设税课税对象有何特点？
3. 印花税的纳税人如何确定？
4. 印花税的征收对象包括哪些项目？
5. 印花税有哪些处罚规定？
6. 土地增值税计算时扣除对象是如何规定的？

## 练习题

1. 某市汽车制造厂（增值税一般纳税人）6月购进原材料等，取得的增值税专用发票上注明税款共600万元；销售汽车取得不含税销售额8 000万元；兼营汽车运输业务取得不含税收入50万元。该厂汽车适用的消费税税率为8%。

要求：计算该厂当期应纳城市维护建设税。

2. 设在某县城的白鹭旅行社6月组织4次国内旅游团，收取旅游费600 000元，其中替旅游者支付给其他单位的各项费用300 000元，改由其他旅游企业接待两个团，转付旅游费200 000元。

要求：计算该旅行社应缴城市维护建设税。

3. 某市一生产企业为增值税一般纳税人。本期进口原材料一批，向海关缴纳进口环节增值税10万元；本期在国内销售甲产品实际缴纳增值税30万元、消费税50万元、消费税滞纳金1万元；本期出口乙产品一批，按规定退回增值税5万元。

要求：计算该企业本期应缴纳的城市维护建设税。

4. 位于市区的甲企业7月销售产品缴纳增值税和消费税共计50万元，被税务机关查补增值税15万元并处罚款5万元。

要求：计算甲企业7月应缴纳的城市维护建设税。

5. 某县城一家电生产企业为一般纳税人，8月因进口半成品缴纳增值税60万元，销售产品应申报缴纳增值税180万元，8月又出租当年7月取得的厂房，收到不含税租金30万元。

要求：计算该企业8月应缴纳的城市维护建设税、教育费附加和地方教育附加。

6. 某贸易公司本月对外签订三份合同：与甲建筑工程队签订建筑工程承包合同，合同金额120万元；与乙运输公司签订货物运输合同，合同金额30万元；与丙银行签订贷款合同，贷款金额60万元。建筑工程承包合同印花税税率为0.3‰，运输合同印花税税率为0.5‰，银行贷款合同印花税税率为0.05‰。

要求：计算该贸易公司应缴纳的印花税。

7. 某汽车修配厂与机械进出口公司签订购买价值2 000万元测试设备合同，为购买此设备向工商银行签订借款2 000万元的借款合同。后因故购销合同作废，改签融资租赁合同，租赁费1 000万元。

要求：计算该厂应缴纳的印花税。

8. 某企业年度有关资料如下：

(1) 实收资本比2016年增加100万元。

(2) 与银行签订1年期借款合同，借款金额300万元，年利率5%。

(3) 与甲公司签订以货换货合同，本企业的货物价值350万元，甲公司的货物价值450万元。

(4) 与乙公司签订受托加工合同，乙公司提供价值80万元的原材料，本企业提供价值15万元的辅助材料并收加工费20万元。

(5) 与货运公司签订运输合同，载明运输费用8万元(其中含装卸费0.5万元)。

(6) 与铁路部门签订运输合同，载明运输费及保管费共计20万元。

要求：计算该企业应缴纳的印花税。

9. 某建筑安装工程公司与某大厦筹建处签订了一承包金额为8 000万元的工程承包合同后，又将其中的3 000万元工程分包给了某市第一建筑公司，并签订了正式合同。

要求：计算该建筑安装工程公司应缴纳的印花税。

10. 位于市区的甲汽车轮胎厂5月实际缴纳增值税和消费税362万元，其中包括由位于县城的乙企业代收代缴的消费税30万元、进口环节增值税和消费税50万元。

要求：计算甲厂本月应向所在市区税务机关缴纳的城市维护建设税。

11. 某企业期初营业账簿记载的实收资本和资本公积余额为500万元，当年该企业增加实收资本120万元，新建其他账簿12本，领受专利局发给的专利证1件。

要求：计算该企业上述凭证应缴纳的印花税。

12. 某旅游公司8月从游艇生产企业购进一艘游艇，取得的增值税专用发票注明价款120万元、税额20.4万元；从汽车贸易公司购进一辆小汽车，取得增值税机动车统一销售发票注明价款40万元、税额6.8万元。游艇的消费税税率为10%，小汽车消费税税率为5%。

要求：计算该公司应纳消费税和车辆购置税。

13. 王某从汽车4S店购置了一辆排气量为1.8升的乘用车，支付购车款(含增值税)234 000元，并取得"机动车销售统一发票"；支付代收保险费5 000元，并取得保险公司开具的票据；支付购买工具件价款(含增值税)1 000元，并取得汽车4S店开具的普通发票。

要求：计算王某应缴纳的车辆购置税。

14. 某公司主要从事建筑工程机械的生产制造，发生以下业务：

(1) 签订钢材采购合同一份，采购金额8 000万元；签订以货换货合同一份，用库存的3 000万元A型钢材换取对方相同金额的B型钢材；签订销售合同一份，销售金额15 000万元。

(2) 公司作为受托方签订甲、乙两份加工承揽合同，甲合同约定：由委托方提供主要材料(金额300万元)，受托方只提供辅助材料(金额20万元)，受托方另收取加工费50万元；乙合同约定：由受托方提供主要材料(金额200万元)并收取加工费40万元。

(3) 公司作为受托方签订技术开发合同一份，合同约定：技术开发金额共计1 000万元，其中研究开发费用与报酬金额之比为3∶1。

(4) 公司作为承包方签订建筑安装工程承包合同一份，承包金额300万元，公司随后又将其中的100万元业务分包给另一单位，并签订相关合同。

(5) 公司新增实收资本2 000万元、资本公积500万元。

(6) 公司启用其他账簿10本。

购销合同、加工承揽合同、技术合同、建筑安装工程承包合同的印花税税率分别为0.3‰、0.5‰、0.3‰、0.3‰；营业账簿的印花税税率分为0.5‰和每件5元两种。

要求：计算该公司应缴纳的印花税。

15. 某单位转让一幢2008年购买的厂房，当时的购买价为700万元。经房地产评估机构评定，该楼的重置成本为2 000万元，成新度折扣率为七成。

要求：计算在土地增值税计算过程中该楼的评估价格。

16. 某市房地产开发公司为一般纳税人，当年7月转让上年自建的写字楼，取得含增值税收入1 000万元。土地增值税计算中为取得土地使用权所支付的金额为50万元，房地产开发成本为200万元，房地产开发费用为40万元(经税务机关批准可全额扣除)，与转让房地产有关的税金为9.41万元(不含增值税和印花税)，开发公司选择一般计税方法。

要求：计算该公司当年应缴纳的土地增值税。

17. 某房地产开发公司转让新建一幢写字楼取得不含增值税收入1 000万元。已知该公司为取得土地使用权所支付的金额为50万元，房地产开发成本为200万元，房地产开发费用为40万元(经税务机关批准可全额扣除)，与转让房地产有关的税金为60万元(不含增值税和印花税)。

要求：计算该公司应缴纳的土地增值税。

18. 某公司主要经营农产品采摘、销售、观光业务，公司占地3万平方米，其中采摘、观光的种植用地2.5万平方米，职工宿舍和办公用地0.5万平方米；房产原值300万元。公司2017年发生以下业务：

(1) 6 月 30 日签订房屋租赁合同一份，将价值 50 万元的办公室从 7 月 1 日起出租给他人使用，租期 12 个月，月租 0.2 万元，每月收租金 1 次。

(2) 8 月与保险公司签订农业保险合同一份，支付保险费 3 万元。

(3) 9 月与租赁公司签订融资租赁合同一份，租赁价值 30 万元的鲜果拣选机一台，租期 5 年，租金共计 40 万元，每年支付 8 万元。

其他相关资料：适用城镇土地使用税税率为每平方米 5 元；公司所在省规定计算房产余值的扣除比例为 30%；金额以元为单位计算。

要求：计算该公司应缴纳的城镇土地使用税、房产税、印花税。

19. 某房地产开发公司受让一宗土地使用权，根据转让合同支付转让方地价款 6 000万元，当月办好土地使用权权属证书。该房地产开发公司将受让土地 70%(其余 30%尚未使用)的面积开发建造一栋写字楼。在开发过程中，根据建筑承包合同支付给建筑公司的劳务费和材料费共计 5 800万元；发生的利息费用为 300 万元，不高于同期限贷款利率并能提供金融机构的证明。该公司将开发建造的写字楼总面积的 20%转为公司的固定资产并用于对外出租，其余部分对外销售。销售部分全部售完，共计取得销售收入 15 400 万元。该公司缴纳城市维护建设税和教育费附加 85 万元；契税税率为 3%；其他开发费用扣除比例为 5%。

要求：根据上述资料，计算该房地产开发企业应缴纳的土地增值税。

20. 税务机关对某房地产开发公司开发的房产项目进行土地增值税清算。该房地产开发公司提供的资料如下：

(1) 以 16 000 万元拍得一宗土地使用权，并缴纳了契税。

(2) 对受让土地 50%的面积进行一期项目开发，发生开发成本 6 000 万元、管理费用 200 万元、销售费用 400 万元、银行贷款凭证显示利息支出 600 万元，允许扣除的附加税金 290 万元。

(3) 该项目实现全部销售，共计取得不含税收入 30 400 万元。

其他相关资料：当地适用的契税税率为 5%，该项目未预缴土地增值税。

要求：根据上述资料，计算该公司清算土地增值税时应缴纳的土地增值税。

# 第十七章　税收管理

税收管理可分为税收政策、税法制度制定的税收立法管理，税收政策、税法制度执行和实施的税收执法管理，税收政策、税法制度执行和实施过程中的违法行为及其处理的税收行政和司法管理，以及中央和地方税收关系处理的税收责权管理。本章主要研究分析税收立法、税收执法、税收征管、税收管理体制等问题。

## 第一节　概　论

税收管理是国家税收立法及执行机关通过税收政策、法令、制度对税收分配全过程进行决策、计划、协调和监督控制的一种管理活动。税收管理包括税收立法、税收执法、税收体制、税收征管等内容。

### 一、税收立法管理

税收立法是指有立法权的机关依据一定的程序，遵循一定的原则，运用一定的技术，制定、公布、修改、补充和废止有关税收法律、法规、规章的活动。税收立法管理主要是确定税收立法机构、严格税收立法程序。

（一）税收立法机关

我国的税收立法可分为全国人民代表大会及其常务委员会制定税收法律；国务院及所属各部委制定税收行政法规和规章；地方人民代表大会及其常务委员会制定税收地方性法规；民族自治地方的人大制定税收自治条例和单行条例。各有立法权机关根据国家立法体制规定，所制定的税收法律、法规、规章和规范性文件，构成了我国的税收法律体系。

1. 全国人民代表大会和全国人大常委会制定的税收法律

在国家税收中，凡是基本的、全局性的问题，例如，国家税收的性质，税收法律关系中征纳双方权利与义务的确定，税种的设置，税目、税率的确定等，都需要由全国人大及其常委会以税收法律的形式制定实施，并且在全国范围内普遍适用。在现行税法中,《中华人民共和国企业所得税法》《中华人民共和国个人所得税法》《中华人民共和国税收征收管理法》都是税收法律。在税收法律体系中,税收法律具有最高的法律效力,是其他机关制定税收法规、规章的法律依据,其他各级机关制定的税收法规、规章,都不得与税收法律相抵触。

2. 全国人大或人大常委会授权国务院制定的税收暂行条例

全国人民代表大会及其常务委员会可根据需要授权国务院制定某些具有法律效力的暂行规定或者条例。国务院授权立法所制定的规定或条例等具有国家法律的性质和地位,它的法律效力高于行政法规。现行的《中华人民共和国增值税暂行条例》《中华人民共和国消费税暂行条例》《中华人民共和国企业所得税暂行条例》《中华人民共和国资源税暂行条例》《中华人民共和国土地增值税暂行条例》等税收暂行条例都是由人大授权国务院立法。授权立法在一定程度上解决了我国经济体制改革和对外开放工作急需法律保障的当务之急。税收暂行条例的制定和公布施行,也为全国人大及常委会立法工作提供了有益的经验和条件,在条件成熟时,将这些条例上升为法律做好了准备。

3. 国务院制定的税收行政法规

国务院可根据宪法和法律,规定行政措施,制定税收行政法规,发布决定和命令。税收行政法规作为一种法律形式,在我国法律形式中处于低于宪法、法律和高于地方法规、部门规章、地方规章的地位,也是在全国范围内普遍适用的。税收行政法规立法目的在于保证宪法和法律的实施。现行的《中华人民共和国企业所得税法实施条例》《中华人民共和国个人所得税法实施条例》《中华人民共和国税收征收管理法实施细则》等都属于税收行政法规。

4. 国务院税务主管部门制定的税收部门规章

国务院各部、各委员会根据法律和国务院的行政法规,制定部门规章,在本部门的权限内,发布命令和指示。有权制定税收部门规章的税务主管机关是财政部和国家税务总局。其制定规章的范围包括对有关税收法律、法规的具体解释,税收征收管理的具体规定、办法等。税收部门规章在全国范围内具有普遍适用效力。我国现行的《中华人民共和国增值税暂行条例实施细则》《中华人民共和国消费税暂行条例实施细则》《中华人民共和国企业所得税暂行条例实施细则》《中华人民共和国资源税暂行条例实施细则》《中华人民共和国土地增值税暂行条例实施细则》等税收暂行条例实施细则都是属于国务院所属财政部门制定的税收部门规章。

5. 地方人民代表大会及其常委会制定的税收地方性法规

省、自治区、直辖市的人民代表大会以及省、自治区的人民政府所在地的市和经国务院批准的较大的市的人民代表大会有制定地方性法规的权力。但由于我国在税收立法上坚持统一税法的原则，因此地方权力机关制定税收地方法规时要受到限制和约束。目前，除了海南省、民族自治地区按照全国人大授权立法规定，在遵循宪法、法律和行政法规的原则基础上，可以制定有关税收的地方性法规外，其他省、市一般无权自定税收地方性法规。

6. 地方政府制定的税收地方规章

省、自治区、直辖市以及省、自治区的人民政府所在地的市和国务院批准的较大的市的人民政府，可以根据法律和国务院的行政法规，制定规章。按照统一税法的原则，地方政府制定税收规章，都必须在税收法律、法规明确授权的前提下进行，并且不得与税收法律、行政法规相抵触。现行国务院发布实施的《中华人民共和国城市维护建设税暂行条例》《中华人民共和国车船使用税暂行条例》《中华人民共和国房产税暂行条例》等地方性税种暂行条例，规定可由省、自治区、直辖市人民政府根据条例制定实施细则。

（二）税收立法程序

税收立法程序是指有权的机关，在制定、认可、修改、补充、废止等税收立法活动中，必须遵循的法定步骤和方法。目前，我国税收立法程序主要包括以下几个阶段：

1. 提议阶段

无论是税法的制定，还是税法的修改、补充和废止，一般由国务院授权其税务主管部门，主要是财政部或国家税务总局，负责立法的调查研究等准备工作，并提出立法方案或税法草案，上报国务院。

2. 审议阶段

税收法规由国务院负责审议。税收法律在经国务院审议通过后，以议案的形式提交全国人民代表大会常务委员会的有关工作部门，在广泛征求意见并做修改后，提交全国人民代表大会或其常务委员会审议通过。

3. 通过和公布阶段

税收行政法规，由国务院审议通过后，以国务院总理名义发布实施。税收法律，在全国人民代表大会或其常务委员会开会期间，先听取国务院关于制定税法议案的说明，然后经过讨论，以简单多数的方式通过后，以国家主席名义发布实施。

## 二、税法实施管理

税法的实施即税法的执行，它包括税收执法和守法两个方面。一方面要求税务机关和税务人员正确运用税收法律，并对违法者实施制裁；另一方面要求税务机关、税务人员、公民、法人、社会团体及其他组织严格遵守税收法律。为了加强税法实施，规范税收征收和缴纳行为，保障国家税收收入，保护纳税人的合法权益，促进经济和社会发展，国家制定了《中华人民共和国税收征收管理法》，作为国家税收征收管理的法律依据和规范。

（一）税收征管法的遵守主体

税收征管所涉及的遵守主体可分为征税主体、纳税主体和相关主体。

1. 征税主体

征税主体是指依法行使征税权的各级税务机关，包括各级税务机关、海关和财政机关。其中，税务机关负责工商税收的征收和管理工作，海关负责进出口税收的征收和管理工作，财政机关负责农村税收的征收和管理工作。

2. 纳税主体

纳税主体是指依法负有纳税义务的单位和个人，包括法人、自然人和其他组织。其中，纳税人应当依照税收法律、行政法规的规定履行纳税义务；扣缴义务人必须依照法律、行政法规的规定履行代扣代缴、代收代缴税款义务。

3. 相关主体

相关主体是指对税收征管起作用的各级政府、有关部门和单位。其中，各级人民政府应当依法加强对本行政区域内税收征收管理工作的领导或者协调，支持税务机关依法执行职务，依照法定税率计算税额，依法征收税款；各有关部门和单位应当支持、协助税务机关依法执行职务。

（二）行为主体的权利和义务

1. 税务机关的权利和义务

（1）国家税务机关的权利主要包括：依法征税；进行税务检查；对违章行为进行处罚。

（2）国家税务机关的义务主要包括：第一，广泛宣传税收法律、行政法规，普及纳税知识，无偿地为纳税人提供纳税咨询服务。第二，税务机关和税务人员应当秉公执法，忠于职守，清正廉洁，礼貌待人，文明服务，尊重和保护纳税人、扣缴义务人的权利，依法接受监督。第三，税务人员不得索贿受贿、徇私舞弊、玩忽职守、不征或者少征应征税款，不得滥用职权多征税款或者故意刁难纳税人和扣缴义务人。第四，各级税务机关建立、健全内部制约和监督管理制度。国家税务总局应当制定税务人员行为准则和服务规范。第五，上级税务机关应当对下级税务机关的执法活动依法进行监督。上级税务机关发现下级税务机关的税收违法行为，应当及时予以纠正；下级税务机关应当按照上级税务机关的决定及时改正。下级税务机关发现上级税务机关的税收违法行为，应当向上级税务机关或者有关部门报告。第六，各级税务机关应当对其工作人员执行法律、行政法规和廉洁自律准则的情况进行监督检查。第七，税务机关负责征收、管理、稽查、行政复议的人员的职责应当明确，并相互分离、相互制约。第八，税务人员征收税款和查处税收违法案件，与纳税人、扣缴义务人或者税收违法案件有利害关系的，应当回避。

2. 纳税人的权利和义务

(1) 纳税人的权利主要包括：第一，纳税人、扣缴义务人有权向税务机关了解国家税收法律、行政法规的规定以及与纳税程序有关的情况。第二，纳税人、扣缴义务人有权要求税务机关为纳税人、扣缴义务人的情况保密。税务机关应当依法为纳税人、扣缴义务人的情况保密。第三，纳税人依法享有申请减税、免税、退税的权利。第四，纳税人、扣缴义务人对税务机关所作出的决定，享有陈述权、申辩权；依法享有申请行政复议、提起行政诉讼、请求国家赔偿等权利。第五，纳税人、扣缴义务人有权控告和检举税务机关、税务人员的违法、违纪行为。

(2) 纳税人的义务主要包括：纳税人、扣缴义务人和其他有关单位应当按照国家有关规定办理税务登记、进行纳税申报、接受税务检查、依法缴纳税款和代扣代缴税款；向税务机关提供与纳税和代扣代缴、代收代缴税款有关的信息。

## 三、税收管理体制

税收管理体制是中央与地方，以及地方各级政府之间在税收管理权限划分、税收收入分配和税收管理机构设置方面的一种制度，涉及中央和地方，以及地方各级政府之间的权限和利益关系。

### (一) 税收收入划分

国家为履行它的职能，需要有相应的收入，作为履行职能的财力来源和财力保证。但是，由于国家是由中央和地方各级政府组成，因此，国家税收又必须按一定的标准和方法在中央和地方各级政府之间进行划分。我国现行税收收入划分采取分税制的方法，即按税种来划分中央和地方的收入。具体政策措施如下：

1. 中央、地方的税种划分

1994 年，我国实行了分税制改革，按税收管辖和支配权把税收划分为中央税、地方税、中央和地方共享税三类。

(1) 中央税。属于中央税的税种主要有消费税、车辆购置税、关税、船舶吨税和海关代征的增值税。

(2) 地方税。属于地方税的税种主要有城镇土地使用税、房产税、城市房地产税、耕地占用税、土地增值税、车船使用税、车船使用牌照税、契税、屠宰税、筵席税、农业税、牧业税及其地方附加。

(3) 中央和地方共享税。属于中央和地方共享税的税种主要有：

① 增值税(不包括海关代征的部分)。中央政府分享 75%，地方政府分享 25%

(基数部分)。

② 营业税。铁道部、各银行总行、各保险总公司集中缴纳的部分归中央政府,其余部分归地方政府。

③ 企业所得税。铁路运输、国家邮政、中国工商银行、中国农业银行、中国银行、中国建设银行、国家开发银行、中国农业发展银行、中国进出口银行和海洋石油、天然气企业缴纳的部分归中央政府,其余部分中央政府和地方政府各自分享。自2003年起,新增部分中央政府分享60%,地方政府分享40%。

④ 外商投资企业和外国企业所得税。中央政府和地方政府各自分享。自2003年起,中央政府分享60%,地方政府分享40%。

⑤ 个人所得税。中央政府和地方政府各自分享。自2003年起,新增部分中央政府分享60%,地方政府分享40%。

⑥ 资源税。海洋石油企业缴纳的部分归中央政府,其余部分归地方政府。

⑦ 城市维护建设税。铁道部、各银行总行、各保险总公司集中缴纳的部分归中央政府,其余部分归地方政府。

⑧ 印花税。股票交易印花税收入的97%归中央政府,其余的3%和其他印花税收入归地方政府。

2. 中央、地方的支出核定

根据中央政府和地方政府的事权划分,来确定中央政府和地方政府的支出范围。

(1) 中央财政主要承担国家安全、外交和中央国家机关运转所需经费,调整国民经济结构、协调地区发展、实施宏观调控所必须的支出,以及由中央直接管理的事业发展支出。具体包括国防费、武警经费、外交和援外支出、中央级行政管理费、中央统管的基本建设投资、中央直属企业的技术改造和新产品试制费、地质勘探费、由中央财政安排的支农支出、由中央负担的国内外债务的还本付息支出,以及中央本级负担的公检法支出和教育、文化、科学、卫生事业等各项事业费支出。

(2) 地方财政主要承担本地区政权机关运转所需支出,以及本地区经济、事业发展所需支出。具体包括:地方行政管理费,公检法支出,部分武警经费,民兵事业费,地方统筹的基本建设投资,地方企业的技术改造和新产品试制经费,支农支出,城市维护和建设经费,地方教育、文化、科学、卫生等各项事业费,价格补贴支出以及其他支出。

3. 中央、地方的税收上解、下拨、返还和补助

由于我国的分税制改革是在保留原承包财政体制利益格局的基础上进行,因此,需通过上解、下拨、返还和补助等方式对中央地方利益进行调整。

(1) 地方对中央上解或中央对地方下拨。1994年实行分税财政体制后,原财政

体制所确定的中央对地方的补助与地方对中央的上解体制依然执行。原体制上解仍然按不同体制类型执行，其中，实行递增上解的地区，按原体制继续递增上解；实行定额上解的地区，按原定的定额上解；实行总额分成的地区和分税制试点的地区暂按递增上解办法，即按1993年实际上解数上解，并核定一个递增率，每年递增上解。原来中央拨给地方的各项专款，该下拨的继续下拨。地方1993年承担的20％出口退税以及其他年度结算上解和补助项目相抵后，确定一个数额，作为一般上解和补助处理，以后年度按此定额结算。

(2) 中央对地方税收返还。为顺利推行分税制财政管理体制的改革，保证中央的收入和地方的既得利益，在过渡时期继续执行原财政体制所确定的中央对地方的补助与地方对中央的上解，并实行中央对地方的税收返还。税收返还是指中央按1993年地方净上划收入（即消费税＋75％的增值税－中央下划收入）全额返还给地方，并以此作为以后中央对地方税收返还基数。1994年以后，税收返还额在1993年的基数上递增，递增率按增值税和消费税增长率的1∶0.3的系数确定，然后中央对地方核定增值税和消费税两税增长率，如果1994年以后达不到中央核定的增长率指标，则相应扣减对地方的税收返还数。

我国现行分税制的基本特点是：按税种划分中央税、地方税、中央和地方共享税，中央和地方共享税按统一的比例在中央和地方之间分享；在按税种划分收入和按权责划分支出范围的基础上，确定中央和地方之间的上解、返回和补助来调剂地区之间的差异，使分税制同原承包制相衔接，并适应地区发展不平衡的客观实际，比较顺利地得以推行。

(二) 税收管理权限划分

在中央政府和地方政府之间划分税收管理权限是税收管理体制的核心内容。我国现行税收管理权限划分基本上是以国务院1977年批转的财政部《关于税收管理体制的请示报告》《关于税收管理体制的规定》，以及颁布的有关税法、税收条例为依据，按统一领导、分级管理原则分为以下三个层次。

1. 属于国务院管理的权限

凡属国家税收政策的改变，税法的颁布和实施，税种的开征和停征，税目税率的调整，属中央管理权限，均由国务院统一规定。重要税收立法还要经全国人民代表大会或其常务委员会审议通过公布，或由其授权国务院办理。

2. 属于财政部、国家税务总局、海关总署管理的权限

凡中央税、中央和地方共享税各税收条例施行细则的制定、颁布，税法的解释权、税收的减免权，依据各税税法的规定分别属于财政部、国家税务总局和海关总署及涉及外交关系和对外商征税的问题等，均由财政部或国家税务总局批准。关

税的征收和减免(包括临时减免)由海关总署会同财政部制定办法经国务院批准执行。

3. 属于省、自治区、直辖市人民政府管理的权限

各地方税施行细则的制定和颁布,各地方税的减免,变更税率、税额,停征、开征,结合地区特点所制定的税收实施办法均可由省、自治区、直辖市人民政府及其所属财政、税务部门掌握审批。此外,对少数民族地区和经济特区,给予比其他地区更多的税收管理权限。

(三) 税收管理机构设置

1994年,我国实行了分税制改革后。在收入上已按税种划分中央税、地方税、中央和地方共享税;在税收管理权限上正在按税种划分中央和地方在税收立法方面的管理权限;在地方税务机构设置上也按税种设置国家税务局和地方税务局,分别负责中央税、地方税和中央地方共享税的征收管理工作,从而形成国家税务局和地方税务局相对独立的税收征收管理组织体系。2018年,地方国地税机构合并统称为税务局,实行以垂直管理为主的征收管理体制。

我国税收管理的最高权力机构为国家税务总局,直属国务院领导。国家税务总局在各省、自治区、直辖市设税务局。各省、自治区、直辖市下属地区、省辖市、自治州(盟)设税务分局。同国家税务总局相平行的是海关总署,直属国务院领导。海关总署及下属各海关都设有关税及其他进口税征收管理机构。

我国各级税收征收管理机构的责权分工为:国家税务总局及其所属税务局主要从事税收政策拟订、制度设计、计划编制和税收征管等方面的工作;海关总署及其下属海关主要从事关税及其他进口税的政策拟订、制度设计、计划编制和税收征管等方面工作。

## 第二节　税务管理

税收征管制度是税收执法部门和纳税人必须共同遵守的有关税收征管的法律规范。我国的税收征管制度主要以2015年通过的《中华人民共和国税收征收管理法》对税收征管制度的内容为依据,主要体现在以下几个方面。

### 一、税务登记制度

税务登记是税务机关根据税法规定,对纳税义务人的生产、经营活动进行登记管理的一项制度。税务登记包括开业登记、变更登记、重新登记和注销登记。

（一）开业税务登记

1. 登记时间

（1）凡经工商行政管理机关批准开业和发给营业执照，从事生产、经营的纳税人，包括企业，企业在外地设立的分支机构和从事生产、经营的场所，个体工商户和从事生产、经营的事业单位，应自领取营业执照之日起 30 日内，向生产、经营地或者纳税义务发生地的主管税务机关申报办理税务登记，如实填写税务登记表，并按照税务机关的要求提供有关证件、资料。

（2）纳税人不从事生产经营活动，但依法律、行政法规规定负有纳税义务的单位和个人，除临时取得应税收入或发生应税行为以及只缴纳个人所得税、车船使用税外，也应自有关部门批准之日起或在按税法规定成为法定纳税人之日起 30 日内，向当地税务机关办理注册税务登记。

（3）上述规定以外的纳税人，除国家机关和个人外，应当自纳税义务发生之日起 30 日内，持有关证件向所在地的主管税务机关申报办理税务登记。

（4）扣缴义务人应当自扣缴义务发生之日起 30 日内，向所在地的主管税务机关申报办理扣缴税款登记，领取扣缴税款登记证件；税务机关对已办理税务登记的扣缴义务人，可以只在其税务登记证件上登记扣缴税款事项，不再发给扣缴税款登记证件。

2. 登记程序

（1）报送资料。纳税人办理税务登记时应提供的证件、资料主要有：营业执照或其他核准执业证件及工商登记表；有关机关部门批准设立的文件；有关合同、章程、协议书；法定代表人和董事会成员名单；法定代表人或业主居民身份证、护照或其他证明身份的合法证件；组织机构统一代码证书；住所或经营场所证明；委托代理协议书复印件。属于享受税收优惠政策的企业，还应包括需要提供的相应证明、资料；税务机关要求提供的其他证件和资料。

（2）填写税务登记表。纳税人应如实填写税务登记表，税务登记表的内容包括：单位名称、法定代表人或业主姓名及其居民身份证、护照或其他证明身份的合法证件；住所、经营地点；登记注册类型及所属主管单位；核算方式；行业、经营范围、经营方式；投资资金、投资总额、开户银行及账号；经营期限、作业人数、营业执照号码；财务负责人、办税人员等其他有关事项。

（3）税务审核。对纳税人填报的税务登记表及其提供的各种证件和资料，税务机关应当自收到之日起 30 日内审核完毕，并对符合规定条件的纳税人予以登记，核发税务登记证，或者注册税务登记证。其中，对经工商行政管理机关批准开业和发给营业执照，从事生产、经营的纳税人核发税务登记证及其副本；对纳税人非独立核算的分支机构及非从事生产经营活动的纳税人核发注册税务登记证及其副本。对于不符合规定条件的纳税人，也应在 30 日之内予以答复。

(4) 适用范围。税务登记证只限纳税人自己使用，不得涂改、转租或转让。税务登记证应悬挂在营业场所，并接受税务机关查验。纳税人申请减免税、退税，领购发票，外出经营活动，增值税一般纳税人认定，必须持税务登记证。纳税人遗失税务登记证，应及时向当地税务机关书面报告、提供有关证据、申请换发。

（二）变更税务登记

1. 适用对象

从事生产、经营的纳税人遇有单位名称、法定代表人、经济性质、经济类型、住所和经营地点、生产经营方式、生产经营期限、注册资金、银行账号等税务登记内容发生变化时，应当依法向原税务登记机关申报办理变更税务登记。

2. 登记时间

纳税人需要在工商行政管理机关办理变更登记的，应当自工商行政管理部门办理变更登记之日起 30 日以内，持下列证件到原税务机关申报办理变更税务登记：变更税务登记申请书，工商变更登记表及工商执照（注册登记执照），纳税人变更登记内容的决议及有关证明文件，税务机关发放的原税务登记证件（登记证正、副本和登记表等），其他有关资料。不需要到工商行政管理机关或者其他机关办理变更登记的，应当自发生变化之日起 30 日内，持有关证件向原税务登记机关申报办理变更税务登记。

3. 登记程序

纳税人提交资料齐全的，由税务机关发给税务登记变更表，依法如实填写。税务机关审核以后，归入纳税人档案，并在税务登记表和税务登记证件副本的有关栏次内填写变更记录。变更税务登记的内容涉及税务登记证件内容需做更改的，税务机关应当收回原税务登记证件，并按照变更以后的内容重新核发税务登记证件。

（三）注销税务登记

纳税人发生解散、破产、撤销以及其他情形，依法终止纳税义务的，应当在向工商行政管理机关或者其他机关办理注销登记前，持有关证件向原税务登记机关申报办理注销税务登记；按照规定不需要在工商行政管理机关或者其他机关办理注销登记的，应当自有关机关批准或者宣告终止之日起 15 日内，持有关证件向原税务登记机关申报办理注销税务登记。

纳税人因住所、经营地点变动，涉及改变税务登记机关的，应当在向工商行政管理机关或者其他机关申请办理变更或者注销登记前或者住所、经营地点变动前，向原税务登记机关申报办理注销税务登记，并在 30 日内向迁达地税务机关申报办理税务登记。如果纳税人已经或者正在享受税收优惠待遇，迁出地税务机关应当在迁移通知书上注明。

纳税人被工商行政管理机关吊销营业执照或者被其他机关予以撤销登记的，应当自营业执照被吊销或者被撤销登记之日起 15 日内，向原税务登记机关申报办理注销税务登记。纳税人办理注销税务登记的时候，应当提交注销税务登记申请、主管部门或者董事会(职工代表大会)的决议以及其他有关文件，同时向税务机关结清税款、滞纳金和罚款，缴销发票、发票领购簿和税务登记证件，经过税务机关核准，办理注销税务登记手续。

(四) 停业、复业税务登记

1. 停业税务登记

实行定期定额征收方式的纳税人在营业执照核准的经营期限以内需要停业的，应当向税务机关提出停业登记，说明停业的理由、时间、停业以前的纳税情况和发票的领、用、存情况，并如实填写申请停业登记表。税务机关经过审核(必要的时候可以实地审查)，应当责成申请停业的纳税人结清税款并收回其税务登记证件、发票领购簿和发票，办理停业登记。纳税人的发票不便收回的，税务机关应当就地封存。经核准停业在 15 日以上的纳税人，税务机关应当相应调整已经核定的应纳税额。具体调整的时限或者额度由各省、自治区、直辖市税务机关根据当地的实际情况确定。如果纳税人在停业期间发生纳税义务，应当及时向税务机关申报，依法补缴应纳税款。

2. 复业税务登记

纳税人应当于恢复生产、经营以前向税务机关提出复业登记申请，经过确认以后，办理复业登记，领回或者启用税务登记证件和发票领购簿及其领购的发票。纳税人停业期满不能及时恢复生产、经营的，应当在停业期满以前向税务机关提出延长停业登记。纳税人停业期满没有按期复业，又不申请延长停业的，税务机关应当视为已经恢复营业，实施正常的税收征收管理。

(五) 外出经营报验登记

从事生产、经营的纳税人到外县(市)生产、经营的，应当向税务机关申请开具外出经营活动税收管理证明。税务机关审核以后，按照一地(外出经营地应当具体填写到县、市)一证的原则，核发《外出经营活动税收管理证明》。纳税人到外县(市)销售货物的，证明的有效期限一般为 30 日；到外县(市)从事建筑安装工程的，证明的有效期最长为 1 年。因工程需要延长的，应当向原证明核发机关重新申请。

纳税人应当在到达经营地从事生产、经营以前向经营地税务机关申请报验登记，并提交下列证件、资料：税务登记证件副本；《外出经营活动税收管理证明》；销售货物的，填写《外出经营货物报验单》，并申请查验货物。纳税人所携带的货物没有在证明上注明地点销售完毕而需易地销售的，必须经过注明地点税务机关验审，并在其所持证明上转注。易地销售而没有经过注明地点税务机关验审转注的，视为未持有证明。

外出经营活动结束，纳税人应当向经营地税务机关填报《外出经营活动情况申报表》，并按照规定结清税款、缴销没有使用完的发票。经营地税务机关应当在证明上注明纳税人的经营、纳税及发票使用情况。纳税人应当持此证明，在证明有效期届满之日起10日内，回到所在地税务机关办理证明缴销手续。

（六）税务登记核查

税务机关对于已经核发的税务登记证件，实行定期验证和换证制度。纳税人应当在规定的期限内到税务机关办理验证或者换证手续。

1. 税务登记证验审

(1) 税务登记证验审时间。税务登记证件每年验审一次，审查核对税务登记证件和税务登记表的内容与纳税人的实际生产、经营情况是否一致，有条件的地方可以与工商行政管理等部门实行联合检查验审。外商投资企业按照有关规定实行联合年检。验审合格的，税务机关应当在纳税人的税务登记证件上载明验证标识。验证标识由国家税务总局统一制发，具体验证时间由各省、自治区、直辖市国家税务局、地方税务局根据当地的实际情况规定。

(2) 税务登记稽核方式。税务机关日常的税务登记稽核可以采取以下方式：第一，国家税务局和地方税务局之间按月相互稽核税务登记户数；第二，按照季度和年度与工商行政管理机关、技术监督部门和民政部门核对注册和注销的各类企业、个体工商户、社团法人以及他们的组织机构统一代码，以发现应当登记或者应当注销登记的纳税人；第三，利用纳税人报验的购买货物（或者接受劳务服务）取得的发票和销售货物（或者提供劳务服务）开出的发票，核查其供应商或者客户中没有办理税务登记者；第四，对特定地区之内的从事应纳税活动的所有单位和个人逐一进行实地核查，清理漏管户；第五，其他有效的核查方式。

2. 税务登记换证

税务登记证件3年更换一次，新税务登记证件式样由国家税务总局统一制发，具体换证时间由国家税务总局确定。没有按照规定办理验证或者换证手续的，由县级以上税务机关宣布其税务登记证件失效，并收回有关税务证件及发票。

3. 税务登记证注销

凡已经办理税务登记的纳税人，没有正当理由连续3个月没有向税务机关进行纳税申报的，税务机关应当派员实地检查。查无下落并且无法强制其履行纳税义务的，税务机关应当发出公告，责令限期改正；逾期不改正的，可以暂停其税务登记证件、发票领购簿和发票的使用，同时制作非正常户认定书，存入纳税人档案。纳税人被列为非正常户超过1年的，税务机关可以注销其税务登记。但是，其应纳税款的追征仍然按照有关的规定执行。

（七）账户管理

从事生产、经营的纳税人应当按照国家的有关规定，持税务登记证件，在银行或者其他金融机构开立基本存款账户和其他存款账户，并将其全部账号向税务机关报告。银行和其他金融机构应当在从事生产、经营的纳税人的账户中登录税务登记证件号码，并在税务登记证件中登录从事生产、经营的纳税人的账户账号。税务机关依法查询从事生产、经营的纳税人开立账户的情况时，有关银行和其他金融机构应当予以协助。

## 二、账簿、凭证管理

账簿、凭证是记录和反映纳税人经营活动的基本材料之一，也是税务机关对纳税人、扣缴义务人计征税款以及确认其是否正确履行纳税义务的重要凭据。经县以上税务机关批准纳税人、扣缴义务人按照有关法律、行政法规和国务院财政、税务主管部门的规定设置账簿，根据合法、有效凭证记账，进行核算。

（一）账簿、凭证管理

1. 账簿、凭证设置管理

《中华人民共和国税收征收管理法》规定，从事生产、经营的纳税人、扣缴义务人应自领取营业执照之日起 15 日内，按国家财政、税务主管部门的规定设置账簿。账簿是指总账、明细账、日记账以及其他辅助性账簿。总账、日记账应当采用订本式。对确实无力建账的个体工商业户，生产、经营规模小又确无建账能力的纳税人，可以聘请经批准从事会计代理记账业务的专业机构或者经税务机关认可的财会人员代为建账和办理账务；聘请上述机构或者人员有实际困难的，经县以上税务机关批准，可以按照税务机关的规定，建立收支凭证粘贴簿、进货销货登记簿或者使用税控装置。扣缴义务人应当自税收法律、行政法规规定的扣缴义务发生之日起 10 日内，按照所代扣、代收的税种，分别设置代扣代缴、代收代缴税款账簿。

2. 财务会计制度管理

从事生产、经营的纳税人应当自领取税务登记证件之日起 15 日内，将其财务、会计制度或者财务、会计处理办法和会计核算软件，报送主管税务机关备案。纳税人使用计算机记账的，应当在使用前将会计电算化系统的会计核算软件、使用说明书及有关资料报送主管税务机关备案。纳税人、扣缴义务人的财务、会计制度或者财务、会计处理办法与国务院或者国务院财政、税务主管部门有关税收的规定抵触的，依照国务院或者国务院财政、税务主管部门有关税收的规定计算应纳税款、代扣代缴和代收代缴税款。

3. 账簿、凭证保管

账簿、记账凭证、报表、完税凭证及其他有关涉税资料，除法律、行政法规另有规定的外应当保存10年。

（二）发票管理

发票是指在购销商品、提供或者接受服务，以及从事其他经营活动中，开具收取的收付款凭证。发票管理是指发票设计、印制、发放、经存、销毁以及对用票单位和个人购入、使用、保存、缴销等管理的一项制度。根据《中华人民共和国发票管理办法》的规定，发票由税务机关统一管理。其主要内容是：

1. 发票的基本联次

发票的基本联次为三联，其中，第一联为存根联，开票方留存备查；第二联为发票联，收执方作为付款或者收款原始凭证；第三联为记账联，开票方作为记账原始凭证。增值税专用发票的基本联次还应当包括抵扣联，收执方作为抵扣税款的凭证。

2. 发票的基本内容

发票的基本内容包括：发票的名称、字轨号码、联次和用途客户名称，开户银行和账号，商品名称或者经营项目，计量单位数量、单价、金额，开票人，开票日期，开票单位名称等。有代扣、代收、委托代征税款的，发票内容还应当包括代扣、代收、委托代征税种的税率和代扣、代收、委托代征税额。增值税专用发票的内容还应当包括购货人地址、税务登记号，增值税税率、税额，供货方名称、地址和税务登记号。在全国范围内统一式样的发票，由国家税务总局确定；在省、自治区、直辖市范围内统一式样的发票，由省级税务机关确定。

3. 发票的印制

增值税专用发票由国家税务总局指定的企业印制，其他发票分别由省级税务机关指定的企业印制。发票防伪专用品由国家税务总局指定的企业生产。税务机关对发票印制实行统一管理，严格审查印制发票企业的资格，对合格者发给发票准印证。发票应当套印全国统一发票监制章。全国统一发票监制章是税务机关管理发票的法定标志，该章的式样和发票版面印刷的要求，由国家税务总局规定。发票监制章由省级税务机关制作。

4. 发票的领购

(1) 依法办理税务登记的各类单位和个人，在领取税务登记证件以后，可以向税务机关申请领购发票。购票单位和个人在提出购票申请的时候，应当同时提供经办人身份证明(如居民身份证、护照、工作证等)、税务登记证件或者其他有关证明、财务印章或者发票专用章的印模，经过税务机关审核以后，发给发票领购簿。购票单位和个人可以凭发票领购簿核准的购票种类、数量和方式，向税务机关领购发票。其中，申请领购增值税专用发票的单位和个人，应当提供加盖有“增值税一般纳税人”确认专章的税务登记(副本)。非增值税纳税人和增值税小规模纳税人不能领购增值税专用发票。

(2) 依法不需要办理税务登记的单位和个人需要领购发票的,可以按照规定向税务机关申请领购发票。需要临时使用发票的单位与个人,可以直接向税务机关申请办理,同时应当提供发生购销业务,提供、接受劳务或者其他经营活动的书面证明。依法应当纳税的,税务机关应当在开具发票的同时征税。

(3) 临时到外省(自治区、直辖市)从事经营活动的单位和个人,可以凭本地税务机关的证明,向经营地的税务机关申请领购经营地的发票。临时在本省(自治区、直辖市)内跨市、县从事经营活动领购发票的办法,由本省(自治区、直辖市)税务机关规定。

(4) 税务机关对于申请领购发票的从外省(自治区、直辖市)来本地从事临时经营活动的单位和个人,可以要求其提供保证人,或者根据所领购发票的票面限额与数量缴纳1万元以下的保证金,并限期缴销发票。按期缴销发票的,解除保证人的担保义务,或者退还保证金;否则由保证人或者以保证金承担法律责任。税务机关在收取保证金的时候应当开具收据。

从事生产、经营的纳税人、扣缴义务人有税收违法行为,拒不接受税务机关处理的,税务机关可以收缴其发票或者停止向其发售发票。

5. 发票开具

(1) 销售商品、提供劳务和从事其他经营活动的各类单位及个人,对外发生经营业务,收取款项,收款方应当向付款方开具发票;在特殊情况下(如收购单位和扣缴义务人向个人支付款项的时候),由付款方向收款方开具发票。开具发票应当按照规定的时限和顺序,逐栏、全部联次一次如实开具,并加盖单位财务印章或者发票专用章。使用电子计算机开具发票,必须经过税务机关批准,并使用税务机关统一监制的机外发票,开具以后的存根联应当按照顺序号装订成册。

(2) 各类单位和从事生产、经营活动的个人,在购买商品、接受劳务和从事其他经营活动支付款项的时候,应当向收款方取得发票,并不得要求变更商品、项目名称和金额。不符合规定的发票(如应经而未经税务机关监制,填写项目不齐全、内容不真实、字迹不清楚、没有加盖财务印章或者发票专用章、伪造、作废等)不得作为财务报销凭证,任何单位和个人有权拒收。

(3) 开具发票以后,发生销货退回,需要开具红字发票的,必须收回原发票并注明“作废”字样,或者取得对方有效证明;发生销货折让的,应当在收回原发票并注明“作废”以后重开发票。

(4) 任何单位和个人不得转借、转让、代开发票;没有经过税务机关批准,不得拆本使用发票;不得自行扩大专业发票使用范围。禁止倒买倒卖发票、发票监制章和发票防伪专用品。

(5) 发票一般只限于领购单位和个人在本省(自治区、直辖市)内开具。省级税务机关可以规定在本省（自治区、直辖市）内跨市、县开具发票的办法。没有经过批准，任何单位和个人不得跨越规定的使用区域携带、邮寄、运输空白发票。禁止携带、邮寄、运输空白发票出入国境。

6. 发票保管

开具发票的单位和个人应当建立发票使用登记制度，设置发票登记簿，并定期向税务机关报告发票使用情况。发票的存放和保管应当按照税务机关的规定办理，不得丢失和擅自损毁。如果丢失发票，应当在当天报告税务机关，并通过报刊等传播媒介公告作废。已经开具的发票存根联和发票登记簿，应当保存5年，保存期满，报经税务机关查验以后可以销毁。在办理变更或者注销税务登记的时候，应当同时办理发票和发票领购簿的变更、缴销手续。

7. 发票检查

税务机关在发票管理中可以检查印制、领购、开具、取得和保管发票的情况，调出发票查验、查阅、复制与发票有关的凭证、资料，向当事各方询问与发票有关的问题和情况。在查处发票案件的时候，对与案件有关的情况和资料，可以记录、录音、录像、照相和复制。税务人员进行税务检查的时候，应当出示税务检查证。印制、使用发票的单位和个人，应当接受税务机关依法检查，如实反映情况，提供有关资料，不得拒绝、隐瞒。

（三）税控管理

税控管理是税务机关利用税控装置对纳税人的生产经营情况进行监督和管理，以保障国家税收收入，防止税款流失，提高税收征管工作效率，降低征收成本的各项活动的总称。《税收征管法》规定："国家根据税收征收管理的需要，积极推广使用税控装置。纳税人应当按照规定安装、使用税控装置，不得损毁或者擅自改变税控装置。"同时规定：不能按照规定安装、使用税控装置，损毁或者擅自改动税控装置的，由税务机关责令限期改正，可以处以2 000元以下的罚款；情节严重的，处以2 000元以上10 000元以下的罚款。

## 三、纳税申报

纳税申报是纳税人履行其纳税义务，向税务机关申报纳税的法定手续，也是税务机关办理征收业务、核定应征税款、填开税票的主要依据，是税收征收管理的一项重要制度。

（一）申报对象

纳税人必须依照法律、行政法规规定或者税务机关依照法律、行政法规的规定确定的申报期限、申报内容如实办理纳税申报，报送纳税申报表、财务会计报表以及税务机关根据实际需要要求纳税人报送的其他纳税资料。纳税人在纳税期内没有应纳税款的,也应当按照规定办理纳税申报。纳税人享受减税、免税待遇的,在减税、免税期间应当按照规定办理纳税申报。

扣缴义务人必须依照法律、行政法规规定或者税务机关依照法律、行政法规的规定确定的申报期限、申报内容如实报送代扣代缴、代收代缴税款报告表以及税务机关根据实际需要要求扣缴义务人报送的其他有关资料。

纳税人、扣缴义务人的纳税申报或者代扣代缴、代收代缴税款报告表的主要内容包括:税种、税目,应纳税项目或者应代扣代缴、代收代缴税款项目,计税依据,扣除项目及标准,适用税率或者单位税额,应退税项目及税额、应减免税项目及税额,应纳税额或者应代扣代缴、代收代缴税额,税款所属期限,延期缴纳税款、欠税、滞纳金等。

(二)申报方式

纳税人、扣缴义务人可以直接到税务机关办理纳税申报或者报送代扣代缴、代收代缴税款报告表,也可以按照规定采取邮寄、数据电文或者其他方式办理上述申报、报送事项。数据电文方式,是指税务机关确定的电话语音、电子数据交换和网络传输等电子方式。纳税人采取邮寄方式办理纳税申报的,应当使用统一的纳税申报专用信封,并以邮政部门收据作为申报凭据。邮寄申报以寄出的邮戳日期为实际申报日期。纳税人采取电子方式办理纳税申报的,应当按照税务机关规定的期限和要求保存有关资料,并定期书面报送主管税务机关。

(三)报送资料

纳税人办理纳税申报时,应当如实填写纳税申报表,并根据不同的情况相应报送下列有关证件、资料:财务会计报表及其说明材料;与纳税有关的合同、协议书及凭证;税控装置的电子报税资料;外出经营活动税收管理证明和异地完税凭证;境内或者境外公证机构出具的有关证明文件;税务机关规定应当报送的其他有关证件、资料。扣缴义务人办理代扣代缴、代收代缴税款报告时,应当如实填写代扣代缴、代收代缴税款报告表,并报送代扣代缴、代收代缴税款的合法凭证以及税务机关规定的其他有关证件、资料。实行定期定额缴纳税款的纳税人,可以实行简易申报、简并征期等申报纳税方式。

纳税人、扣缴义务人按照规定的期限办理纳税申报或者报送代扣代缴、代收代缴税款报告表确有困难,需要延期的,应当在规定的期限内向税务机关提出书面延期申请,经税务机关核准,在核准的期限内办理。纳税人、扣缴义务人因不可抗力,不能按期办理纳税申报或者报送代扣代缴、代收代缴税款报告表的,可以延期办理;但是,应当在不可抗力情形消除后立即向税务机关报告。税务机关应当查明事实,予以核准。

# 第三节　税款征收

税款征收是指税务机关、扣缴义务人、纳税人根据税收法律、行政法规的规定，办理征收、代征计缴和解缴税款。

## 一、税款征收原则

### （一）唯一征收主体原则

税务机关是行使税收征收权的唯一主体，其他部门不能取而代之。《中华人民共和国税收征收管理法》规定，除税务机关、税务人员以及经税务机关依照法律、行政法规委托的单位或个人外，任何单位和个人不得进行税款征收活动。无论由任何部门查处的案件，凡涉及税款的，其涉税部分必须交由税务机关处理、统一入库。上述规定确保了税务机关成为税款征收的唯一行政主体的地位。

### （二）依法征税原则

（1）税务机关依照法律、行政法规的规定征收税款，不得违反法律、行政法规的规定开征、停征、多征、少征、提前征收、延缓征收或者摊派税款。对法律、行政法规没有规定负有代扣、代收税款义务的单位和个人，税务机关不得要求其履行代扣、代收税款义务。

（2）扣缴义务人依照法律、行政法规的规定履行代扣、代收税款的义务。扣缴义务人依法履行代扣、代收税款义务时，纳税人不得拒绝。纳税人拒绝的，扣缴义务人应当及时报告税务机关处理。扣缴义务人代扣、代收税款时，纳税人要求扣缴义务人开具代扣、代收税款凭证的，扣缴义务人应当开具。

（3）税务机关征收税款时，必须给纳税人开具完税凭证。纳税人通过银行缴纳税款的，税务机关可以委托银行开具完税凭证。税务机关征收税款或扣押、查封商品、货物或其他财产时，必须向纳税人开具完税凭证或开付扣押、查封的收据或清单。

### （三）法定程序原则

税务机关应当将各种税收的税款、滞纳金、罚款，按照国家规定的预算科目和预算级次及时缴入国库，税务机关不得占压、挪用、截留，不得缴入国库以外或者国家规定的税款账户以外的任何账户。有关执法部门在查处有关案件时，涉及税款的，应当将税款滞纳金交由税务机关按规定的预算级次入库。已缴入国库的税款、滞纳金、罚款，任何单位和个人不得擅自变更预算科目和预算级次。

（四）降低成本原则

税务机关根据保证国家税款及时足额入库、方便纳税人、降低税收成本的原则，确定税款征收的方式。税务机关应当根据方便、快捷、安全的原则，积极推广使用支票、银行卡、电子结算方式缴纳税款。

（五）税款优先原则

纳税人缴纳税款优先于支付各种款项和偿还各种债务。

(1) 税收优先于无担保债权。除了法律上另有规定的无担保债权，不能行使税收优先权，如对破产企业，法律规定破产企业支付给职工的工资、生活保障费等优先于税收以外，缴纳税款应优先于无担保债权。

(2) 税收优先于抵押权、质权和留置权的执行。纳税人发生欠税在前，抵押权、质权和留置权发生在后的，税收应优先于抵押权、质权和留置权的执行。

(3) 税收优先于罚款和没收非法所得。纳税人欠缴税款，同时要被税务机关或税务机关以外的其他行政部门决定处以罚款、没收非法所得的，税收优先于罚款、没收非法所得。

## 二、税款征收方式

税款征收方式，是指税务机关根据税收法律、法规和纳税人生产经营、财务管理状况，本着保证国家税收、便于税务人员征收的原则所采取的具体组织税款入库的方式。税款征收主要有以下几种方式：

（一）查账征收

查账征收是指税务机关对会计核算制度比较健全的纳税人，依据其报送的纳税申报表、财务会计报表和其他有关纳税资料，计算应纳税款，填写缴款书或完税凭证，由纳税人到银行划解税款的征收方式。这种方式一般适用于财务会计制度较为健全，能够认真履行纳税义务的纳税单位。

（二）查定征收

查定征收是指税务机关对财务不全但能控制其材料、产量或进销货物的纳税单位和个人，根据纳税户正常条件下的生产能力，对其生产的应税产品确定产量、销售额并据以核算税款的一种征收方式。这种方式适用于生产规模较小、会计核算不健全的作坊式小企业。

（三）查验征收

查验征收是指税务机关对纳税人的应税商品、产品，通过查验数量，按市场一般销售单价计算其销售收入，并据以计算应纳税款的一种征收方式。这种方式适用于城乡集贸市场的临时经营以及场外，如火车站、机场、码头、公路交通要道等地经销商品的课税,其灵活性较大。

(四) 定期定额征收

定期定额征收是指对某些营业额、利润额不能准确计算的小型个体工商业户,采取自报评议,由税务机关定期确定营业额和所得额附征率,多税种合并征收的一种征收方式。这种方式适用于一些无完整考核依据的纳税人。

(五) 代扣代缴、代收代缴

代扣代缴是指按照税法规定,负有扣缴税款义务的法定义务人负责对纳税人应纳的税款进行代扣代缴的方式。代收代缴是指按照税法规定,负有收缴税款义务的法定义务人,负责对纳税人应纳的税款进行代收代缴的方式。其目的在于对零星分散、不易控管的税源,以及税收网络覆盖不到或难以征收的领域实行源泉控制。

(六) 委托代征

委托代征是受委托的有关单位按照税务机关核发的代征证书的要求,以税务机关的名义向纳税人征收一些零星税款的方式。目前,各地对零散、不易控管的税源,大多是委托街道办事处、居委会、乡政府、村委会及交通管理部门等代征税款。

(七) 邮寄申报纳税

这种方式主要适用于那些有能力按期纳税,但采用其他方式纳税又不方便的纳税人。但要采取这种方式,必须先经税务机关批准,而且要在邮寄税款的同时报送纳税申报表。

(八) 自行申报方式

随着自行申报纳税方式在我国的普遍推行,纳税人在税款的解缴方面居于越来越主动的地位,如自核自缴方式,亦称"三自"纳税方式,是指纳税人根据税法规定,自行计税、自行填写缴款书、自行按期到银行缴纳税款的一种纳税方式;自报核缴方式是纳税户向税务机关报送纳税申报表,经税务机关审核并填开税收缴款书,纳税人凭此到银行缴纳税款的一种方式。

## 三、税收征收制度

(一) 延期缴税制度

纳税人、扣缴义务人按照法律、行政法规规定,或者税务机关依照法律、行政法规规定确定的期限,缴纳或者解缴税款,纳税人因有特殊困难,不能按期缴纳税款的,经省、自治区、直辖市国家税务局、地方税务局批准,可以延期缴纳税款,但是最长不得超过 3 个月。纳税人的特殊困难是指:因不可抗力导致纳税人发生较大损失,正常生产经营活动受到较大影响的;当期货币资金在扣除应付职工工资、社会保险费后,不足以缴纳税款的。纳税人需要延期缴纳税款的,应当在缴纳税款期限届满前提出申请,并报送申请延期缴纳税款报告,当期货币资金余额情况及所有银行存款账户的对账单、资产负债表、应付职工工资和社会保险费等税务机关要求提供的支出预算等材料。税务机关应当自收到申请延期缴纳税款报告之日起20日内作出批准或者不予批准的决定;不予批准的,从缴纳税款期限届满之日起加收滞纳金。

（二）税收滞纳金征收制度

纳税人未按照规定期限缴纳税款的,扣缴义务人未按照规定期限解缴税款的,税务机关除责令限期缴纳外,从滞纳税款之日起,按日加收滞纳税款5‱的滞纳金。

（三）减免税收制度

纳税人可以依照法律、行政法规的规定书面申请减税、免税。减税、免税的申请须经法律、行政法规规定的减税、免税审查批准机关审批。地方各级人民政府、各级人民政府主管部门、单位和个人违反法律、行政法规规定,擅自作出的减税、免税决定无效,税务机关不得执行,并向上级税务机关报告。法律、行政法规规定或者经法定的审批机关批准减税、免税的纳税人,应当持有关文件到主管税务机关办理减税、免税手续。减税、免税期满,应当自期满次日起恢复纳税。享受减税、免税优惠的纳税人,减税、免税条件发生变化的,应当自发生变化之日起15日内向税务机关报告;不再符合减税、免税条件的,应当依法履行纳税义务;未依法纳税的,税务机关应当予以追缴。

（四）税额核定制度

纳税人有下列情形之一的,税务机关有权核定其应纳税额:依照法律、行政法规的规定可以不设置账簿的;依照法律、行政法规的规定应当设置账簿但未设置的;私自销毁账簿或者拒不提供纳税资料的;已设置账簿,但账目混乱或者成本资料、收入凭证、费用凭证残缺不全,难以查账的;发生纳税义务,未按照规定的期限办理纳税申报,经税务机关责令限期申报,逾期仍不申报的;纳税人申报的计税依据明显偏低,又无正当理由的。

（五）税收调整制度

企业或者外国企业在中国境内设立的从事生产、经营的机构、场所与其关联企业之间的业务往来,应当按照独立企业之间的业务往来收取或者支付价款、费用;不按照独立企业之间的业务往来收取或者支付价款、费用,而减少其应纳税的收入或者所得额的,税务机关有权进行合理调整。

1. 关联企业

关联企业是指有下列关系之一的公司、企业和其他经济组织:

(1) 在资金、经营、购销等方面,存在直接或者间接的拥有或者控制关系。

(2) 直接或者间接地同为第三者所拥有或者控制。

(3) 在利益上具有相关联的其他关系。

独立企业之间的业务往来,是指没有关联关系的企业之间按照公平成交价格和营业常规所进行的业务往来。纳税人有义务就其与关联企业之间的业务往来,向当地税务机关提供有关的价格、费用标准等资料,主管税务机关审核、批准后,与纳税人预先约定有关定价事项,监督纳税人执行。

2. 关联企业转让定价

纳税人与其关联企业之间的业务往来有下列情形之一的,税务机关可以调整其应纳税额:

(1) 购销业务未按照独立企业之间的业务往来作价。

(2) 融通资金所支付或者收取的利息超过或者低于没有关联关系的企业之间所能同意的数额,或者利率超过或者低于同类业务的正常利率。

(3) 提供劳务,未按照独立企业之间业务往来收取或者支付劳务费用。

(4) 转让财产、提供财产使用权等业务往来,未按照独立企业之间业务往来作价或者收取、支付费用。

(5) 未按照独立企业之间业务往来作价的其他情形。

3. 关联企业税务调整

税务机关可以按照下列方法调整计税收入额或者所得额:

(1) 按照独立企业之间进行的相同或者类似业务活动的价格。

(2) 按照再销售给无关联关系的第三者的价格所应取得的收入和利润水平。

(3) 按照成本加合理的费用和利润。

(4) 按照其他合理的方法。

纳税人与其关联企业未按照独立企业之间的业务往来支付价款、费用的,税务机关自该业务往来发生的纳税年度起 3 年内进行调整;有特殊情况的,可以自该业务往来发生的纳税年度起 10 年内进行调整。

(六) 责令缴税制度

对未按照规定办理税务登记的从事生产、经营的纳税人(包括到外县、市从事生产、经营而未向营业地税务机关报验登记的纳税人)以及临时从事经营的纳税人,由税务机关核定其应纳税额,责令缴纳;不缴纳的,税务机关可以扣押其价值相当于应纳税款的商品、货物。扣押后缴纳应纳税款的,税务机关必须立即解除扣押,并归还所扣押的商品、货物;扣押后仍不缴纳应纳税款的,经县以上税务局(分局)局长批准,依法拍卖或者变卖所扣押的商品、货物,以拍卖或者变卖所得抵缴税款。纳税人对税务机关采取本条规定的方法核定的应纳税额有异议的,应当提供相关证据,经税务机关认定后,调整应纳税额。

（七）税收保全制度

1. 税收保全条件

税务机关有根据认为从事生产、经营的纳税人有逃避纳税义务行为的，可以在规定的纳税期之前，责令限期缴纳应纳税款；在限期内发现纳税人有明显的转移、隐匿其应纳税的商品、货物以及其他财产或者应纳税的收入的迹象的，税务机关可以责成纳税人提供纳税担保。如果纳税人不能提供纳税担保，经县以上税务局（分局）局长批准，税务机关可以采取税收保全措施。担保包括经税务机关认可的纳税保证人为纳税人提供的纳税保证，以及纳税人或者第三人以其未设置或者未全部设置担保物权的财产提供的担保。纳税保证人，是指在中国境内具有纳税担保能力的自然人、法人或者其他经济组织。纳税担保人同意为纳税人提供纳税担保的，应当填写纳税担保书，写明担保对象、担保范围、担保期限和担保责任以及其他有关事项。担保书须经纳税人、纳税担保人签字盖章并经税务机关同意，方为有效。

2. 税收保全措施

（1）书面通知纳税人开户银行或者其他金融机构冻结纳税人的金额相当于应纳税款的存款；

（2）扣押、查封纳税人的价值相当于应纳税款的商品、货物或者其他财产（参照同类商品的市场价、出厂价或者评估价估算）。

税务机关扣押商品、货物或者其他财产时，必须开付收据；查封商品、货物或者其他财产时，必须开付清单。纳税人在前款规定的限期内缴纳税款的，税务机关必须立即解除税收保全措施；限期期满仍未缴纳税款的，经县以上税务局（分局）局长批准，税务机关可以书面通知纳税人开户银行或者其他金融机构从其冻结的存款中扣缴税款，或者依法拍卖或者变卖所扣押、查封的商品、货物或者其他财产，以拍卖或者变卖所得抵缴税款。个人及其所扶养家属（指与纳税人共同居住生活的配偶、直系亲属以及无生活来源并由纳税人扶养的其他亲属）维持生活必需的住房和用品，单价 5 000 元以下的其他生活用品，不在税收保全措施的范围之内。税务机关执行扣押、查封商品、货物或者其他财产时，应当由两名以上税务人员执行，并通知被执行人。被执行人是自然人的，应当通知被执行人本人或者其成年家属到场；被执行人是法人或者其他组织的，应当通知其法定代表人或者主要负责人到场；拒不到场的，不影响执行。

3. 税收保全法律责任

纳税人在税务机关采取税收保全措施后，按照税务机关规定的期限缴纳税款的，税务机关应当自收到税款或者银行转回的完税凭证之日起 1 日内解除税收保全。纳税人在限期内已缴纳税款，税务机关未立即解除税收保全措施，使纳税人的合法利益遭受损失的，税务机关应当承担赔偿责任。

(八) 税收强制执行制度

1. 税收强制执行条件

从事生产、经营的纳税人、扣缴义务人未按照规定的期限缴纳或者解缴税款,纳税担保人未按照规定的期限缴纳所担保的税款,由税务机关责令限期缴纳,逾期仍未缴纳的,经县以上税务局(分局)局长批准,税务机关可以采取税收强制执行措施。

2. 税收强制执行措施

(1) 书面通知其开户银行或者其他金融机构从其存款中扣缴税款。

(2) 扣押、查封、依法拍卖或者变卖其价值相当于应纳税款的商品、货物或者其他财产,以拍卖或者变卖所得抵缴税款。

税务机关采取强制执行措施时,纳税人、扣缴义务人、纳税担保人未缴纳的滞纳金同时强制执行。个人及其所扶养家属(指与纳税人共同居住生活的配偶、直系亲属以及无生活来源并由纳税人扶养的其他亲属)维持生活必需的住房和用品,不在强制执行措施的范围之内。税务机关对单价 5 000 元以下的其他生活用品,不采取税收保全措施和强制执行措施。

3. 税收强制执行财产处理

(1) 对价值超过应纳税额且不可分割的商品、货物或者其他财产,税务机关在纳税人、扣缴义务人或者纳税担保人无其他可供强制执行的财产的情况下,可以整体扣押、查封、拍卖,以拍卖所得抵缴税款、滞纳金、罚款以及扣押、查封、保管、拍卖等费用。

(2) 税务机关执行规定,实施扣押、查封时,对有产权证件的动产或者不动产,税务机关可以责令当事人将产权证件交税务机关保管,同时可以向有关机关发出协助执行通知书,有关机关在扣押、查封期间不再办理该动产或者不动产的过户手续。

(3) 税务机关将扣押、查封的商品、货物或者其他财产变价抵缴税款时,应当交由依法成立的拍卖机构拍卖;无法委托拍卖或者不适于拍卖的,可以交由当地商业企业代为销售,也可以责令纳税人限期处理;无法委托商业企业销售,纳税人也无法处理的,可以由税务机关变价处理,具体办法由国家税务总局规定。

(4) 国家禁止自由买卖的商品,应当交由有关单位按照国家规定的价格收购。拍卖或者变卖所得抵缴税款、滞纳金、罚款以及扣押、查封、保管、拍卖、变卖等费用后,剩余部分应当在 3 日内退还被执行人。

4. 税收强制执行的法律责任

(1) 对查封的商品、货物或者其他财产,税务机关可以指令被执行人负责保管,保管责任由被执行人承担。

(2) 继续使用被查封的财产不会减少其价值的,税务机关可以允许被执行人继续使用；因被执行人保管或者使用的过错造成的损失，由被执行人承担。

(3) 税务机关滥用职权违法采取税收保全措施、强制执行措施，或者采取税收保全措施、强制执行措施不当，使纳税人、扣缴义务人或者纳税担保人的合法权益遭受损失的，应当依法承担赔偿责任。

(九) 欠税清缴制度

从事生产、经营的纳税人、扣缴义务人未按照规定的期限缴纳或者解缴税款的，纳税担保人未按照规定的期限缴纳所担保的税款的，由税务机关发出限期缴纳税款通知书，责令缴纳或者解缴税款的最长期限不得超过15日，并可采取以下措施：

1. 欠税公告

税务机关应当对纳税人欠缴税款的情况定期予以公告。县级以上各级税务机关应当将纳税人的欠税情况，在办税场所或者广播、电视、报纸、期刊、网络等新闻媒体上定期公告。

2. 清税优先

税务机关征收税款，除法律另有规定外税收优先于无担保债权，纳税人欠缴的税款发生在纳税人以其财产设定抵押、质押或者纳税人的财产被留置之前的，税收应当先于抵押权、质权、留置权执行。纳税人欠缴税款，同时又被行政机关决定处以罚款、没收违法所得的，税收优先于罚款、没收违法所得。

3. 阻止出境

欠缴税款的纳税人或其法定代表人需要出境的，应当在出境前向税务机关结清应纳税款、滞纳金或者提供担保。未结清税款、滞纳金，又不提供担保的，税务机关可以通知出境管理机关阻止其出境。欠缴税款的纳税人或者其法定代表人在出境前未按照规定结清应纳税款、滞纳金或者提供纳税担保的，税务机关可以通知出入境管理机关阻止其出境。

4. 连带责任

纳税人有合并、分立情形的，应当向税务机关报告，并依法缴清税款。纳税人合并时未缴清税款的，应当由合并后的纳税人继续履行未履行的纳税义务；纳税人分立时未缴清税款的，分立后的纳税人对未履行的纳税义务应当承担连带责任。

5. 提供情况

纳税人有欠税情形而以其财产设定抵押、质押的，应当向抵押权人、质权人说明其欠税情况。抵押权人、质权人可以请求税务机关提供有关的欠税情况。

6. 资产处置报告

欠缴税款5万元以上的纳税人在处分其不动产或者大额资产之前，应当向税务机关报告。

7. 行使代位权、撤销权

欠缴税款的纳税人因怠于行使到期债权，或者放弃到期债权，或者无偿转让财产，或者以明显不合理的低价转让财产而受让人知道该情形，对国家税收造成损害的，税务机关可以依照合同法规定行使代位权、撤销权。税务机关依照前款规定行使代位权、撤销权的，不免除欠缴税款的纳税人尚未履行的纳税义务和应承担的法律责任。

（十）税款退还和追征制度

1. 税款退还

纳税人超过应纳税额缴纳的税款，税务机关发现后应当立即退还。纳税人自结算缴纳税款之日起 3 年内发现的，可以向税务机关要求退还多缴的税款并加算银行同期存款利息，税务机关及时查实后应当立即退还。涉及从国库中退库的，依照法律、行政法规有关国库管理的规定退还。税务机关发现纳税人多缴税款的，应当自发现之日起 10 日内办理退还手续；纳税人发现多缴税款，要求退还的，税务机关应当自接到纳税人退还申请之日起 30 日内查实并办理退还手续。加算银行同期存款利息的多缴税款退税，不包括依法预缴税款形成的结算退税、出口退税和各种减免退税。退税利息按照税务机关办理退税手续当天中国人民银行规定的活期存款利率计算。当纳税人既有应退税款又有欠缴税款的，税务机关可以将应退税款和利息先抵扣欠缴税款；抵扣后有余额的，退还纳税人。

2. 税款补缴和追征

(1) 税款补缴。因税务机关的责任，致使纳税人、扣缴义务人未缴或者少缴税款的，税务机关在 3 年内可以要求纳税人、扣缴义务人补缴税款，但是不得加收滞纳金。税务机关的责任，是指税务机关适用税收法律、行政法规不当或者执法行为违法。

(2) 税款追征。因纳税人、扣缴义务人计算错误等失误(是指非主观故意的计算公式运用错误以及明显的笔误)，未缴或者少缴税款的，税务机关在 3 年内可以追征税款、滞纳金；有特殊情况的(指累计数额在 10 万元以上的)，追征期可以延长到 5 年。对偷税、抗税、骗税的，税务机关追征其未缴或者少缴的税款、滞纳金或者所骗取的税款，不受规定期限的限制。补缴和追征税款、滞纳金的期限，自纳税人、扣缴义务人应缴未缴或者少缴税款之日起计算。

## 第四节 税务检查

税务检查是税务机关根据税收法律、法规以及有关会计制度的规定，采取一定的组织形式，运用一定的检查方法，对纳税人是否依法履行纳税义务的情况进行检查和监督，以充分发挥税收职能作用的一种管理活动。它包括对偷逃税等违法案件的查处和对税务违章案件的查处。税务机关有权进行下列税务检查：

（1）检查纳税人的账簿、记账凭证、报表和有关资料，检查扣缴义务人代扣代缴、代收代缴税款账簿、记账凭证和有关资料。

① 税务机关行使税收征管职权时，可以在纳税人、扣缴义务人的业务场所进行；必要时，经县以上税务局（分局）局长批准，可以将纳税人、扣缴义务人以前会计年度的账簿、记账凭证、报表和其他有关资料调回税务机关检查，但是税务机关必须向纳税人、扣缴义务人开付清单，并在3个月内完整退还；有特殊情况的，经设区的市、自治州以上税务局局长批准，税务机关可以将纳税人、扣缴义务人当年的账簿、记账凭证、报表和其他有关资料调回检查，但是税务机关必须在30日内退还。

② 到纳税人的生产、经营场所和货物存放地检查纳税人应纳税的商品、货物或者其他财产，检查扣缴义务人与代扣代缴、代收代缴税款有关的经营情况。

③ 责成纳税人、扣缴义务人提供与纳税或者代扣代缴、代收代缴税款有关的文件、证明材料和有关资料。

④ 询问纳税人、扣缴义务人与纳税或者代扣代缴、代收代缴税款有关的问题和情况。

⑤ 到车站、码头、机场、邮政企业及其分支机构检查纳税人托运、邮寄应纳税商品、货物或者其他财产的有关单据、凭证和有关资料。

⑥ 经县以上税务局（分局）局长批准，凭全国统一格式的检查存款账户许可证明，查询从事生产、经营的纳税人、扣缴义务人在银行或者其他金融机构的存款账户。税务机关在调查税收违法案件时，经设区的市、自治州以上税务局（分局）局长批准，可以查询案件涉嫌人员的储蓄存款。税务机关查询所获得的资料，不得用于税收以外的用途。税务机关行使《中华人民共和国税收征收管理法》第五十四条第（六）项职权时，应当指定专人负责，凭全国统一格式的检查存款账户许可证明进行，并有责任为被检查人保守秘密。

（2）税务机关查询的内容，包括纳税人存款账户余额和资金往来情况。

（3）税务机关对从事生产、经营的纳税人以前纳税期的纳税情况依法进行税务检查时，发现纳税人有逃避纳税义务行为，并有明显的转移、隐匿其应纳税的商品、货物以及其他财产或者应纳税的收入的迹象的，可以按照本法规定的批准权限采取税收保全措施或者强制执行措施。

（4）纳税人、扣缴义务人必须接受税务机关依法进行的税务检查，如实反映情况，提供有关资料，不得拒绝、隐瞒。

（5）税务机关依法进行税务检查时，有权向有关单位和个人调查纳税人、扣缴义务人和其他当事人与纳税或者代扣代缴、代收代缴税款有关的情况，有关单位和个人有义务向税务机关如实提供有关资料及证明材料。

(6) 税务机关调查税务违法案件时，对与案件有关的情况和资料，可以记录、录音、录像、照相和复制。

(7) 税务机关派出的人员进行税务检查时，应当出示税务检查证和税务检查通知书，并有责任为被检查人保守秘密；未出示税务检查证和税务检查通知书的，被检查人有权拒绝检查。税务机关对集贸市场及集中经营业户进行检查时，可以使用统一的税务检查通知书。

## 第五节 税务代理

税务代理是指被有关部门认定资格，并为社会所承认的代理机构、代理人员接受纳税人或税务机关委托，为委托人办理纳税申报、结算清缴、纳税检查、税务咨询等涉税事务的一项专门活动。

### 一、税务代理的特性

税务代理是在委托人(纳税人)自愿前提下，受托人(税务代理人)按法律的规定公开实施代理行为的民事活动。因此，税务代理具有自愿性、公正性和制约性三个基本特征。

#### (一) 自愿性

税务代理行为发生的前提必须是代理双方自觉自愿，即纳税人、扣缴义务人有委托和不委托的选择权，以及选择代理人的权力；代理人也有选择纳税人、扣缴义务人的权力。税务代理人和委托人双方处于同等地位，是合同契约关系。

#### (二) 公正性

税务代理人必须站在公正的立场上，按照国家的税收法律、行政法规的规定以及税务机关按照法律、行政法规的规定所作出的决定，代纳税人、扣缴义务人履行纳税义务。代理人既要对委托人负责，又要对国家负责。因此，税务代理行为必须符合国家税收法律和行政法规的规定，符合委托人意愿，任何偏离这两项要求的税务代理行为都是不公正的。

#### (三) 制约性

税务代理人及其工作机构是社会服务性的中介人和中介机构，应独立行使税务代理权限。但为了保证税务代理人能正确行使代理权限，保护国家利益和纳税人、扣缴义务人的合法权益,国家必须对税务代理进行严格的管理和监督,包括明确代理人的范围、税务代理人资格的认定,税务代理权限以及税务代理责任等。

## 二、税务代理资格及代理范围

### (一) 税务代理资格

税务代理人必须是具有特定资格的人员或机构,即经批准具有税务代理执业资格的注册税务师和税务师事务所。不符合上述条件的单位和个人不得从事税务代理业务。

1. 税务代理人的资格认定

(1) 税务代理资格考试的条件。具有经济类、法学类大专以上学历,并从事经济、法律工作规定年限以上的;或具有经济类、法学类中专学历,从事经济、法律工作规定年限以上的;或国家税务总局认定具有同等学力和资格的。

(2) 税务代理资格的认定。税务代理资格考试合格者、注册会计师、律师、连续从事税收业务工作规定年限以上的。

2. 税务代理人的申请和注册登记

具备税务代理人资格者,要成为税务代理人,必须向县以上税务局(分局)提出书面申请,填写税务代理人申请表,经县税务局(分局)审核同意,报省以上税务机关审批后给予注册登记,发给税务代理许可证。为了防止税务代理许可证被伪造、变造或有弄虚作假现象,县以上税务机关对税务代理许可证实行定期验证制度。

3. 税务代理的工作机构

税务代理机构包括注册会计师事务所、审计师事务所、律师事务所和经批准成立的税务代理事务所。

### (二) 税务代理业务范围

税务代理人可以接受纳税人、扣缴义务人的委托业务,按其性质和特点,可以分为如下类型: 办理税务登记、变更税务登记和注销税务登记手续;办理除增值税专用发票以外的发票领购手续;办理纳税申报或扣缴税款报告;办理缴纳税款和申请退税手续;制作涉税文书;审查纳税情况;建账建制,办理账务;税务咨询、受聘税务顾问;税务行政复议手续;国家税务总局规定的其他业务。

## 三、税务代理关系

### (一) 税务代理关系的确立

(1) 税务代理关系的确立,应当以委托人自愿委托和税务师事务所自愿受理为前提。委托人提出书面或口头的委托代理意向后,税务师事务所应派人对委托人的基本情况及委托事项进行了解。重点应了解委托人的生产经营、销售、纳税以及财务会计制度等情况。税务师事务所经过了解，对符合下列条件的，可以接受委托：

① 委托的税务代理事项，符合国家的法律、法规，符合《注册税务师资格制度暂行规定》中规定的业务范围；

② 委托人能全面、真实地提供税务代理工作所需要的生产、经营情况和有关的数据、财务账册及文件资料；

③ 税务师事务所对委托人的事项具备相应的承办能力。

(2) 税务师事务所决定接受委托的，应与委托人就委托事项进行协商。双方达成一致意见后，签订税务代理委托协议。税务代理委托协议应当包括以下内容：委托人及税务师事务所名称和住址；委托代理项目和范围；委托代理的方式；委托代理的期限；双方的义务及责任；委托代理费用、付款方式及付款期限；违约责任及赔偿方式；争议解决方式；其他需要载明的事项。税务代理委托协议自双方法定代表人签字、盖章时起即具有法律效力，并受法律保护。

(3) 税务代理委托协议中的当事人一方必须是税务师事务所，税务代理执业人员不得以个人名义直接接受委托。税务代理执业人员承办税务代理业务由税务师事务所委派。税务师事务所应根据委托事项的复杂难易程度及税务代理执业人员的经验、知识等情况，将受托业务委派给具有胜任能力的税务代理执业人员承担。税务代理委托协议在履行过程中如遇情况变化，需要变更或修改补充的，双方应及时协商议定。税务代理委托协议约定的履行期满，双方如有续约意向，应及时协商并另行签订。

### (二) 税务代理业务的实施

#### 1. 编制税务代理计划

税务代理业务的实施是整个税务代理工作的中心环节，税务代理执业人员应严格按照税务代理委托协议约定的范围和权限开展工作。实施复杂的税务代理业务，应在税务代理委托协议签订后，由项目负责人编制代理计划，经部门负责人和主管经理(所长)批准后实施。税务代理计划一般应包括以下内容：委托人的基本情况；代理事项名称、要求及范围；审验重点内容及重点环节的选择；采取的方法及所需的主要资料；代理工作及实施进度和时间预测；人员安排及分工；风险评估；代理费用预算；其他。

#### 2. 制作税务代理报告

代理计划经批准后，代理项目负责人及其执业人员应根据代理协议和代理计划的要求，向委托方提出为完成代理工作所需提供的情况、数据、文件资料。必要时，可书面列示。根据委托人的授权和工作需要，承办的执业人员应对委托人提供的情况、数据、资料的真实性、合法性、完整性进行验证、核实。承办的执业人员在对委托人提供的代理事项所需资料验证、核实的基础上，制作税务代理报告、涉税文书，经征求委托人同意后，加盖公章送交委托人或主管税务机关。税务代理报告实行三级审核签发制，即代理项目负责人、部门经理、经理（所长）签字后，方可加盖公章送出。

3. 制止违法行为

代理项目负责人、部门经理、经理（所长）应为执业注册税务师。执业注册税务师对其代理的业务所出具的所有文书有签名盖章权，并承担相应的法律责任。在税务代理过程中，税务代理执业人员如遇下列情况之一的，必须及时向所在地税务师事务所和主管税务机关报告：现行税收法律、法规没有明确规定或规定不够明确的；委托人授意代理人员实施违反国家法律、法规行为，已劝告仍不停止其违法活动的；委托人自行实施违反国家法律、法规行为，经劝告不停止其违法活动的。

4. 约定代理法律责任

代理项目实施中的责任，应根据协议的约定确定。凡是由于委托方未及时提供真实的、完整的、合法的生产经营情况、财务报表及有关纳税资料造成代理工作失误的，由委托方承担责任；执业人员违反国家法律、法规进行代理或未按协议约定进行代理，给委托人造成损失的，由税务师事务所和执业人员个人承担相应的赔偿责任。

（三）税务代理关系的终止

税务代理关系终止的类型有以下三种情况：

1. 自然终止

自然终止是指税务代理委托协议约定的代理期限届满或代理事项完成，税务代理关系自然终止。

2. 被代理人终止

这种情形包括：税务代理执业人未按代理协议的约定提供服务；税务师事务所被注销资格；税务师事务所破产、解体或被解散。

3. 税务代理人终止

这种情形包括：委托人死亡或解体、破产；委托人自行实施或授意税务代理执业人员实施违反国家法律、法规行为，经劝告不停止其违法活动的；委托人提供虚假的生产经营情况和财务会计资料，造成代理错误的。

委托关系存续期间，一方如遇特殊情况需要终止代理行为的，提出终止的一方应及时通知另一方，并向当地主管税务机关报告，终止的具体事项由双方协商解决。

## 四、税务代理的管理

（一）税务代理工作底稿管理

税务师事务所应建立税务代理工作底稿制度。税务代理工作底稿是税务代理执业人员在执业过程中形成的工作记录、书面工作成果和获取的资料。税务代理工作底稿应如实反映代理业务的全部过程和所有事项，以及开展业务的专业判断。税务代理工作底稿要依照税务代理事项的内容和要求编制。应当内容完整、格式规范、记录清晰、结论准确。不同的代理事项应编制不同的工作底稿。

税务师代理工作底稿的基本内容包括：委托人名称；委托业务项目名称；委托业务项目时间或期限；委托业务实施过程记录；委托业务结论或结果；编制者姓名及编制日期；复核者姓名及复核日期；其他说明事项。

税务师事务所要建立、健全工作底稿逐级复核制度，有关人员在编制和复核工作底稿时，必须按要求签署姓名和日期。税务师事务所要指定专人负责税务代理工作底稿的编目、存档和保管工作，确保工作底稿的安全。

（二）税务代理工作报告管理

税务代理执业人员在委托事项实施完毕后，应当按照法律、法规的要求，以经过核实的数据、事实为依据，形成代理意见，出具税务代理工作报告。税务代理工作报告是税务代理执业人员就其代理事项的过程、结果，向委托人及其主管税务机关或者有关部门提供的书面报告，包括审查意见、鉴定结论、证明等。税务代理工作报告应根据代理项目的不同分别编写，主要包括下列内容：标题；委托人名称；代理事项的具体内容、政策依据；代理过程；存在问题及调整处理意见或建议；代理结论及评价；有关责任人签字、盖章。

对外出具的代理报告，由承办的具有注册税务师资格的执业人员签字，经有关人员复核无误后，加盖税务师事务所公章，交委托人签收。委托人对代理事项不要求出具代理报告的，受托人可不出具代理报告，但应保存完整的代理业务工作底稿。税务代理工作报告必须资料真实可靠，分析合理有据，责任明确。

（三）税务代理业务档案管理

税务师事务所承办代理业务必须建立档案管理制度，保证税务代理档案的真实、完整。税务代理档案是如实记载代理业务始末、保存计税资料、涉税文书的案卷。代理业务完成后，应及时将有关代理资料按要求整理归类、装订、立卷，保存归档。

税务代理业务档案包括：与委托人签订的委托协议；税务代理工作底稿、重要文字记录、各种财务报表、计算表、汇总表、核对表；本所人员从事代理业务所出具的各类审核意见书、鉴证报告、说明书、报表等；与委托人或税务机关商谈委托业务时形成的有关文件、会议记录等书面资料；委托人的基本情况资料及有关法律性资料；其他有关代理业务资料。

税务代理业务档案需妥善保存，专人负责，保存应不少于5年。

## 本章小结

本章主要阐述税收管理的基本政策和制度。税收管理主要研究税收立法管理、执法管理和行政司法管理，以及中央和地方税收关系处理的税收责权管理。税收立法管理主要研究税收立法机构和立法程序。中央地方税收责权管理是中央与地方，以及地方各级政府之间在税收管理权限划分、税收收入分配和税收管理机构设置方面的一种制度。在中央和地方有关税收权限划分中，我国现行税收收入划分采取分税制的方法，即按税种来划分中央和地方的收入。根据中央政府和地方政府的事权划分，来确定中央政府和地方政府的支出范围。并根据各地情况分别确定中央、地方的税收上解、下拨、返还和补助。税收征管制度是税收执法部门和纳税人必须共同遵守的有关税收征管的法律规范。其中，税务登记制度主要包括开业登记、变更登记、重新登记和注销登记。税款征收制度是税务机关、扣缴义务人、纳税人根据税收法律、行政法规的规定，办理征收、代征计缴和解缴税款的具体制度。税收保障制度是税务机关依据税收征收管理法，在组织征税过程中，为保障国家税收及时、足额入库，对纳税人逃避纳税或逾期仍不履行纳税义务的行为采取的纳税担保、税收保全、强制执行和欠税清缴等保障措施。发票管理制度是发票设计、印制、发放、结存、销毁以及对用票单位和个人购入、使用、保存、缴销等管理的一项制度。纳税申报是纳税人履行其纳税义务，向税务机关申报纳税的法定手续，也是税务机关办理征收业务、核定应征税款、填开税票的主要依据，是税收征收管理的一项重要制度。税务检查是税务机关根据税收法律、法规以及有关会计制度的规定，采取一定的组织形式，运用一定的检查方法，对纳税人是否依法履行纳税义务的情况进行检查和监督。税务代理制度是被有关部门认定资格，并为社会所承认的代理机构、代理人员接受纳税人或税务机关委托，为委托人办理纳税申报、结算清缴、纳税检查、税务咨询等涉税事务的一项专门活动。

## 思考题

1. 我国税收立法机构如何确定？
2. 我国税收立法程序如何进行？
3. 税务机关应履行的主要义务有哪些？
4. 纳税人应享有的主要权利有哪些？
5. 我国分税制下税收收入如何划分？
6. 我国分税制下税务机构如何设置？
7. 影响税收行政效率主要有哪些因素？
8. 纳税人如何办理税务开业登记？
9. 在哪些情况下纳税人应办理税务变更注销登记？
10. 哪些单位和个人应办理纳税申报？
11. 税款征收应遵守哪些原则？
12. 税款征收有哪些方式？

13. 税收保全应具备哪些条件？
14. 税收保全的主要措施是什么？
15. 税收强制执行应具备哪些条件？
16. 税收强制执行的主要措施是什么？
17. 税收保全和强制执行的主要区别有哪些？
18. 发票的使用有哪些规定？
19. 欠税清缴可采取哪些措施？
20. 税务代理的主要业务范围有哪些？

# 第十八章　税务行政

税收行政司法制度是税务行政机关或司法机关，对纳税人在履行纳税义务或税务行政人员在税务执法中的违法行为，以及纳税人同税务机关在税收征纳中的争议进行处理的法律程序和法律规范。我国税收行政司法制度主要包括税务行政处罚、税务行政复议、税务行政诉讼和税务行政赔偿。

## 第一节　税务行政处罚

税务行政处罚是依法享有税务行政处罚权的税务机关，对违反税收法律、行政法规和行政规章，尚未构成犯罪的税收当事人，给予行政制裁的具体行政行为。

### 一、税收违法行为处罚方式

税收违法行为处罚方式主要根据纳税人违法情节轻重以及加强税务管理的需要来确定，有经济制裁、行政制裁和刑事制裁三种。

（一）经济制裁

这是税务机关对有税收违法行为的当事人在经济上给予处罚，包括滞纳金、罚款、扣押财产抵缴税款和银行扣缴四种形式。

1. 滞纳金

滞纳金是对逾期不缴纳税款的纳税人，按其滞纳税款的一定比例，按日加征的一种处罚款。

2. 罚款

罚款是对纳税人以及扣缴义务人，不按税法规定办理纳税申报、纳税登记、提供税收有关资料、偷税、欠税、骗税、抗税或违法经营行为，给予一定比例和一定数额的处罚款。

3. 扣押财产抵缴税款

税务机关在必要时，经县以上税务局局长批准后，可以扣留、抵押纳税人的部分货物、财产，限期缴纳。逾期不缴的，可以将扣留、抵押的货物、财产变价抵缴其应缴的税款、滞纳金和罚款。

4. 银行扣缴

税务机关对纳税人的欠缴税款屡催无效时，可填开扣款通知书，通知纳税人开户银行，由银行按国务院规定的扣款程序，从纳税人的存款户中扣缴。或者对纳税人银行存款暂停支付，冻结账户限期缴纳。

（二）行政制裁

这是指由税务机关或税务机关提请有关部门对违反税法的当事人依行政程序而给予的处理，包括吊销营业执照、吊销税务登记等处罚。

1. 吊销营业执照

对逾期催缴无效的纳税人，税务机关提请工商行政管理部门，吊销其营业执照，责令其停业整顿，限期缴纳税款。

2. 吊销税务登记

对逾期催缴税款无效的纳税人，税务机关取消其税务登记证，收回由税务机关发给的票证，限期缴纳税款。

（三）刑事制裁

这是指对犯有偷税、抗税行为，情节严重、构成犯罪的纳税人，依照刑法给予制裁措施，包括拘役、有期徒刑。

1. 拘役

对违反税收法规，进行伪造发票、偷税、抗税活动，情况较严重，构成犯罪的直接责任人，在短期内剥夺其人身自由，就近强制劳动改造的处罚方法。

2. 有期徒刑

对违反税收法规、伪造发票、偷税及抗税情节严重，构成犯罪的直接责任人，在一定期限内剥夺其人身自由，实行强迫劳动改造的处罚方法。

## 二、违反税务管理基本规定行为的处罚

（1）纳税人有下列行为之一的，由税务机关责令限期改正，可以处 2 000 元以下的罚款；情节严重的，处 2 000 元以上 10 000 元以下的罚款：

① 未按照规定的期限申报办理税务登记、变更或者注销登记的。

② 未按照规定设置、保管账簿或者保管记账凭证和有关资料的。

③ 未按照规定将财务、会计制度或者财务、会计处理办法和会计核算软件报送税务机关备查的。

④ 未按照规定将其全部银行账号向税务机关报告的。

⑤ 未按照规定安装、使用税控装置，或者损毁或者擅自改动税控装置的。

(2) 纳税人不办理税务登记的，由税务机关责令限期改正；逾期不改正的，经税务机关提请，由工商行政管理机关吊销其营业执照。

(3) 纳税人未按照规定使用税务登记证件，或者转借、涂改、损毁、买卖、伪造税务登记证件的，处 2 000 元以上 1 万元以下的罚款；情节严重的，处 1 万元以上 5 万元以下的罚款。

(4) 纳税人未按照规定办理税务登记证件验证或者换证手续的，由税务机关责令限期改正，可以处 2 000 元以下的罚款；情节严重的，处 2 000 元以上 1 万元以下的罚款。

(5) 扣缴义务人未按照规定设置、保管代扣代缴、代收代缴税款账簿或者保管代扣代缴、代收代缴税款记账凭证及有关资料的，由税务机关责令限期改正，可以处 2 000元以下的罚款；情节严重的，处 2 000 元以上 5 000 元以下的罚款。

(6) 纳税人未按照规定的期限办理纳税申报和报送纳税资料的，或者扣缴义务人未按照规定的期限向税务机关报送代扣代缴、代收代缴税款报告表和有关资料的，由税务机关责令限期改正，可以处 2 000 元以下的罚款；情节严重的，可以处 2 000 元以上 1 万元以下的罚款。

## 三、违反发票管理法规的行政处罚

(1) 纳税人违反发票管理法规，没有构成犯罪的，按照以下规定处罚：

① 对于没有按照规定印制发票或者生产发票防伪专用品，没有按照规定领购发票，没有按照规定开具发票，没有按照规定取得发票，没有按照规定保管发票，没有按照规定接受税务机关检查的单位和个人，由税务机关责令限期改正，没收违法所得，可以并处 1 万元以下罚款。有上述两种以上行为的，可以分别处罚。其中，没有按照规定保管增值税专用发票而丢失该种发票的，将视情节给予半年以内不能使用、领购该种发票，并收缴结存该种发票的处罚。

② 非法携带、邮寄、运输或者存放空白发票的，由税务机关收缴发票，没收违法所得，可以并处 1 万元以下罚款。

③ 非法印制、伪造变造、倒买倒卖发票，私自制作发票监制章、发票防伪专用品的，由税务机关依法予以查封、扣押或者销毁，没收违法所得和作案工具，可以并处 1 万元以上 5 万元以下罚款。

④ 伪造或者出售伪造的增值税专用发票，伪造并出售伪造的增值税专用发票，非法出售、购买增值税专用发票(包括购买伪造的增值税专用发票)，伪造、擅自制造或者出售伪造、擅自制造的其他发票，非法出售其他发票，情节显著轻微，尚不构成犯罪的，

由公安机关处 15 日以下拘留、5 000 元以下罚款。

⑤ 违反发票管理法规，导致其他单位或者个人未缴、少缴或者骗取税款的，由税务机关没收违法所得，可以并处未缴、少缴或者骗取税款 1 倍以下罚款。

⑥ 违反发票管理法规，造成偷税的，按照偷税处罚。

(2) 关于惩治虚开、伪造和非法出售增值税专用发票及其他发票犯罪的规定：

① 个人犯虚开增值税专用发票或者用于骗取出口退税、抵扣税款的其他发票(如运输发票、农业产品收购发票等，下同)罪的，处 3 年以下有期徒刑或者拘役，并处 2 万元以上 20 万元以下罚金；虚开的税款数额较大或者有其他严重情节的，处 3 年以上 10 年以下有期徒刑，并处 5 万元以上 50 万元以下罚金；虚开的税款数额巨大或者有其他特别严重情节的，处 10 年以上有期徒刑或者无期徒刑，并处 5 万元以上 50 万元以下罚金或者没收财产；骗取国家税款数额特别巨大，情节特别严重，给国家利益造成特别重大损失的，处无期徒刑或者死刑，并处没收财产。单位犯此罪的，对单位判处罚金，并对其直接负责的主管人员和其他直接责任人处 3 年以下有期徒刑或者拘役；虚开的税款数额较大或者有其他严重情节的，处 3 年以上 10 年以下有期徒刑；虚开的税款数额巨大或者有其他特别严重情节的，处 10 年以上有期徒刑或者无期徒刑。

② 个人犯伪造或者出售伪造的增值税专用发票罪的，处 3 年以下有期徒刑、拘役或者管制，并处 2 万元以上 20 万元以下罚金；数量较大或者有其他严重情节的，处 3 年以上 10 年以下有期徒刑，并处 5 万元以上 50 万元以下罚金；数量巨大或者有其他特别严重情节的，处 10 年以上有期徒刑或者无期徒刑，并处 5 万元以上 50 万元以下罚金或者没收财产；数量特别巨大，情节特别严重，严重破坏经济秩序的，处无期徒刑或者死刑，并处没收财产。单位犯此罪的，对单位判处罚金，并对其直接负责的主管人员和其他直接责任人员处 3 年以下有期徒刑、拘役或者管制；数量较大或者有其他严重情节的，处 3 年以上 10 年以下有期徒刑；数量巨大或者有其他特别严重情节的，处 10 年以上有期徒刑或者无期徒刑。

③ 个人犯非法出售增值税专用发票罪的，处 3 年以下有期徒刑、拘役或者管制，并处 2 万元以上 20 万元以下罚金；数量较大的，处 3 年以上 10 年以下有期徒刑，并处 5 万元以上 50 万元以下罚金；数量巨大的，处 10 年以上有期徒刑或者无期徒刑，并处 5 万元以上 50 万元以下罚金或者没收财产。单位犯此罪的，对单位判处罚金，并按照上述规定处罚其直接负责的主管人员和其他直接责任人员。

④ 个人犯非法购买增值税专用发票或者购买伪造的增值税专用发票罪的，处 5 年以下有期徒刑或者拘役，并处或者单处 2 万元以上 20 万元以下罚金。个人非法购买增值税专用发票或者伪造的增值税专用发票又虚开或者出售的，分别按照虚开增值税专用发票、出售伪造的增值税专用发票、非法出售增值税专用发票定罪处罚。单位

犯上述罪的，对单位判处罚金，并按照上述规定处罚其直接负责的主管人员和其他直接责任人员。

⑤ 个人犯伪造、擅自制造或者出售伪造、擅自制造的可以用于骗取出口退税、抵扣税款的其他发票，非法出售可以用于骗取出口退税、抵扣税款的其他发票罪的，处 3 年以下有期徒刑、拘役或者管制，并处 2 万元以上 20 万元以下罚金；数额巨大的，处 3 年以上 7 年以下有期徒刑，并处 5 万元以上 50 万元以下罚金；数额特别巨大的，处 7 年以上有期徒刑，并处 5 万元以上 50 万元以下罚金或者没收财产。个人犯伪造、擅自制造或者出售伪造、擅自制造的上述规定以外的其他发票，非法出售上述规定以外的其他发票罪的，处 2 年以下有期徒刑、拘役或者管制，并处 1 万元以上 5 万元以下罚金；情节严重的，处 2 年以上 7 年以下有期徒刑，并处 5 万元以上 50 万元以下罚金。单位犯上述罪的，对单位判处罚金，并按照上述规定处罚其直接负责的主管人员和其他直接责任人员。

⑥ 盗窃增值税专用发票或者可以用于骗取出口退税、抵扣税款的其他发票，数额较大或者多次盗窃的，处 3 年以下有期徒刑、拘役或者管制，并处或者单处罚金；数额巨大或者有其他严重情节的，处 3 年以上 10 年以下有期徒刑，并处罚金；数额特别巨大或者有其他特别严重情节的，处 10 年以上有期徒刑或者无期徒刑，并处罚金或者没收财产。

⑦ 使用欺骗手段骗取增值税专用发票或者可以用于骗取出口退税、抵扣税款的其他发票，数额较大的，处 3 年以下有期徒刑、拘役或者管制，并处或者单处罚金；数额巨大或者有其他严重情节的，处 3 年以上 10 年以下有期徒刑，并处罚金；数额特别巨大或者有其他特别严重情节的，处 10 年以上有期徒刑或者无期徒刑，并处罚金或者没收财产。

## 四、偷税、欠税、骗税、抗税的行政处罚

（一）偷税行政处罚

（1）纳税人伪造、变造、隐匿、擅自销毁账簿、记账凭证，或者在账簿上多列支出或者不列、少列收入，或者经税务机关通知申报而拒不申报或者进行虚假的纳税申报，不缴或者少缴应纳税款的，是偷税。对纳税人偷税的，由税务机关追缴其不缴或者少缴的税款、滞纳金，并处不缴或者少缴的税款 50%以上 5 倍以下的罚款；构成犯罪的，依法追究刑事责任。偷税数额占应纳税额的 10%以上不满 30%，并且偷税数额在 1 万元以上不满 10 万元的，或者因偷税被税务机关给予 2 次行政处罚又偷税的，除了由税务机关追缴其偷税款、滞纳金以外，处 3 年以下有期徒刑或者拘役，并处偷税数额 1 倍以上 5 倍以下罚金。偷税数额占应纳税额的 30%以上并且偷税数额在 10 万元以上

的，处 3 年以上 7 年以下有期徒刑，并处偷税数额 1 倍以上 5 倍以下罚金。

（2）扣缴义务人采取前款所列手段，不缴或者少缴已扣、已收税款，由税务机关追缴其不缴或者少缴的税款、滞纳金，并处不缴或者少缴的税款 50%以上 5 倍以下的罚款；不缴或者少缴已扣、已收税款数额占应缴税额的 10%以上并且数额在 1 万元以上的，除了由税务机关追缴其不缴或者少缴的税款、滞纳金以外，按照上述关于惩治偷税犯罪的规定处罚。

（3）对多次犯有上述行为，未经处罚的，按照累计数额计算。纳税人、扣缴义务人编造虚假计税依据的，由税务机关责令限期改正，并处 5 万元以下罚款。纳税人不进行纳税申报，不缴或者少缴应纳税款的，由税务机关追缴其不缴或者少缴的税款、滞纳金，并处不缴或者少缴的税款 50%以上 5 倍以下罚款。

（二）欠税行政处罚

纳税人欠缴应纳税款，采取转移或者隐匿财产的手段，妨碍税务机关追缴欠缴的税款的，由税务机关追缴欠缴的税款、滞纳金，并处欠缴税款 50%以上、5 倍以下的罚款；致使税务机关无法追缴欠缴的税款，数额在 1 万元以上不满 10 万元的，除了由税务机关追缴欠缴的税款、滞纳金以外，处 3 年以下有期徒刑或者拘役，并处或者单处欠缴税款 1 倍以上 5 倍以下罚金；数额在 10 万元以上的，处 3 年以上 7 年以下有期徒刑，并处欠缴税款 1 倍以上 5 倍以下罚金。

（三）骗税行政处罚

以假报出口或者其他欺骗手段，骗取国家出口退税款，由税务机关追缴其骗取的退税款，并处骗取退税款 1 倍以上 5 倍以下罚款。骗取退税款数额较大的，除了由税务机关追缴其骗取的退税款以外，处 5 年以下有期徒刑或者拘役，并处骗取税款 1 倍以上 5 倍以下罚金；数额巨大或者有其他严重情节的，处 5 年以上 10 年以下有期徒刑，并处骗取税款 1 倍以上 5 倍以下罚金；数额特别巨大或者有其他特别严重情节的，处 10 年以上有期徒刑或者无期徒刑，并处骗取税款 1 倍以上 5 倍以下罚金或者没收财产。此外，对于骗取国家出口退税款的，税务机关可以在规定的期间内停止为其办理出口退税。单位犯上述罪的，对单位判处罚金，并对其直接负责的主管人员和其他直接责任人员，处 3 年以下有期徒刑或者拘役；情节严重的，处 3 年以上 10 年以下有期徒刑；情节特别严重的，处 10 年以上有期徒刑。

（四）抗税行政处罚

以暴力、威胁方法拒不缴纳税款的，是抗税，除由税务机关追缴其拒缴的税款、滞纳金外，依法追究刑事责任。情节轻微，未构成犯罪的，由税务机关追缴其拒缴的税款、滞纳金，并处拒缴税款 1 倍以上 5 倍以下的罚款。情节严重的，处 3 年以上 7 年以下有期徒刑，并处拒缴税款 1 倍以上 5 倍以下罚金。

## 五、其他违法行为的行政处罚

### （一）在规定期限内不缴或少缴税款的行政处罚

纳税人、扣缴义务人在规定期限内不缴或者少缴应纳或者应解缴的税款，经税务机关责令限期缴纳，逾期仍未缴纳的，税务机关除可按规定采取强制执行措施追缴其不缴或者少缴的税款外，可以处不缴或者少缴的税款50%以上、5倍以下的罚款。纳税人拒绝代扣、代收税款的，扣缴义务人应当向税务机关报告，由税务机关直接向纳税人追缴税款、滞纳金；纳税人拒不缴纳的，依照上述规定执行。

### （二）扣缴义务人不履行扣缴义务的行政处罚

扣缴义务人应扣未扣、应收而不收税款的，由税务机关向纳税人追缴税款，对扣缴义务人处应扣未扣、应收未收税款50%以上、3倍以下的罚款。

### （三）不配合税务机关依法检查的行政处罚

纳税人、扣缴义务人逃避、拒绝或者以其他方式阻挠税务机关检查的，由税务机关责令改正，可以处1万元以下的罚款；情节严重的，处1万元以上5万元以下的罚款。纳税人、扣缴义务人有下列情形之一的，依照上述规定处罚：第一，提供虚假资料，不如实反映情况，或者拒绝提供有关资料的；第二，拒绝或者阻止税务机关记录、录音、录像、照相和复制与案件有关的情况和资料的；第三，在检查期间，纳税人、扣缴义务人转移、隐匿、销毁有关资料的；第四，有不依法接受税务检查的其他情形的。

### （四）有税收违法行为而拒不接受税务机关处理的行政处罚

从事生产、经营的纳税人、扣缴义务人有本法规定的税收违法行为，拒不接受税务机关处理的，税务机关可以收缴其发票或者停止向其发售发票。

### （五）银行或其他金融机构拒绝配合税务机关依法执行职务的法律责任

纳税人、扣缴义务人的开户银行或者其他金融机构拒绝接受税务机关依法检查纳税人、扣缴义务人存款账户，或者拒绝执行税务机关作出的冻结存款或者扣缴税款的决定，或者在接到税务机关的书面通知后帮助纳税人、扣缴义务人转移存款，造成税款流失的，由税务机关处10万元以上50万元以下的罚款，对直接负责的主管人员和其他直接责任人员处1 000元以上1万元以下的罚款。

### （六）擅自改变税收征收管理范围的行政处罚

税务机关违反规定擅自改变税收征收管理范围和税款入库预算级次的，责令限期改正，对直接负责的主管人员和其他直接责任人员依法给予降级或者撤职的行政处分。

### （七）不移送司法机关的行政处罚

税务机关的工作人员徇私舞弊，对于依法应当移交司法机关追究刑事责任的不移交，情节严重的，处 3 年以下有期徒刑或者拘役；造成严重后果的，处 3 年以上 7 年以下有期徒刑。

（八）不依法行政的行政处罚

不经税务机关依法委托征收税款的，责令退还收取的财物，依法给予行政处分或者行政处罚；致使他人合法权益受到损失的，依法承担赔偿责任；构成犯罪的，依法追究刑事责任。税务机关、税务人员查封、扣押纳税人个人及其所扶养家属维持生活必需的住房和用品的，责令退还，依法给予行政处分；构成犯罪的，依法追究刑事责任。税务人员与纳税人、扣缴义务人勾结，唆使或者协助纳税人、扣缴义务人偷税、欠税、骗税，构成犯罪的，依法追究刑事责任；尚不构成犯罪的，依法给予行政处分。

## 六、税务人员渎职行为的行政处罚

（1）税务人员利用职务上的便利，收受或者索取纳税人、扣缴义务人财物或者谋取其他不正当利益，构成犯罪的，依法追究刑事责任；尚不构成犯罪的，依法给予行政处分。其中，个人受贿数额在 10 万元以上的，处 10 年以上有期徒刑或者无期徒刑，可以并处没收财产；情节特别严重的，处死刑，并处没收财产。个人受贿数额在 5 万元以上不满 10 万元的，处 5 年以上有期徒刑，可以并处没收财产；情节特别严重的，处无期徒刑，并处没收财产。个人受贿数额在 5 000 元以上不满 5 万元的，处 1 年以上 7 年以下有期徒刑；情节严重的，处 7 年以上 10 年以下有期徒刑。个人受贿数额不满 5 000 元，情节较重的，处 2 年以下有期徒刑或者拘役；情节较轻的，由其所在单位或者上级主管机关酌情给予行政处分。索贿的，从重处罚。

（2）税务人员徇私舞弊或者玩忽职守，不征或者少征应征税款，致使国家税收遭受重大损失，处 3 年以下有期徒刑或者拘役；情节特别严重的，处 3 年以上 7 年以下有期徒刑。未构成犯罪的，依法给予行政处分。

（3）税务人员滥用职权，故意刁难纳税人、扣缴义务人的，调离税收工作岗位，并依法给予行政处分。

（4）税务人员对控告、检举税收违法违纪行为的纳税人、扣缴义务人以及其他检举人进行打击报复的，依法给予行政处分；构成犯罪的，依法追究刑事责任。

（5）税务人员违反法律、行政法规的规定，故意高估或者低估农业税计税产量，致使多征或者少征税款，侵犯农民合法权益或者损害国家利益，构成犯罪的，依法追究刑事责任；尚不构成犯罪的，依法给予行政处分。

（6）不按规定征收税款的行政处罚。

① 违反法律、行政法规的规定提前征收、延缓征收或者摊派税款的，由其上级机关或者行政监察机关责令改正，对直接负责的主管人员和其他直接责任人员依法给予

行政处分。

② 违反法律、行政法规的规定，擅自作出税收的开征、停征或者减税、免税、退税、补税以及其他同税收法律、行政法规相抵触的决定的，除依照本法规定撤销其擅自作出的决定外，补征应征未征税款，退还不应征收而征收的税款，并由上级机关追究直接负责的主管人员和其他直接责任人员的行政责任；构成犯罪的，依法追究刑事责任。

③ 税务人员在征收税款或者查处税收违法案件时，未按照本法规定进行回避的，对直接负责的主管人员和其他直接责任人员，依法给予行政处分。

④ 未按照本法规定为纳税人、扣缴义务人、检举人保密的，对直接负责的主管人员和其他直接责任人员，由所在单位或者有关单位依法给予行政处分。

## 七、税务行政处罚程序

税务机关在处理违法案件时，要针对案件的不同情况分别按简易程序和一般程序进行处理。

### （一）简易程序

税务行政处罚的简易程序是指税务机关及其执法人员对违法事实清楚，情节轻微，处罚较轻的案件，通常适用于集市贸易市场上的无证经营者，当场作出行政处罚决定的程序。根据《中华人民共和国行政处罚法》的规定，违法事实确凿并有法定依据，对公民处以50元以下、对法人或者其他组织处以1 000元以下罚款或者警告的行政处罚，可以当场作出行政处罚决定。当场作出税务行政处罚决定应当遵守以下程序规则：向当事人出示税务检查证或者其他税务行政执法身份证件；告知当事人受到税务行政处罚的违法事实、依据和陈述申辩权；听取当事人的陈述申辩意见；填写具有预定格式、编有号码的税务行政处罚决定书，并当场交付当事人；将当场作出的行政处罚决定报所属税务机关备案。

### （二）一般程序

税务行政处罚的一般程序，是指除了依法可以适用简易程序的案件以外的其他行政处罚案件应当遵循的程序。与简易程序相比，一般程序是行政处罚的基本程序，具有严格、完整、适用范围广等特点。根据《中华人民共和国行政处罚法》的规定，行政处罚决定的一般程序主要包括：

#### 1. 受理和立案

税务机关根据管辖的规定，在自己的权限范围内，受理涉及违法行为的线索和材料。然后对这些线索和材料进行初步审查，了解所反映的问题是否存在。经过初步审查认为有税务违法事实需要给予行政处罚的，应当立案；认为没有税务违法事实或者税务违法事实显著轻微的，不需要给予行政处罚的，不予立案。

2. 调查取证

立案的违法案件，税务机关都要派员进行调查，做到事实清楚，证据确凿。调查开始时，调查人员必须出示税务检查证和税务检查通知书，然后按照征管法授予的职权进行调查。调查取证时可以记录、录音、录像、照相和复制。同时，对于涉及国家秘密、商业秘密和个人隐私的，有责任替被调查人保密。对于能够证实当事人有税务违法行为或者无税务违法行为，以及税务违法行为情节的轻重的各种证据均应收集，要特别注意听取当事人的陈述和辩解。税务违法案件调查终结，调查人员应当写出调查报告。对于符合法定听证条件的案件，应当告知当事人有要求听证的权利。

3. 听证

听证是指税务机关在对当事人某些违法行为作出行政处罚决定之前，按照一定形式听取调查人员和当事人意见的程序，使作出的行政处罚决定更加公正、合理。税务行政处罚听证的范围是对公民作出 2 000 元以上或者对法人或其他组织作出 1 万元以上罚款的案件。凡属听证范围的案件，在作出税务处罚决定之前，应当首先向当事人送达《税务行政处罚事项告知书》，要求听证的当事人，应当在收到《告知书》后 3 日内向税务机关书面提出听证要求，逾期不提出的，视为放弃听证权利。税务机关应在当事人提出听证要求后的 15 日内举行听证，并在举行听证的 7 日前将《听证通知书》送达当事人。除涉及国家秘密、商业秘密或者个人隐私的不公开听证外，对于公开听证的案件，应当先期公告案情和听证的时间、地点，并允许公众旁听。

4. 审理

案件审理人员在接到调查人员的调查报告后，要从以下几个方面审理把关：所办案件是否应属其管辖；当事人的违法事实是否清楚，证据是否充分；对案件的定性是否准确；适用法律、法规、规章是否准确；量罚是否适当；程序是否合法以及案件涉及的其他重要问题。

5. 决定

案件经过审理后，税务机关负责人应当根据不同情况作出决定：确有应受税务行政处罚的违法行为的，根据情节轻重以及具体情况，作出税务行政处罚决定；违法行为轻微，依法可以不予行政处罚的，不予行政处罚；违法事实不能成立的，不得给予行政处罚；违法行为已经构成犯罪的，移送司法机关。对情节复杂或者重大违法行为给予较重的行政处罚，税务机关应当集体讨论决定。税务机关依法作出给予行政处罚的决定以后，应当制作《税务行政处罚决定书》。《税务行政处罚决定书》应当在宣告后当场交付当事人，当事人不在场的，行政机关应当在 7 日内依照民事诉讼法的有关规定，将《税务行政处罚决定书》送达当事人。

6. 执行

当事人自收到税务机关的行政处罚决定后，应当在规定的期限内履行。当事人履行处罚决定，应注意以下几点：第一，要实际履行，即当事人要以实际行动来履行处罚决定所设定的义务，如缴纳罚款；第二，要按时履行，处罚决定都要对当事人履行义务规定一定的期限，那么当事人接到处罚决定书后就应当如期缴纳罚款；第三，要全面履行，当事人履行处罚决定，应当全面履行处罚决定所规定的内容。

## 第二节　税务行政复议

税务行政复议是指纳税人、代征人或其他当事人同税务机关在纳税或违章处理问题上发生争议时，向上一级税务机关申请复查的制度和上级税务机关依法进行税务行政复议工作。

### 一、税务行政复议机构与受案范围

#### （一）税务行政复议机构

税务行政复议机构是指受理复议申请，依法对具体行政行为进行审查并作出裁决的税务机构。县及县以上税务机关应设立税务行政复议委员会，代表本级机关行使税务复议职责。复议委员会由 7～9 人组成，下设办公室，负责处理日常事务。

1. 税务行政复议委员会的权利

税务行政复议委员会有权要求申请人或其他有关人员提供与争议案件的事实材料（如账簿、凭证等），并将提供的材料在复议期间留用；有权进行调查，并在必要时进行现场勘查检验；有权对受理的税务争议案件进行裁决。

2. 税务行政复议委员会的义务

税务行政复议委员会应当为纳税人提供陈述的机会；向申请人及相关人员讲解税法；对留用的材料进行妥善保管，不得遗失、损毁或泄密；对涉及申请人或相关人员经营秘密或其他隐私的，应为其保密；将复议裁决以书面形式通知申请人及原处理机关，并告知申请人享有的起诉权。

#### （二）税务行政复议受案范围

根据《税务行政复议规则》，公民、法人、其他组织以及外国人、无国籍人和外国组织，对税务机关下列具体行政行为不服所申请的复议，税务复议行政机关都应受理。这些行政行为包括：

（1）税务机关作出的征税行为，包括征收税款，加收滞纳金和扣缴义务人、受税务机关委托征收的单位作出的代扣代缴、代收代缴税款行为。

（2）税务机关作出的责令纳税人提缴纳税保证金或提供纳税担保行为。

（3）税务机关作出的税收保全措施，包括书面通知银行或者其他金融机构冻结纳税人的存款，扣押、查封纳税人的商品、货物或者其他财产。

（4）税务机关没有及时解除税收保全措施，使纳税人的合法权益遭受损失的行为。

（5）税务机关采取的税收强制执行措施，包括书面通知银行或者其他金融机构从纳税人的存款中扣缴税款，拍卖或者变卖扣押、查封的纳税人的商品、货物或者其他财产抵缴税款。

（6）税务机关作出的税务行政处罚行为，包括罚款、没收违法所得、停止办理出口退税。

（7）税务机关不予依法办理或者答复的行为，包括不予审批减税、免税或者出口退税；不予抵扣税款；不予退还税款；不予颁发税务登记证、发售发票；不予开具完税凭证和出具票据；不予认定为增值税一般纳税人；不予核准延期申报、批准延期缴纳税款。

（8）税务机关作出的取消增值税一般纳税人资格的行为。

（9）税务机关作出的通知进出境管理机关阻止出境行为。

（10）税务机关作出的其他税务具体行政行为。

## 二、税务行政复议管辖

（1）对省级以下各级国家税务局、地方税务局作出的税务具体行政行为不服的，向其上一级机关申请税务行政复议。

（2）对省级国家税务局、地方税务局作出的税务具体行政行为不服的，向国家税务总局申请税务行政复议。对省级地方税务局作出的税务具体行政行为不服的，也可以向省级人民政府申请行政复议。

（3）对国家税务总局作出的税务具体行政行为不服的，向国家税务总局申请税务行政复议。对税务行政复议决定不服，申请人可以向人民法院提起税务行政诉讼；也可以向国务院申请裁决，国务院的裁决为终局裁决。

（4）对税务机关依法设立的派出机构（如税务所、税务分局）按照法律、法规、规章的规定以自己的名义作出的税务具体行政行为不服的，向设立该派出机构的税务机关申请税务行政复议。

（5）对扣缴义务人作出的扣缴税款行为不服的，向主管该扣缴义务人的税务机关的上一级税务机关申请税务行政复议。对受税务机关委托的单位作出的代征税款行为不服的，向委托税务机关的上一级税务机关申请税务行政复议。

(6) 对国家税务局和地方税务局共同作出的税务具体行政行为不服的，向国家税务总局申请税务行政复议；对税务机关与其他机关共同作出的具体行政行为不服的，向其共同上一级行政机关申请行政复议。

(7) 对被撤销的税务机关在撤销以前作出的税务具体行政行为不服的，向继续行使其职权的税务机关的上一级税务机关申请税务行政复议。

有上述(4)(5)(6)(7)种情形之一的，申请人也可以向税务具体行政行为发生地的县级人民政府提出行政复议申请，由接受申请的县级人民政府依法转送。

## 三、税务行政复议的申请与受理

### (一) 税务行政复议申请

#### 1. 税务行政复议申请人

税务行政复议申请人是依法提起税务行政复议的纳税人和其他税务当事人，具体包括纳税人、扣缴义务人、纳税担保人和其他税务当事人。有权申请税务行政复议的公民死亡的，其近亲属可以申请税务行政复议。有权申请税务行政复议的公民为无行为能力人或者限制行为能力人的，其法定代理人可以代理申请税务行政复议。有权申请税务行政复议的法人或者其他组织发生合并、分立或者终止的，承受其权利的法人或者其他组织可以申请税务行政复议。与申请税务行政复议的税务具体行政行为有利害关系的其他公民、法人或者组织，可以作为第三人参加税务行政复议。纳税人和其他税务当事人对税务机关的税务具体行政行为不服申请税务行政复议的，作出税务具体行政行为的税务机关是被申请人。申请人、第三人可以委托代理人代为参加税务行政复议，被申请人不得委托代理人代为参加税务行政复议。

#### 2. 税务行政复议申请

申请人可以在得知税务机关作出税务具体行政行为之日起60日内提出税务行政复议申请。因不可抗力或者被申请人设置障碍等正当理由耽误法定申请期限的，申请期限自障碍消除之日起继续计算。申请人申请税务行政复议，可以书面申请，也可以口头申请。口头申请的，复议机关应当当场记录申请人的基本情况、复议请求、申请复议的主要事实、理由和时间。申请人向复议机关申请税务行政复议，复议机关已经受理的，在法定税务行政复议期限以内，申请人不得向人民法院起诉。申请人向人民法院提起税务行政诉讼，人民法院已经受理的，不得申请税务行政复议。

### (二) 税务行政复议受理

税务行政复议受理是税务行政复议机关在接到当事人请求复议申请后，经审查决定接受申请或不接受申请的行为及过程。税务行政复议受理程序为：

(1) 复议机关收到税务行政复议申请以后，应当在5日以内进行审查，对于不符合规定者，决定不予受理，并书面告知申请人；对于符合规定，但是不属于本机关受理者，应当告知申请人向有关机关提出申请；对于符合规定者，自复议机关法制工作机构收到之日起即为受理，并应当书面告知当事人。纳税人和其他税务当事人依法提出税务行政复议申请，复议机关无正当理由不予受理且申请人没有向人民法院提起税务行政诉讼的，上级税务机关应当责令其受理，必要时上级税务机关也可以直接受理。

(2) 对于应当先向复议机关申请税务行政复议，对税务行政复议决定不服再向人民法院提起行政诉讼的税务具体行政行为，复议机关决定不予受理或者受理以后超过复议期限不作答复的，纳税人和其他税务当事人可以自收到不予受理决定书之日起或者税务行政复议期满之日起15日内，依法向人民法院提起税务行政诉讼。

(3) 税务行政复议期间，税务具体行政行为不停止执行。但是，有下列情形之一的，可以停止执行：第一，被申请人认为需要停止执行的；第二，复议机关认为需要停止执行的；第三，申请人申请停止执行，复议机关认为其要求合理，决定停止执行的；第四，法律、法规、规章规定停止执行的。

## 四、税务行政复议形式

税务行政复议有必经复议和选择复议两种形式。实行两种复议形式主要是使税务机关的行政执法权和法院的行政司法权分离，保证国家正常纳税和税务争议得到公正解决。

### (一) 必经复议

这是指公民、法人和其他组织对税务机关作出的行政行为不服，在程序上必须先向上一级税务机关申请复议，对复议不服，再向人民法院起诉。我国《税务行政复议规则》规定，纳税人和其他税务当事人对税务机关作出的征税行为不服，应当先向复议机关申请税务行政复议；对税务行政复议决定不服，再向人民法院起诉。申请人按照此项规定申请税务行政复议的，必须先按照税务机关根据法律、行政法规确定的税额、期限缴纳或者解缴税款及滞纳金，或者提供相应的担保，然后可以在收到税务机关填发的缴款凭证之日起60日内提出税务行政复议申请。

### (二) 选择复议

这是指公民、法人和其他组织对税务机关作出的行政行为不服，在程序上可先向上一级税务机关申请复议，对复议不服，再向人民法院起诉，也可直接向人民法院起诉。我国《税务行政复议规则》规定，申请人对税务机关作出的其他税务具体行政行为不服，可以申请税务行政复议，也可以直接向人民法院提起税务行政诉讼。

## 五、税务行政复议的审理和决定

### （一）税务行政复议审理

复议审理是指税务行政复议机关受理当事人复议申请以后，着手进行调查核实的全过程。

税务行政复议机关对已受理的案件，应在受理之日起7日内将税务行政复议申请书副本或者税务行政复议笔录复印件发送被申请人。被申请人应当从收到申请书副本或者申请笔录复印件之日起10日内，提出书面答复，并提交当初作出税务具体行政行为的证据、依据和其他有关材料。在税务行政复议过程中，被申请人不得自行向申请人和其他有关组织、个人收集证据。

申请人和第三人可以查阅被申请人提出的书面答复、作出税务具体行政行为的证据、依据和其他有关材料。除了涉及国家秘密、商业秘密和个人隐私者以外，复议机关不得拒绝。在税务行政复议决定作出以前，申请人要求撤回税务行政复议申请的，经说明理由，可以撤回；撤回税务行政复议申请的，税务行政复议终止。

复议机关在审查被申请人作出的税务具体行政行为的时候，认为其依据不合法，本机关有权处理的，应当在30日内依法处理；无权处理的，应当在7日内按照法定程序转送有权处理的行政机关依法处理。处理期间，中止对税务具体行政行为的审查。

### （二）税务行政复议决定

这是指税务行政复议机关对当事人提起的有效的复议申请，进行审理后所作出的最后处理决定。

#### 1. 复议决定

复议机关应当自受理税务行政复议申请之日起60日内作出税务行政复议决定。情况复杂，不能在规定期限以内作出税务行政复议决定的，经过复议机关负责人批准，可以适当延长，但是延长期限最多不超过30日。复议机关法制工作机构应当对被申请人作出的税务具体行政行为进行合法性与适当性审查，提出意见，经过复议机关负责人同意，按照下列规定作出税务行政复议决定：

（1）税务具体行政行为认定事实清楚，证据确凿，适用依据正确，程序合法，内容适当的，决定维持。

（2）被申请人不履行法定职责的，决定其在一定期限内履行。

（3）事实不清，证据不足的；适用依据错误的；违反法定程序的；超越或者滥用职权的；税务具体行政行为明显不当的，决定撤销、变更或者确认该税务具体行政行为违法。决定撤销或者确认该税务具体行政行为违法的，可以责令被申请人在一定期限内重新作出税务具体行政行为。

2. 被申请人责权

被申请人应当履行税务行政复议决定。被申请人不履行税务行政复议决定或者无正当理由拖延履行税务行政复议决定的，复议机关或者有关上级行政机关应当责令其限期履行。复议机关责令被申请人重新作出税务具体行政行为的，被申请人不得以同一事实和理由作出与原税务具体行政行为相同或者基本相同的税务具体行政行为。被申请人不按照规定提出书面答复，提交当初作出税务具体行政行为的证据、依据和其他有关材料的，视为该税务具体行政行为没有证据、依据，决定撤销该税务具体行政行为。

3. 申请人责权

申请人在申请税务行政复议的时候，可以一并提出行政赔偿请求。复议机关对按照国家赔偿法的有关规定应当给予赔偿的，在决定撤销、变更税务具体行政行为或者确认税务具体行政行为违法的时候，应当同时决定被申请人依法予以赔偿。申请人在申请税务行政复议的时候没有提出行政赔偿请求的，复议机关在依法决定撤销或者变更原税务具体行政行为确定的税款、滞纳金、罚款和对财产的扣押、查封等强制措施的时候，应当同时责令被申请人退还税款、滞纳金和罚款，解除对财产的扣押、查封等强制措施，或者赔偿相应的价款。申请人逾期不起诉又不履行税务行政复议决定的，或者不履行最终裁决的税务行政复议决定的，按照下列规定分别处理：

(1) 维持税务具体行政行为的税务行政复议决定，由作出税务具体行政行为的税务机关依法强制执行，或者申请人民法院强制执行。

(2) 改变税务具体行政行为的税务行政复议决定，由复议机关依法强制执行，或者申请人民法院强制执行。

## 第三节 税务行政诉讼

税务行政诉讼是指公民、法人或其他组织在其合法权益受到税务机关的违法行为或不法行为的侵害时，向法院申诉请求撤销或制止这种违法行为或赔偿其经济损失的一种诉讼活动。

### 一、税务行政诉讼受案范围

根据《中华人民共和国行政诉讼法》和有关税收法律、行政法规的规定，税务行政诉讼的受案范围包括对下列税务具体行政行为提起的行政诉讼：

(1) 税务机关作出的征税行为，包括征收税款，加收滞纳金，扣缴义务人、代征人作出的代扣代缴、代收代缴税款行为。

(2) 税务机关作出的责令纳税人提供纳税担保行为。

(3) 税务机关采取的税收保全措施,包括通知银行或者其他金融机构冻结纳税人的存款,扣押、查封纳税人的财产。

(4) 税务机关没有及时解除税收保全措施,使纳税人的合法权益遭受损失的行为。

(5) 税务机关采取的税收强制执行措施,包括通知银行或者其他金融机构从纳税人的存款中扣缴税款,拍卖或者变卖所扣押、查封的纳税人的财产以抵缴税款等。

(6) 税务机关作出的税务行政处罚行为,包括罚款、没收违法所得、停止办理出口退税。

(7) 税务机关不予依法办理或者答复的行为,包括不予审批减税、免税或者出口退税,不予抵扣税款,不予退还税款,不予颁发税务登记证、发售发票,不予开具完税凭证和出具票据,不予认定为增值税一般纳税人,不予核准延期申报、批准延期纳税。

(8) 税务机关作出的取消增值税一般纳税人资格的行为。

(9) 税务机关作出的通知出境管理机关阻止出境行为。

(10) 税务机关作出的其他税务具体行政行为。

## 二、税务行政诉讼管辖

税务行政诉讼管辖可以分为级别管辖、地域管辖和裁定管辖三类。

### (一) 级别管辖

其主要内容是,基层人民法院管辖本辖区内一般的税务行政诉讼案件,中级人民法院和高级人民法院管辖本辖区内重大、复杂的税务行政诉讼案件,最高人民法院管辖全国范围内重大、复杂的税务行政诉讼案件。

### (二) 地域管辖

包括一般地域管辖和特殊地域管辖两种。

#### 1. 一般地域管辖

一般地域管辖是指按照最初作出税务具体行政行为的税务机关所在地确定管辖法院。凡是没有经过税务行政复议直接向人民法院提起税务行政诉讼的;或者经过税务行政复议,裁决维持原税务具体行政行为,当事人不服,向人民法院提起税务行政诉讼的,均由最初作出税务具体行政行为的税务机关所在地的人民法院管辖。

#### 2. 特殊地域管辖

特殊地域管辖是指根据特殊行政法律关系或者特殊行政法律关系所指的对象确定管辖法院。这里有三种情况:一是经过税务行政复议的案件,复议机关改变原税务具体行政行为的，可以由复议机关所在地的人民法院管辖；二是在税务行政案件中，原告对税务机关通知出境管理机关阻止出境行为不服而提起的诉讼，由作出上述行为的税务机关所在地的人民法院或者原告所在地的人民法院管辖；三是因不动产提起的税务行政诉讼，由不动产所在地的人民法院管辖。

两个以上的人民法院都有管辖权的税务行政案件，可以由原告选择其中一个法院提起诉讼。原告向两个以上有管辖权的人民法院提起税务行政诉讼的，由最先收到起诉状的法院管辖。

（三）裁定管辖

裁定管辖包括移送管辖、指定管辖和管辖权的转移三种。

1. 移送管辖

人民法院发现受理的税务行政案件不属于自己管辖时，应当将其移送有管辖权的人民法院。

2. 指定管辖

有税务行政诉讼管辖权的人民法院由于特殊原因不能行使其管辖权的，由上级人民法院指定管辖。人民法院对税务行政诉讼管辖权发生争议的，由争议双方协商解决；协商不成的，报其共同上级人民法院指定管辖。

3. 管辖权的转移

上级人民法院有权审判下级人民法院管辖的第一审税务行政案件，也可以把自己管辖的第一审税务行政案件移交下级人民法院审判。下级人民法院对其管辖的第一审税务行政案件，认为需要由上级人民法院审判的，可以报请上级人民法院决定。

## 三、税务行政诉讼起诉和受理

（一）税务行政诉讼起诉

税务行政诉讼起诉是指公民、法人或者其他组织认为自己的合法权益受到税务机关具体行政行为的侵害而向人民法院提出诉讼请求，要求人民法院行使审判权，依法予以保护的诉讼行为。在税务行政诉讼等行政诉讼中，起诉权是单向性的权利，税务机关不享有起诉权，只有应诉权，即税务机关只能作被告；与民事诉讼不同，作为被告的税务机关不能反诉。

纳税人、扣缴义务人等税务管理相对人在提起税务行政诉讼时，必须符合下列条件：第一，原告是认为具体税务行为侵犯其合法权益的公民、法人或者其他组织；第二，有明确的被告；第三，有具体的诉讼请求和事实、法律根据；第四，属于人民法院的受案范围和受诉人民法院管辖。此外，提起税务行政诉讼，还必须符合法定的期限和必经的程序。对税务机关的征税行为提起诉讼，必须先经过复议；对复议决定不服的，可以在接到复议决定书之日起15日内向人民法院起诉。对其他具体行政行为不服的,当事人可以在接到通知或者知道之日起15日内直接向人民法院起诉。税务机关作出具体行政行为时,未告知当事人起诉权和起诉期限,致使当事人逾期向人民法院起诉的,其起诉期限从当事人实际知道起诉权或者起诉期限时计算,但最长不得超过2年。

（二）税务行政诉讼受理

原告起诉,经人民法院审查认为符合起诉条件并立案审理的行为,称为受理。对当事人的起诉,人民法院一般从以下几方面进行审查并作出是否受理的决定：一是审查是否属于法定的诉讼受案范围;二是审查是否具备法定的起诉条件;三是审查是否已经受理或者正在受理;四是审查是否有管辖权;五是审查是否符合法定的期限;六是审查是否经过必经复议程序。根据法律规定,人民法院接到诉状,经过审查,应当在7日内立案或者作出裁定不予受理。原告对不予受理的裁定不服的,可以提起上诉。

## 四、税务行政诉讼审理和判决

（一）税务行政诉讼审理

人民法院审理行政案件实行合议、回避、公开审判和两审终审的审判制度。审理的核心是审查被诉具体行政行为是否合法,即作出该行为的税务机关是否依法享有该税务行政管理权;该行为是否依据一定的事实和法律作出;税务机关作出该行为是否遵照必备的程序等。

（二）税务行政诉讼判决

人民法院对受理的税务行政案件,经过调查、收集证据、开庭审理之后,分别作出如下判决：

1. 维持判决

维持判决适用于具体行政行为证据确凿,适用法律、法规正确,符合法定程序的案件。

2. 撤销判决

被诉的具体行政行为主要证据不足,适用法律、法规错误,违反法定程序,或者超越职权、滥用职权,人民法院应判决撤销或部分撤销,同时可判决税务机关重新作出具体行政行为。

3. 履行判决

税务机关不履行或拖延履行法定职责的,判决其在一定期限内履行。

4. 变更判决

税务行政处罚显失公正的,可以判决变更。

对一审人民法院的判决不服，当事人可以上诉。对发生法律效力的判决，当事人必须执行，否则人民法院有权依对方当事人的申请予以强制执行。

## 第四节 税务行政赔偿

税务行政赔偿属于国家赔偿中的行政赔偿。所谓国家赔偿，是指国家机关和国家机关工作人员违反行政职权，对公民、法人和其他组织的合法权益造成损害，由国家承担赔偿责任的制度。

### 一、税务行政赔偿的含义

这是指税务机关作为履行国家赔偿义务的机关，对本机关及其工作人员的职务违法行为给纳税人和其他税务当事人的合法权益造成的损害，代表国家予以赔偿的制度。税务行政赔偿由以下要点内容构成：必须是税务机关或者其工作人员的职务违法行为，这是构成税务行政赔偿责任的核心要件；必须存在对纳税人和其他税务当事人合法权益造成损害的事实，这是构成税务行政赔偿的必备要件；必须是税务机关及其工作人员的职务违法行为与现实发生的损害事实存在因果关系。

#### （一）税务行政赔偿请求人

税务行政赔偿请求人是指有权对税务机关及其工作人员的违法职务行为造成的损害提出赔偿要求的人。根据国家赔偿法的规定，税务行政赔偿请求人可分为以下几类：受害的纳税人和其他税务当事人；受害公民的继承人，其他有扶养关系的亲属；承受原法人或其他组织的法人或其他组织。

#### （二）税务行政赔偿的赔偿义务机关

在一般情况下，哪个税务机关及其工作人员行使职权侵害公民、法人和其他组织的合法权益，该税务机关就是履行赔偿义务的机关。如果两个以上税务机关或者其工作人员共同违法行使职权侵害纳税人和其他税务当事人合法权益的，则共同行使职权的税务机关均为赔偿义务机关，赔偿请求人有权对其中任何一个提出赔偿请求。经过上级税务机关行政复议的，最初造成侵权的税务机关为赔偿义务机关。但上级税务机关的复议决定加重损害的，则上级税务机关对加重损害部分履行赔偿义务。应当履行赔偿义务的税务机关被撤销的，继续行使其职权的税务机关是赔偿义务机关；没有继续行使其职权的，撤销该赔偿义务机关的行政机关为赔偿义务机关。

#### （三）税务行政赔偿的请求时效

依据国家赔偿法的规定，税务行政赔偿请求人请求赔偿的时效为 2 年，自税务机关及其工作人员行使职权时的行为被依法确认为违法之日起计算。如果税务行政赔偿请求人在赔偿请求时效的最后6个月内，因不可抗力或者其他障碍不能行使请求权的，时效中止。从中止时效的原因消除之日起，赔偿请求时效期间继续计算。

(四) 取得税务行政赔偿的特别保障

依据国家赔偿法规定，赔偿请求人要求赔偿的，赔偿义务机关、复议机关、人民法院不得向该赔偿请求人收取任何费用；对赔偿请求人取得的赔偿金不予征税。

(五) 涉外税务行政赔偿

依据国家赔偿法规定，涉外赔偿适用国内赔偿的有关法律规定，但是如果外国人、外国企业和组织的所属国对我国公民、法人和其他组织要求该国家赔偿的权利不予保护或者限制的，我国与该外国人、外国企业和组织的所属国实行对等原则。涉外税务行政赔偿也适用这一原则。

## 二、税务行政赔偿范围

税务行政赔偿的范围是指税务机关对本机关及其工作人员在行使职权时给受害人造成的损害予以赔偿。我国的国家赔偿法将损害赔偿的范围限于对财产权和人身权中的生命健康权、人身自由权的损害，未将精神损害等列入赔偿范围。此外，我国国家赔偿法中的损害赔偿仅包括对直接损害的赔偿，不包括间接损害。依据国家赔偿法的规定，税务行政赔偿的范围包括以下几项。

(一) 侵犯人身权的赔偿

侵犯人身权的赔偿主要包括：税务机关及其工作人员非法拘禁纳税人和其他税务当事人或者以其他方式剥夺纳税人和其他税务当事人人身自由的；税务机关及其工作人员以殴打等暴力行为或者唆使他人以殴打或暴力行为造成公民身体伤害或者死亡的；造成公民身体伤害或者死亡的税务机关及其工作人员的其他违法行为。

(二) 侵犯财产权的赔偿

侵犯财产权的赔偿主要包括：税务机关及其工作人员违法征收税款及滞纳金的；税务机关及其工作人员对当事人违法实施罚款，没收非法所得等行政处罚的；税务机关及其工作人员对当事人财产违法采取强制措施或者税收保全措施的；税务机关及其工作人员违反国家规定向当事人征收财物、摊派费用的；税务机关及其工作人员造成当事人财产损害的其他违法行为。

(三) 税务机关不承担赔偿责任的情形

一般情况下，有损害必须赔偿，但在法定情况下，虽有损害发生，国家也不予赔偿。国家赔偿法规定了一些情形作为行政赔偿的例外，这些情形包括：

(1) 行政机关工作人员与行使职权无关的行为。税务机关工作人员非职务行为造成的损害、责任由其个人承担。

(2) 因纳税人和其他税务当事人自己的行为致使损害发生的。在损害不是由税务行政侵权行为引起,而是由纳税人和其他税务当事人自己的行为引起的情况下,税务机关不承担赔偿义务。

## 三、税务行政赔偿程序

税务行政赔偿的程序由两部分组成：一是非诉讼程序,即税务机关的内部程序;二是税务行政赔偿诉讼程序,即司法程序。

### (一) 税务行政赔偿非诉讼程序

#### 1. 赔偿请求的提出

依据国家赔偿法的规定,税务赔偿请求人应当先向负有履行赔偿义务的税务机关提出赔偿要求。这是税务行政赔偿的必经程序。如果税务行政赔偿请求人在要求税务行政赔偿的同时,还要求上级税务复议或者人民法院确认致害的职务行为违法或者要求撤销该行为,则可以在申请税务行政复议或者提起税务行政诉讼时,一并提出税务行政赔偿请求。

#### 2. 赔偿请求的形式

依据国家赔偿法的规定,要求税务行政赔偿的应当递交申请书,申请书应当载明受害人的姓名、性别、年龄、工作单位和住所,法人或者其他组织的名称、住所和法定代表人或者主要负责人的姓名、职务;具体的要求、事实根据和理由;申请的年、月、日等事项。

#### 3. 赔偿请求的处理

税务行政赔偿请求人在法定期限内提出赔偿请求后,负有赔偿义务的税务机关应当自收到申请之日起 2 个月内依照法定的赔偿方式和计算标准给予赔偿;逾期不赔偿或者赔偿请求人对赔偿数额有异议的,赔偿请求人可以在期间届满之日 3 个月内向人民法院提起诉讼。

### (二) 税务行政赔偿诉讼程序

当税务赔偿义务机关逾期不予赔偿或者税务行政赔偿请求人对赔偿数额有异议时,税务行政赔偿请求人可以向人民法院提起诉讼,此时进入税务行政赔偿诉讼程序。应当注意,税务行政赔偿诉讼与税务行政赔偿非诉讼程序中规定的可以在提出税务行政诉讼时一并提出税务行政赔偿的请求有如下差别：

首先,在提起税务行政诉讼时一并提出赔偿请求无须经过先行处理,而税务行政赔偿诉讼的提起必须以税务机关的先行处理为条件。

其次,依据行政诉讼法的规定,税务行政诉讼不适用调解,而税务行政赔偿诉讼可以进行调解，因为税务行政赔偿诉讼的核心是税务行政赔偿请求人的人身权、财产权受到的损害是否应当赔偿，应当赔偿多少，权利具有自由处分的性质，存在调解的基础。

最后，依据行政诉讼法的规定，在税务行政诉讼中，被告即税务机关承担举证责任，而在税务行政赔偿诉讼中，损害事实部分的举证责任不可能由税务机关承担，也不应由税务机关承担。

（三）税务行政追偿制度

税务行政追偿制度是指违法行使职权给纳税人和其他税务当事人合法权益造成损害的税务机关的工作人员主观有过错，如故意和重大过失，税务机关赔偿其造成的损害以后，再追究其责任的制度。它解决的是税务机关与其工作人员之间的关系。此外，如果赔偿义务机关因故意或者重大过失造成赔偿的，或者超出国家赔偿法规定的范围和标准赔偿的，同级人民政府可以责令赔偿义务机关自行承担部分或者全部赔偿费用。

## 四、税务行政赔偿方式

税务行政赔偿方式是指国家承担赔偿责任的各种形式。依据国家赔偿法的规定，国家赔偿以支付赔偿金为主要方式，如果赔偿义务机关能够通过返还财产或者恢复原状实施国家赔偿的，应当返还财产或者恢复原状。

（一）支付赔偿金

支付赔偿金是最主要的赔偿形式。支付赔偿金简便易行，适用范围广，它可以使受害人的赔偿要求迅速得到满足。

（二）返还财产

返还财产是对财产所有权造成损害后的赔偿方式。返还财产要求财产或者原物存在，只有这样才谈得上返还财产。返还财产所指的财产一般是特定物，但也可以是种类物，如罚款所收缴的货币。

（三）恢复原状

恢复原状是指对受到损害的财产进行修复，使之恢复到受损前的形状或者性能。使用这种赔偿方式必须是受损害的财产确能恢复原状且易行。

按照国家赔偿法和国家赔偿费用管理办法的规定，税务行政赔偿费用列入各级财政预算，由各级财政按照财政管理体制分级负担。

## 本章小结

本章主要阐述税务行政司法制度。税务行政司法制度是税务行政机关或司法机关，对纳税人在履行纳税义务，或税务行政人员在税务执法中的违法行为，以及纳税人同税务机关在税收征纳中的争议，进行处理的法律程序和法律规定。我国税收行政司法制度主要包括税务违章处理、税务行政复议、税务行政诉讼法和税务行政赔偿。税务违章处理主要有经济制裁、行政制裁和刑事制裁三种。经济制裁包括滞纳金、罚款、扣押财产抵缴税款和银行扣缴四种形式。行政制裁包括吊销营业执照、吊销税务登记等处理。刑事制裁包括拘役、有期徒刑。对纳税人犯有偷税、抗税、欠税、骗税的税务违法行为，以及违反发票管理法规的行为应按违法程度的轻重，处追缴税款、罚款以及有期徒刑处罚。税务机关在处理违章案件时，一般要经过立案、调查、处理等程序。税务行政复议是指纳税人、代征人或其他当事人同税务机关在纳税或违章处理问题上发生争议时，向上一级税务机关申请复查的制度和上级税务机关依法进行税务行政复议的工作。税务行政诉讼是指公民、法人或其他组织在其合法权益受到税务机关的违法行为或不法行为的侵害时，向法院申诉请求撤销或制止这种违法行为或赔偿其经济损失的一种诉讼活动。税务行政赔偿属于国家赔偿中的行政赔偿。所谓国家赔偿，是指国家机关和国家机关工作人员违反行政职权，对公民、法人和其他组织的合法权益造成损害，由国家承担赔偿责任的制度。依据国家赔偿法的规定，税务行政赔偿的范围包括侵犯人身权的赔偿、侵犯财产权的赔偿。税务行政追偿制度的赔偿方式主要有支付赔偿金、返还财产和恢复原状。

## 思考题

1. 违反发票管理法规的行为应如何处罚？
2. 虚开增值税发票应如何处罚？
3. 对纳税人偷税应如何进行处罚？
4. 对纳税人欠税应如何进行处罚？
5. 对纳税人骗税应如何进行处罚？
6. 对纳税人抗税应如何进行处罚？
7. 税务行政处罚的简易程序适用哪些对象？
8. 税务行政处罚的一般程序应如何进行？
9. 税务行政复议的范围是如何规定的？
10. 当事人应如何提出税务行政复议申请？
11. 税务行政复议中的必经复议和选择复议有哪些主要区别？
12. 税务行政诉讼受案范围是如何规定的？
13. 税务行政赔偿的范围是如何规定的？

# 参考文献

[1] 哈维·罗森.财政学[M].北京：中国人民大学出版社,2015.
[2] 胡怡建.税收经济学[M].北京:经济科学出版社,2019.
[3] 朱青.国际税收[M].北京:中国人民大学出版社,2018.
[4] 李大明.税收管理学[M].北京:经济科学出版社,2008.
[5] 中华人民共和国增值税暂行条例.国务院令[2017]691 号.
[6] 中华人民共和国消费税暂行条例.国务院令[2008]539 号.
[7] 中华人民共和国进出口关税条例.国务院令[2003]392 号.
[8] 中华人民共和国企业所得税法.国家主席令[2007]63 号.
[9] 中华人民共和国个人所得税法.国家主席令[2018]9 号.
[10] 中华人民共和国耕地占用税法.国家主席令[2018]18 号.
[11] 中华人民共和国环境保护税法.国家主席令[2016]61 号.
[12] 中华人民共和国车辆购置税法.国家主席令[2018]19 号.
[13] 中华人民共和国资源税法.国家主席令[2019]33 号.
[14] 中华人民共和国城市维护建设税法.国家主席令[2020]51 号.
[15] 中华人民共和国契税法.国家主席令[2020]52 号.
[16] 中华人民共和国车船税法.国家主席令[2011]43 号.
[17] 中华人民共和国城镇土地使用税暂行条例.国务院令[2006]483 号.
[18] 中华人民共和国房产税暂行条例.国务院令[1986]90 号.
[19] 中华人民共和国土地增值税暂行条例.国务院令[1993]138 号.
[20] 中华人民共和国印花税暂行条例.国务院令[1988]11 号.
[21] 中华人民共和国税收征收管理法.主席令[2001]49 号.